A+ 기초부터 실습까지 한방에

● 부록 | 예제 DVD 포함

KB160566

2018 Ver. 이상

MAYA를 시작하는 초 중급자들을 위한 실습서

MAYA Advance

http://cafe.naver.com/cgmmx

조한경 저

예문사

머리말

최근 3D 영상산업의 발전과 더불어 관련 산업 및 유저 영역이 넓어지면서 Maya 또한 많은 변화를 맞게 되었습니다. Maya는 Autodesk에 인수된 후 위기를 맞았으나, 여러 우려 속에서 더욱 안정된 프로그램으로 거듭났으며, 지금은 3D 영상산업의 중심에 서 있습니다. 앞으로 애니메이션, VFX, 게임, 광고, 웹, 입체영상, 가상현실 등 다양한 분야에서 더욱 중요한 역할을 차지할 것이며, 활용 범위도 더 많은 산업으로 확대될 전망입니다.

필자는 1996년 Maya를 처음 접하고 그 매력에 빠져 오랫동안 프로그램을 이용해 왔습니다. 그간 Maya 프로그램을 통해 다수의 CG작업에 참여했고, 실력을 인정받아 여러 강의를 진행하기도 했습니다. 덕분에 수많은 기획사에서 출간 제의를 해왔지만, 프로그램 활용 과정을 글로 표현해 내는 데 어려움을 느껴 포기한 게 여러 번입니다.

그렇게 많은 시간이 지나고 이제는 욕심 부리지 말고 내용을 조금씩 정리해보자는 가벼운 마음이 이 책을 완성하게 된 동기가 되었습니다. 독자 여러분이 Maya 사용방법과 명령어를 이해하고 프로그램에 자신감을 갖는 데, 이 책이 조금이나마 도움이 되길 바랍니다.

여러분은 카페(https://cafe.naver.com/cgmmx)를 이용해 다양한 튜토리얼을 경험할 수 있습니다. 특히 4개월 분량의 3d VFX motion 시리즈 수업내용을 카페에 게시해 두었습니다. 책 이용 시 스탭 공부방을 참고하면 학습에 많은 도움이 될 것입니다.

Maya를 이제 막 시작하려는 사람들 혹은 고민하는 사람들께 말합니다.
일단 한번 도전해 보는 게 어떨까요?

책을 집필하면서 많이 힘들고 어려웠지만 이분들 덕분에 위로를 받은 것 같습니다. 먼저 우리 가족들에게 사랑한다 말하고 싶습니다. 그리고 가장 많은 도움을 주신 우석디자인 오병권 원장님 감사합니다. 큰 힘이 되었습니다. 출간을 맡아준 도서출판 예문사에도 감사의 말을 전합니다.

마지막으로 시중에 Maya 관련 서적들이 더 많이 출간되어 산업발전과 전문유저 발굴에 도움이 되길 바라며, 우리나라가 세계 영상산업을 선도할 수 있게 되길 기대합니다.

저자 **조 한 경**

PART
01

Maya
시작하기

03 실습예제 따라하기

04 Lighting & Rendering

PART 02

Maya Animation

01 Animation 명령어

PART 03

Maya Rigging

01 Rigging 명령어

PART
04

**Maya
Setting**

MAYA
DVD 목록 본문의 해당 예제에는 🎥 표기와 함께 동영상 파일의 이름을 적어 두었으니 학습 시 활용하시기 바랍니다.

PART 01

Maya 시작하기

CONTENTS

Interface와
단축키

01 | Interface

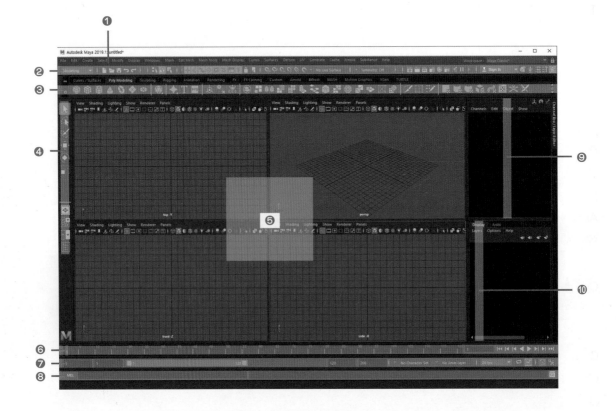

❶ 풀다운 메뉴

명령어를 직접 선택하여 실행합니다.

❷ 마스킹 라인

View에 있는 Object를 선택되지 않게 하거나 나타나게 합니다.

❸ Shelf Icon bar

실행 명령어를 저장하고 선택 실행합니다.

❹ Tool Box

아이콘을 클릭하여 명령을 실행합니다.

❺ View

모델링을 하고 렌더링, 애니메이션을 하는 작업공간입니다.

❻ Animation Timeline

애니메이션을 제작하고 동작에 Key Frame을 삽입해 주는 공간입니다.

❼ Animation Start/End

애니메이션을 제작할 총 시간의 시작과 끝을 정해줍니다.

❽ Commend Line

Mel이나 명령어를 언어를 입력하여 실행해 주는 공간입니다.

❾ Channel Box

Channel Box는 수치를 입력해 오브젝트의 이동(position)/회전(rotate)/크기(scale)를 제어할 수 있습니다. 또한 Channel Box의 입력값 부분을 마우스로 선택한 후 뷰에서 마우스 가운데 버튼을 누른 후 좌우로 움직이면 수치가 자동으로 증가 또는 감소되면서 오브젝트의 위치가 바뀌는 것을 볼 수 있습니다.

Channel Box 아래쪽 input 부분은 작업자가 명령어를 적용한 후 옵션 값을 지정할 수 있습니다.

❿ Layers

오브젝트를 분리해 줍니다. 또한 Render Layer를 이용하면 고급스러운 렌더링에 접근할 수 있습니다.

02 | 단축키

q	선택 Tool입니다.
w	move : object를 이동할 수 있습니다.
e	rotate : object를 회전할 수 있습니다.
r	scale : 크기를 제어할 수 있습니다.
Insert	pivot(축)의 위치를 작업자가 원하는 부분으로 이동할 수 있습니다.
F	select All : view의 object를 선택한 후 f를 실행하면 선택한 오브젝트가 화면에 보입니다.
Shift + F	모든 view를 동시에 select All 합니다.
A	Frame All : 모든 object를 화면에 보이게 합니다.
A	모든 view를 동시에 frame All 합니다.
[ ]	Alt 키와의 조합으로 View를 조정했을 때 조정 전 화면 상태로 돌아갑니다.
[ ]	[을 하기 전 화면 상태로 되돌아갑니다.
Ctrl + Z 또는 z	Undo(실행 취소)
Ctrl + Y	Redo
Delete	선택된 오브젝트를 삭제합니다.
Alt + 마우스 왼쪽 버튼	persp/camera view : 화면을 회전합니다.
Alt + 마우스 오른쪽 버튼	Zoom in 또는 Zoom out : 화면을 확대 또는 축소합니다.
Ctrl + Alt + 마우스 왼쪽 버튼	Zoom window : 마우스로 왼쪽에서 오른쪽으로 그리면 확대됩니다. 또한 왼쪽에서 오른쪽으로 그리면 축소됩니다.
Shift	다중 선택 : 여러 개의 오브젝트를 선택할 수 있습니다. 선택 반전 : 선택한 오브젝트와 선택하지 않은 오브젝트를 바꾸어줍니다. 직선 드로잉
Ctrl	선택 해제
Ctrl + d	복사
Ctrl + a	attribute editor 열어줍니다.(object를 선택 후 실행합니다.)
Ctrl + s	파일을 저장합니다.
x	그리드 스냅
c	curve snap : curve 또는 wire frame/isoparms 등에 자석처럼 위치시킵니다.
v	point snap : vertex 부분에 자석처럼 위치시킵니다.

키	기능	키	기능
F1	help	1	low display mode
F2	Modeling	2	medium display mode
F3	Rigging	3	high display mode
F4	Animation	4	wire frame mode
F5	FX	5	shading mode
F6	Rendering	6	texture mode
F8	object mode	7	light mode
F9	Vertex mode	8	paint effect mode
F10			
F11			

TIP

단축키가 실행되지 않는 경우

• 키보드 Caps Lock이 켜져 있는 경우
• 키보드 자판이 한글 모드인 경우
• 저장할 때 숫자를 사용한 경우

03 | Shelf bar

Shelf bar는 아이콘을 클릭해 원하는 명령어를 손쉽게 실행할 수 있는 유용한 기능입니다.

화면 상단 Shelf Bar의 Icon 중에서 원하는 것을 클릭합니다. View에 모델이나 선택한 기능이 실행되는 것을 확인할 수 있습니다.
Cube를 선택해 생성시켜 봅니다.

04 | Hot Box

view에서 키보드의 ⌐Space Bar¬를 누른 상태를 유지하면 메뉴가 나타납니다. 마우스 왼쪽 버튼을 클릭해서 원하는 명령어로 접근합니다.

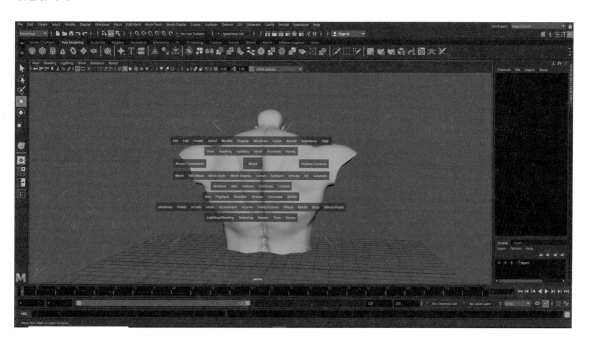

View 전환 방법

⌐Space Bar¬를 누르고 있으면 Hot Box의 가운데 maya라는 글씨가 나타납니다. 위 그림처럼 maya 글씨 부분을 왼쪽 마우스 버튼으로 클릭하면, Top, Side, Perspective, Front View가 나타나는데 이때 전환하고자 하는 View를 선택하면 손쉽게 이동할 수 있습니다.
또한 Recent Commands를 마우스 왼쪽 버튼으로 누르면 최근에 실행된 명령어들이 나타납니다. 작업자는 선택을 통해 손쉽게 재실행할 수 있습니다.

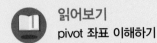

읽어보기
pivot 좌표 이해하기

Tool box에서 Move 아이콘을 더블 클릭하면 Tool Settings Option을 볼 수 있습니다.

- **World** : 공간 view에서 origin(원점)이 되는 좌표로 마야의 기본 좌표입니다.
  Top/Front/Side/ Persp View의 왼쪽 아래를 보면 빨간색/파란색/녹색 좌표계가 보입니다.

- **Local** : 모든 오브젝트는 고유의 pivot을 가지고 있습니다. 모델을 만들어 Tool Settings Option에서 Local 축을 선택하면 나타납니다.

- **Object** : 오브젝트를 회전시키면 pivot이 변하는 것을 볼 수 있습니다.
  Create ≫ polygon primitive ≫ cube를 생성시킵니다.
  ≫ 키보드 "ⓔ"를 이용해 회전시킵니다. ≫ Modify ≫ Transformation tool ≫ Move tool의 옵션 박스를 선택합니다.
  WORLD와 OBJECT를 번갈아 선택하면 pivot이 바뀌는 것을 볼 수 있습니다.
  만약, 오브젝트를 회전한 후 그 방향으로 이동하고 싶다면 object pivot이 선택된 상태여야 합니다.

- **Normal** : CVvertex나 Vertex를 선택했을 때 나타나는 좌표(Pivot)를 말합니다.
  Create ≫ polygon primitive ≫ cube를 생성시킵니다.
  Box 위에서 마우스 오른쪽 클릭을 이용해 (Marking Menu) vertex를 선택합니다.
  새롭게 나타난 Normal 좌표를 확인할 수 있습니다.

  normal 좌표
  – N의 방향은 오브젝트의 바깥쪽 방향
  – U, V는 오브젝트의 면의 흐름 방향
  – Update[UVN] Tried : off는 특정 방향으로 드래그하면 최초 방향을 유지하면서 pivot이 이동됩니다.
  – On은 오브젝트의 표면 방향을 추적하면서 pivot이 이동됩니다.

05 | Channel Box

실행　　Create » Nurbs Primitives » Sphere

Sphere 오브젝트를 선택한 후 화면 오른쪽을 보면 Channel Box가 존재합니다.

01 오브젝트의 이동(Translate), 회전(rotate), 크기(scale)를 데이터(수치) 값을 이용해 적용시킬 수 있습니다.

02 마우스 중간 버튼을 이용해 자동 움직임을 만들 수 있습니다.

Lock 기능 활용 : 오브젝트의 이동(Translate), 회전(rotate), 크기(scale) 중 글자 한 부분을 선택합니다. view에서 마우스 가운데 버튼을 누른 상태에서 좌우로 움직입니다. Channel Box 수치가 자동으로 조절되면서 오브젝트가 움직이는 것을 볼 수 있습니다.

03 Channel Box의 scale 명령어에서 −를 수치 앞에 입력하면 Mirror(대칭)가 됩니다.

04 Channel box 하단의 inputs는 오브젝트를 생성시킵니다. 마우스로 왼쪽 버튼을 이용해 선택해 보면 세부옵션을 재설정할 수 있습니다.

05 Channel Box는 부분적으로 key select를 이용해 애니메이션을 만들 수 있습니다.

06 메뉴의 Channels » edit » Channel Names 중에서, Nice, Long, Short를 선택합니다. Short는 Channels Name을 완전한 축약형으로 보여줍니다.

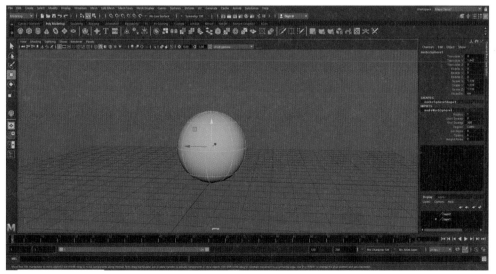

▲ Channel 01

▲ Channel 02

06 | Attribute Editor

실행 Create 》 Nurbs Primitives 》 Sphere

01 Sphere 오브젝트를 선택한 후 Ctrl + A Key를 동시에 누릅니다.

02 화면 오른편에 Attribute Editor가 나타난 것을 확인할 수 있습니다.

03 오브젝트의 모든 속성을 탭을 이용해 분류해 주고 탭을 선택하면 오브젝트의 속성들이 나타납니다.

04 아래는 Attribute Editor를 실행했을 때 나타나는 탭의 설명입니다.
- nurbsSpher1 – 채널 박스처럼 이동/회전 /크기에 대한 정보가 나타납니다.
- nurbsSphereshape1 – Tessellation을 통해 nurbs 오브젝트의 표면을 부드럽게 설정합니다.

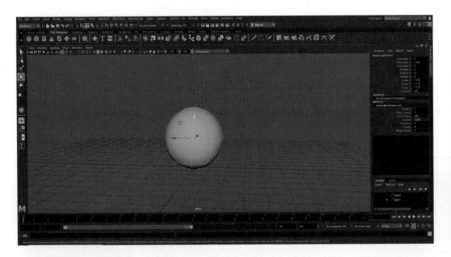

▲ Attribute 01

▲ Attribute 02

TIP 마야는 렌더링 시 Polygon 오브젝트로 변환시켜 렌더링합니다. 렌더링 시 Tesellation을 정의 내려 보겠습니다.
① Tesellation 옵션 》 display Render Tesellation 체크 》 오브젝트를 확인하면 와이어가 보입니다.
② Tesellation 옵션 》 Enable Advanced Tesellation 체크 》 Display Render Tesellation을 체크, Enable Advanced Tessellation
   체크 》 Number U , Number V DP 값을 입력합니다. 오브젝트를 확인하면 와이어가 보입니다.
   - makenurbsSphere1 : 선택된 오브젝트의 생성 초기 옵션을 재설정할 수 있습니다.
   - initialshadinggroup : 오브젝트에 적용한 material 정보를 확인할 수 있으며 형태를 왜곡시켜 주는 displacement를 적용할 수
     있습니다.

07 | Outliner

| 실행 | Windows » Outliner |

01 Outliner는 view의 모든 오브젝트들이 이름
으로 디스플레이되어 보입니다.

02 활용 : 오브젝트 이름 변경이 용이합니다.
- 오브젝트 간의 연결 상태를 손쉽게 확인할
  수 있습니다.
- 여러 개의 모델을 동시에 선택할 수 있습
  니다.

03 Outliner » display에서 Shape를 체크하면
Shape Node를 선택할 수 있습니다.

08 | Hypergraph

실행   windows 》 hypergraph : hierarchy

모델들의 유연한 선택과 해제 오브젝트 간의 연결 현황을 자세히 확인할 수 있습니다.

01 모델을 선택한 후 Graph 》 input/output connections를 선택하면 오브젝트의 구조를 상세하게 확인할 수 있습니다.

02 Skeleton 세팅 시 상위 오브젝트부터 하위 오브젝트까지 모든 연결 구조를 확인할 수 있습니다.

03 Edit 》 Collapse, Expand, Expand All의 기능을 통해 하위 종속노드의 확장 또는 축소를 확인할 수 있게 해줍니다.

04 애니메이션이나 Expression 등이 적용되어 있으면, 노드의 형태가 기울어진 직사각형 모양으로 보입니다.

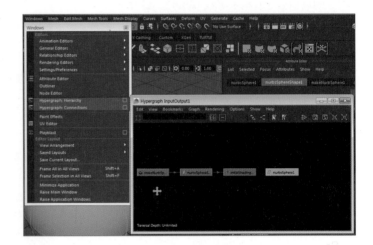

실행   windows 》 hypergraph connections

오브젝트의 모든 종속 노드와 Transformation까지 모두 보입니다.

LESSON 02 풀다운 메뉴

SECTION 01. File

❶ **New Scene**(Ctrl+n) : 새로운 창을 엽니다.

❷ **Open Scene...**(Ctrl+O) : maya의 *.mb 또는 *.ma 파일을 엽니다.

❸ **Save Scene**(Ctrl+s) : 작업하는 데이터를 저장합니다.

❹ **Save Scene as...**(Ctrl+Shift+s) : 새로운 이름으로 저장합니다.

❺ **Increment & Save**(Ctrl+Alt+s)

❻ **Import...** : 마야 파일(*.mb)을 서로 다른 컴퓨터에서 작업한 후 한 개의 파일로 만들거나
다른 프로그램에서 작업한 파일을 마야 파일 안으로 불러와 작업할 수 있습니다.
예 obj . ai . iges . fbx 등

❼ **Send to MotionBuilder** : Motion Builder로 Export합니다.

❽ **Send to Mudbox** : Mudbox로 Export합니다.

❾ **Export All...** : import와는 반대로 다른 프로그램과의 호환을 위해 obj . ai . iges . fbx 등
다양한 방법으로 저장(save)합니다.

❿ **Export Selection** : 선택한 오브젝트를 저장하거나 선택한 오브젝트를 다른 프로그램과
의 호환을 위해 obj . ai . iges . fbx 등 다양한 방법으로 저장(save)합니다.

⓫ **Send To Unity** : Unity 게임 프로그램으로 보냅니다.

⓬ **Send To Unreal** : Unreal 게임 프로그램으로 보냅니다.

⓭ **create reference...**(Ctrl+R) : 편집이 가능하지 않은 오브젝트로 저장할 수 있습니다.

⓮ **Reference Editor**

⓯ **view image** : 그림 파일을 엽니다.(작업에 참고될 만한 그림 파일을 열 때 사용합니다.)

⓰ **view sequence** : 여러 장으로 저장된 애니메이션 파일을(sequence file..) open해서 확인할 수 있습니다.

⓱ **project window** : File을 관리하기 위해서 실행하는데, Project를 만들면 각각 폴더가 만들어집니다. file object Path
기 자동으로 연결되는 유용한 기능입니다.

⑱ **set project....** : Project File이 연결되어 있지 않을 경우 set project를 실행해서 file 경로와 path를 설정할 수 있습니다.

⑲ **Recent files** : 최근 데이터를 확인하고 open시킬 수 있습니다.

⑳ **Exit** : maya를 종료합니다.

SECTION 02 Edit

❶ Undo(Ctrl+Z) : 작업한 순서대로 되돌릴 수 있습니다.

　Window » Settings/Preferences » Preference » Undo에서 수치를 정할 수 있습니다.

❷ Redo(Ctrl+Y) : Undo한 후 다시 되돌릴 수 있습니다.

❸ Repeat(G) : 최근 실행한 명령을 재실행합니다.

❹ Recent Commands List : 최근 작업한 데이터를 나타내 줍니다.

❺ Cut : 선택한 모델을 잘라내기합니다.

❻ Copy : 선택한 모델을 복사합니다.

❼ Paste : Cut/Copy한 모델을 붙여넣기 합니다.

❽ Keys : 만약 애니메이션 작업을 했다면 Key Frame에 대해 Cut/Copy/Paste/Delete /Scale/Snap Keys의 명령을 사용할 수 있습니다.

❾ Delete : 모델을 지워줍니다.

❿ Delete by Type : 선택한 오브젝트의 사용 정보를 삭제합니다.

⓫ Delete All by Type : 모든 오브젝트의 사용 정보를 삭제합니다.

　(마야는 모든 작업에 History가 연결되어 있습니다. 작업 중 History와의 관계를 지워야 할 때 선택해 주면 History가 지워집니다.)

⓬ Duplicate : 모델을 복사해 줍니다.(Ctrl+D 또는 Shift+D)

　Shift+D는 모델을 복사한 후 이동이나 회전시킨 다음 Shift+D를 연속해서 선택하면 변형된 값만큼 이동이나 회전하면서 다중 복사됩니다.

⓭ Duplicate Special(Ctrl+Shift+D) : 모델을 복사하는 방식을 선택할 수 있습니다.

⓮ Duplicate with Transform : Shift+d로 모델을 복사한 후 Translate(이동), Rotate(회전), Scale(크기) 조절을 했다면 연속해서 복사할 경우 변형된 값만큼 연속하여 복사됩니다.

⓯ Transfer Attribute Values : A모델과 B모델이 있을 경우, A를 선택한 후 B를 선택하여 실행하면 B모델은 A모델의 변형된 값을 적용합니다.

⓰ Group : 여러 개의 모델을 그룹으로 만들어 줍니다.

⓱ Ungroup : 그룹을 해제합니다.

⓲ Level of Detail : 게임 캐릭터를 개발 엔진으로 보낼 때 실행합니다.

⓳ Parent : 오브젝트의 Hierarchy(체계도)를 구성합니다.

TIP

Duplicate special option 설명

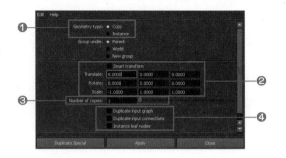

❶ Copy : 복사합니다.

　　Instance : A모델을 복사해 B모델을 만든 후 A 또는 B 어느 것
　　　　　　이라도 편집하면 함께 편집됩니다. 대칭으로 작업해
　　　　　　야 하는 모델들에 사용할 수 있습니다.

❷ Translate : 이동하며 복사됩니다.

　　Rotate : 회전하면 복사됩니다.

　　Scale : 크기가 변하면 복사됩니다. Scale 값에 −1을 입력하
　　　　　면 Mirror Copy가 됩니다.

❸ Number of copies : 복사를 실행할 때 개수를 지정할 수 있습니다.

❹ Duplicate input graph : Input 관련 정보를 함께 복사합니다.

　　Duplicate input connection : Input에 연결된 애니메이션 정보 등을 함께 복사해 줍니다.

　　Instance leaf nodes : Instance 정보를 함께 복사합니다.

예제 Parent를 이용해 애니메이션 체계 구성하기

Parent 01

Sphere와 Cube를 만들어 위치시킵니다.

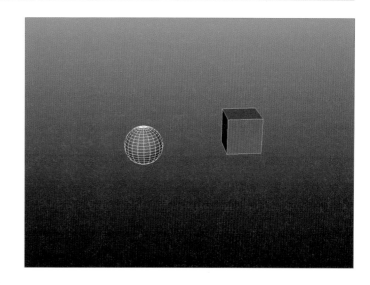

Parent 02

01 Sphere를 선택하고 Shift를 누른 상태에서 Cube를 선택합니다.

02 Edit » Parent를 실행시킵니다.

03 Sphere를 선택하고 움직이면 Cube가 따라다니는 것을 확인할 수 있습니다. Cube를 선택하고 움직이면 Cube만 움직입니다. 이런 현상을 부모(상위 오브젝트)와 자식(하위 오브젝트) 관계라고 이야기합니다.

04 Unparent : Parent된 모델들이 해제됩니다. 반드시 하위 오브젝트를 선택한 후 실행해야 합니다.

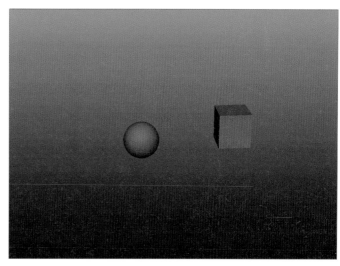

SECTION

03 Modify

❶ Transform

ⓐ Transformation Tools : move('w') rotate('e') scale('r')을 명령어로 선택할 수 있습니다.

ⓑ Reset Transformations : 작업 중 오브젝트를 처음 위치로 이동·회전·크기로 되돌리고자 할 때 사용합니다.

ⓒ Freeze Transformations : 작업 중 오브젝트를 channel box의 translate("0"), rotate("0") scale("1")로 실행해 주는 명령어입니다.

❷ Pivot

ⓓ Center Pivot : pivot을 오브젝트의 중심으로 이동시켜 줍니다.

❸ Align

ⓔ Snap Align objects : 다중의 오브젝트를 선택 후 적용하면 (왼쪽, 오른쪽, 위, 아래) 오브젝트들을 정렬할 수 있습니다.

ⓕ Align Tool : 다중의 오브젝트를 선택 후 적용하면 View에 아이콘이 생성됩니다. 마우스로 클릭하면 오브젝트가 정렬되는 것을 알 수 있습니다.

❹ Nodes

ⓖ Evaluate Nodes : 작업 중 여러 개의 기능들이 적용될 경우 evaluate nodes ❯❯ Ignore All을 실행하면 연결된 것들이 끊어지는 것을 볼 수 있습니다. 다시 evaluate nodes ❯❯ evaluate all을 실행하면 연결됩니다.

❺ Naming

ⓗ Prefix Hierarchy Names… : parent로 연결된 오브젝트들이나 joint 등의 오브젝트 이름을 함께 수정할 수 있습니다.

ⓘ Search and Replace Names… : name으로 오브젝트를 검색합니다.

❻ Attributes

ⓙ Add Attribute… : 새로운 attribute를 만드는 기능입니다.

ⓚ Edit Attribute… : 새로 만들어진 attribute를 수정합니다.

ⓛ Delete Attribute… : 새로 만들어진 attribute를 제거합니다.

❼ Objects

ⓜ Make live : 오브젝트의 표면 위에 Curve Tool이나 particle을 이용해 생성할 수 있습니다.

ⓝ Replace Objects

ⓞ Convert : 오브젝트들을 변환할 수 있습니다. (예 nurbs object ❯❯ polygon으로 변환)

❽ Paint Tool

ⓟ Paint Scripts Tool

ⓠ Paint Attributes Tool

❾ Assets

ⓡ Asset

SECTION 04, Create

Objects

❶ NURBS Primitives : nurbs 도형 objects를 생성합니다.

❷ Polygon Primitives : polygon 도형 object 를 생성합니다.

▶ Subdiv Primitives : subdiv 도형을 생성 합니다.

❸ Volume Primitives : 안개를 만들어주는 volume object를 생성합니다.

❹ Lights : 조명을 View에 생성합니다.

❺ Cameras : 카메라를 생성합니다.

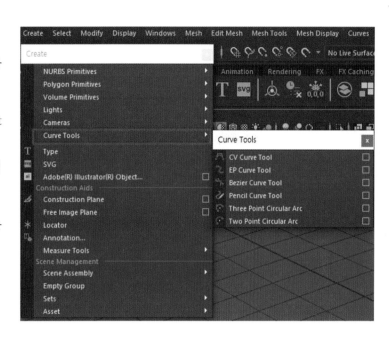

❻ Curve Tools : 2D로 그림을 그립니다.

▶ CV Curve Tool

– 2차원 그림을 그리는 도구입니다.

– top view를 선택합니다. Create 》 Curve Tool 》 CV curve tool을 선택한 후 View에 그려 봅니다.

– 모델링을 위한 기초 작업 시 반드시 필요한 기능입니다.

– Curve 위에서 마우스 오른쪽 버튼을 누르면 Marking Menu가 나타납니다. Control Vertex, Hull, Edit point 등 을 선택하여 모양을 편집합니다.

▶ EP Curve Tool

– edit point를 이용해 커브를 그리는 기능입니다.

– 곡률이 크고 곡선을 그리기에 적합합니다.

▶ Bezier Curve Tool

– 직선과 곡선을 병행해 그림을 그립니다.

– 그림을 그린 후 curve 위에서 마우스 오른쪽 버튼을 누른 후 Marking Menu에서 Control Vertex 선택하면 곡선 에 조절자가 나타납니다. 조절자를 통해 형태를 편집할 수 있습니다.

▶ Pencil Curve Tool

펜으로 그리듯 마우스 왼쪽버튼을 클릭한 상태로 드래그하여 그림을 그립니다.

▸ Three Point Circular Arc

3개의 점을 통해 호를 그립니다.

▸ Two Point Circular Arc

2개의 점을 통해 호를 그립니다.

TIP Curve 요소

- Start of Curve : 커브의 시작점을 말합니다. 자세히 보면 사각형의 아이콘으로 표시됩니다.
- CV vertex : 실질적인 형태를 편집하는 요소입니다. move 아이콘('w')을 선택하고 이동해 봅니다.
- Edit Point : 커브선 상에 존재하는 vertex를 말합니다. 역시 형태를 편집할 수 있습니다. Span의 수가 결정되는 기준이 됩니다.
- Hull : 각 CV vertex를 연결시키는 선을 말합니다.
  CV vertex는 u방향 또는 v방향으로 모든 vertex를 선택해줍니다.
- Span : Edit Point 사이의 구간을 Span이라고 합니다.
- curve point : curve를 자를 때 기준점이 됩니다. vertex를 추가시킬 때 사용합니다.

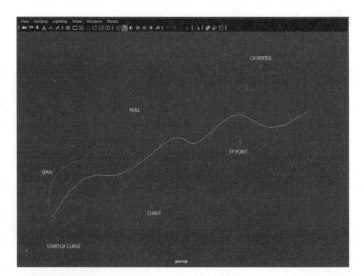

---

❼ **Type** : 글씨를 생성합니다.

❽ **Adobe(R) illustrator(R) Object...** : 일러스트 파일을 불러들일 수 있습니다.

Construction Aids

❾ **Construction plane**

❿ **Free Image plane** : 이미지를 불러옵니다.

⓫ **Locator** 가상의 오브젝트를 생성합니다.

⓬ **Annotation...** : 지시선을 생성합니다.

⓭ **Measure tools** : 거리를 측정할 수 있습니다.

Scene Management

⓮ **Scene Assembly**

⓯ **Empty group** : null object를 생성합니다.

⓰ **Sets** : object 또는 components를 set으로 저장할 수 있습니다.

Select

❶ All(Ctrl + Shift + A) : 모든 오브젝트를 선택해 줍니다.

❷ All by Type : 오브젝트 선택 시 구분하여 선택해 줍니다.

❸ Deselect All(Alt + D) : 선택한 모델을 해제합니다.

❹ Hierarchy : 체계로 연결된 모델을 전부 선택되게 합니다.

❺ Inverse(Ctrl + Shift + I) : 선택 반전을 실행합니다.

❻ Similar

❼ Grow : 선택영역을 확장시켜 줍니다. Face를 선택하고 기능을 실행하면 선택된 영역이 확장되는 것을 볼 수 있습니다.

❽ Shrink : 확장된 영역을 축소시켜 줍니다.

❾ Quick select Sets

❿ Object/Component(F8) : Object Mode와 component Mode로 전환할 수 있습니다.

⓫ Component

▶ vertex(F9) : vertex를 디스플레이 시킵니다.

▶ Edge(F10) : Edge를 디스플레이 시킵니다.

▶ Face(F11) : Face를 디스플레이 시킵니다.

▶ UV(F12) : UV를 디스플레이 시킵니다.

▶ Vertex Face(Alt + F9) : Vertex Face를 디스플레이 시킵니다.

⓬ Contiguous Edges : Edge 선택 후 기능을 실행하면 연장된 Edge를 선택합니다.

⓭ Shortest Edge path Tool : 이 기능을 선택하면 Vertex를 디스플레이시켜 줍니다. 하나의 Vertex를 선택한 후 다른 Vertex를 선택하면 두 개의 점에 연관된 모든 Edge를 선택할 수 있습니다.

⓮ Convert Selection : Component(vertex, face, edge)들의 선택을 전환할 수 있습니다.

⓯ Use Constraints...

⓰ NURBS Curves Components : Curve의 요소들(CV vertex)을 선택합니다.

⓱ All CVs

⓲ First CV

⓳ Last CV

⓴ Cluster Curve

㉑ NURBS Surfaces Components : Surface의 요소들(CV vertex)을 선택합니다.

㉒ CV Selection Boundary : 외곽 CV를 모두 선택합니다.

㉓ Surface Border : Surface의 외곽을 표시합니다.

SECTION 06 Display

① **Grid** : view의 그리드를 보이게 할 수 있습니다.

② **Heads Up Display** : 오브젝트의 정보를 디스플레이합니다.

③ **Hide** : object를 view에서 숨깁니다.

④ **Show** : Object를 나타나게 해줍니다.

⑤ **Toggle Show/Hide** : 선택한 모델을 Show/Hide 합니다.

⑥ **Per Camera Visibility**

⑦ **Wireframe Color...** : Wireframe Color를 변경시켜 줍니다.

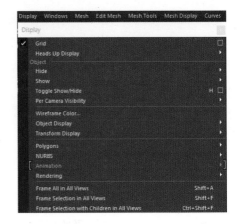

⑧ **Object Display**

▶ Template : 오브젝트가 선택되지 않게 해줍니다.

▶ Untemplate : template된 object를 해제합니다.

▶ Boundimg Box : 오브젝트를 Box로 보여줍니다.

▶ No bounding box : bounding box된 오브젝트를 해제합니다.

▶ Geometry : 마우스로 선택한 오브젝트를 보여줍니다.

▶ No geometry : 마우스로 선택한 오브젝트를 숨깁니다.

⑨ **Transform Display**

▶ Local Rotation Axes : Local pivot을 화면상에 보여줍니다.

▶ Rotate Pivots : 회전하는 중심점을 보여줍니다.

▶ Scale Pivots : 크기가 조절되는 중심점을 보여줍니다.

▶ Selection handles : 마야는 오브젝트마다 핸들이 존재하므로 handles를 이용해 object를 쉽게 선택할 수 있습니다.

⑩ **Polygons**

▶ backface Culling : component를 선택할 때 오브젝트의 뒷면을 선택하거나 선택되지 않게 해줍니다.

▶ Culling options

▶ vertices : vertex를 나타내 줍니다.

▶ vertex size... : vertex의 크기를 조절할 수 있습니다.

▶ crease vertices

▶ UVs : 선택한 오브젝트의 uv를 나타냅니다.

▶ UNshared UVs : uv가 열려진 부분을 표시합니다.

▶ uv size... : uv의 크기를 조절합니다.

▶ component IDs : vertex에 번호를 나타냅니다.

▶ Face normals : face의 바깥쪽 방향을 나타냅니다. 명령어를 실행하면 라인으로 방향을 표시합니다. 면의 바깥쪽으로 표시되어 있으면 정상적인 오브젝트입니다. 안쪽으로 향해 있으면 면이 뒤집힌 것입니다.

▶ vertex normals : vertex의 바깥쪽 방향을 나타냅니다.

▶ tangents : face의 tangent 방향을 표시합니다.

▶ normals size…

▶ standard Edges : edge의 형태를 선으로 보여줍니다.

▶ sort/hard Edges : edge의 형태를 점선으로 보여줍니다.

▶ Hard Edges : edge를 보이지 않게 합니다.

▶ border edges : 외곽 edge를 표시합니다.

▶ crease edge

▶ texture border Edges : uv가 열린 부분을 표시합니다.

▶ Edge Width : edge의 두께를 조절합니다.

▶ face centers : face의 centers를 표시합니다.

▶ face triangles : 삼각형 face로 만들어 줍니다.

▶ Non−planer faces

▶ invisible faces

▶ Resert Display : 디스플레이를 초기화시킵니다.

▶ Custom polygon Display… : polygon에 관련된 위 내용들을 옵션 창을 열어서 보여 줍니다.

⑪ NURBS

▶ cvs : cv vertex를 view에서 보여 줍니다.

▶ edit points : edit point를 view에서 보여 줍니다.

▶ hulls : hulls를 view에서 보여 줍니다.

▶ normals(shadeed mode) : surface의 바깥쪽 방향을 나타내 줍니다. 명령어를 실행하면 라인으로 방향을 표시해 줍니다. 면의 바깥쪽으로 표시되어 있으면 정상적인 오브젝트이나 안쪽으로 향해 있으면 면이 뒤집힌 것입니다.

▶ patch center : 사각형 patch의 중심을 보여줍니다.

▶ surface origins : surface의 열린 부분을 표시해 줍니다.

▶ custom

⑫ Animation

▶ lattice points : lattice points를 보여줍니다.

▶ lattice shape : lattic shape을 보여줍니다.

▶ joint size : joint의 크기를 조절할 수 있습니다.

▶ ik/fk size : ik/fk의 크기를 조절할 수 있습니다.

▶ ik handle size : ik handle size의 크기를 조절할 수 있습니다.

▶ joint labels : joint의 labels을 보여줍니다.

⑬ Rendering

SECTION 07. Windows

01 Animation Editors

▶ Graph Editor : 마야의 애니메이션은 생성시킨 Key Frame들을 그래프로 시각화시켜 줍니다. 그래프는 생성시킨 애니메이션의 경로와 비슷하게 보여주는데, 그것을 통해 복사/붙여넣기/이동/크기 등을 조절하여 애니메이션을 표현 및 편집할 수 있습니다.

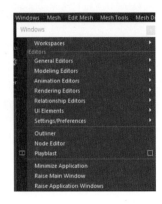

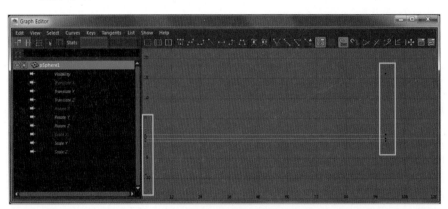

▲ graph01

- 녹색 표시 부분 : Key를 선택 후 마우스 중간 버튼을 이용해 선택된 Key를 클릭 드래그하면 이동됩니다.
- 보라색 표시 부분 : Key를 선택 후 아이콘을 선택하면 Key 외곽에 박스가 만들어집니다. 이때 표시된 지점을 움직이면 Key를 편집할 수 있습니다.
- 하늘색 표시 부분 : 현재 Frame을 수치로 나타냅니다.
- 분홍색 표시 부분 : 변형된 값을 나타냅니다. 수치를 입력해 원하는 정도의 애니메이션을 정의 내릴 수 있습니다.
- 노란색 박스 부분 : Key Frame을 보여줍니다. 작업자가 Set Key를 이용했을 경우 검은색 점으로 나타납니다.
- Graph Editor에서 수평방향은 시간 및 Frame을 이야기합니다.
- Graph Editor에서 수직방향의 값은 Value 값을(변형된 값) 나타냅니다.
- 그림(graph01)을 보면 "s"자 형태의 그래프를 볼 수 있습니다.

이것을 애니메이션 스토리로 만들어보면 천천히 움직인다.(수평한 부분) – 빨리 움직인다.(수직한 부분) – 천천히 움직인다.(수평한 부분)

▶ Trax Editor : Trax Editor를 이용해 "비선형 애니메이션"(Nonlinear Animation)을 할 수 있습니다. Keyframing 애니메이션을 만든 후 Clip을 제작하거나 모션 캡쳐 등을 통해 동작들을 Clip으로 지정한 후, 이 Clip들을 언제든지 자유롭게 편집할 수 있는 방식입니다. 프로그램마다 Motion Library가 확장되는 것을 볼 수 있습니다. 그것은 작업의 효율성과 생산성을 향상시킬 것입니다.

▶ camera sequencer : 여러 개의 카메라를 사용해 작업할 경우 그것들의 장면을 전환시켜 줍니다.

▶ Dope sheet : 애니메이션을 만들 때 가장 중요한 것은 타이밍입니다. 키 애니메이션을 제작한 후 애니메이션 타이밍의 위치를 조절하거나 타이밍의 축소 및 확대를 할 수 있습니다.

- Dope Sheet를 활성화 » Key를 드래그해서 선택 » 키보드 [R] Key를 누르면 Key들을 둘러싸는 Rectangular로 나타나는데, Rectangular의 우측 변을 MMB로 움직여서 전체 속도를 조절할 수 있습니다.
  부분적인 타이밍은 Key를 선택한 후 MMB로 Key를 이동시킬 수 있습니다.
- HumanIK : 캐릭터를 자동 세팅해 주는 기능입니다.

▶ Shape Editor : 캐릭터의 표정이나 형태를 애니메이션시킬 때 사용합니다.

▶ Expression Editor : 애니메이션을 생성할 때 수학적 기반의 연산을 사용해서 애니메이션에 적용하는 방식을 이야기합니다.

02 General Editors

▶ Component Editor : 선택한 points의 위치 값이나 Weight를 세부적으로 조절할 수 있는 창입니다.

▶ Attribute Spread Sheet : 특정 명령어를 오브젝트에 적용했을 때 그 정보를 일괄적으로 변경 또는 확인할 수 있습니다.

▶ Connection Editor : 오브젝트와 오브젝트의 세부 요소를 연결해 사용합니다. 오브젝트는 다양한 요소들을 가지고 있는데, Channel Box나 Attribute Editor에서는 볼 수가 없고 Connection Editor에서 확인하고 사용할 수 있습니다.

▶ Visor : paint effects / Ocean / Fluid / Hiar / Toon / ncloth / nparticle / HumanIK / Mocap / Character 등 다양한 preset을 볼 수 있습니다.

- Channel Control : Channel Box에서 원하는 것만 나타나게 합니다.
- script Editor : script Editor를 열어 줍니다.
- Command shell : mel Editor를 열어 줍니다.

▶ Hypergraph : Hierarchy

- Hypergraph Hierarchy는 오브젝트들의 계층적 연결 구조를 보여줍니다. Joint나 IK 설정 시 간단하게 정보를 확인할 수 있습니다.
- Menu » Edit » Collapse, Expand, Expand All : 계층구조를 확장 또는 축소해서 보여줍니다.
- 화면에 직사각형과 기울어진 사각형이 보입니다. 기울어진 박스는 오브젝트에 애니메이션을 시켰거나 Expression등의 정보를 가지고 있을 것입니다.
- Menu » Option » Display를 통해 보이지 않는 다양한 것을 디스플레이시킬 수 있습니다.

▶ Hypergraph : connections

- Hypergraph : connections은 오브젝트의 모든 속성 정보를 나타내 줍니다.
- 만약 어떤 오브젝트에 애니메이션을 시켰다면 애니 정보까지도 나타내 줍니다.

03 Relationship Editors : 다양한 오브젝트 간의 정보를 연계할 수 있는 기능이 위치해 있습니다.

04 Rendering Editors

▶ Render View : Render View를 열어줍니다.

▶ Render Settings : Rendering을 시키기 전에 Render 환경을 설정해 줍니다.

▶ Hypershade : 재질을 편집 적용하는 Window를 열어 줍니다.

▶ render layer Editor : 렌더 레이어를 만들어 렌더링합니다.

05 Settings/preferences : 메뉴가 매우 많은 관계로 필요한 부분 위주로 설명합니다.

▶ Preferences

■ interface

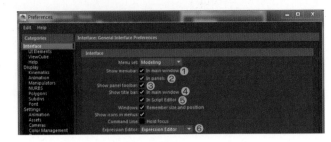

1. In main Window : maya interface의 main Window를 on/off로 전환할 수 있습니다.

2. In panels : maya view의 panels을 on/off 로 전환할 수 있습니다.

3. Show panel toolbar : maya view의 panel toolbar를 on/off로 전환할 수 있습니다.

4. Show title bar : maya interface의 main Window를 title bar를 on/off로 전환할 수 있습니다.

5. In script editor : maya interface의 script editor를 on/off로 전환할 수 있습니다.

6. Expression editor : maya expression editor의 editor를 사용하거나 text editor를 이용할 수 있습니다.

■ UI Elements : 인터 페이스의 UI를 디스플레이를 on/off시킬 수 있습니다.

■ Kinematics

– joint size : joint의 크기를 조절합니다.

– IK/FK joint size : IK/FK joint size를 조절합니다.

– IK handle size : IK/FK handle size를 조절합니다.

– IK/FK blending display : IK/FK blending을 표시해 줍니다.

■ Animation

– Ghosts

– Steps before current frame : Animation을 PLAY시킬 경우 앞쪽으로 잔상을 보여줍니다.

– Steps after current frame : Animation을 PLAY시킬 경우 뒤쪽으로 잔상을 보여줍니다.

– frames per step

■ Manipulators

– Manipulators size : 오브젝트를 생성시킨 후 나타나는 조절자의 크기를 정합니다.

– show Manipulator : 오브젝트를 생성시킨 후 나타나는 조절자를 on/off 시킵니다.

– Component Manipulators : 오브젝트 요소들의 조절자 크기를 정합니다.

■ Font : maya text font size를 정합니다.

■ Settings

1. World Coordinate System에서 pivot의 위쪽
   방향을 정합니다. 디폴트는 "y" up입니다.

2. Linear에서 단위를 지정합니다.(millimeter/
   centimeter/mater/inch/foot/yard 중에서 선택
   할 수 있습니다.)

3. Angular : Angular 표시 단위를 정합니다.
   (degress/radians 중에서 선택할 수 있습니다.)

4. 1초를 몇 frame으로 설정할지를 정합니다.(디폴트는 Film(24fps)/애니메이션은 NTSC(30fps)를 사용합니다.

■ Time Slider

1. playback start/end : 타임스라이더의 애니메
   이션 재생 영역을 설정합니다.

2. animation start/end : 전체 타임스 라이드 영
   역을 설정합니다.

3. Height Time slider 영역을 넓혀 줍니다.

4. grease pencil frame : play view를 선택합니다.
   active : 선택한 view를 플레이시킵니다.

5. Update view : 선택한 view에서 Update되어
   서 재생됩니다.

6. Looping : once : 한 번만 재생됩니다./
   oscillate : 앞뒤로 반복되며 실행됩니다./continuous : 반복 재생됩니다.

7. playback speed : 플레이 속도를 정합니다.

■ Undo : 되돌리기 기능을 실행합니다.

1. undo : on/off시킵니다.

2. queue : Infinite(무한대)/Finite(숫자로 정합
   니다.) 설정합니다.

3. Queue size : Undo의 횟수를 정합니다.

▶ Hotkey Editor : 단축키를 설정합니다.

빨간색 박스 영역에서 단축키를 설정합니다.

– 빨간색 박스 내부 명령어를 마우스 더블클릭한 후 키보드 입력하면 단축키가 완성됩니다.

– 노란색 박스 영역을 이용해 현재의 단축키설정을 확인할 수 있습니다.

– 키보드 [Ctrl] / [Alt] / [Shift] 등을 누르면 연관된 단축 버튼이 활성화됩니다.

– Color setting : maya의 전반적인 컬러를 설정합니다.

– Marking Menu Editor : [Space Bar]를 누른 후 나타나는 메뉴를 정합니다. 만약 [Space Bar]를 누른 후 메뉴가 다르게 보
  인다면 Marking Menu Editor 》 Restore Defaults를 선택하여 Default 상태로 돌아옵니다.

– Shelf Editor : Shelf bar 메뉴를 생성합니다.

1. Move up : 선택메뉴를 위로 올립니다.

2. Move Down : 선택메뉴를 아래로 내립니다.

3. New Shelf : 새로운 Shelf 메뉴를 만듭니다.

4. Delete : 선택한 Shelf를 삭제합니다.

▶ Panel Editor

1. Panels : 현재 사용하는 Panels를 확인할 수 있습니다.

2. New Panel : 새로운 Panel을 만듭니다.

3. Layouts : view의 Layout을 설정합니다.

4. Edit Layouts : view의 Layout을 설정하거나 편집합니다.

5. History : History를 설정합니다.

▶ Plug-in Manager

Plug-in을 설치한 후 이곳에서 체크를 해줘야 실행 가능합니다.
Plug-in 메뉴의 모든 것을 보여줍니다. Loaded와 Auto load를
체크하면 나타납니다.

06 Attribute Editor

Attribute Editor는 선택된 오브젝트의 모든 속성을 보여줍니다.

Sphere를 View에 만든 후 선택된 상태에서 Ctrl + A Key를 누릅니다.

Sphere의 속성

nurbsSphereshape1 : Rendering할 경우 반사와 굴절 on/off를 선택할 수 있습니다.

또한 Rendering할 경우 오브젝트의 Tessellation을 설정할 수 있습니다.

makenurbsSphere1 : 오브젝트를 생성시킨 후 수치를 재입력해 정의 내릴 수 있습니다.

initialsshadinggroup : material에 관련된 정보를 가지고 있습니다.

lambert1 : 기본 재질입니다.

07 Outliner

Outliner는 오브젝트를 이름으로 디스플레이시켜 줍니다.

이것을 통해서 작업자는 오브젝트 간의 노드를 확인할 수 있습니다.

자동으로 선택이 됩니다. P*라고 입력하면 P로 시작하는 모든 오브젝트를 나타냅니다. 이 버튼은 원래의 상태로 만들어줍니다.

08 Node Editor

create Node

예제	paint effects

2d canvas를 통해 페인팅을 할 수 있습니다. 또한 3D 공간에서 브러시를 이용해 다양한 자연물을 만들 수 있습니다. Paint effects를 이용하면 바람에 날리는 자연물이나 자라나는 애니메이션 등 다양한 애니메이션을 아주 쉽게 표현할 수 있습니다.

▼ Paint Effect 내부 명령어

Twist	paints effects 오브젝트를 비틀어 주는 명령어입니다.	
Shading	브러시와 Tube의 속성을 조절할 수 있습니다.	• Color1 : Paint의 기본적인 컬러 • Incandescene1 : Stroke의 컬러에 밝게 보여줍니다. • Transparency1 : Stroke의 투명도 • Blur Intensity : Blur의 정도를 설정 • Edge Antialias : Stroke 외관의 부드러움을 설정
Tube Shading	Tube Shading은 상단(Tip) 부분의 조절입니다.	• Color1 : 상단부(Tip) 컬러 부분을 조절 • Incandescene2 : Tube Tip 부분을 밝게 보여줍니다. • Transparency2 : Tube Tip 부분의 투명도를 설정 • Hue, Sat, Val Rand : Tube의 색상, 명도, 채도(색의 선명도)의 변화를 임의로 조절 • Brightness Rand : Tube의 밝기 변화를 임의로 조절 • Root, Tip Fade : 처음과 끝 부분의 투명도를 설정하여, 끝이 날카로운 효과를 줄 때 사용합니다.

Texturing	Tube의 컬러와 텍스처 맵핑을 조절할 수 있습니다.	• Map Color : 맵의 컬러를 정의합니다.
		• Tex Color Scale : Color1과 Color2의 채도값을 지정합니다.
		• Tex Color Offset : 텍스처의 컬러가 표면에 보이는 정도입니다.
		• Map Opacity : 투명도를 조절합니다.
		• Tex Opacity Scale : 텍스처가 가지는 Alpha 값을 증가시켜 투명하게 합니다.
		• Tex Opacity Offset : 텍스처의 Alpha가 표면적으로 도출되는 정도입니다.
		• Texture Type : 컬러나 Opacity의 맵핑되는 타입을 결정합니다.
		• Map Method
		   – Full View : View 전체에 텍스처가 적용됩니다.
		   – Brush Start : Stroke의 시작점에 따라 맵핑됩니다.
		   – Tube2D : UV방향만으로 맵핑됩니다.
		   – Tube3D : 3D로 맵핑됩니다.
		• Text Uniformity : Map Method에서 Tube2D 설정되어 있을 때, CV의 간격에 따라 맵핑의 늘어나는 정도를 조절합니다.
		• Tex Color1, 2 : 선택된 텍스처 타입의 Color1, 2와 투명도를 조절합니다.
		• Tex Alpha1, 2 : 텍스처가 가지고 있는 Alpha 정도를 조절합니다.
		• Repeat U, V : 텍스처가 반복되는 수를 지정합니다.
		• Offset U, V : U, V 방향으로 텍스처를 이동합니다.
		• Blur Mult : Anti–alias 정도를 조절합니다.
		• Smear U, V : 텍스처를 번지게 합니다.

Illumination	Light와 관련된 옵션들이 있습니다.	• Illuminated : Stroke가 Light를 받습니다. • Real Lights : 마야에서 Light를 설치했을 경우 Stroke에 영향을 줍니다. • Light Direction : Light의 방향을 정해줍니다. • Translucence : Stroke의 반투명도와 Light의 흡수되어 퍼짐을 설정합니다. • Specular : Stroke의 하이라이트 부분의 밝기를 설정합니다. • Specular Power : Stroke의 하이라이트 부분의 밝기를 선택합니다. • Specular Color : 하이라이트 부분의 컬러를 선택합니다.
Shadow Effect	그림자를 표현하기 위한 부분입니다.	• Fake Shadow : 표현되어지는 Shadow를 말합니다. • None : Shadow가 나타나지 않습니다. • 2D Offset : View상에 Shadow가 나타나게 해줍니다. • Back, Center Shadow : 물체 뒤에서 비치는 Shadow와 Center 부분에 생성되는 Shadow를 이야기합니다. • Depth Shadow Type : surface에 Shadow가 비치는 정도를 이야기합니다. • Surface Depth : Tube가 surface와 얼마나 근접한지에 따라 Shadow가 생성되고, 가까울수록 짙은 Shadow가 만들어집니다. • Path Dist : Tube가 패스와 얼마나 근접한지에 따라 Shadow가 생성되는 것을 설정합니다. 가까울수록 짙은 Shadow가 만들어집니다.
GLOW	발광효과를 주기 위한 부분입니다.	• Glow Color : Glow Color를 설정합니다. • Glow Spread : Glow가 퍼지는 정도를 설정합니다. • Shader Glow : Shader 전체의 밝기를 설정합니다.
TUBE	Tube 부분에(줄기, 잎, 꽃…) 생성된 여러 가지 요소들을 수정할 수 있습니다.	• Tube Per Step : Tube의 수를 설정합니다. • Tubes Rand : Tube의 위치를 불규칙적으로 만듭니다. • Start Tubes : Stroke가 가지고 있는 포인트에서 시작 지점을 선택할 수 있습니다. • Lenght Min, Max : Tube의 최소, 최대 길이를 조정합니다. • Tubes Width1, 2 : Tube의 너비를 결정합니다. • Width Rand : Tube의 너비를 불규칙적으로 만듭니다. • Width Bias : 너비의 불규칙 정도가 어느 쪽으로 치우칠지를 결정합니다. • Segments : Tube가 얼마나 많은 포인트(Section)를 가질지를 결정합니다. • Segments Lenght Bias : 세그먼트 분배를 결정합니다. 낮으면 Tip의 세그먼트가 증가하고, 높으면 Base 부분이 증가합니다. • Segments Width Bias : 세그먼트 분배를 결정합니다. 낮으면 너비가 높은 부분이 증가하고, 높으면 좁은 너비 부분이 증가합니다. • Tube Direction : Tube의 생성방향을 결정합니다.

		• Along Normal : 서피스의 Normal 방향(직각)으로 Tube를 생성합니다. • Along Path : Stroke의 패스방향으로 Tube를 생성합니다. • Elevation Min, Max : Tube의 Normal 방향으로의 형태를 조절합니다. 　– Elevation이 1인 경우 : Normal 방향(직각)으로 Tube가 생성됩니다. 　– Elevation이 2인 경우 : 패스의 Tangent 반대방향입니다. 　– Elevation이 0인 경우 : 패스의 Tangent 방향입니다. • Azimuth Min, Max : Normal 방향을 기준으로 Tube를 회전시켜 방향을 정해 줍니다. • Simplify Method : Stroke를 와이어프레임으로 보여줍니다.
Growth	생성에 대한 설정입니다.	• Branches : 나뭇가지　　　　　• Twigs : 잔가지 • Leaves : 나뭇잎　　　　　　　• Buds : 꽃봉오리
Branches	가지에 대한 설정입니다.	• Start Branches : Tube에 생성될 가지의 개수 • Num Branches : 잔가지의 개수를 설정합니다. • Split Max Depth : 생성할 수 있는 가지의 최대수 • Branch Dropout : 가지의 크기나 비율 • Split Rand : 가지 사이의 간격을 불규칙하게 설정합니다. • Split Angle : 가지가 자라난 각도 • Split Twist : 가지를 Twist해 줍니다. • Split Size Decay : 가지의 두께를 설정 • Split Bias : 가지의 길이를 설정 • Min Size : 가지의 최소 크기를 설정 • Middle Branch : 가지가 지속적으로 뻗어나게 합니다.
z Twigs	잔가지의 모양과 형태를 설정합니다.	• Twigs In Cluster : 얼마 정도의 잔가지가 생성될지 설정합니다. • Num Twig Cluster : 잔가지의 개수 • Twig Dropout : 잔가지를 불규칙하게 생성 • Twig Length : 잔가지의 길이를 설정 • Twig Base, Tip Width : 잔가지의 시작과 끝부분의 너비를 설정 • Twig Start : 잔가지가 생성되는 부분 결정 • Twig Angle 1, 2 : 잔가지가 생성되는 각도 • Twig Twist : 잔가지의 뒤틀림 정도
z Leaves	잎에 대한 설정을 합니다.	• Leaves in Cluster : 잎의 개수를 설정 • Num Leaf Cluster : 하나의 나뭇가지에 몇 개의 잎을 생성할지 결정 • Leaf Dropout : 잎을 불규칙하게 생성 • Leaf Length : 잎의 길이 • Leaf Base, Tip Width : 잎의 너비 • Leaf Start : 잎이 가지의 어느 부분부터 생성될지를 결정 • Leaf Angle 1, 2 : 잎의 생성 각도
z Leaves	잎에 대한 설정을 합니다.	• Leaf Twist : 잎의 뒤틀리는 정도 • Leaf Segments : 잎의 구부러짐을 줄 수 있게 Segments를 설정합니다. • Leaf Flatness : 잎의 형태의 정도 • Leaf Size Decay : 크기에 대한 지속성 • Leaf Translucene : 잎의 투명도 • Leaf Color 1, 2 : 잎의 시작 부분과 끝 부분의 색상 • Leaf Hue, Sat, Val Rand : 잎의 색상, 명도, 채도 등을 불규칙하게 섞어줍니다.
Flower	꽃에 대한 설정을 합니다.	• Petals In Flower : 꽃의 개수 • Num Flower : 가지에 생성되는 꽃의 수 • Petal Dropout : 꽃을 불규칙하게 생성 • Petal Length : 꽃잎의 길이 • Flower Start : 가지의 어느 부분부터 꽃이 생성될지를 결정 • Flower Angle 1, 2 : 꽃잎의 생성 각도 • Flower Twist : 꽃잎의 뒤틀리는 정도 • Petal Segments : 꽃잎의 구부러짐을 설정 • Petal Flatness : 꽃잎의 형태의 정도

		• Flower Size Decay : 크기에 대한 지속성 • Flower Translucence : 잎의 투명도 • Petal Color 1, 2 : 꽃잎의 시작 부분과 끝 부분의 색상 • Flower Hue, Sat, Val Rand : 꽃잎의 색상, 명도, 채도 등을 불규칙하게 섞어줍니다.
Buds	꽃봉오리에 대한 설정입니다.	• Bud Size : 꽃봉오리의 크기 • Bud Color : 꽃봉오리의 색상
Behavior / Displacement	생성된 Tube의 형태에 대한 변화를 설정합니다.	• Displacement Delay : Noise나 Wiggle, Curl 등의 정도를 Delay합니다. • Noise : Tube의 형태를 찌글찌글하게 만들어줍니다. • Noise Frequency : Noise의 변형 정도 • Noise Offset : Noise의 변동 폭 • Wiggle : Noise와 비슷한 형태를 만들어 줍니다. 하지만 조금은 규칙적인 지그재그 형태로 변형합니다. • Wiggle Frequency : Wiggle의 변형 정도 • Wiggle Offset : Wiggle의 변동 폭 • Curl : Tube의 형태를 둥글게 해줍니다. • Curl Frequency : Curl의 변형 정도 • Curl Offset : Curl의 변동 폭
z Forces		• Path Follow : Tube의 방향이 Stroke의 방향을 따라서 형태가 만들어집니다. • Path Attract : Path Follow를 사용한 경우 형태의 정도를 설정합니다. • Curve Follow : Curve를 이용해 방향을 설정했을 경우 Curve의 방향으로 구속합니다. • Curve Attract : Curve Follow를 사용한 경우 형태의 정도를 설정합니다. • Curve Max Dist : Tube의 Curve Follow를 구속하는 최대값 • Random : 구속 정도를 불규칙하게 설정합니다. • Uniform Force : 구속방향을 X, Y, Z의 방향으로 제어합니다. • Gravity : 중력 • Deflection, Deflection Min, Max : 구부러지는 정도의 최소값, 최대값을 조절 • Momentum : Stroke의 방향으로 구속되는 운동량 • Length Flex : Tube의 확장과 수축을 설정

Turbulence	불규칙적인 힘을 통해 Tube가 바람에 흔들리는 모션을 만들 수 있습니다.	• Turbulence Type
		  − Off : Tube에 Turbulence를 적용하지 않습니다.
		  − Local Force : Tube를 자체 기준으로 물리적인 힘을 발생시킵니다.
		  − World Force : Scene 공간에서 물리적인 힘을 일으킵니다. Tube들이 동일한 힘의 영향을 받아야 할 경우에 사용할 수 있습니다.
		  − Local, World Displacement : Local, World 축을 기준으로, Displacement를 일으킵니다.
		  − Grass Wind : 풀밭의 잔디처럼 부드러운 흔들림 정도를 결정합니다.
		  − Tree Wind : 나무의 흔들림 정도를 결정합니다.

Turbulence	불규칙적인 힘을 통해 Tube가 바람에 흔들리는 모션을 만들 수 있습니다.	• Interpolation : Turbulence 수학적인 연산 정도를 지정합니다. Smoothover Time and Space는 가장 사실적인 연산을 만들어 냅니다. • Turbulence : 강도를 지정할 수 있습니다. 강도가 높으면 바람의 세기가 강하게 표현됩니다. • Frequency : Turbulence가 변화되는 정도를 조절합니다. • Turbulence Speed : Turbulence가 얼마나 빨리 변화될 것인지를 조정합니다. • Turbulence Offset : Turbulence가 발생되는 위치를 Offset합니다.
Spiral	Tube를 소용돌이와 같은 나선형 형태로 만듭니다.	• Spiral Min, Max : 나선형 형태로 변하는 최솟값, 최댓값을 조절합니다. • Spiral Decay : Spiral의 값을 점차 감소시킵니다.
Twist	Tube에 뒤틀림을 부여합니다.	• Twist Rate : 뒤틀림의 정도를 조절합니다. • Twist Rand : 뒤틀림의 정도를 불규칙하게 합니다.
Gaps	Tube를 점선과 같은 모양의 Gap을 만들어 냅니다.	• Gap Size : Gap의 크기입니다. • Gap Spcing : Gap과 Gap의 거리입니다. • Gap Rand : Gap을 불규칙하게 조정합니다.
Flow Ammah	Line을 따라 생성되는 애니메이션을 만듭니다.	• Flow Speed : Line을 따라 생성되는 시간을 설정합니다. • Strolie Time : 체크가 되어지면 Line을 따라 생성될 때 시작점부터 차례대로 생성됩니다. • Time Clip : 체크가 되어져야 Animation이 만들어집니다.

Flow Animation은 paint effect로 만들어진 자연물을 시간에 따라 자라나는 애니메이션으로 생성할 수 있는 독립적인 기능입니다.

09 UV Editor

▶ UV EDITOR

작업자가 모델링을 완성한 후 반드시 거쳐야 하는 작업이 있는데, 바로 UV 작업입니다. 이것은 오브젝트에 좌표를 부여해서 보이는 재질의 형태나 문양을 틀어지지 않게 하는 작업을 말합니다.

우리는 UV를 Texture Coordinate라 말합니다.

좌표는 UV Texture Editor라는 2D편집창으로 디스플레이되는 것을 볼 수 있습니다. 사용자는 UV Texture Editor에서 UV를 수정하는 작업을 할 수 있습니다.

UV Texture Editor의 가운데 그리드 영역이 보입니다. 그리고 중심점 0에서 1이라고 쓰인 공간이 보이는데 그 안에 모든 UV가 존재해야 효율적으로 재질이 표현됩니다. 가운데 네모 박스 밖으로는 반복되는 현상이 일어납니다.

▶ MAPPING UV

UV작업을 하기 위해서는 Mapping 작업을 먼저 설정해야 합니다. 다시 말해서 UV Projection을 통해 정의를 내리는 것을 말합니다. UV Projection은 Planner, Cylindrical, Spherical, Automatic 등이 있습니다. 하나씩 알아보겠습니다.

■ Planner Projection

Planer Projection 방식은 평면 맵핑을 말합니다. 이것은 작업자가 오브젝트를 바라볼 때 X, Y, Z으로 방향을 정하고 명령어를 실행시켜 보이게 하는 맵핑 방식입니다.

그림과 같이 오브젝트 위에서 마우스 오른쪽 클릭을 길게 합니다. 나오는 메뉴 중 Assign New Material에서 Blinn을 선택해 줍니다. 얼굴 오브젝트를 선택한 후 Ctrl + Alt 를 선택해 주면 Editor 창이 나옵니다. 재질 탭을 선택하고 Color의 체크무늬 버튼을 선택합니다.

File Map을 이용해 그림 파일을 적용합니다.

Polygon ≫ create UVs ≫ Planar Mapping Box를 선택합니다. 메뉴 중 Project form ≫ Z axis ≫ Project를 실행합니다.

그림을 확인해 보면 앞쪽 면과 뒤쪽 면은 그림이 나타나지만 옆면은 늘어지는 현상이 나타납니다. 평면 맵핑은 한 방향으로 적용되기 때문에 그런 현상이 나타나는 것입니다.

■ Cylindrical Projection

Cylindrical Projection은 원통형 맵핑이라고 정의합니다.

원통형의 형태를 가지는 3차원 오브젝트들에 적용합니다. 이것은 초기에 180도만 적용됩니다. 적용 후 Channel Box에서 Projection Horizontal sweep ≫ 360도로 수정해 주면 됩니다.

■ Spherical Projection

Spherical Projection은 원형 맵핑이라고 정의합니다.

맵핑 방식은 Cylindrical Projection Mapping과 유사하게 적용됩니다.

적용 후 Channel Box에서 Projection Horizontal sweep ≫ 360도로 수정해 주면 됩니다.

■ Automatic Projection

Automatic Projection은 작업자가 방향을 여러 개 설정한 후 실행할 수 있습니다. Projection시킬 Plane의 수는 사용자가 옵션을 통해 지정할 수 있습니다.

Polygon 》 create UVs 》 Automatic Mapping Box를 선택합니다. 메뉴 중 Mapping Settings 》 planes에서 개수 지정 》 Project를 실행합니다.

3D Paint Tool을 사용해서 직접 페인팅할 경우에 유용하게 사용됩니다.

10 Play blast : 작업 중 빠르게 선택한 View를 실시간 속도에 맞추어 Animation play를 할 수 있습니다.

예제 **UV EDITOR 명령어 이해하기**

Windows ≫ UV Texture Editor를 선택합니다.

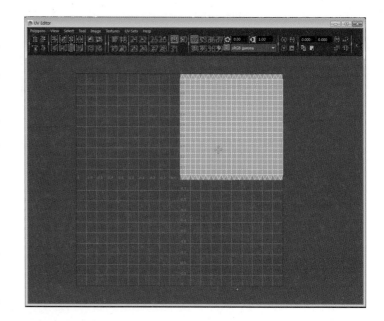

❶ Lattice Tool : UV 선택한 후 적용하면 빨간 색 틀이 나타납니다. 외곽 원형을 움직이면 UV들이 움직이는 것이 확인됩니다.

❷ Move UV Sell Tool : 오브젝트를 여러 번 Maping한 후 UVtexture editor를 확인하면 여러 개의 조각 UV를 확인할 수 있습니다. UV조각을 손쉽게 선택할 수 있습니다.

❸ Select Shortest Path tool

❹ Tweat UV Tool

❺ unfold UV Tool : 브러시로 드래그해 UV를 펼쳐 줍니다.

❻ Cut UV Tool : 선택한 Edge를 마우스를 이용 해 드래그해서 잘라 줍니다.

❼ Grap UV Tool : UV들을 브러시를 이용해 이동합니다.

❽ Pinch UV Tool : UV들을 브러시를 이용해 간격을 좁혀 줍니다.

❾ Optimize UV Tool : 브러시로 드래그해 UV를 펼쳐 줍니다.

❿ Sew UV Tool : 브러시로 드래그해 UV를 붙여줍니다.

⓫ Pin UV Tool : 브러시로 PIN이 될 UV를 선택합니다.

⓬ Smear UV Tool : 브러시로 드래그해 UV를 이동시켜 줍니다.

⓭ Flip Select UVs In Udirection : UV를 U방향으로 뒤집어 줍니다.

⓮ Flip Select UVs In Vdirection : UV를 V방향으로 뒤집어 줍니다.

⓯ Rotate UVs Counterclockwise Options : UV를 시계 반대방향으로 회전시켜 줍니다.

⓰ Rotate UVs clockwise Options : UV를 시계방향으로 회전시켜 줍니다.

⓱ select face to be moved in UV space : 선택한 UV를 UV Texture editor의 중앙 부분의 0에서 1 지점으로 이동시켜 줍니다.

⓲ snap selected UVs to user specified grid : UV Texture editor의 Grid Snap을 활성화시켜 줍니다.

⓳ unfold selected UVs : Unfold 기능을 실행시켜 줍니다.

⓴ Automatically move UVs for better texture space distribution : 외곽 UV를 고정시킨 후 안쪽 UV를 정렬시켜 줍 니다.

㉑ Align selected UVs to minimum U value : 선택한 UV를 Left 정렬시켜 줍니다.

㉒ Align selected UVs to maximum U value : 선택한 UV를 Right 정렬시켜 줍니다.

㉓ Align selected UVs to minimum v value : 선택한 UV를 Bottom 정렬시켜 줍니다.

㉔ Align selected UVs to maximum v value : 선택한 UV를 Top 정렬시켜 줍니다.

㉕ toggle isolate select mode : 이 기능이 활성화되어야 UV를 Hide/Show할 수 있습니다.

㉖ Add selected UVs to the isolate select set : 선택한 UV를 Show시켜 줍니다.

㉗ Remove all UVs of the selected object from the isolate select set : 선택된 UV를 Hide시켜 줍니다.

㉘ Remove Selected UVs of the isolate select set : 전체 UV를 Hide시켜 줍니다.

㉙ display image on/off : 재질로 사용된 그림을 Show시켜 줍니다.

㉚ toggle filtered image on/off : 재질로 사용된 그림을 Show시켜 줍니다.

㉛ Dim image on/off : 재질로 사용된 그림을 어둡게 Show시켜 줍니다.

㉜ View grid on/off : UV Texture editor의 grid를 on/off 합니다.

㉝ pixel snap on/off : 선택한 UV를 한 점으로 모아 줍니다.

㉞ Toggle the display of texture borders for the active mesh : UV의 외곽을 두껍게 보여줍니다.

㉟ Display Checkered Tiles

㊱ Toggle shaded UV display : UV를 shader로 보여줍니다.

㊲ Display UV distortion

㊳ Display RGB channels : RGB로 보여줍니다.

㊴ Display alpha channel : 알파 채널을 보여줍니다.

예제 | 바운스 볼 애니메이션하기(Graph Editor 활용)

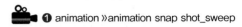

❶ animation 》animation snap shot_sweep

Graph 01

Sphere를 생성해서 위아래로 움직이며 이동하는
애니메이션을 만듭니다.
이동 경로를 나타내 주고 있습니다.

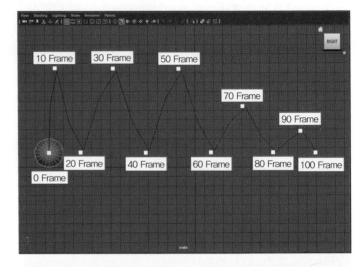

Graph 02

화면 왼편 노란색 박스로 표시한 아이콘을 선택합
니다.
위 아래 두 개의 화면으로 분리되었습니다.
Windows 》 Animation Editors 》 Graph Editor를
선택합니다.
그림처럼 아래쪽에 위치시킵니다.

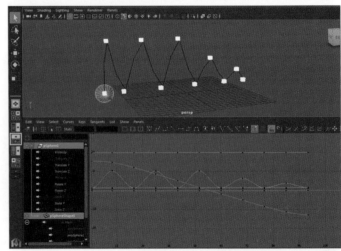

Graph 03

Graph Editor 화면 왼편에서 TranslateY, TranslateZ
를 선택합니다.
오른쪽 화면에 애니메이션 Graph가 나타납니다.

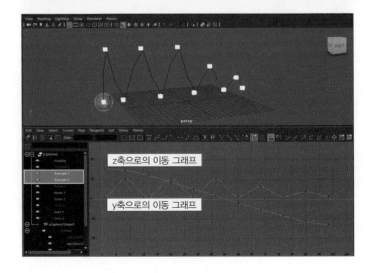

Graph 04

노란색 박스로 표시한 지점은 Key Frame입니다.
위쪽 분홍색 박스 표시는 Tangent Icon입니다. 작
업자는 Tangent를 통해 속도와 중력 등 물리적인
애니메이션을 만들 수 있습니다.

조절자로 표시한 부분은 마우스 중간 버튼을 이용
해 Tangent를 편집할 수 있습니다.

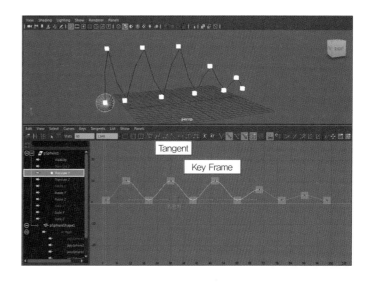

Graph 05

노란색 박스 부분의 Key Frame을 모두 선택합니다.
빨간색 박스로 표시된 부분의 아이콘을(Break
Tangent) 선택합니다.

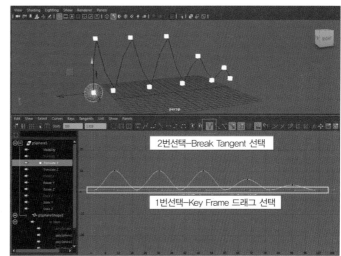

Graph 06

노란색으로 표시된 조절자를 마우스 가운데 버튼
으로 누른 상태에서 이동합니다. Graph의 형태가
변형되는 것을 확인할 수 있습니다.

Graph 07

아래쪽 형태가 뾰족하게 편집합니다. 이렇게 Graph
를 만들면 공의 동작이 만들어집니다.

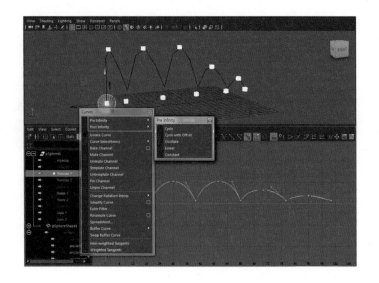

Camera 01

camera1, camera2, camera3을 설치해서 각자 view
를 설정해 줍니다.

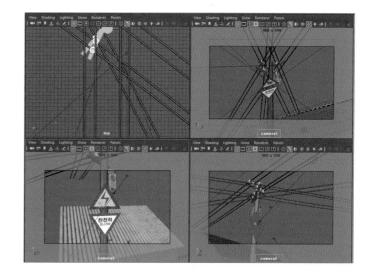

Camera 02

Windows » Animation Editors » camera
sequencer를 실행합니다.

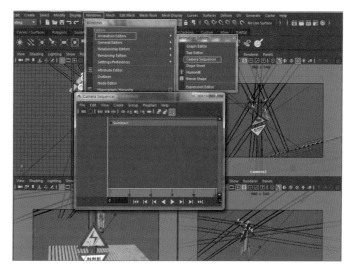

Camera 03

camera sequencer » create » shot 옵션 박스(빨
간색으로 표시한 부분)를 선택합니다.

Create Shot Option

- Name : shot1

- Shot Camera : Camera1

- Start time : 1 / End time : 60을 입력합니다.

Apply 선택해 적용합니다.

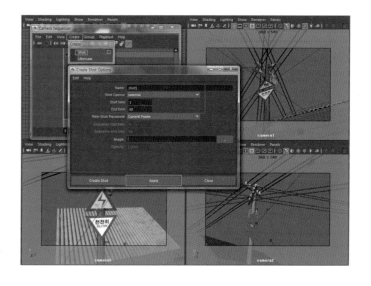

Camera 04

Create Shot Option

— Name : shot2

— Shot Camera : Camera2

— Start time : 1 / End time : 60을 입력합니다.

Apply 선택해 적용합니다.

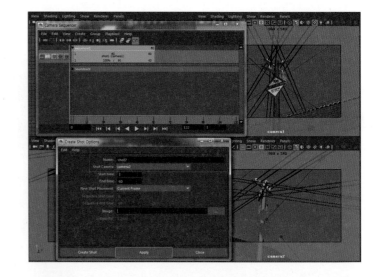

Camera 05

Create Shot Option

— Name : shot3

— Shot Camera : Camera3

— Start time : 1 / End time : 60을 입력합니다.

Apply 선택해 적용합니다.

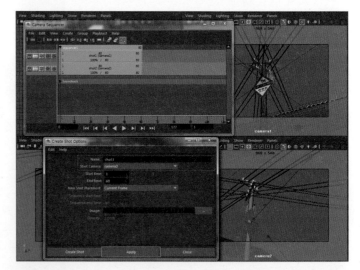

Camera 06

Create Shot Option 창에서 Play 버튼을 누르면 화
면이 전환되는 것을 확인할 수 있습니다.

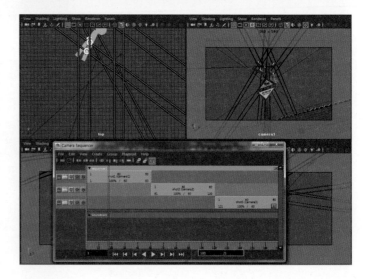

Paint 01

create » Nurbs Primitive » Plane을 생성시켜 줍
니다.
Plan을 선택합니다.

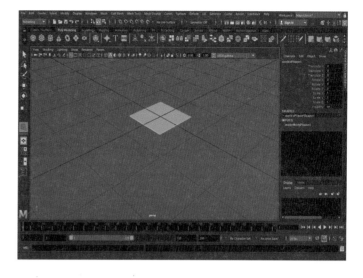

Paint 02

모델링 탭을 선택해 줍니다.

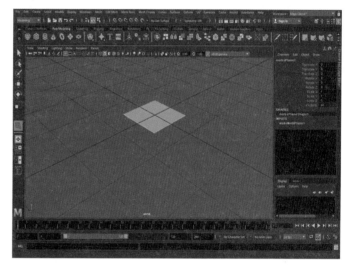

Paint 03

Generate » Paints Effects » Make Paintable을 실
행시킵니다.

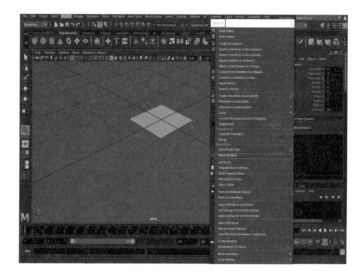

Paint 04

Window >> General Editors >> Content Bowser를
선택합니다.

Paint 05

Paint 06

visor에서 Flowers를 선택하고 Plane 위에 마우스
로 그려 봅니다.

Paint 07

꽃이 만들어지는 것을 확인할 수 있습니다.

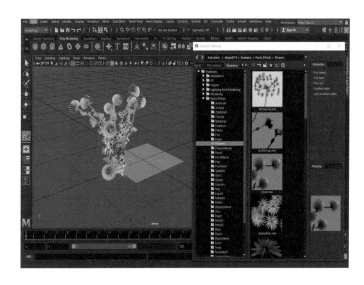

TIP

▸ 키보드 "Ⓑ"는 브러시의 크기를 조절하는 단축키입니다.

　"Ⓑ"를 누른 상태에서 마우스 왼쪽 버튼을 클릭 드래그하면 브러시의 크기가 바뀌는 것을 볼 수 있습니다.

View에 만들어진 꽃을 선택합니다. Ctrl + ⓐ를 눌러서 Attribute Editor를 Open합니다.

Attribute Editor의 daisySmall 탭을 선택합니다.

아래 명령어는 paint effects의 편집 명령어입니다.

▸ Global Scale : 전체 크기 및 두께 위치 등을 지정합니다.

▸ Brush Width : 브러시의 두께 및 3D Paint인 경우 오브젝트를 Stroke curve에 가깝게 위치시켜 줍니다.

▸ Softness : 브러시 외곽 경계의 부드러운 정도를 조절합니다.

▸ Stamp Density : Paint Effects Brush로 그림을 그렸을 때 그 점들의 밀도입니다.

예제 **Flow Animation을 이용해 자연물이 자라나게 하기**

Paint 01
create ≫ Nurbs Primitive ≫ Plane을 생성시켜 줍니다. Plan을 선택합니다.

Paint 02
모델링 탭을 선택해 줍니다.

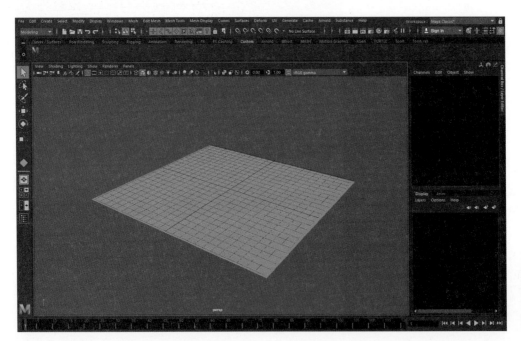

Paint 03

Generate ≫ Paints Effects ≫ Make Paintable을 실행시킵니다.

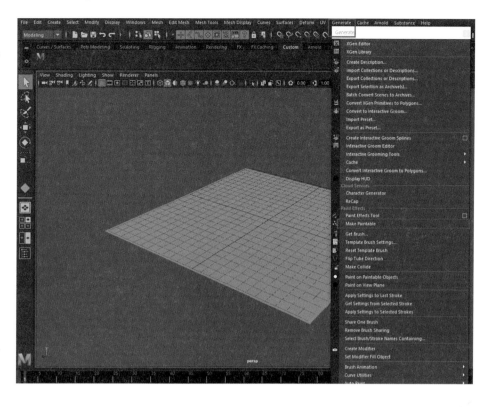

Paint 04

Windows ≫ General Editors ≫ Content Bowser를 선택합니다.

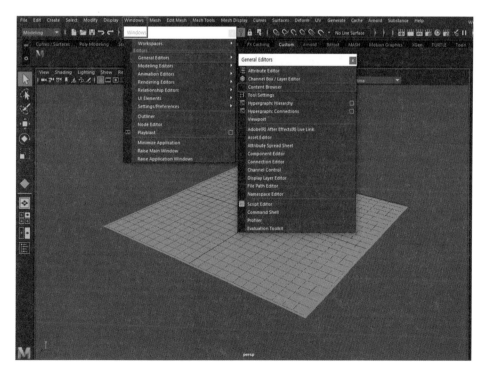

Paint 05

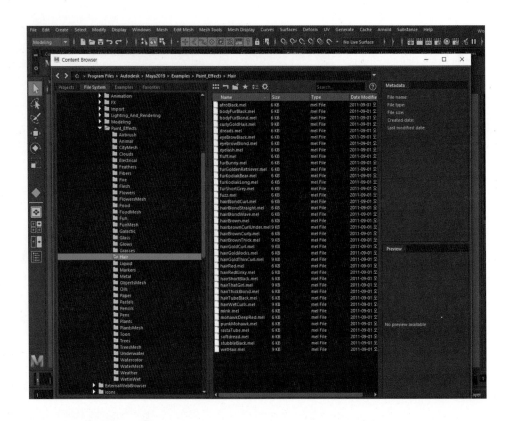

Paint 06

Content Browser에서
Flowers를 선택하고 Plane
위에 마우스로 길게 그려 봅
니다.

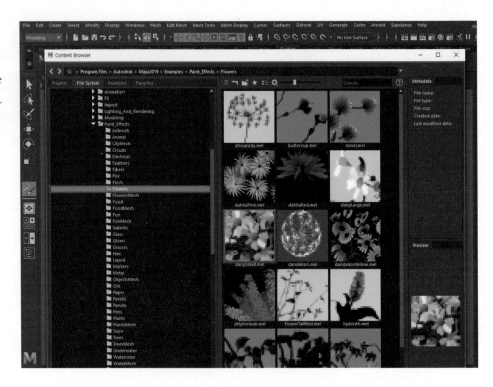

Paint 07

꽃이 만들어지는 것을 확인할 수
있습니다.
View에 만들어진 꽃을 선택합니
다. Ctrl+a를 눌러서 Attribute
Editor를 Open합니다.
Attribute Editor의 daisy small1
탭을 선택합니다.

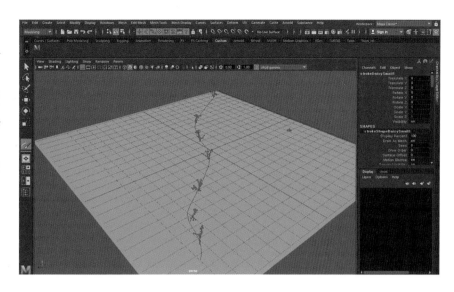

Paint 08

오른쪽 그림처럼 마우스로 화면을 아래쪽으로 이
동시켜서 Flow Animation Tab을 열어 줍니다.
— Time Clip을 체크
— Flow Speed를 1로

지정되었으면 애니메이션 플레이 버튼을 선택
해 보시면 자라나는 애니메이션을 확인할 수 있
습니다.
Start Time과 End Time은 Flow Animation이 이
루어지는 동안 Tube가 존재하는 구간입니다.

End Time을 2초로 지정하고 플레이시켜 보면,
잔디가 점차 사라지는 것을 볼 수 있습니다.
Start Time을 2초로 지정합니다. 잔디가 자라는 애니메이션이 만들어집니다.

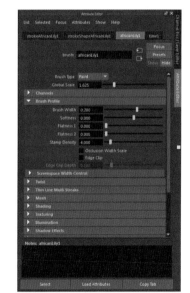

Stroke Time은 Stroke Curve의 시작점과 끝점에 대한 애니메이션을 제어할 수 있는 옵션입니다.
Stroke Time Option : Off되어 있으면 잔디는 일률적으로 같은 속도로 자라납니다.
옵션을 체크하면, 잔디는 Stroke를 생성시킨 시작점에서부터 생성되는 것을 볼 수 있습니다.

Mesh

01 | Combine

* **Booleans** : A의 오브젝트와 B의 오브젝트가 서로 교차해 있을 경우 연산해 줍니다.
  - Union : A와 B를 합쳐 줍니다.
  - Difference : A에서 B를 빼줍니다.
  - Intersection : A와 B가 교차해 있을 경우 교차한 부분만 남겨 줍니다.

예제 **Booleans**

❹ polygon tool » booleans

Poly 01

Polygon 모델을 선택합니다.

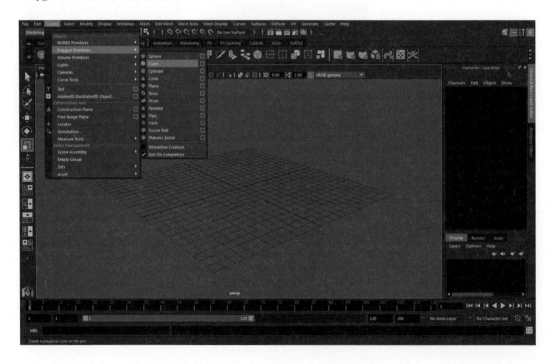

Poly 02

두 개의 Polygon 모델을 그림처럼 교차해서 위치시킵니다.

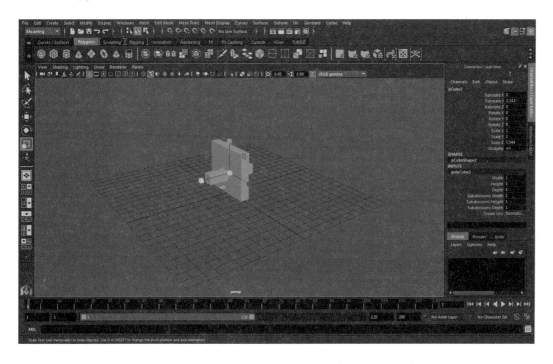

Poly 03

3개를 복사해서 위치시킵니다.

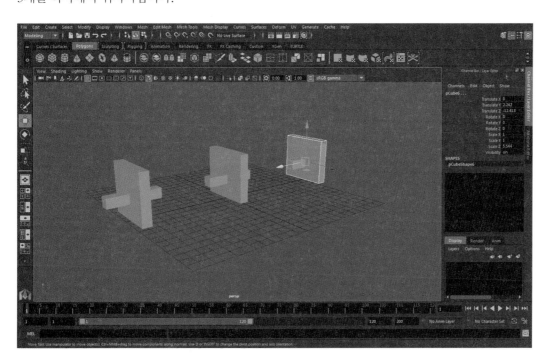

Poly 04

큰 Cube를 선택하고 키보드의 [Shift]를 누른 상태로 작은 Cube를 선택합니다.

Mesh » Booleans » Union을 실행합니다. A와 B가 합쳐진 것을 확인합니다.

Mesh » Booleans » Difference를 실행합니다. A에서 B를 빼줍니다.

Mesh » Booleans » Intersection을 실행합니다. A와 B가 교차된 부분이 남은 것을 확인할 수 있습니다.

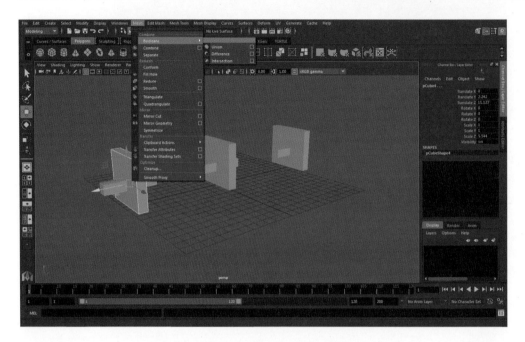

Poly 05

결과입니다.

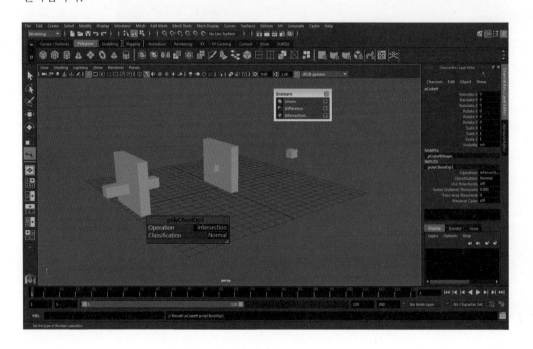

• **Combine** : 두 개의 Polygon Object를 합쳐 줍니다.

| 예제 | Combine 학습하기 |

❹ polygon tool 》combine_seperate

Polygon Object는 속성이 다른 상태에서는 많은 명령어들이 적용되지 않습니다.
그래서 여러 개의 오브젝트를 동시에 형태 수정 및 편집을 위해서 Combine을 적용해야만 합니다.

Combine 01

Create 》 Polygon Primitives 》 Cube를 선택해 두 개의 Cube를 만들어 줍니다.

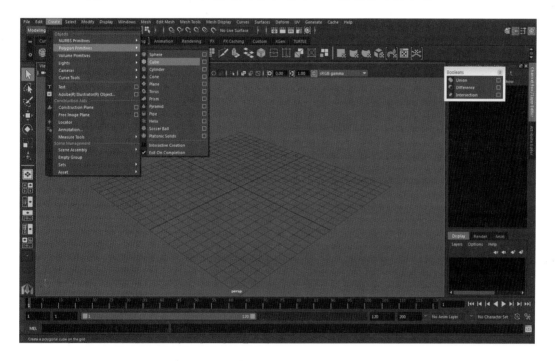

Combine 02

두 개의 오브젝트를 그림처럼 선택한 후 Mesh » Combine을 실행합니다. 두 개의 오브젝트가 합쳐진 것을 확인할 수 있습니다.

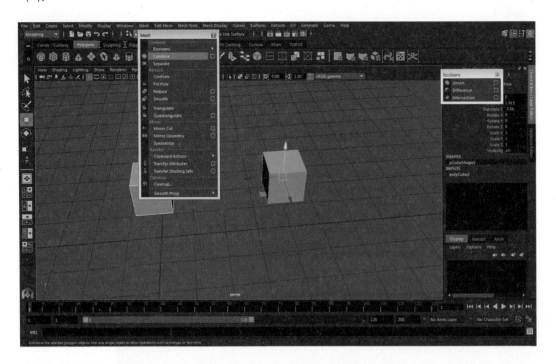

Combine 03

결과입니다.

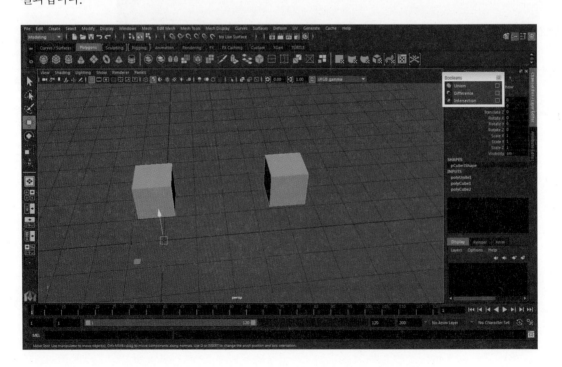

• **Separate** : 모델이 분리되어 있을 경우 그 모델을 분리시켜 줍니다.

예제 **Separate 학습하기**

④ polygon tool >>combine_seperate

Separate 01

분리된 하나의 오브젝트를 선택합니다.

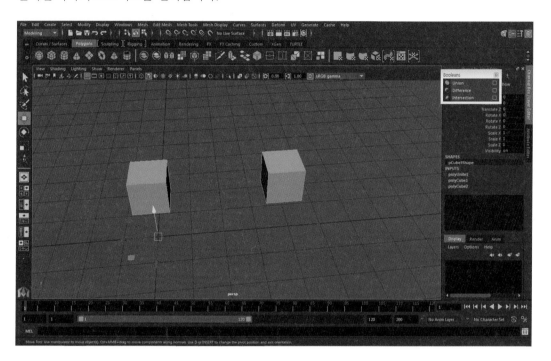

Separate 02

Mesh » Separate를 실행하면 두 개의 모델로 나누어진 것을 확인할 수 있습니다.

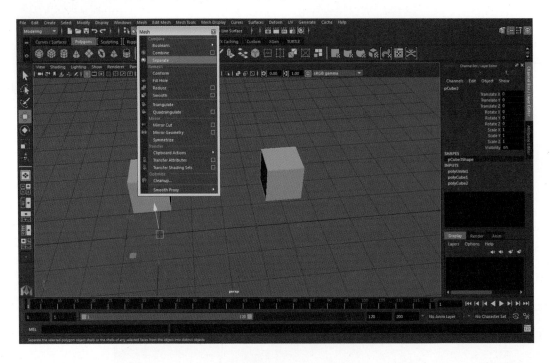

02 | Remesh

- Conform
- **Fill Hole** : Polygon 모델의 Face가 열려 있는 경우 닫아줍니다.

예제 　Fill Hole 학습하기

❹ polygon tool 》fillhole_smooth_mirrorgeometry

Fill Hole 01

만약 모델이 그림처럼 열려 있는 경우 실행합니다.

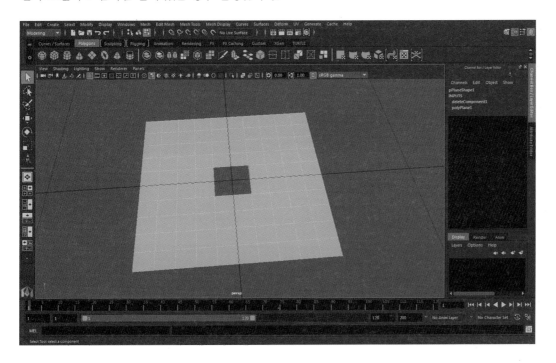

Fill Hole 02

열린 부분의 Edge를 선택해 줍니다. Mesh » Fill Hole을 실행합니다.

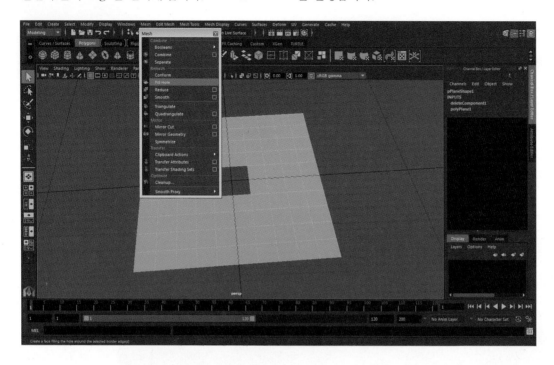

Fill Hole 03

새로운 Face가 생성된 것을 확인할 수 있습니다.

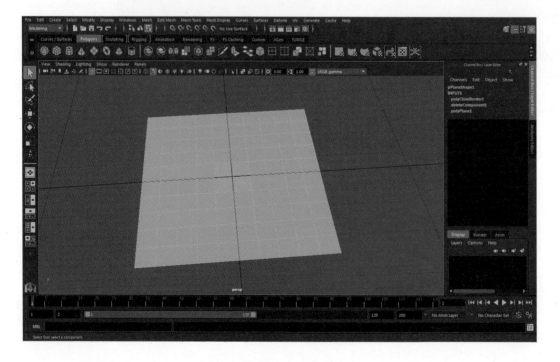

- **Reduce** : Polygon 모델의 Face를 입력값에 맞추어 정리해 줍니다.
- **Smooth** : Polygon 모델의 Face를 추가해 부드럽게 만들어 줍니다.

| 예제 | Smooth 학습하기 |

❹ polygon tool 》fillhole_smooth_mirrorgeometry

Smooth 01

Create 》 Polygon Primitives 》 Cube를 만들어 줍니다.

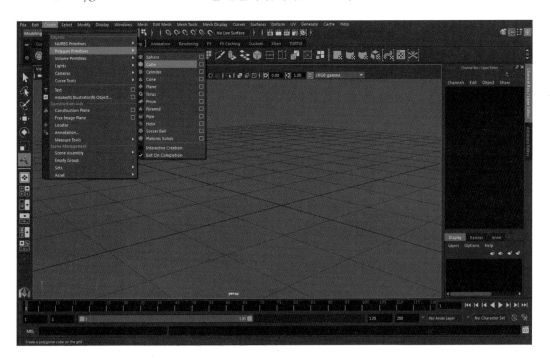

Smooth 02

Cube를 선택한 후 Mesh » Smooth를 적용합니다.

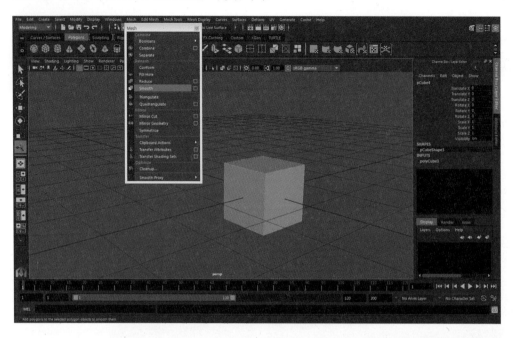

Smooth 03

Cube » Sphere로 보이는 것을 확인할 수 있습니다.

Divisions는 Face의 수를 늘려서 더욱더 부드럽게 만들어 줍니다.

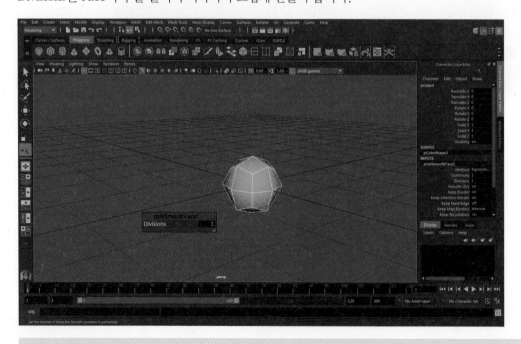

- **Triangulate** : Polygon 모델의 Face를 삼각형 Face로 전환해 줍니다.
- **Quadrangulate** : Polygon 모델의 Face를 사각형 Face로 전환해 줍니다.

03 | Mirror

- **Mirror Cut** : Polygon 모델을 절단해 줍니다.
- **Mirror Geometry** : Polygon 모델을 지정한 방향으로 Mirror 복사시킨 후 Vertex를 붙여 줍니다.
- **Symmetrize** : Polygon 모델을 Mirror 복사시켜 줍니다.

예제 **Mirror Geometry**

❹ polygon tool 》fillhole_smooth_mirrorgeometry

Mirror Geometry 01
얼굴 모델링을 완성한 것입니다.

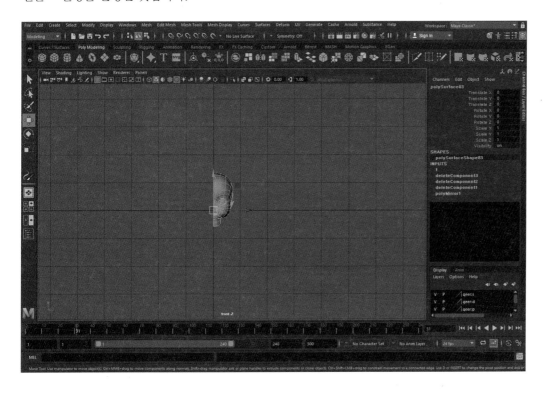

Mirror Geometry 02

얼굴 모델을 선택한 후 Mesh » Mirror Geometry의 박스를 열어줍니다.

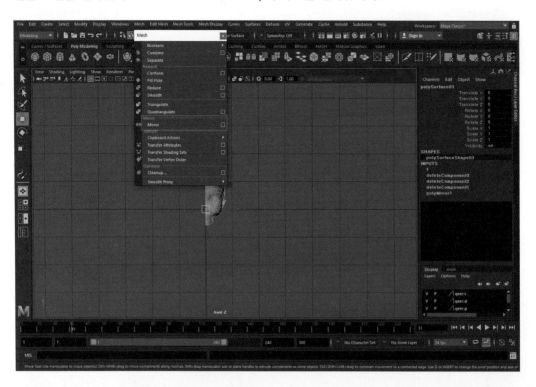

Mirror Geometry 03

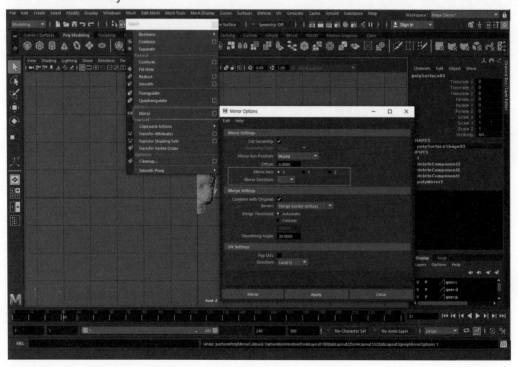

Mirror Geometry 04

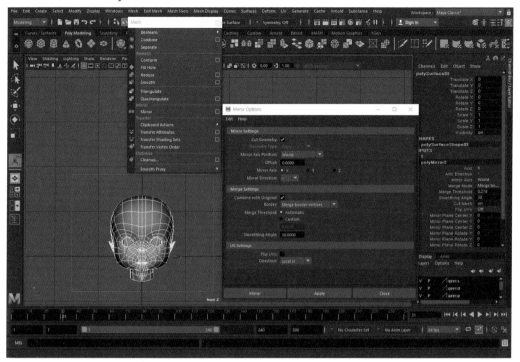

TIP

Mirror Setting
- ▶ Cut Geometry : 체크하면 다양한 Geometry Type을 선택합니다.
- ▶ Geometry Type
  - • Copy : 복사 되어 지면서 Mirror가 실행 됩니다.(기본)
  - • Instance : Mirror가되어진 상태에서 수정하면 양쪽이 동일하게 변형됩니다.
  - • Flip : Mirror 시킵니다.
- ▶ Mirror Axis position : World(기본)
  - • Offset : 입력한 값만큼 이동하며 Mirror 합니다.
- ▶ Mirror Axis : Mirror가 되어지는 축(x/y/z)을 선택합니다.
- ▶ Mirror Direction : pivot의 − 방향과 + 방향을 정합니다.

Merge Setting
- ▶ Combine With Original : 체크하면 Merge의 옵션을 사용합니다.
- ▶ Merge Threshold
  - • Automatic : 자동으로 근접한 점을 접합 시킵니다.
  - • Custom : 허용치 값을 정합니다.

UV Setting
- ▶ Flip UVs: : 체크하면 좌표를 함께 Mirror 시킵니다.
- ▶ Direction : 방향을 정합니다.

Mirror Geometry 05

결과입니다.

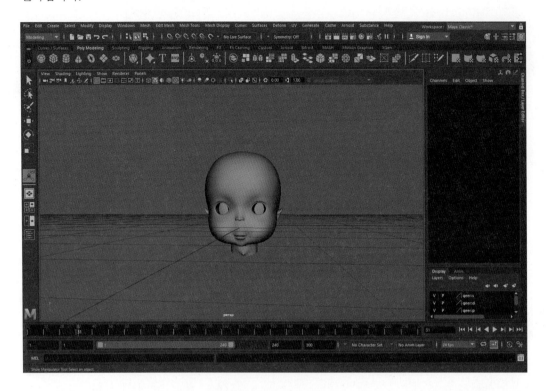

04 | Transfer

Clipboard Actions

Transfer Attributes

Transfer Shading Sets

05 | Optimize

Cleanup : Polygon 모델을 검사해서 불안정한 부분을 끊어주거나 표시해주고 Normal 방향을 정상적으로 되돌려 줍니다.

Smooth Proxy : Low Polygon으로 모델링한 후 오브젝트를 High polygon과 Low Polygon 오브젝트를 모두 나타내 줍니다. 스킨 바인드 시 유용하게 사용됩니다.

SECTION 09. Edit Mesh

01 | Components

 ❹ polygon tool 》 editmesh_components

• **Add Divisions** : Face를 두 배로 추가시켜 줍니다.

예제 **Add Divisions 학습하기**

Add Division 01

create 》 Polygon Primitives 》 Cube를 만들어 줍니다.

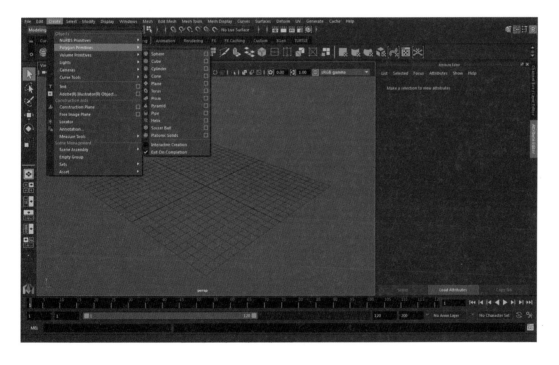

Add Division 02

마우스 오른쪽 클릭을 통해서 Face를 선택해 줍니다.

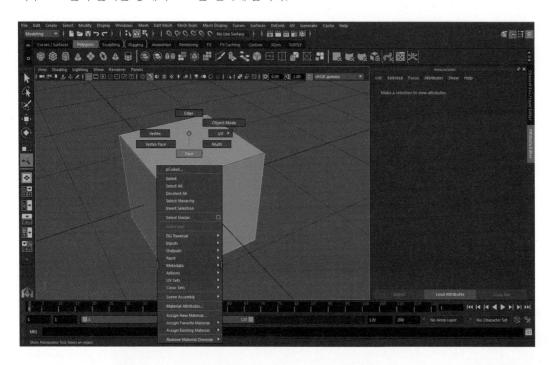

Add Division 03

Edit Mesh » Add divisions를 선택합니다.

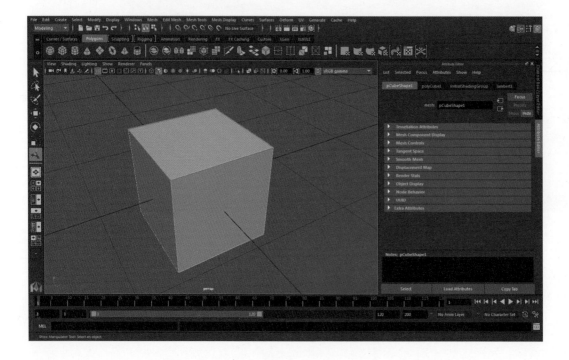

Add Division 04

그림을 비교하면 Face가 많아진 것을 볼 수 있습니다.

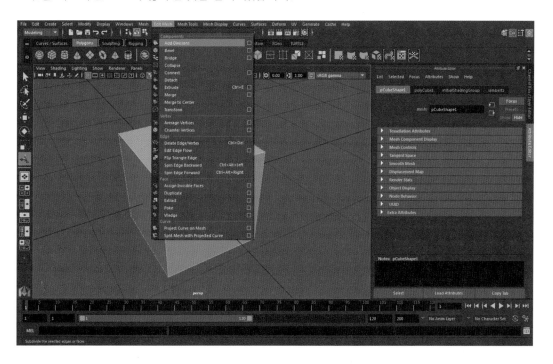

Add Division 05

Face가 추가된 모습입니다.

가운데 보이는 Division의 수치를 높이면 Face가 수치만큼 추가된 것을 확인할 수 있습니다.

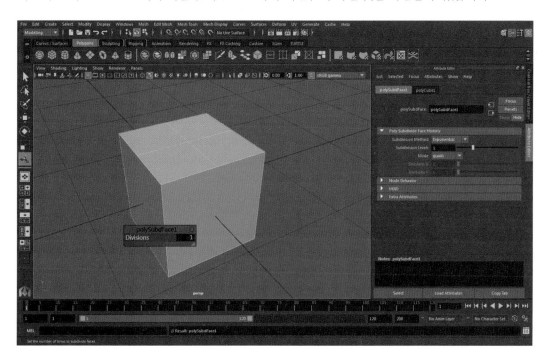

• Bevel : 임의의 Edge를 선택한 후 실행하면 라운딩시킬 수 있습니다.

예제 | Bevel 학습하기

Bevel 01

create ≫ Polygon Primitives ≫ Cube를 만들어 줍니다.

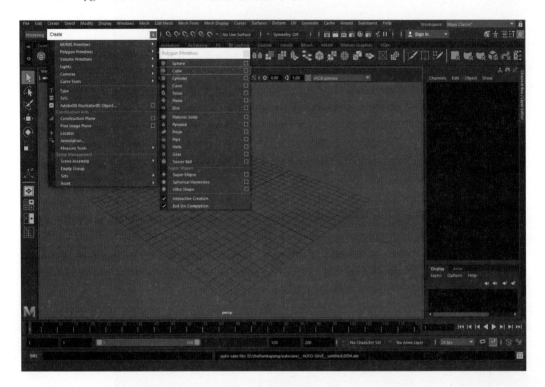

Bevel 02

위쪽 4개의 Edge를 선택합니다. (다중 선택은 Shift 를 누른 상태에서 선택해 주면 됩니다.)

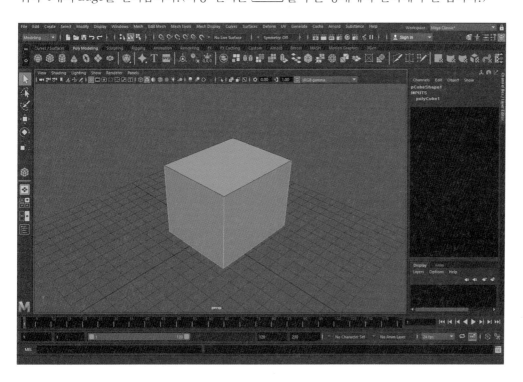

Belvel 03

Edit Mesh » Bevel을 선택합니다.

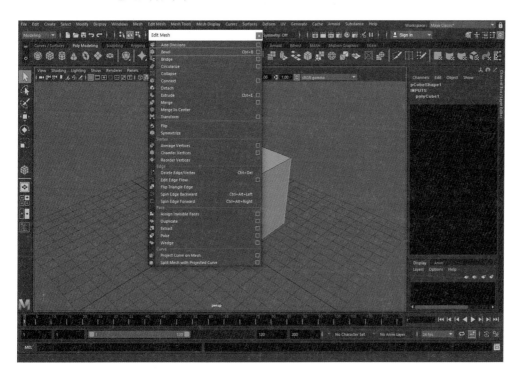

Belvel 04

선택한 Edge에 경사각이 만들어진 것을 확인할 수 있습니다.

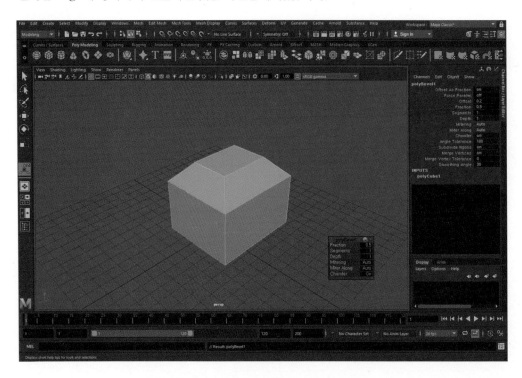

Belvel 05

화면 오른쪽에서 segments를 3으로 입력합니다. fillet된 것을 확인합니다.

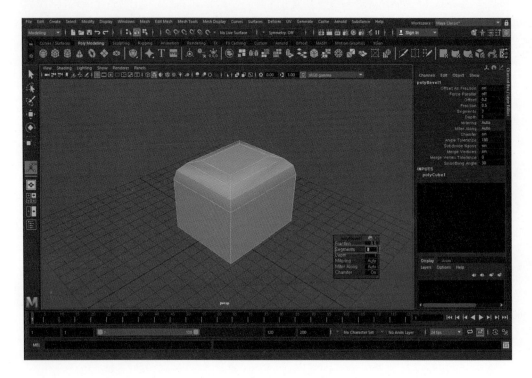

Belvel 06

오른쪽 화면에서 Roundness : −0.5로 입력합니다. 안쪽으로 Bevel된 것을 확인할 수 있습니다.

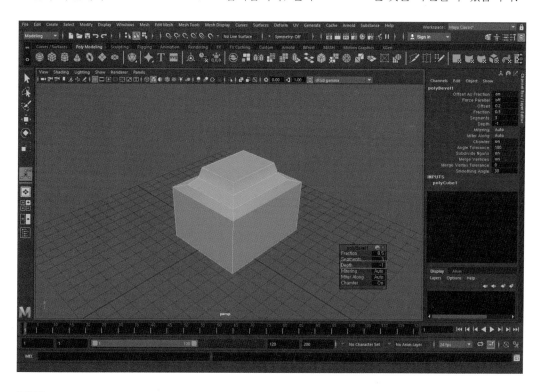

TIP

• Fraction : 경사각 정도를 지정해 줍니다.

• Segments : 경사각 부분에 Edge를 추가시킵니다. Edge가 추가될 경우 그림(Bevel 05)처럼 라운드가 되는 것을 확인할 수 있습니다.

• Depth : −0.5로 지정하면 그림(Bevel 06)처럼 안쪽으로 Bevel된 것을 확인할 수 있습니다.

• **Bridge** : 두 개의 Edge를 선택한 후 실행하면 새로운 Face를 만들어 줍니다.

예제 **Bridge 학습하기**

Bridge 01

Create ≫ Polygon Primitive ≫ Plane를 두 개 만들어서 그림처럼 위치시켜 줍니다.

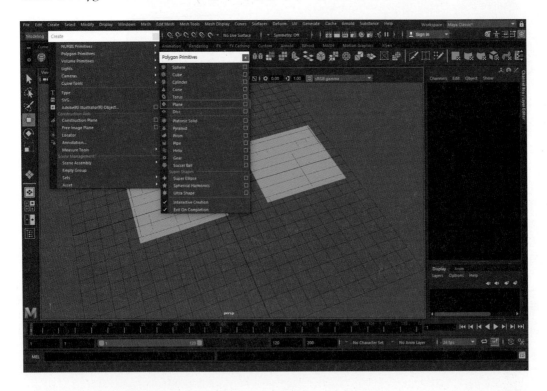

Bridge 02

두 개의 Plane을 선택한 후 그림처럼 Mesh ≫ Combine을 선택해 줍니다.

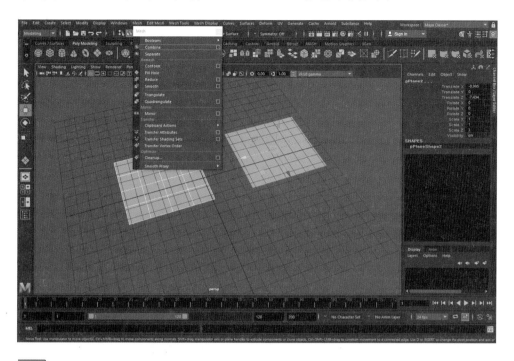

TIP 두 개의 속성이 같아야 실행이 가능하기 때문에 Combine을 실행한 것입니다.

Bridge 03

두 개의 Edge를 선택합니다.

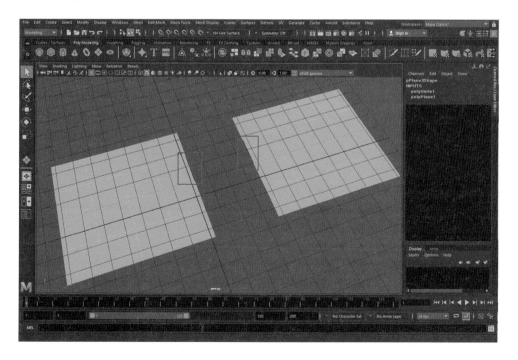

Bridge 04

Edit Mesh » Bridge를 실행합니다. 새로운 Face가 연결되어 생성된 것을 확인할 수 있습니다.

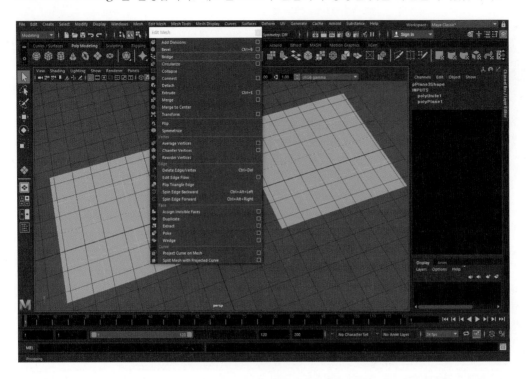

Bridge 05

결과 그림입니다.

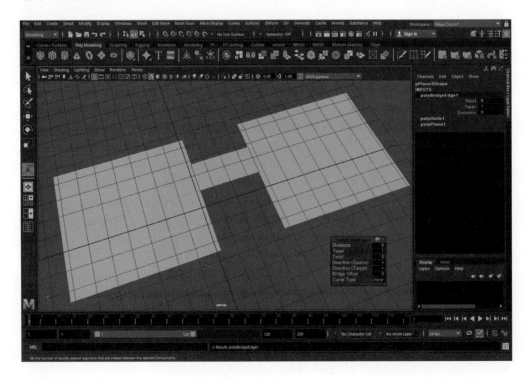

Bridge 06

Taper와 Twist가 적용된 그림

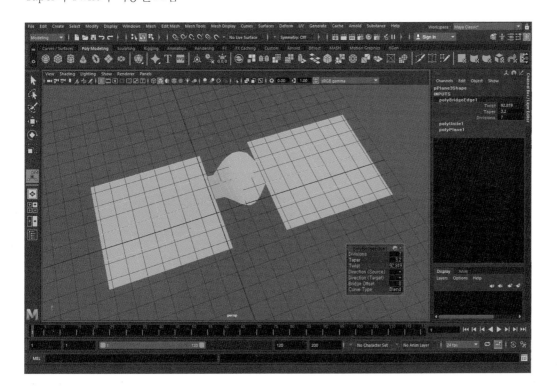

• **Collapse** : 여러 개의 Face를 Center 지점으로 합쳐 줍니다.

예제 **Collapse 학습하기**

Collapse 01

그림처럼 create 》
Polygon Primitives 》
sphere를 만들어 준 후
Face를 선택합니다.

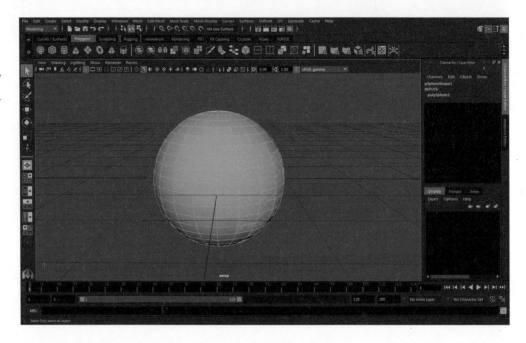

Collapse 02

Edit Mesh 》 Collapse
를 실행합니다.

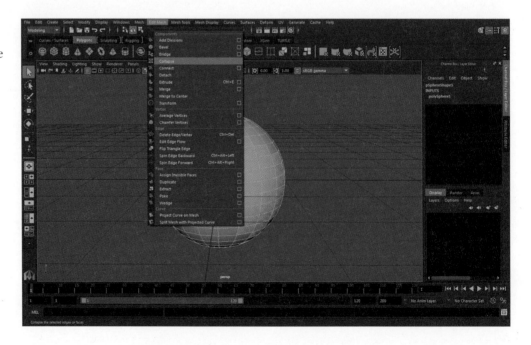

Collapse 03

한 점으로 모아진 것
을 확인할 수 있습
니다.

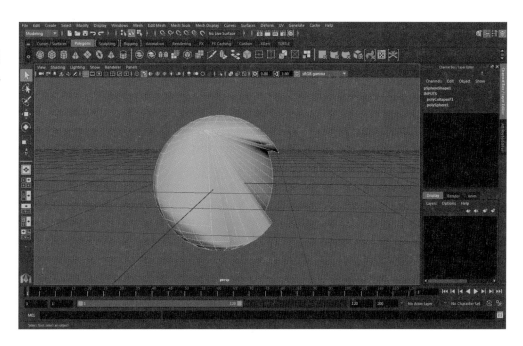

• **Connect** : 두 개의 Vertex를 연결해 Edge를 생성시켜 줍니다.

예제 **Connect 학습하기**

Connect 01

Create ≫ Polygon
Primitives ≫ Plane을
만들어 줍니다.

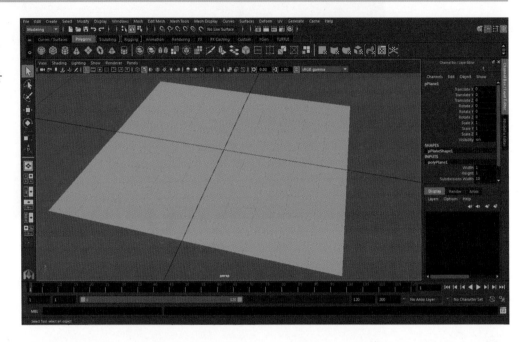

Connect 02

Edge를 여러 개 선
택해 줍니다.

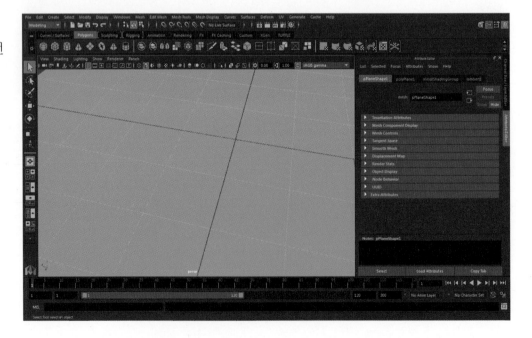

Connect 03

그림처럼 Edit Mesh
》 Connect를 선택해
줍니다.

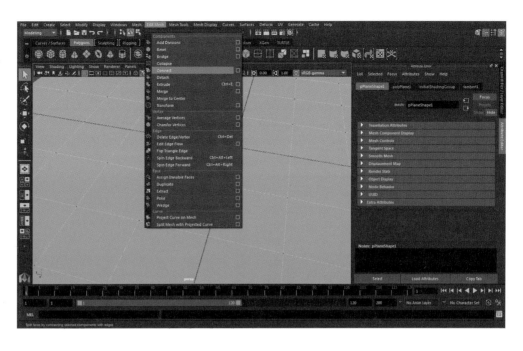

Connect 04

선택한 Edge와 Edge
들을 연결하는 새로운
Edge가 생성된 것을
확인할 수 있습니다.

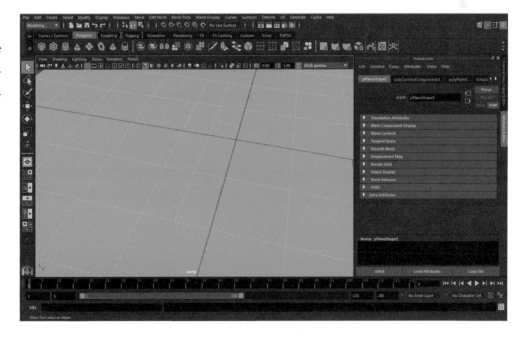

TIP　Vertex와 Vertex를 선택 후에 Connect 실행이 가능합니다.

• Detach : Vertex/Face를 분리시켜 줍니다.

Detach 학습하기

Detach 01

File » open ....me.mb 파일을 열어 줍니다.

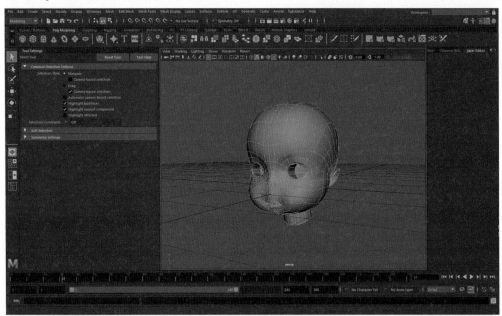

Detach 02

얼굴 앞쪽 부분의 edge를 선택합니다.

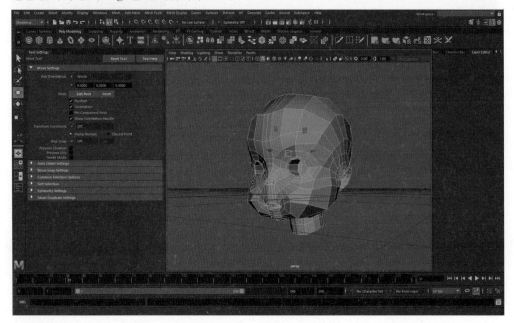

Detach 03

Edit Mesh ≫ Detach를 실행합니다.

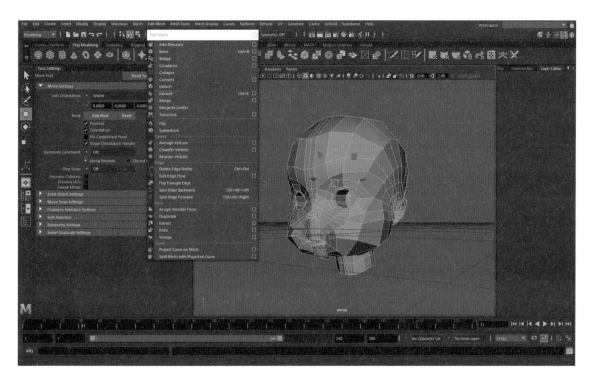

Detach 04

edge 부분이 분리된 것을 볼 수 있습니다.

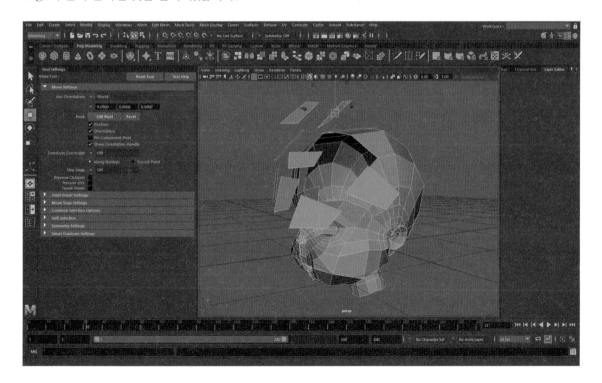

Detach 05

Vertex를 선택합니다. Edit Mesh » Detach를 실행합니다.

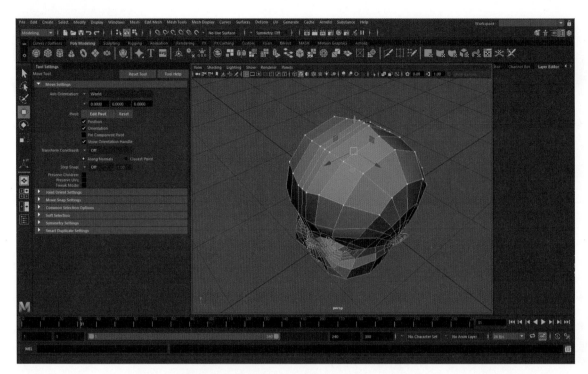

Detach 06

Vertex 부분이 분리된 것을 확인할 수 있습니다.

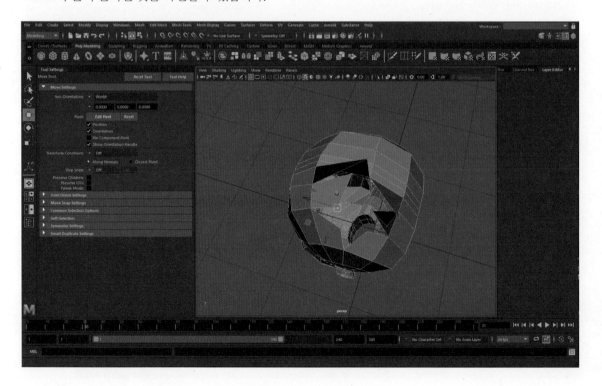

• **Extrude** : 선택한 Components(Face, Edge, Vertex)를 돌출시켜 줍니다.

예제 | **Extrude 학습하기**

Extrude 01
Create 》 Polygon Primitives 》 Cube를 선택해 줍니다.

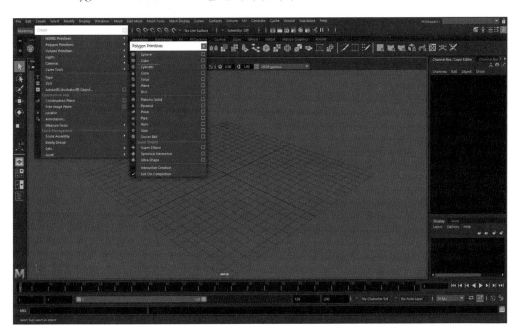

Extrude 02
위쪽 Face를 선택합니다.

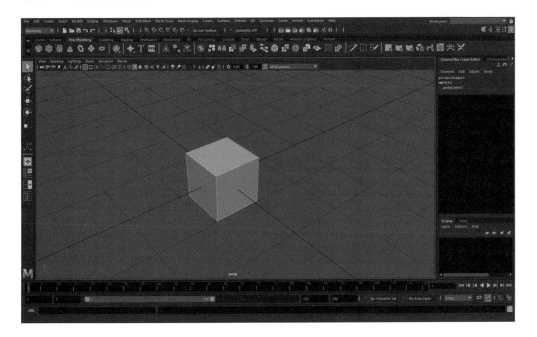

Extrude 03

Edit Mesh ≫ Extrude를 실행합니다.

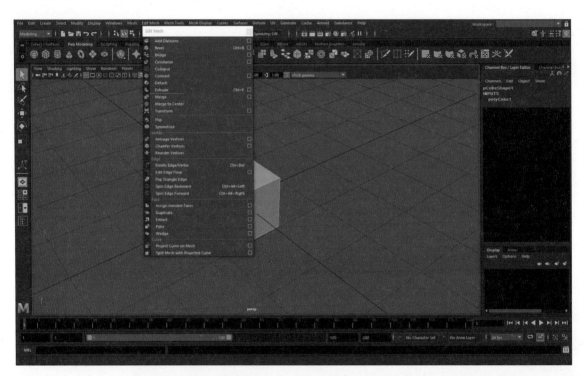

Extrude 04

선택한 Face 부분에 Extrude 아이콘이 디스플레이됩니다.

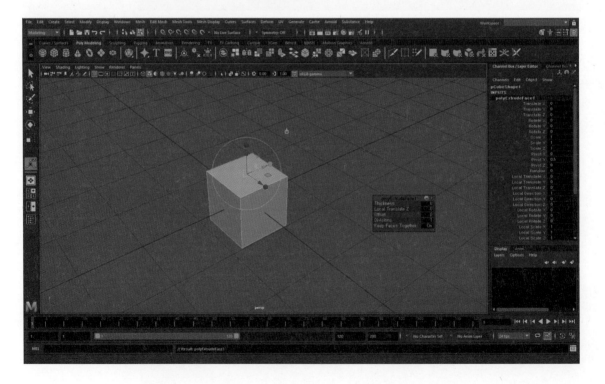

아이콘을 해부해 보겠습니다.

빨간색은 X축입니다. 파란색은 Z축입니다. 녹색은 Y축입니다.

화살표 모양을 마우스로 선택 드래그하면 돌출됩니다. 박스 모양을 마우스로 선택 드래그하면 스케일됩니다. 원의 형태를 마우스로
선택 드래그하면 회전됩니다.

이 명령어는 폴리곤 모델링 Tool 중에 가장 중요한 것입니다.

Extrude 05

아이콘을 이용해 이동시킨 모습입니다.

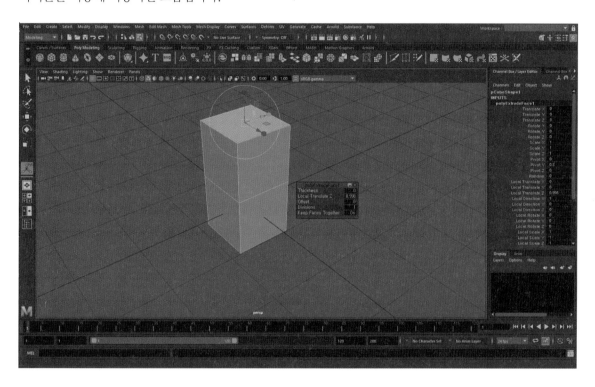

Extrude 06

위쪽 부분과 아래쪽 부분을 선택합니다.(다중 선택을 할 때는 키보드 [Shift]를 선택한 상태에서 선택해 줍니다.)

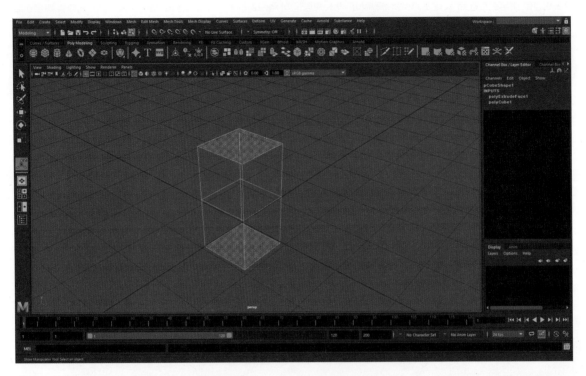

Extrude 07

Edit Mesh ≫ Extrude를 실행합니다. 아이콘을 이동해서 위 아래로 돌출시켜 줍니다.

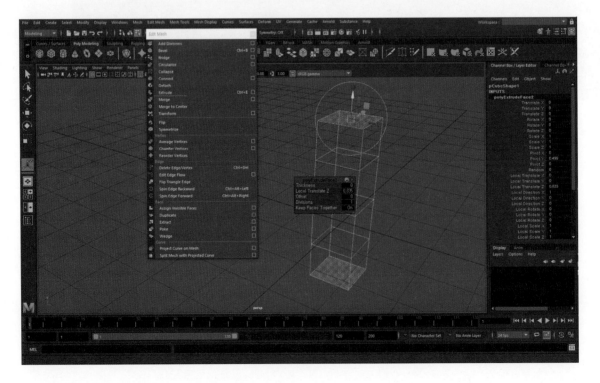

- Thickness : 어느 정도 Extrude될지를 값으로 입력해 실행합니다.
- Local Translate Z : 선택한 Face의 Normal 방향을 정해 줍니다.
- Offset : Extrude를 시킨 후 넓이를 조절해 줍니다.
- Divisions : Extrude를 실행한 후 Edge의 수를 늘릴 수 있습니다.
- Keep Faces Together : 이 기능은 여러 개의 Face를 Extrude시킬 경우 개별적으로 Extrude될지 아니면 함께 Extrude가 될지를 선택해 줍니다.

Extrude 08

좌우 Face를 선택합니다. Edit Mesh 》 Extrude를 실행합니다.

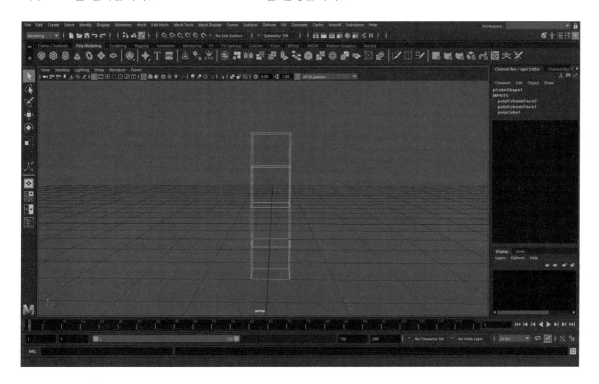

Extrude 09

화살표 부분을 선택해 이동합니다. 그림처럼 돌출됩니다.

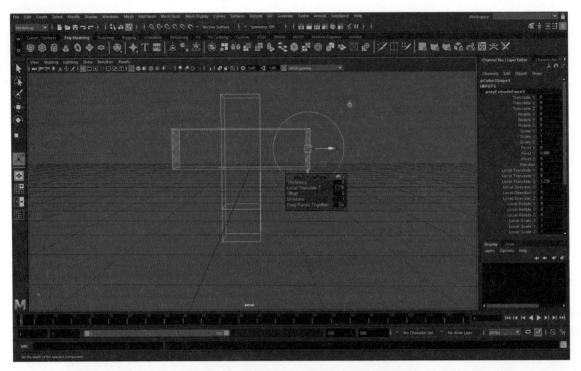

Extrude 10

Vertex를 선택합니다. Edit Mesh ≫ Extrude를 실행합니다.

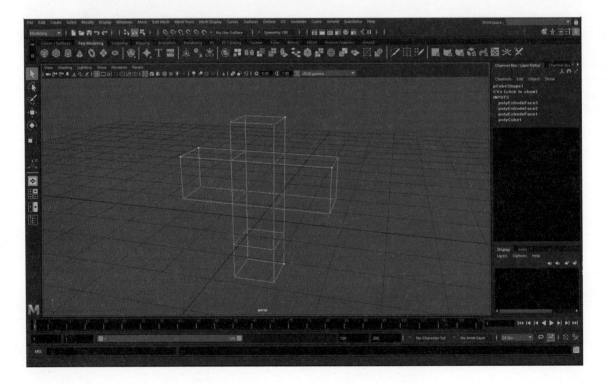

Extrude 11

Vertex 부분이 돌출되는 것을 확인할 수 있습니다.

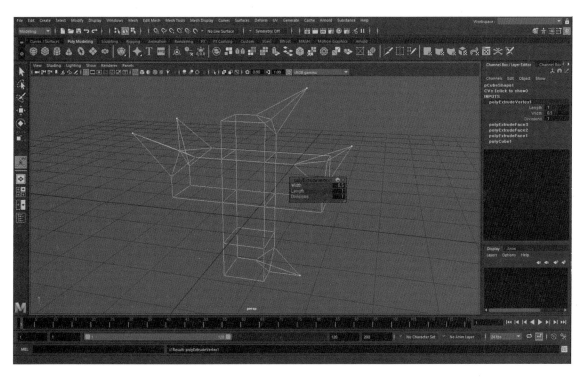

Extrude 12

Extrude를 여러 번 실행해서 완성한 모델링입니다.

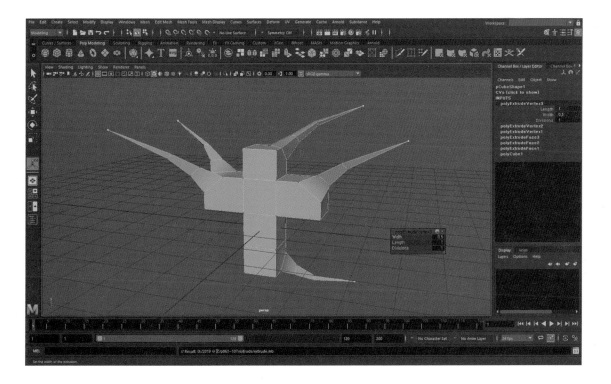

Extrude 13

File 》 Open 》 me.mb 파일을 열어줍니다. 그림처럼 Face를 선택합니다.

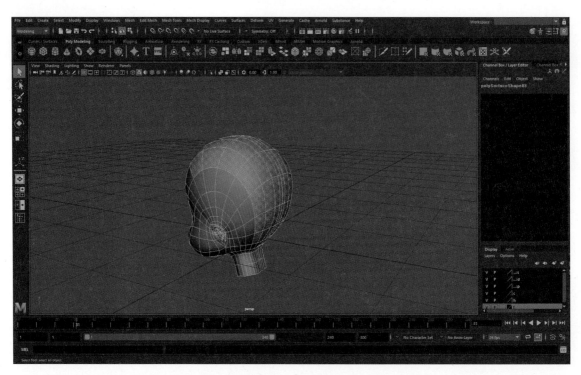

Extrude 14

Keep Faces Together가 OFF일 경우의 모습입니다.

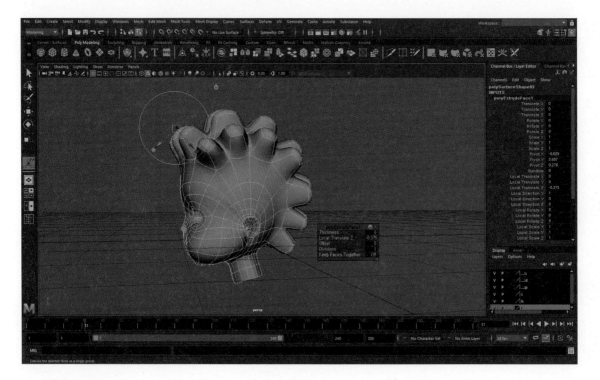

• **Merge** : 선택한 Components(Face, Edge, Vertex)를 붙여 줍니다.

예제 **Merge 학습하기**

Merge 01

Create **》** Polygon Primitives **》** Plane을 이용해 디스플레이시켜 줍니다.

> **TIP** 두 개의 서로 다른 오브젝트는 반드시 Combine을 실행해 주어야 합니다.

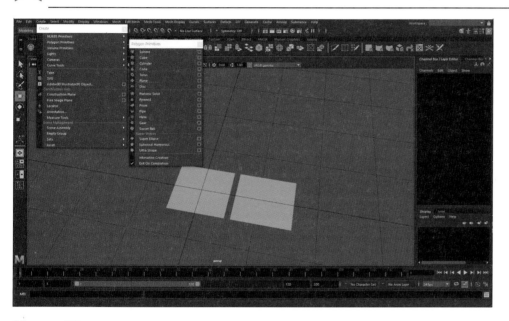

Merge 02

두 개의 모델을 선택한 후 그림처럼 Mesh **》** Combine을 실행시킵니다.

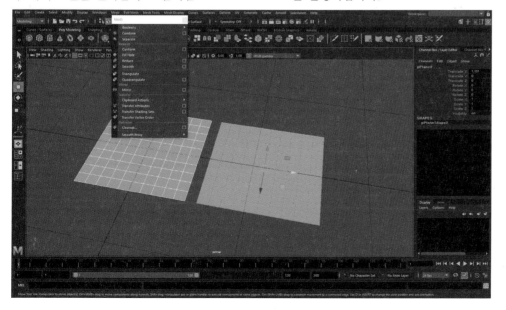

Merge 03

여러 개의 Vertex를 선택해 줍니다.

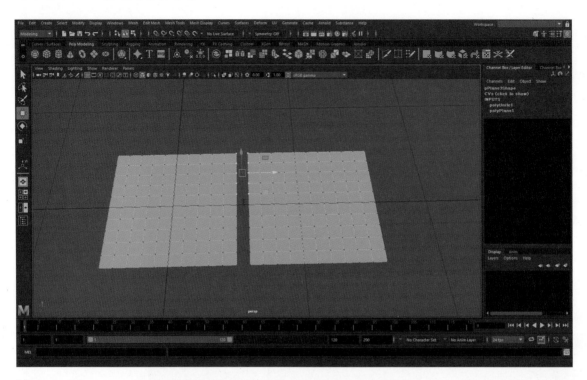

Merge 04

Edit Mesh » Merge를 실행합니다.

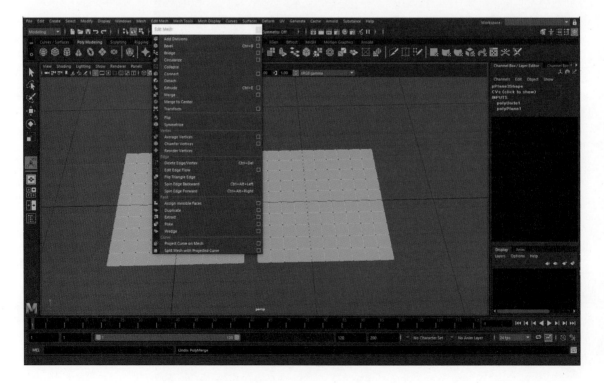

Merge 05

선택한 Vertex들이 한 점으로 합쳐진 것을 확인 할 수 있습니다. 만약 합쳐지지 않는다면 Distance Threshold 값을 높여 줍니다.

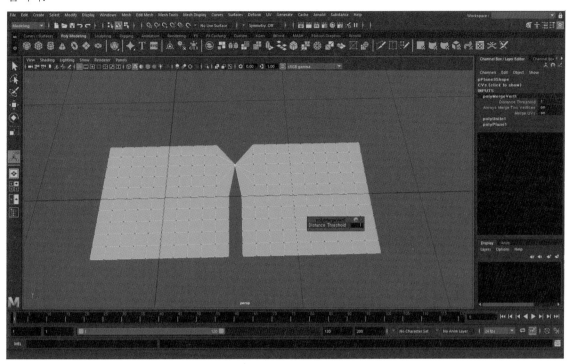

Merge 06

이번에는 Edge를 선택해 줍니다.

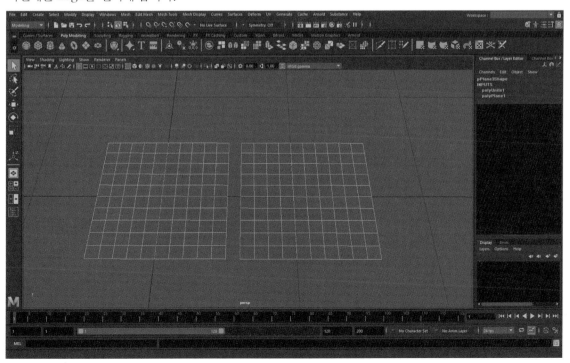

Merge 07

Edit Mesh » Merge를 실행합니다.

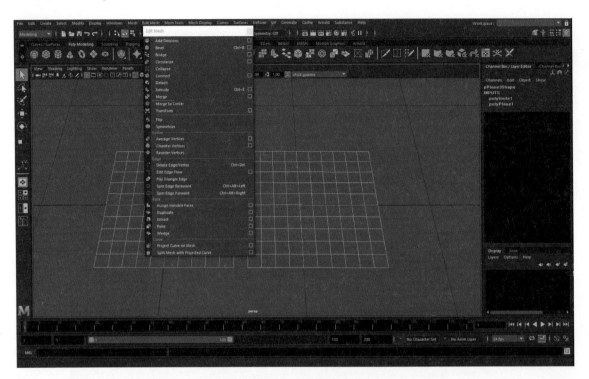

Merge 08

distance threshold를 Tolerance롤 교체

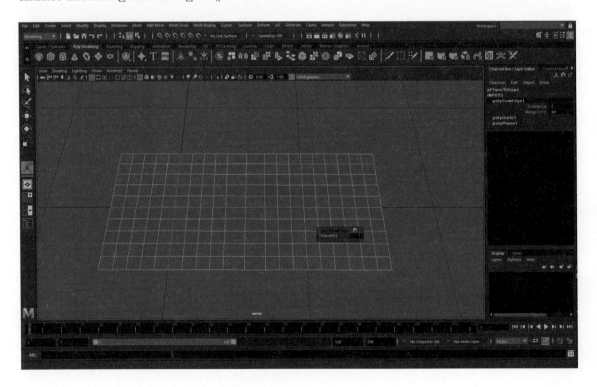

• **Merge to Center** : 선택한 Components(Face, Edge, Vertex)를 가운데로 모아서 붙여 줍니다.

예제 **Merge to Center 학습하기**

Merge_c 01

Create » Polygon Primitives » Plane을 이용해 디스플레이시켜 줍니다.

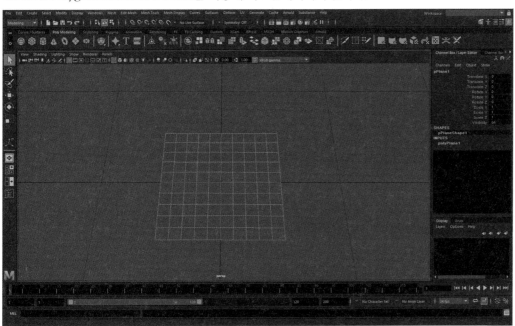

Merge_c 02

여러 개의 Vertex를 선택해 줍니다.

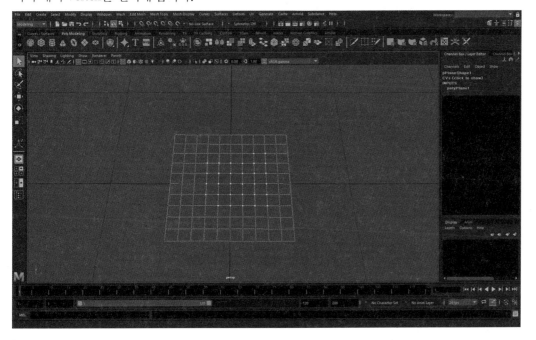

Merge_c 03

Edit Mesh **»** Merge to Center를 실행합니다.

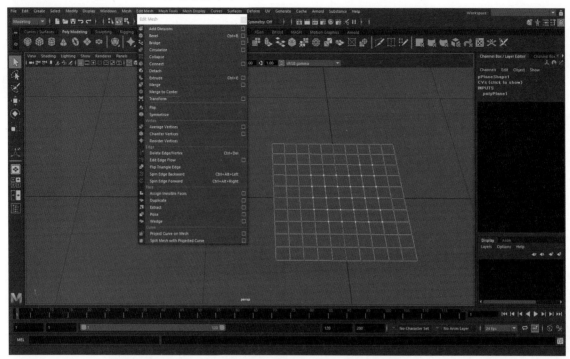

Merge_c 04

선택한 Vertex들이 가운데 지점으로 이동하며 합쳐진 것을 확인할 수 있습니다.

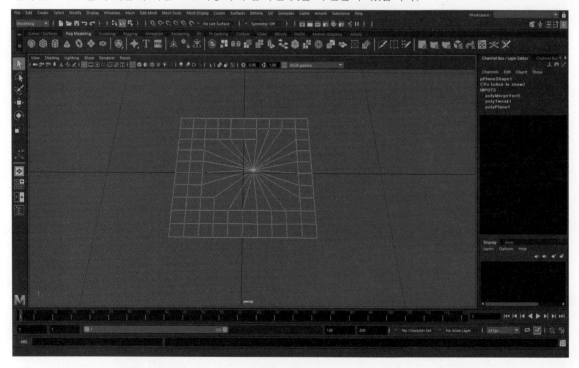

• **Transform** : 선택한 Components(Face, Edge, Vertex)를 편집해 줍니다.

02 | Vertex

 ❹ polygon tool 》editmesh_vertexedgeface

• **Average Vertices** : 선택한 Vertex를 Relax하게 만들어 줍니다.(형태 정보를 간직한 상태에서 실행되기 때문에 UV 좌표 설정 시 유용하게 사용됩니다.)
• **Chamfer Vertices** : 선택한 Vertex를 이용해 모따기를 실행해 줍니다.

예제 | Chamfer Vertices **학습하기**

Chamfer 01

Create 》 Polygon Primitives 》 Cube를 선택해 디스플레이시켜 줍니다.

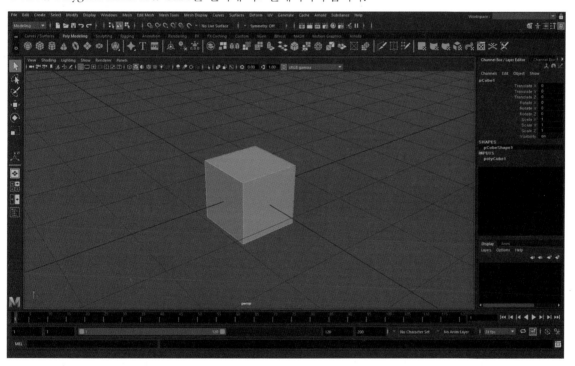

Chamfer 02

Cube 모서리 부분의 Vertex를 선택해 줍니다.

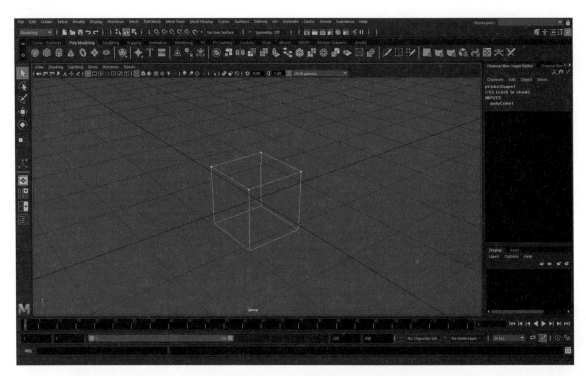

Chamfer 03

Edit Mesh » Chamfer vertices를 실행합니다.

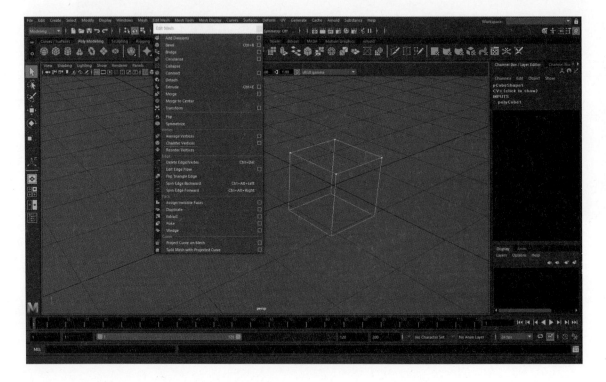

Chamfer 04

그림처럼 모따기가 실행되었습니다. Width : 모따기의 값을 지정할 수 있습니다.

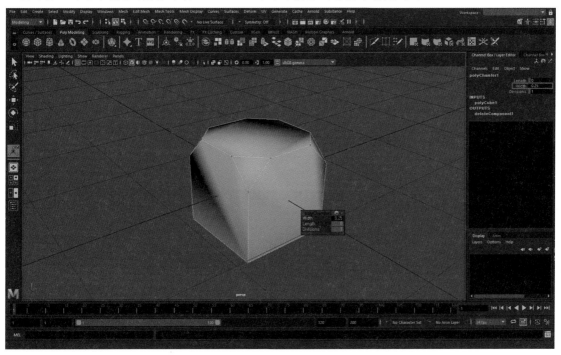

03 | Edge

- **Delete Edge/Vertex** : 선택한 Edge/Vertex는 키보드의 Delete로는 삭제가 되지 않기 때문에 이 명령어를 실행해 삭제할 수 있습니다.
- **Edit Edge Flow**
- **Flip Triangle Edge** : Edge의 방향을 바꾸어줍니다.
- **Spin Edge Backward** : Edge를 시계 반대방향으로 돌려줍니다.
- **Spin Edge Forward** : Edge를 시계방향으로 돌려줍니다.

04 | Face

* Assign Invisible
* Duplicate : 선택한 Face를 복사합니다.

예제   Duplicate 학습하기

Duplicate 01

복사할 Face를 선택합니다.

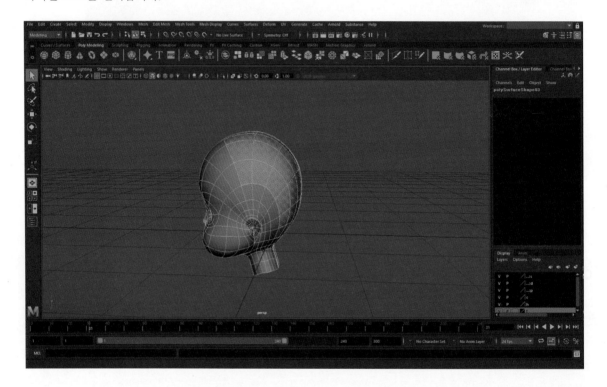

Duplicate 02

Edit Mesh >> Duplicate를 실행합니다.

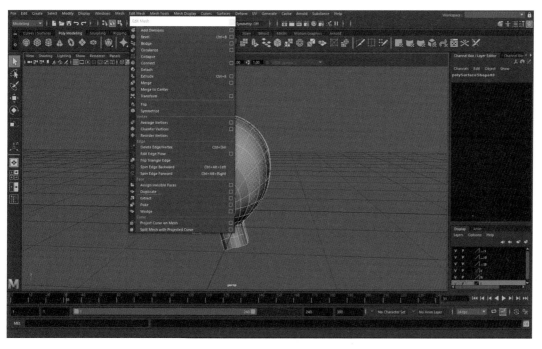

Duplicate 03

❶ Duplicate 02처럼 복사한 오브젝트가 원본 오브젝트와 겹쳐 있습니다.

❷ 키보드의 F8을 선택해 오브젝트 모드로 전환 시킵니다.

❸ 전체를 선택한 후 키보드의 Ctrl key를 누른 상태로 원본 오브젝트를 선택하면 복사한 오브젝트를 선택할 수 있습니다.

❹ 또는 Windows >> Outline를 선택해서 이름으로 선택할 수 있습니다. 키보드의 "W"를 선택해 이동 툴로 이동해 줍니다.

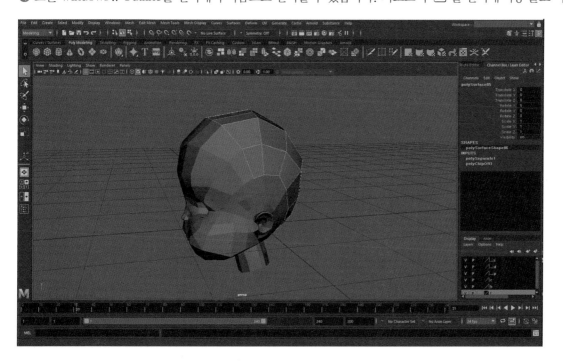

Duplicate 04

복사된 것을 확인할 수 있습니다.

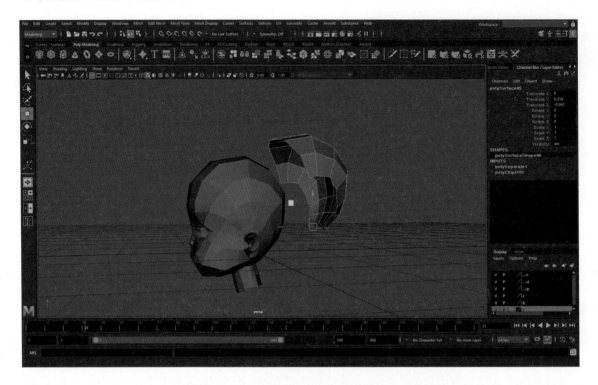

• **Extract** : 선택한 Face를 분리시켜 줍니다.

예제 **Extract 학습하기**

Extract 01
분리시킬 부분을 선택합니다.

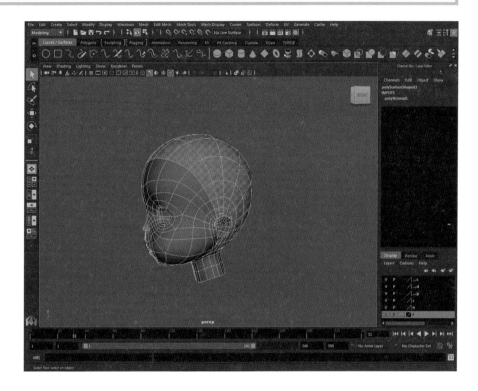

Extract 02
Edit Mesh ≫ Extract를 실행합
니다.

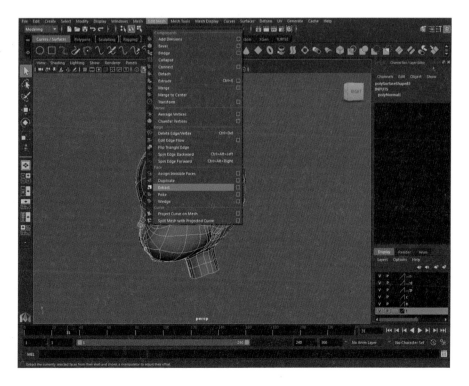

Extract 03
잘라진 부분을 선택합니다.

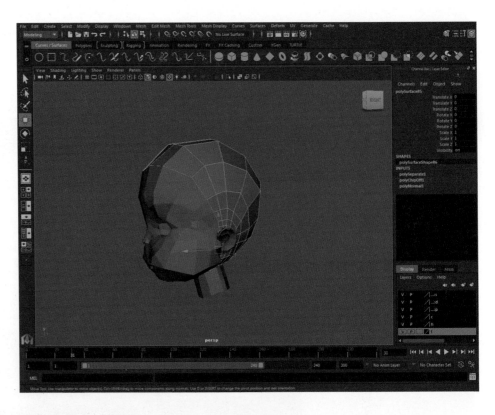

Extract 04
키보드의 "W"를 선택해 이
동 툴로 이동해 줍니다.

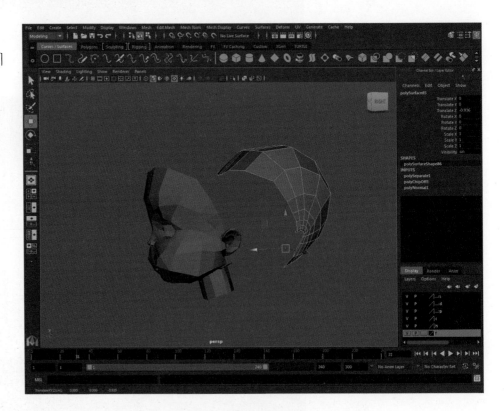

• **Poke** : 선택한 Face의 Center에 Vertex를 만들어 새로운 4개의 Face를 만들어 줍니다.

예제 **Poke 학습하기**

Poke 01

Polygon Primitives ≫ Cube를
생성한 후 Face를 선택합니다.

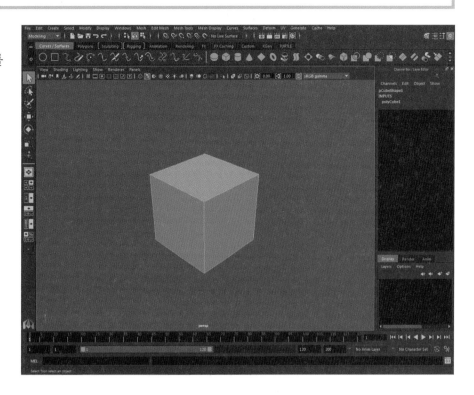

Poke 02

Edit Mesh ≫ poke를 실행합니다.

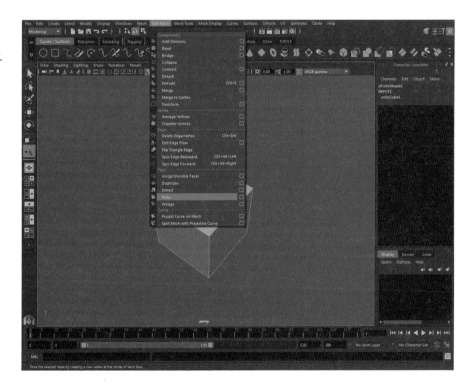

Poke 03

그림을 확인해 보면 Face 중앙에 새로운 점이 생긴 것을 확인할 수 있습니다.

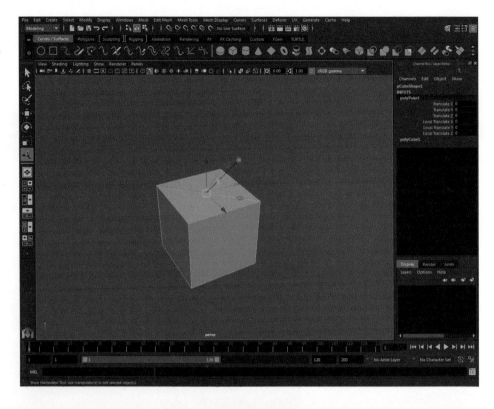

Poke 04

그림처럼 이동시켜 줍니다.

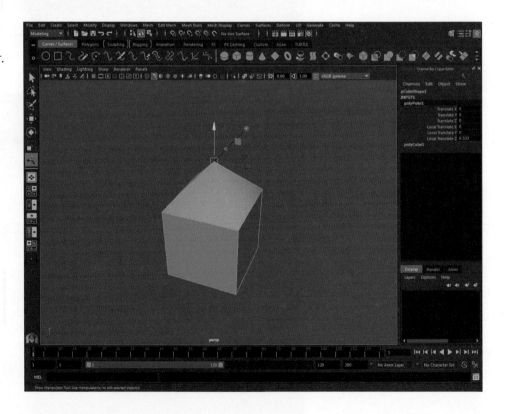

• **Wedge** : 선택한 Face의 외곽 Edge를 선택하고 실행하면 라운드 형태를 만들어 줍니다.

예제 **Wedge 학습하기**

Wedge 01

Polygon Primitives » Cube를
생성합니다.

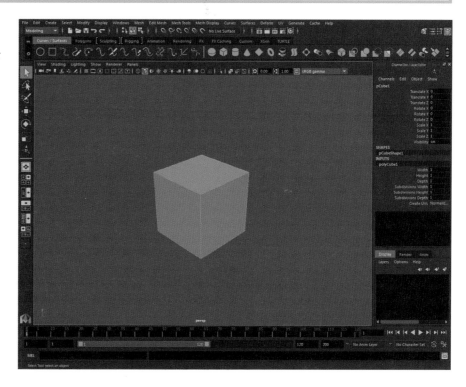

Wedge 02

Cube 위에서 마우스 오른쪽을 클
릭한 후 Multi를 선택해 줍니다.

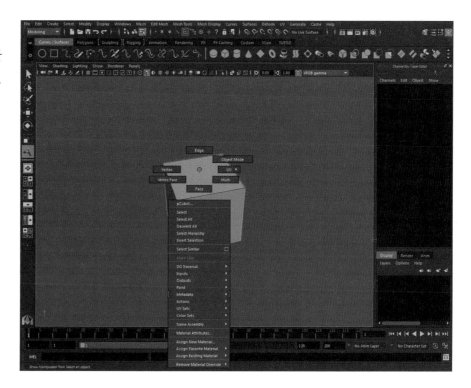

Wedge 03

Face를 선택한 후 Edge를
선택합니다.

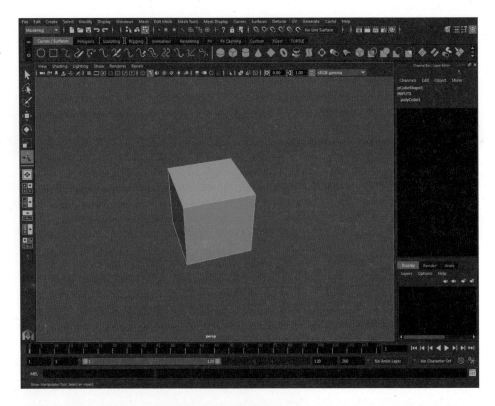

Wedge 04

Edit Mesh » Wedge를 실
행합니다.

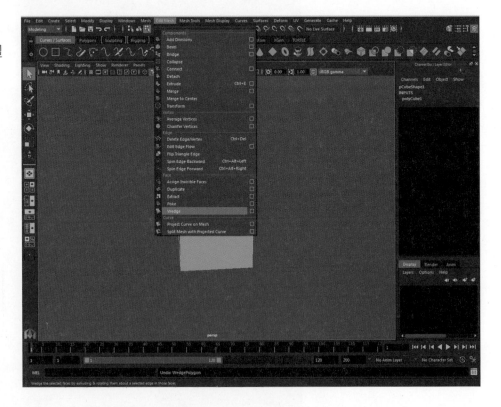

Wedge 05

Face의 부분에 새로운 오
브젝트가 생성되며 라운드
가 만들어집니다.

❶ Wedge Angle : 0 ~ 360
도까지 값을 지정할 수
있습니다.

❷ Divisions : Edge의 개
수를 늘려줍니다.

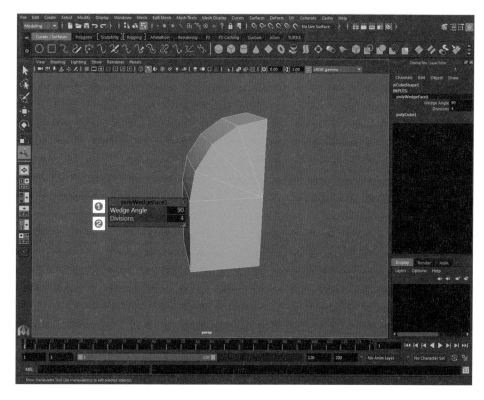

Wedge 06

Wedge Angle(179.38)
Divisions(13)을 지정한 그
림입니다.

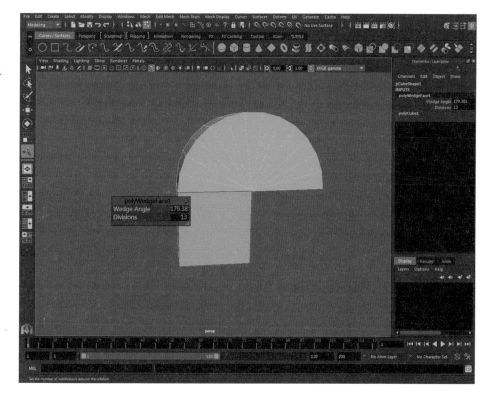

❹ polygon tool ≫ meshtool 01~02

화면 오른쪽 패널에 편집 명령어를 나타내 줍니다.

01 | Tools

• **Append to Polygon** : 새로운 Face를 생성시켜 줍니다.

예제 | **Append to Polygon 학습하기**

Append 01

Top View를 크게 만들어 줍니다. Mesh ≫ Create Polygon Tool을 선택합니다.

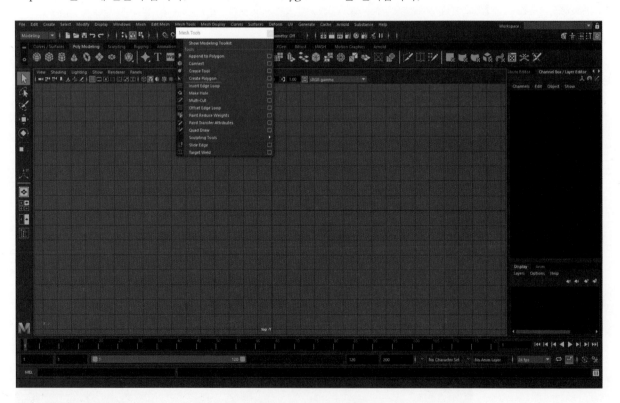

Append 02

4개의 점을 만들어 면을 생성해 줍니다.

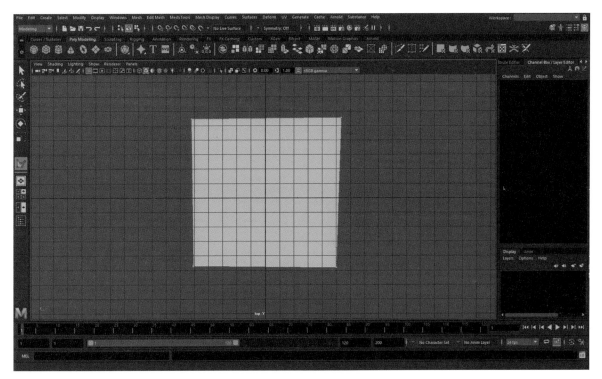

Append 03

Mesh Tool » Append to Polygon을 선택합니다.

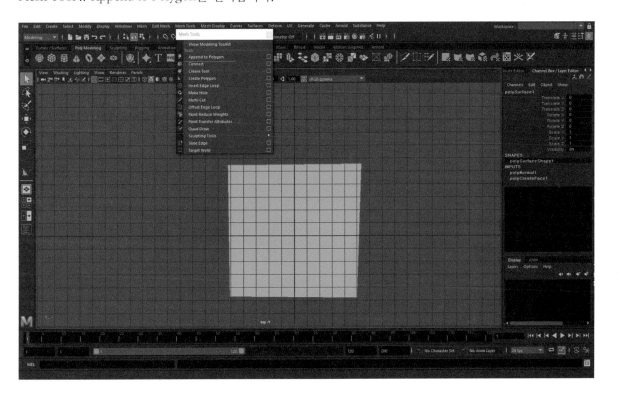

Append 04

Edge 부분을 클릭하여 선택합니다.

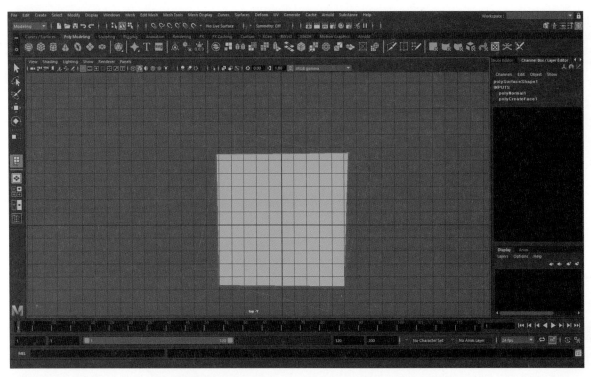

Append 05

마우스로 임의의 지점을 클릭하면 새로운 Face가 만들어지는 것을 확인할 수 있습니다.

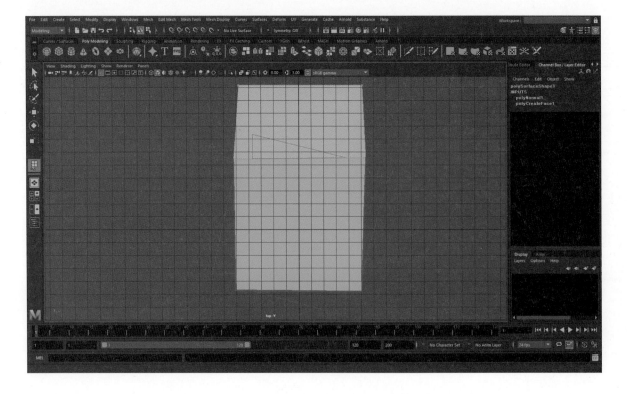

Append 06

키보드 [Enter↵]를 선택하면 적용된 것을 확인할 수 있습니다.

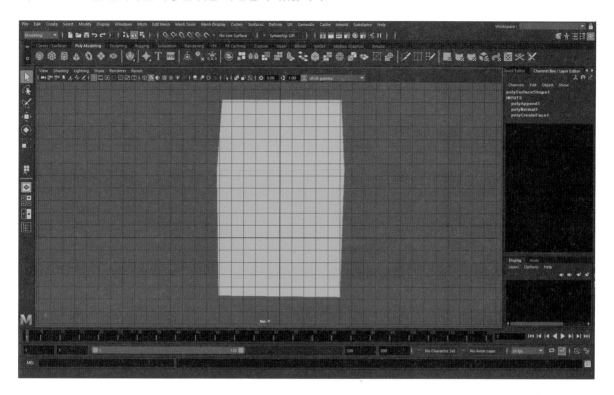

• **Connect** : 선택한 Face/Edge에 새로운 Edge를 추가시켜 줍니다.

Connect 학습하기

Connect 01

Polygon Primitives ≫ plane의
옵션 창을 이용해 divisions을 4
로 입력해 줍니다.
Create를 선택하면 plane이 만
들어집니다.

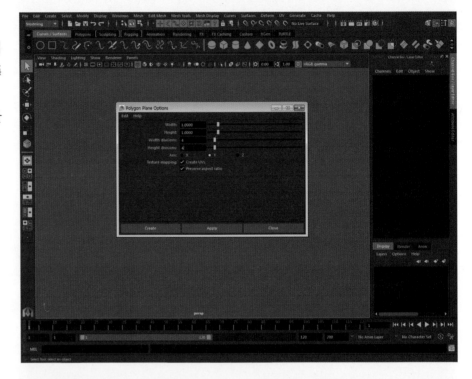

Connect 02

Mesh Tool ≫ Connect를 실행
합니다.

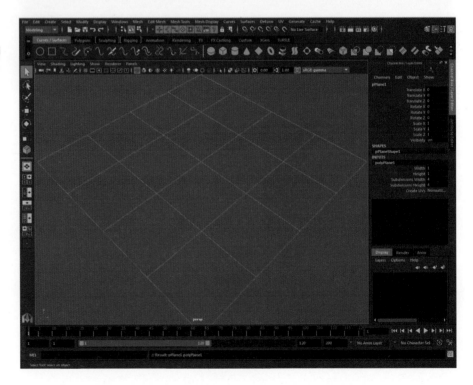

Connect 03

Edge를 키보드의 Shift 를 누른 상태에서 차례대 로 선택합니다.
키보드의 Enter↵ 를 실행합 니다.

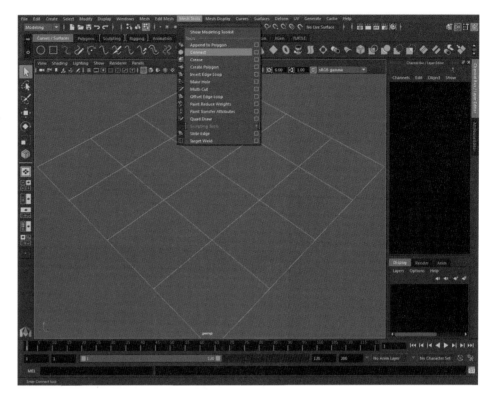

Connect 04

새로운 Edge가 추가된 것 을 확인할 수 있습니다.

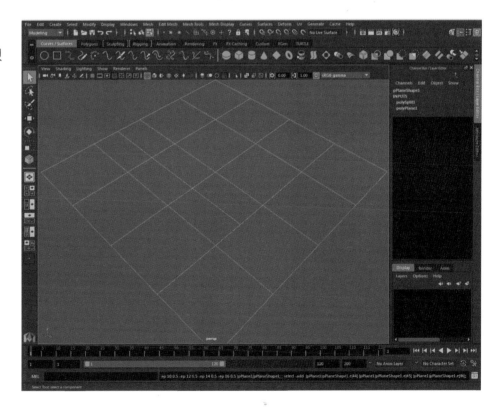

이번에는 Vertex를 이용해 실행해 보겠습니다. Mesh Tool » Connect를 실행합니다.

Connect 05

Vertex를 키보드의 Shift 를 누른 상태에서 차례대로 선택합니다.

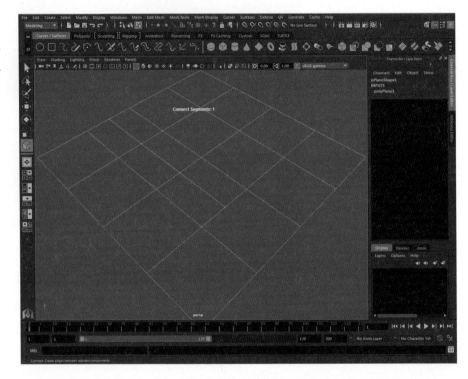

Connect 06

키보드의 Enter↵ 를 실행하면 Vertex와 Vertex로 이어지는 새로운 Edge가 생성된 것을 확인할 수 있습니다.

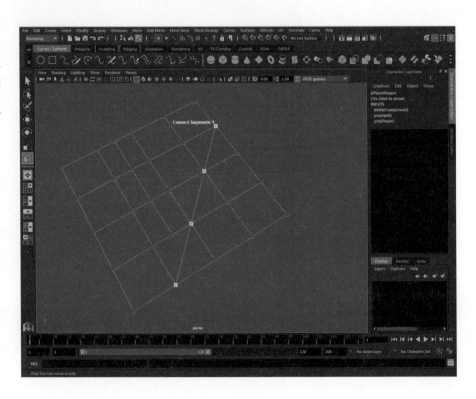

Connect 07

connect를 실행해 완성한 그림
입니다.

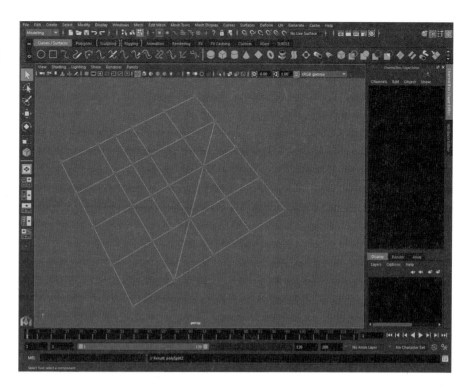

• **Crease** : 선택한 Edge를 날카롭게 해줍니다.
• **Create Polygon** : 마우스 클릭을 통해 Vertex를 생성시키면서 Polygon Object를 만듭니다.

예제 | **Create Polygon 학습하기**

Create 01

Top View를 크게 만들어 줍니다.
Mesh Tools **》** Create Polygon
Tool을 선택합니다.

Create 02

마우스로 차례대로 클릭해 Vertex
를 생성시키고 면을 만들어 줍니다.

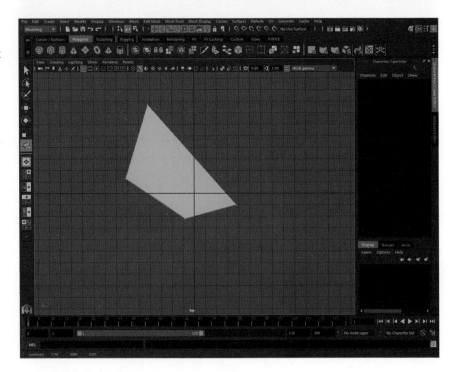

Create 03

키보드의 Enter↵ 를 선택하면 완
성됩니다.

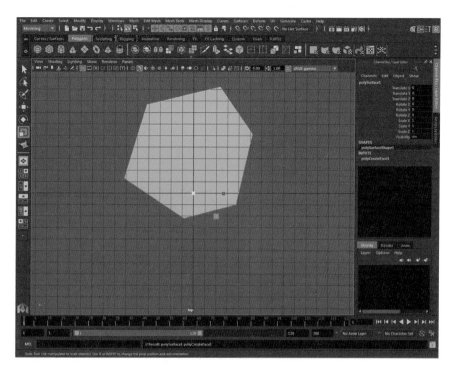

• **Insert Edge Loop** : 임의의 Edge를 선택하면 U 또는 V 방향으로 Edge를 추가시켜 줍니다. (사각형 Face일 때 안정
 적으로 추가됩니다.)

예제   Insert Edge Loop 학습하기

Insertedge 01

Polygon Primitives **»** plane을 생
성시켜 줍니다.

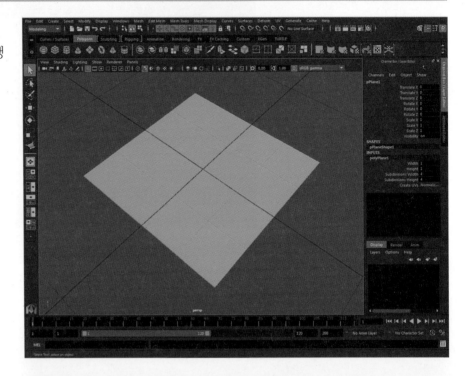

Insertedge 02

Mesh Tools **»** Insert Edge Loop
를 실행합니다.

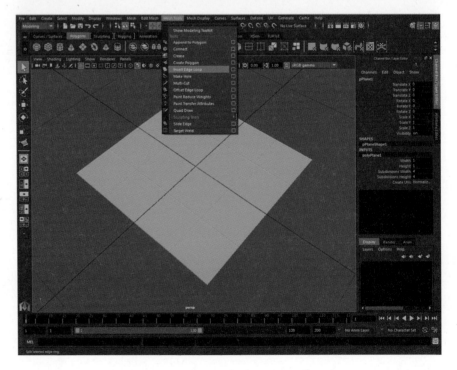

Insertedge 03

마우스로 Edge를 선택합니
다. Edge가 새롭게 생성된
것을 확인할 수 있습니다.
(이 명령어는 4각형 Face일
때 연장된 Edge를 생성시켜
주는 명령어입니다.)

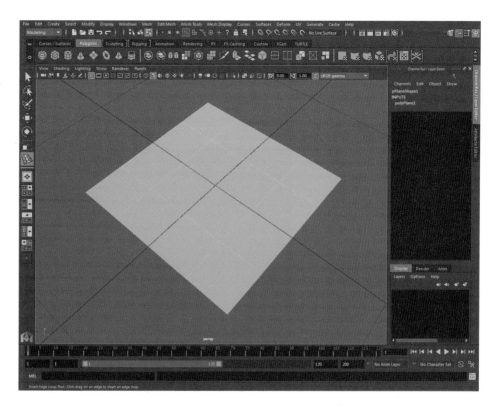

Insertedge 04

새로운 Edge가 생성되었
습니다.

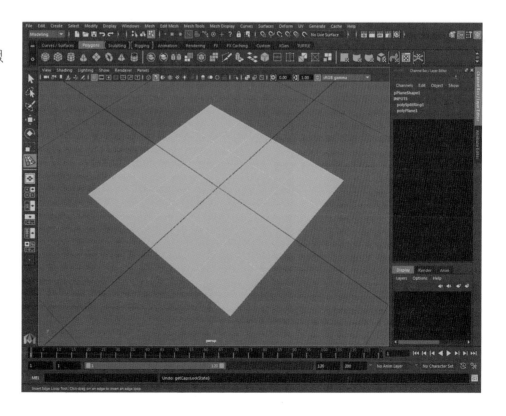

- **Make Hool** : Face와 Face를 연결해 줍니다.
- **Multi－Cut** : Object의 Edge 부분을 선택해 새로운 Edge를 추가시킵니다.

예제 **Multi－Cut 학습하기**

Multi 01

Polygon Primitives **≫** plane을 생
성시켜 줍니다.

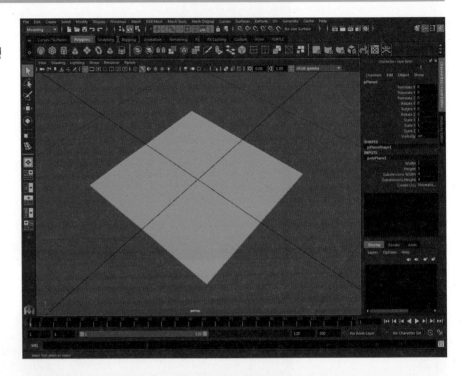

Multi 02

Mesh Tools **≫** Multi－Cut을 실행
합니다.

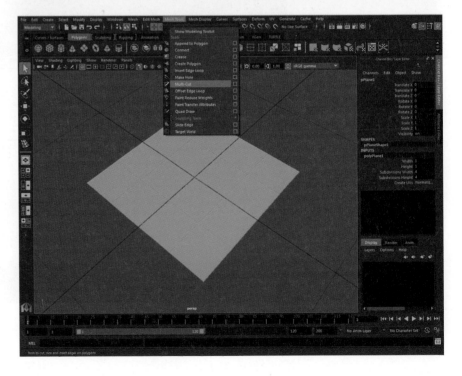

Multi 03

Edge 부분을 순서대로 선택합니다.

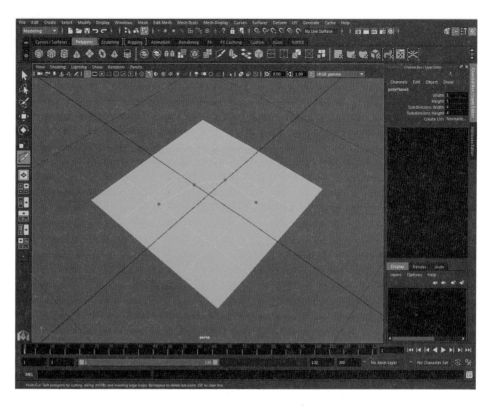

Multi 04

새로운 Edge가 생성된 것을 확인할 수 있습니다.

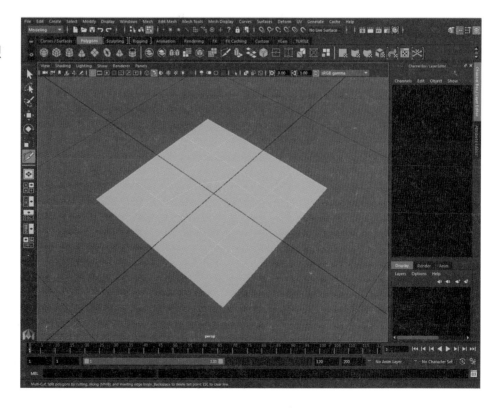

• **Offset Edge Loop** : 임의의 Edge를 선택하면 U 또는 V 방향으로 Edge를 양쪽으로 추가시켜 줍니다. (사각형 Face 일 때 안정적으로 추가됩니다.)

예제   **Offset Edge Loop 학습하기**

Offsetedge 01

Polygon Primitives 》 plane을 생성시켜 줍니다.

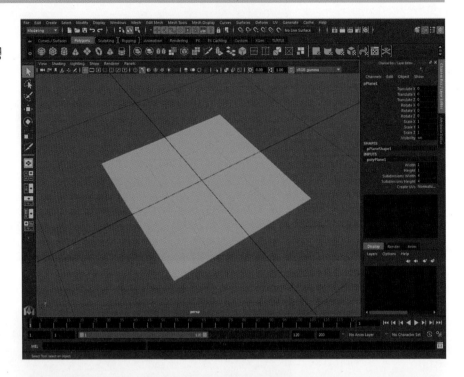

Offsetedge 02

Mesh Tools 》 Offset Edge Loop 를 실행합니다.

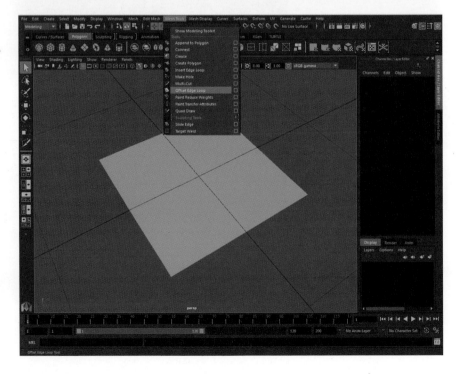

Offsetedge 03

마우스로 Edge를 선택합
니다.

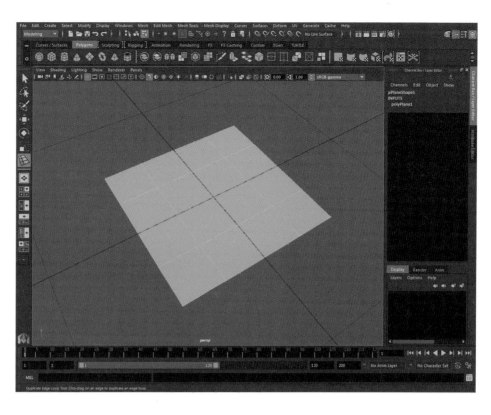

Offsetedge 04

선택한 Edge의 Side로 추
가되는 것을 확인할 수 있
습니다.(이 명령어는 4각
형 Face일 때 연장된 Edge
를 생성시켜 주는 명령어
입니다.)

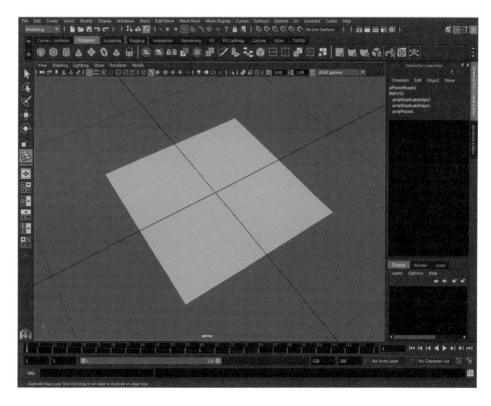

- Paint Reduce Weights
- Paint Transfer Attributes
- Quad Draw : Face를 이동합니다.
- Sculpting Tools : Object의 표면을 브러시로 모델링합니다.

예제   Sculpting Tools 세부 명령어 학습하기

Polygonsculpt

▶ Reset : 정보를 초기화시켜 줍니다.

▶ Size : 브러시의 크기를 조절합니다. (단축키 "B") Size가 1이면 View의 그리드 한 칸의 크기를 이야기합니다.

▶ Size Units : Size의 Units를 정해 줍니다. World는 시스템 단위와 일치합니다.

▶ Strength : Sculpting의 강도

▶ Invert : 반대로 명령을 실행합니다. 만약 돌출되는 명령을 수행한다면 이 옵션을 체크하면 안으로 들어가는 작업이 진행됩니다.

▶ Direction : Sculpting의 방향을 결정해 줍니다.

▶ Mirror : 작업자가 선택한 방향으로 양쪽이 함께 작업됩니다.

▶ Spacing : 브러시의 간격

▶ Buildup : 값을 낮추면 Sculpting의 강도가 낮아지는 현상이 일어납니다.

▶ Steady Stroke : 브러시 드래그하는 방향을 표시해 줍니다.

▶ Falloff : 브러시의 형태를 정해 줍니다.

▶ Stamp : 이미지 또는 Visor에서 브러시의 형태를 가져올 수 있습니다.

　　　　　Import : 2D툴을 이용해 만들 이미지를 브러시에 적용합니다.

　　　　　Pick Stamp : Visor에서 브러시의 형태를 선택 적용합니다.

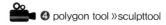

Sculpting 01

Polygon Primitives **≫**
plane의 옵션 창을 이용해
Size(24×24), divisions(40
×40)로 입력해 줍니다.

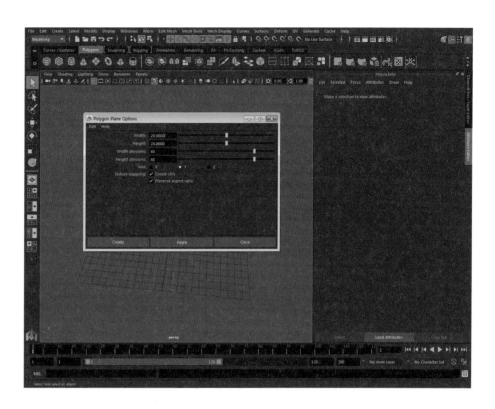

Sculpting 02

Create를 선택해서 plane을
만들어 줍니다.

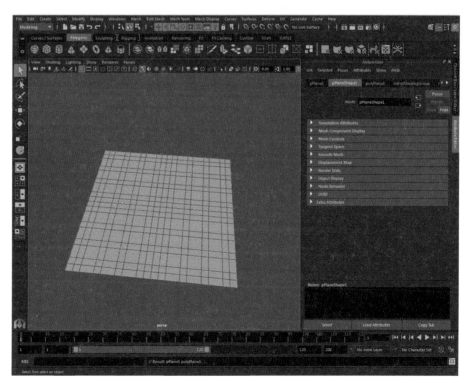

Sculpting 03

Mesh Tools 》 Sculpting Tools를 실행합니다.

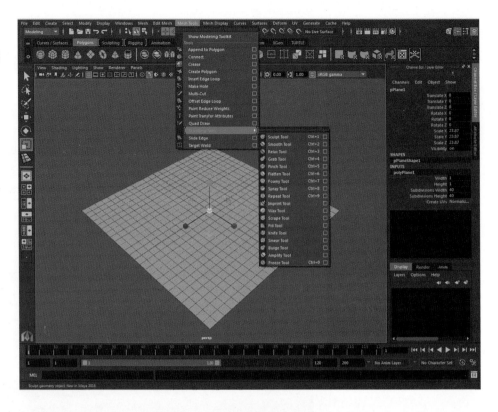

Sculpting 04

Size(3), Strength(2), Direction(Y) 이렇게 지정한 후 마우스로 표면을 드래그하면 모델링이 되어집니다.

그림처럼 만들어 봅니다. 브러시의 크기를 조절하며 멋진 지형을 만들어 주세요.

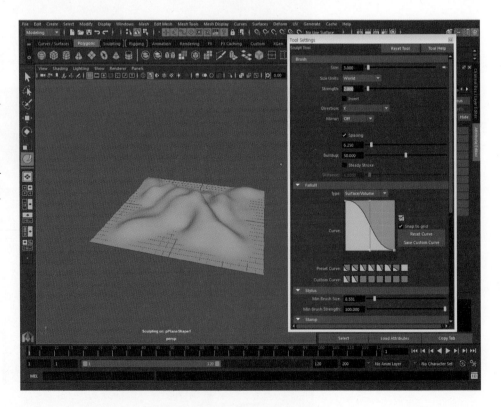

- **Slide Edge** : Edge를 이동합니다.
- **Target weld** : Vertex/Edge를 A지점에서 B지점으로 이동하며 붙여 줍니다.

예제 **Target weld 세부 명령어 학습하기**

Target 01

Polygon Primitives 》 plane을 생성해 줍니다.

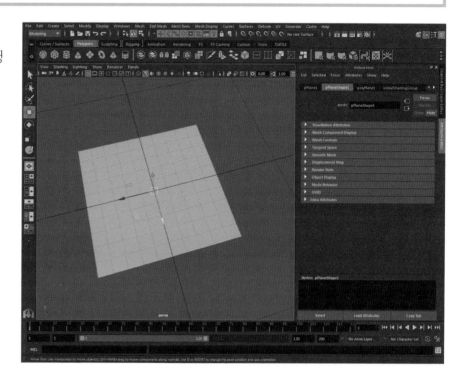

Target 02

Ctrl + D 로 복사해서 두 개의 plane을 만들어 줍니다.

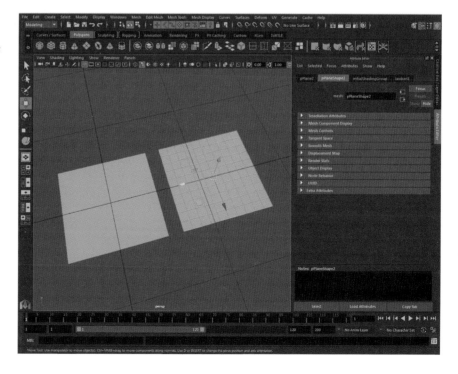

Target 03

두 개를 모두 선택한 후
Mesh » Combine을 실행
합니다.

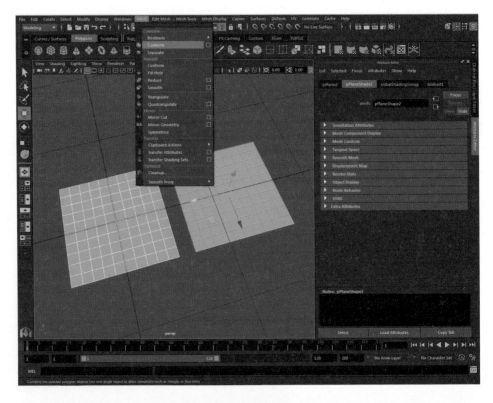

Target 04

Mesh Tool » Target Weld
를 실행합니다.

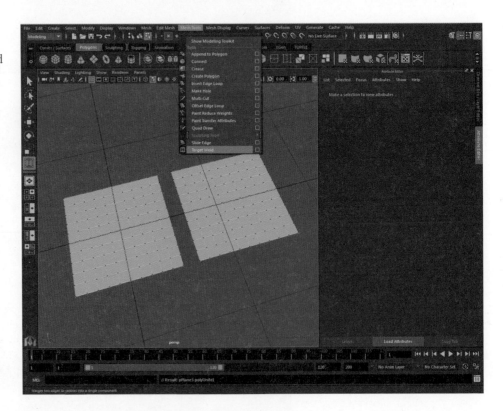

Target 05

마우스 왼쪽 버튼으로 위쪽
첫 번째 Vertex를 클릭 드
래그합니다.

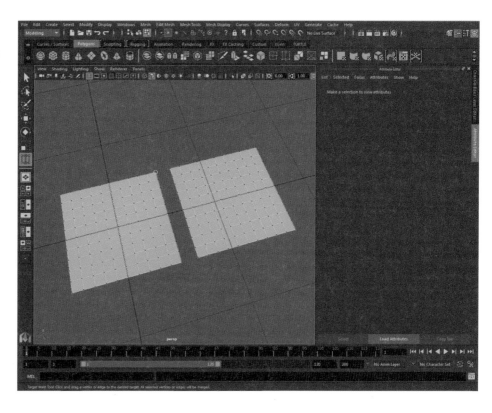

Target 06

붙이고자 하는 Vertex 위에
올려 줍니다.

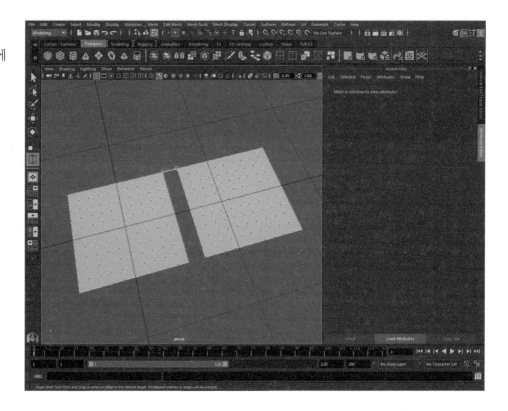

Target 07

두 개의 Vertex가 합쳐진
것을 확인할 수 있습니다.

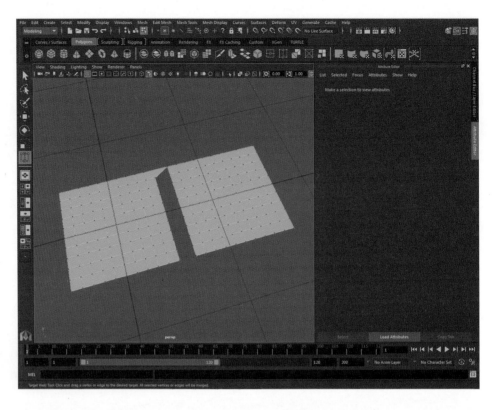

Target 08

다시 마우스 왼쪽 버튼으
로 Vertex를 클릭 드래그
합니다.

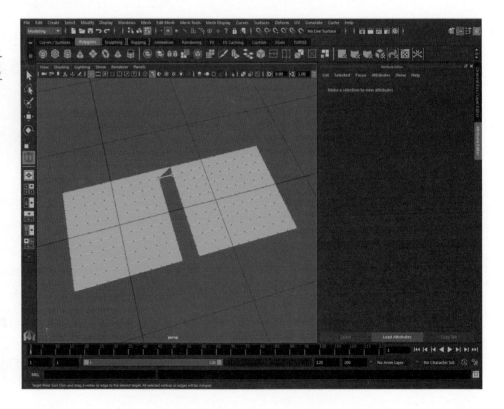

Target 09

붙이고자 하는 Vertex 위에
올려 줍니다.
두 개의 Vertex가 합쳐진
것을 확인할 수 있습니다.

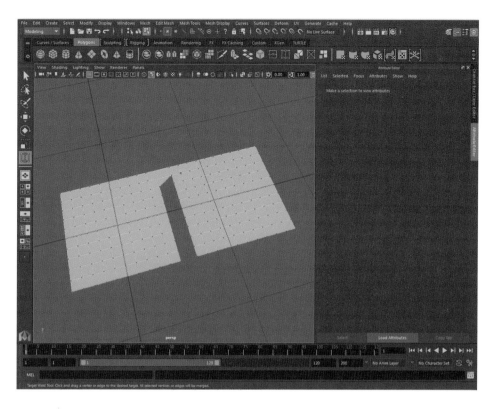

Target 10

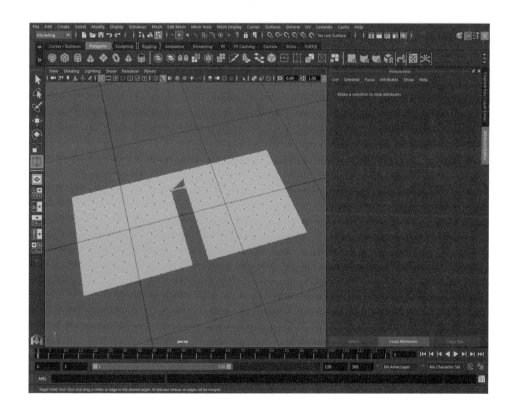

Target 11

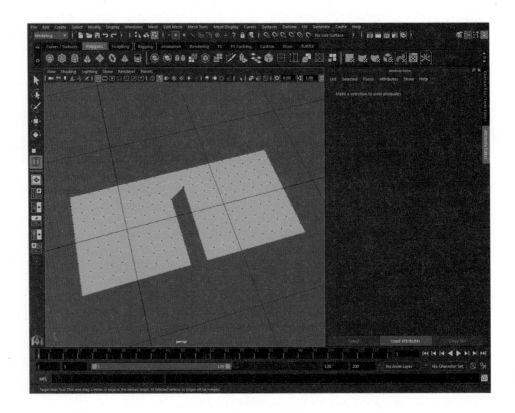

SECTION
11

Mesh Display

01 | Normals

- Average
- Conform : Normal 방향을 지정해 변경해 줍니다.
- Reverse : Normal 방향을 변경해 줍니다.
- Set Normal Angle...
- Set to Face
- Set Vertex Normal
- Harden Edge : Face를 각지게 디스플레이 해줍니다.
- Soften Edge : Face를 부드럽게 디스플레이 해줍니다.
- Lock Normals
- Unlock Normals
- Vertex Normal Edit Tool

02 | Vertex Colors

- Apply Color
- Paint Vertex Color Tool

03 | Vertex Color Sets

- Creat Empty Set
- Delete Current Set...
- Rename Current Set...
- Modify Current Set
- Set Keyframe for Vertex Color
- Color Set Editor

04 | Vertex Bake Set

- Prelight(Maya)

Curves

● **Duplicate Surface Curves** : Isoparm, Trim Edge 등을 Curve로 전환시킬 수 있습니다.

예제 | Duplicate Surface Curves를 이용한 Curve 추출하기

Duplicatecurve 01

Create ≫ NURBS Primitives ≫ Sphere를 선택해서 구를 생성시켜 줍니다.

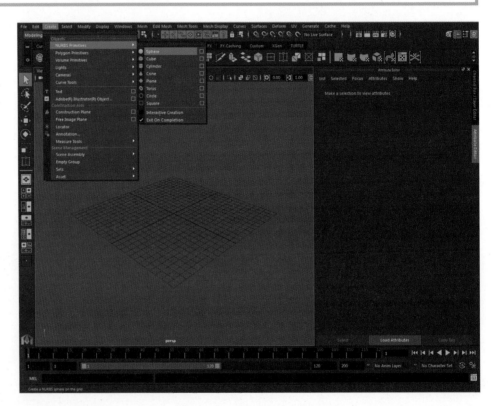

Duplicatecurve 02

Sphere를 선택한 후 마우스
오른쪽 클릭을 길게 하면 나
타나는 메뉴 중 Isoparm을
선택합니다.

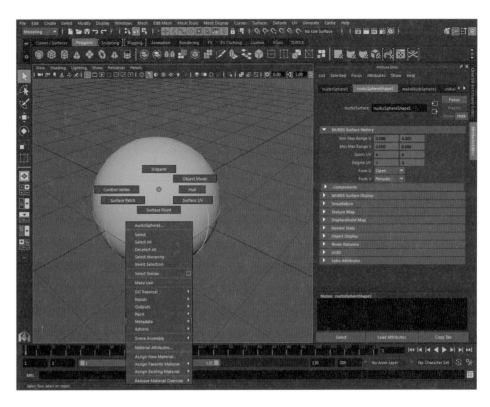

Duplicatecurve 03

Sphere 표면의 Isoparm을
선택합니다.

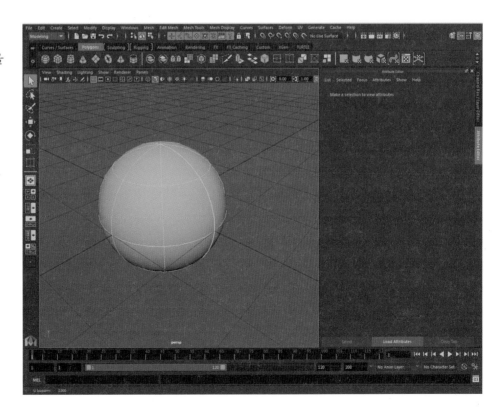

Duplicatecurve 04

Curve >> Duplicate

Surface Curves를 실행해

줍니다.

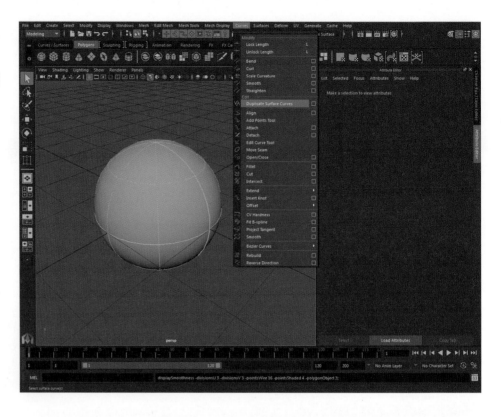

Duplicatecurve 05

새로운 커브가 생성된 것

을 볼 수 있습니다.

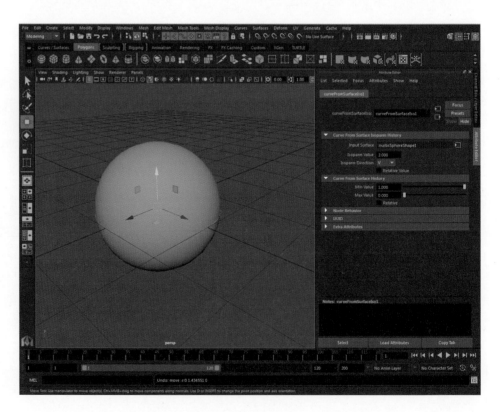

Duplicatecurve 06

Curve를 이동시킨 것입
니다.

• Attach Curve : 두 개의 Curve를 접합시킬 수 있습니다.

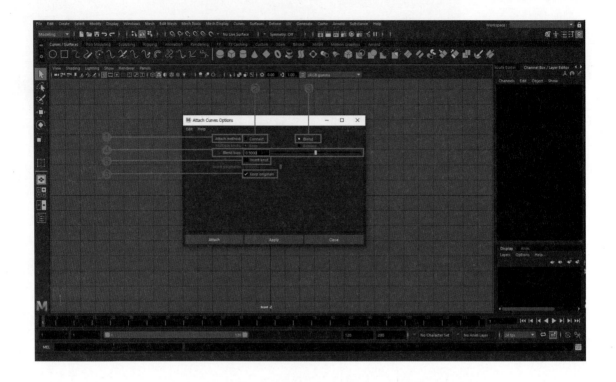

❶ Attach method

❷ Connect : Curve의 형태와 관계없이 끝점을 접합시켜 줍니다.

❸ Blend : Curve의 Tangent를 유지하면서 접합시켜 줍니다.

❹ Blend bias : 접합 지점의 치우침을 선택합니다.

❺ Insert Knot : 접합되는 부분에 Vertex를 생성시키면서 실행합니다.

❻ Keep originals : 원본 Curve를 복사하면서 기능을 실행합니다.

❸ nurbs tool》curve_align_addpointtool_attach_detach

Attach 01

Top View에 그림처럼
Create 》 Curve Tools 》
CV Curve Tool을 이용해
두 개의 Curve를 생성시켜
줍니다.

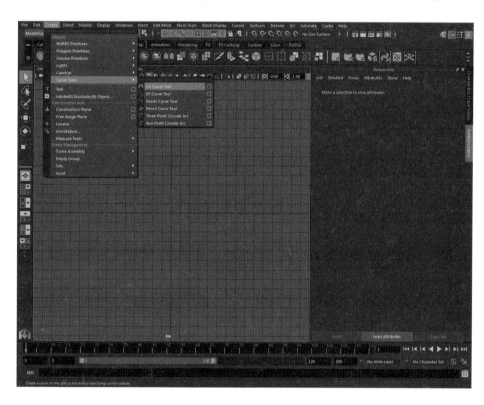

Attach 02

두 개의 Curve를 생성시킨
그림입니다.

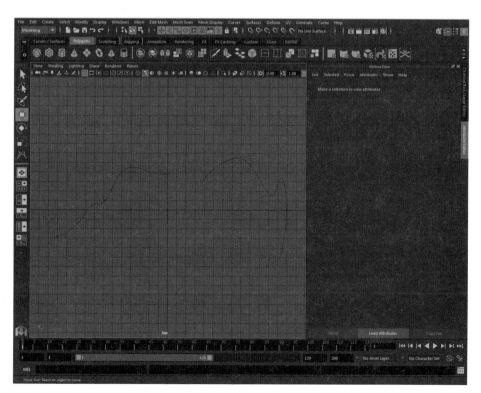

Attach 03

두 개의 커브를 선택한 후
Curves » Attach Curve의
옵션 창을 Open해줍니다.

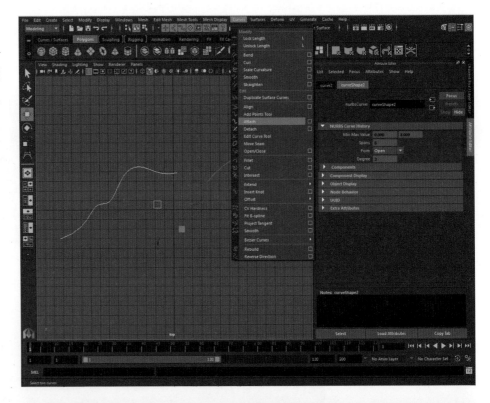

Attach 03-1

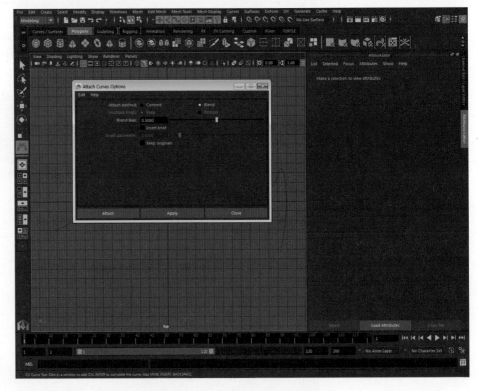

Attach 04

옵션을 선택해 줍니다.

- Attach method
  : Blend
- Keep originals
  : 체크 해제

Attach를 선택해 실행합
니다.

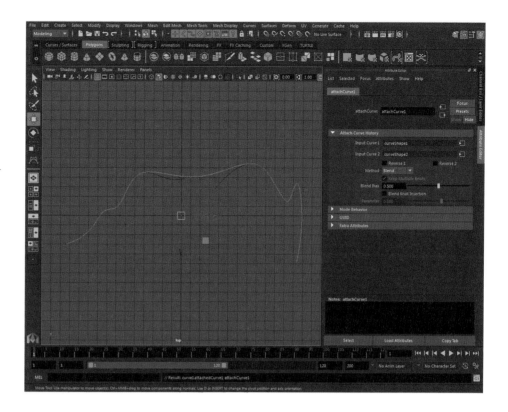

Attach 05

Keep originals : 체크된 상
태에서 두 개의 커브가 합쳐
진 것입니다.

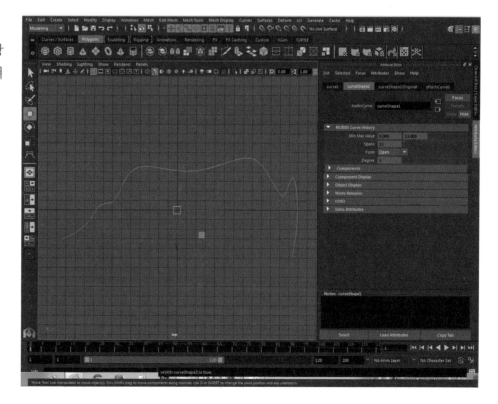

Attach 06

Keep originals : 체크 해
제된 상태에서 두 개의 커
브가 합쳐진 것입니다.
(실행 후 Edit ≫ Delete All
By Type ≫ History를 선택
하면 안정된 Curve를 만들
수 있습니다.)

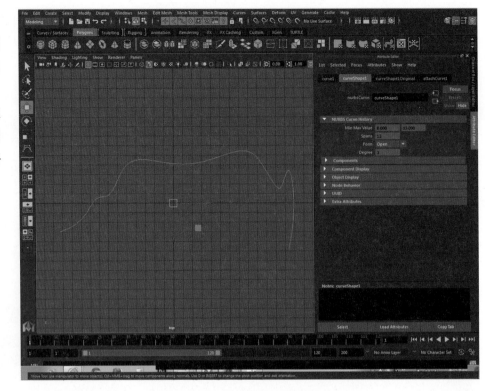

• **Detach Curves** : Curve를 절단할 수 있습니다. Curve 위에서 마우스 오른쪽 클릭 후 나오는 요소에서 Curve point 또는 Edit Point를 선택하고 기능을 실행하면 절단된 것을 확인할 수 있습니다.

- Keep originals : 원본 Curve를 복사하면서 기능을 실행합니다.

| 예제 | Detach Curves 학습하기 |

❸ nurbs tool 》curve_align_addpointtool_attach_detach

Detach 01

Top View에 그림처럼 Create 》 Curve Tools 》 CV Curve Tool을 이용해 Curve를 생성합니다.

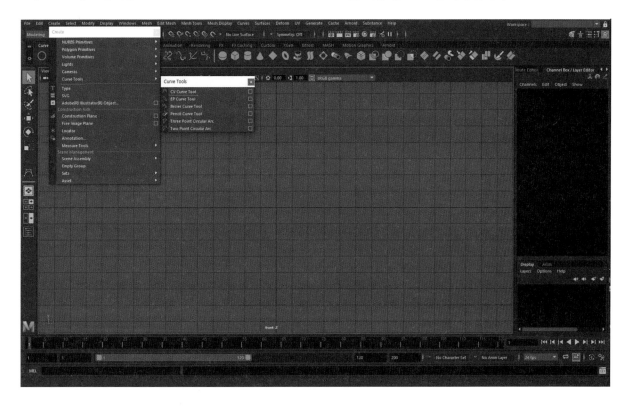

Detach 02

Curve가 생성된 그림입니
다.

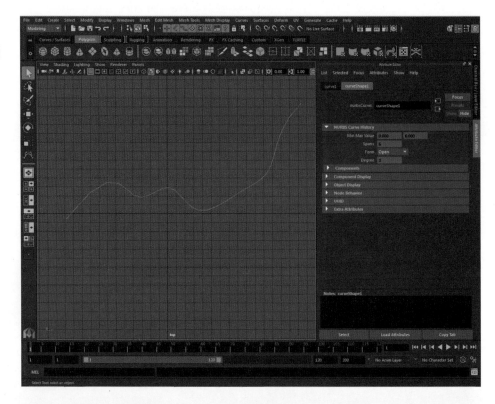

Detach 03

Curve 위에서 마우스 오른
쪽 버튼을 길게 누르면 그
림처럼 메뉴가 나타납니
다. Curve point를 선택합
니다.

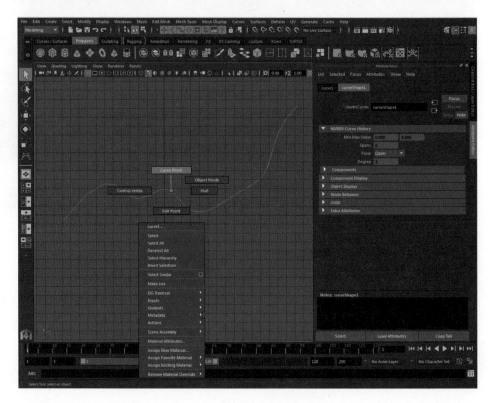

Detach 04

Curve의 임의의 지점에 Curve Point를 생성시켜 줍니다.(Shift Key를 누른 상태에서 마우스로 Curve 위를 클릭하면 여러 개의 Curve point를 생성시킬 수 있습니다.)

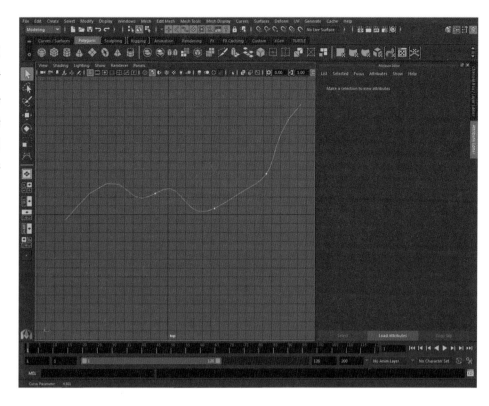

Detach 05

Curves >> Detach Curve를 실행합니다.

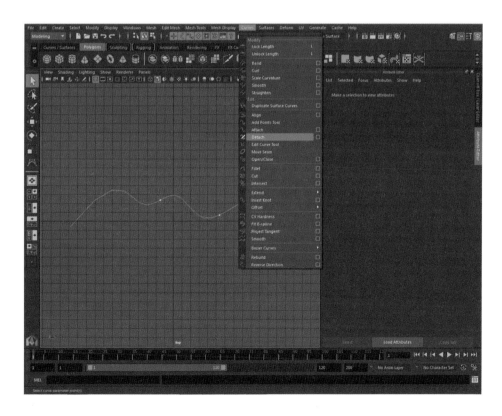

Detach 06

Curve를 이동시켜서 Curve
가 잘라진 것을 확인할 수
있습니다.

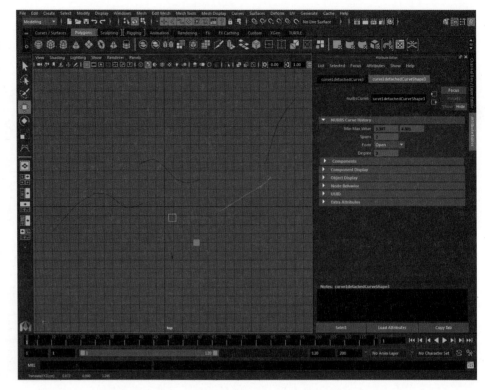

• **Align Curves** : 두 개의 Curve를 접합시키거나 연장해서 정렬시킬 수 있습니다.

❶ **Attach** : 옵션을 체크하면 두 개의 Curve는 접합되면서 Align이 실행됩니다.

❷ **Continuity** : 두 개의 Curve가 Align될 때 연결되는 방법을 선택합니다.
  - Position : 위치만 이동시키며 Align이 실행됩니다.
  - Tangent : 두 개의 Curve가 가진 Tangent를 고려해서 Align이 실행됩니다.
  - Curvature : 두 개의 Curve가 가진 곡률을 고려해서 Align이 실행됩니다.

❸ **Modify position**
  - First(첫 번째 선택한 Curve가 이동하며 Align이 실행됩니다.)
  - Second(두 번째 선택한 Curve가 이동하며 Align이 실행됩니다.)
  - Both(두 개의 Curve가 이동하며 Align이 실행됩니다.)

❹ **Modify boundary**
  - First(첫 번째 선택한 Curve가 이동하며 Align이 실행됩니다.)
  - Second(두 번째 선택한 Curve가 이동하며 Align이 실행됩니다.)
  - Both(두 개의 Curve가 이동하며 Align이 실행됩니다.)

❺ **Modify tangent** : 두 개의 Curve 중 선택된 Curve를 중심으로 Tangent가 맞추어집니다.

예제 Align Curves 학습하기

❸ nurbs tool ≫curve_align_addpointtool_attach_detach

Align 01

Top View에 Create ≫ Curve
Tools ≫ CV Curve Tool
을 이용해 두 개의 Curve를 생
성시켜 줍니다.

Align 02

두 개의 커브를 선택한 후
Curve ≫ Align 옵션 창을
Open시켜 열어줍니다.

Align 03

옵션을 입력하고 Align 버튼
을 선택해 실행해 줍니다.

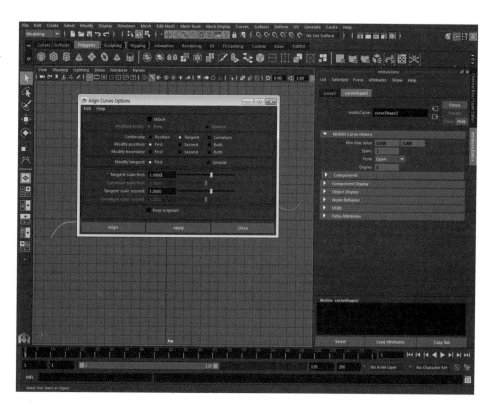

Align 04

그림을 확인해보면 두 개
의 Curve는 서로 다르지만
첫 번째 선택한 Curve가
이동하면서 연결된 부분의
곡률이 맞추어진 것을 확
인할 수 있습니다.

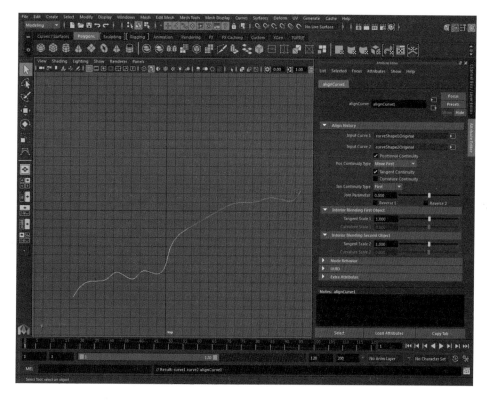

Align 05

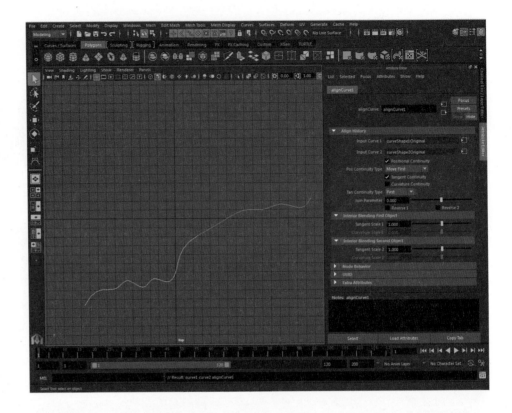

Align 06

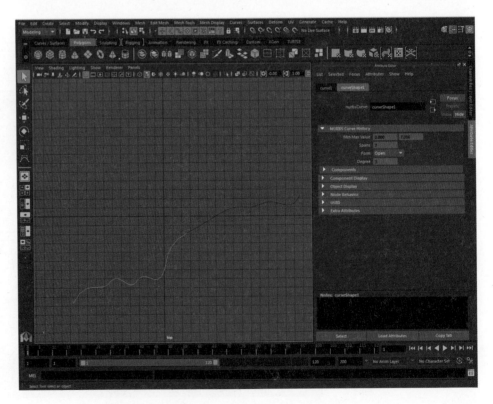

• Open/Close Curves : 열려 있는 Curve의 시작점과 끝점을 접합시켜 줍니다.

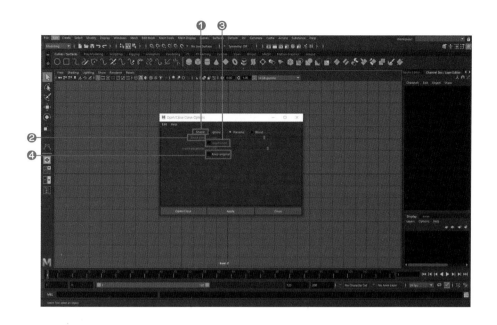

❶ Shape

- Ignore : Curve의 형태를 무시하고 닫아 줍니다.

- Preserve : Curve의 형태를 유지시키며 닫아 줍니다.

- Blend : Curve가 가진 형태의 연속성을 유지한 상태에서 닫아 줍니다.

❷ Blend bias : 접합 지점의 치우침을 선택합니다.

❸ Insert Knot : 접합되는 부분에 Vertex를 생성시키면서 실행합니다.

❹ Keep originals : 원본 Curve를 복사하면서 기능을 실행합니다.

예제 Open/Close Curves 학습하기

 ❸ nurbs tool ≫curve_openclose_fillet_cut_offset_cvhard

Opencurve 01

Top View에 Create ≫ Curve
Tools ≫ CV Curve Tool을 이용
해 Curve를 생성시켜 줍니
다. Curve를 선택합니다.

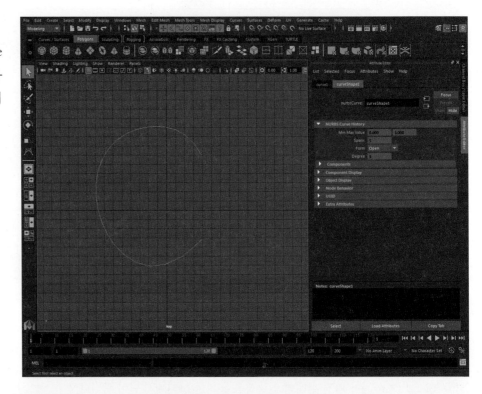

Opencurve 02

Curves ≫ Open/Close의 옵
션 창을 열어줍니다.(명령어
오른쪽 박스를 선택하면 열
립니다.)

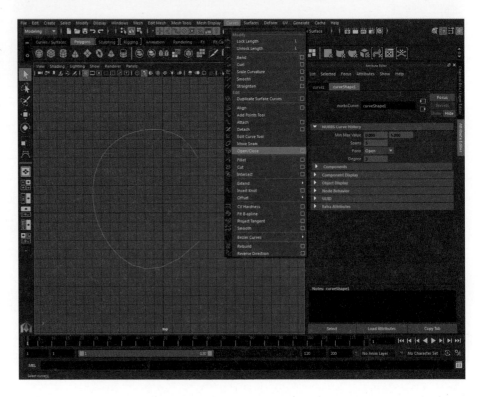

Opencurve 03

옵션을 지정해 줍니다.
Open/Close를 선택합니다.

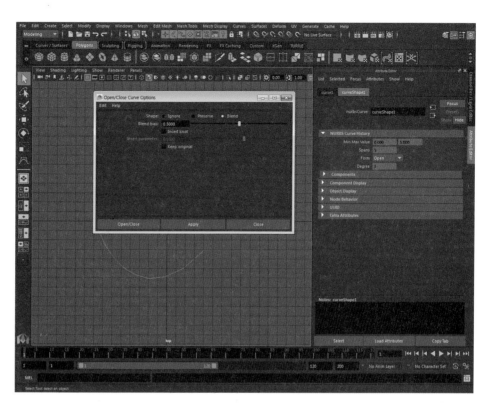

Opencurve 04

열려 있는 부분이 닫힌 것
을 확인할 수 있습니다.

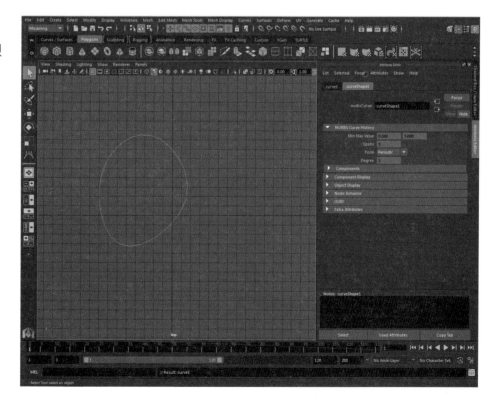

• Move Seam
• **Cut Curve** : 여러 개의 Curve가 교차해 있을 경우 교차한 부분을 절단해 줍니다.

Cut Curve 학습하기

❸ nurbs tool 》curve_openclose_fillet_cut_offset_cvhard

Cut Curve 01

Top View에 그림처럼 Create 》
Curve Tools 》 CV Curve Tool을 이
용해 Curve를 그려 줍니다.
Curve를 선택합니다.

Cut Curve 02

Curve 》 Cut의 옵션 창을 열어줍니
다.(명령어 오른쪽 박스를 선택하시
면 열립니다.)
Cut 버튼을 선택해 줍니다.

Cut Curve 03

옵션을 확인한 후 cut 버튼
을 선택해 줍니다.

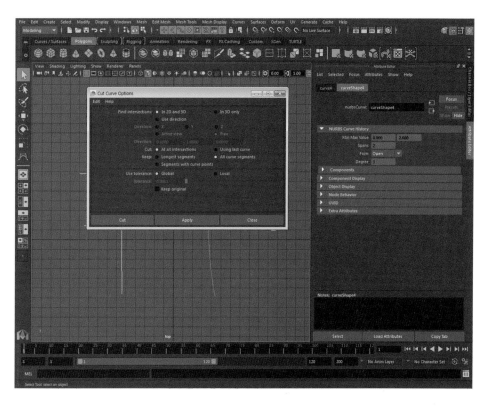

Cut Curve 04

Curve를 이동해 보면 교차
한 부분이 분리된 것을 확
인할 수 있습니다.

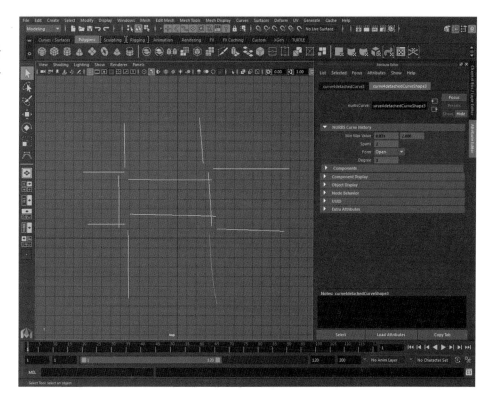

* Intersect Curves : 여러 개의 Curve가 교차해 있을 경우 그 지점을 표시해 줍니다.
* Curve Fillet : 두 개의 Curve가 교차해 있을 때 그 교차한 모서리를 둥글게 해줍니다.

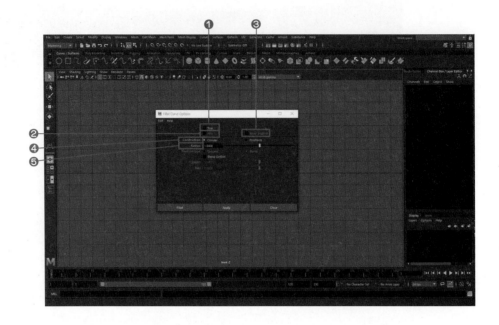

❶ Trim : 두 개의 Curve가 교차해 있을 때 Fillet이 되지 않는 부분을 사라지게 해줍니다.

❷ Join : Curve들을 접합하면서 Fillet시켜 줍니다.

❸ Keep originals : 원본 Curve를 복사하면서 기능을 실행합니다.

❹ Construction : Fillet이 실행되는 방식을 선택할 수 있습니다.

　　－ Circular

　　－ Freeform

❺ Radius : Fillet되는 곡률 값을 지정합니다.

❸ nurbs tool 》curve_openclose_fillet_cut_offset_cvhard

Filletcurve 01

Top View에 Create 》 Curve Tools 》 CV Curve Tool을 이용해 Curve를 교차시켜서 그려줍니다.
Curve를 선택합니다.

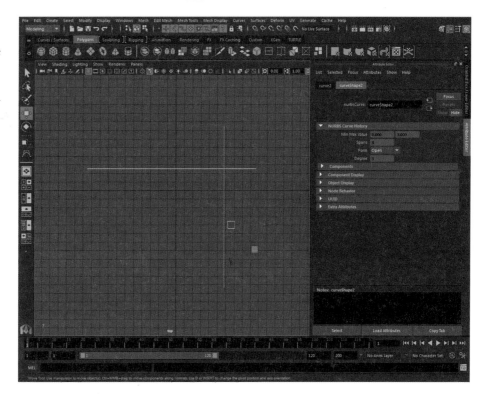

Filletcurve 02

Curve 》 Fillet 옵션 창을 열어줍니다. (명령어 오른쪽 박스를 선택하면 열립니다.)

Filletcurve 03

옵션을 확인한 후 Fillet을
선택해서 실행합니다.

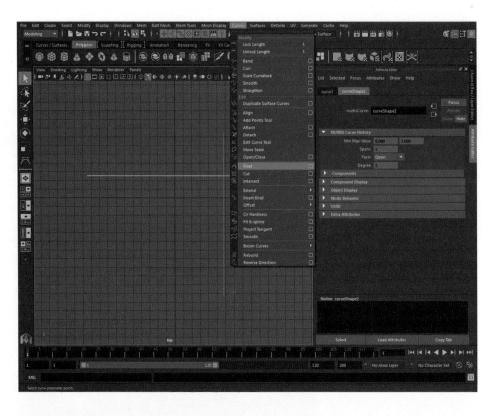

Filletcurve 04

새로운 Line이 Round를
만들어 줍니다.

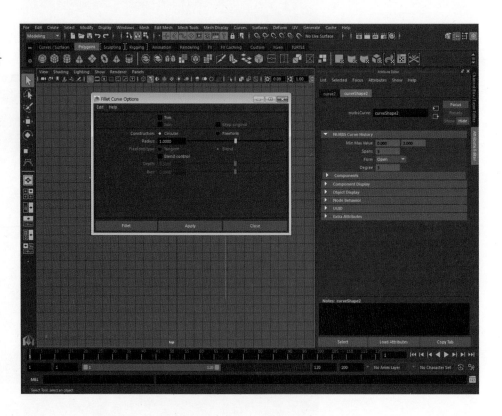

Filletcurve 05

키보드 "T"를 선택해 조절
자를 나타나게 해준 후 그
림처럼 마우스 왼쪽 버튼
으로 노란점을 클릭 이동
하면 라운드되는 지점이
아래 그림처럼 바뀌는 것
을 확인할 수 있습니다.

Filletcurve 06

fillet의 위치가 바뀐 그림
입니다.

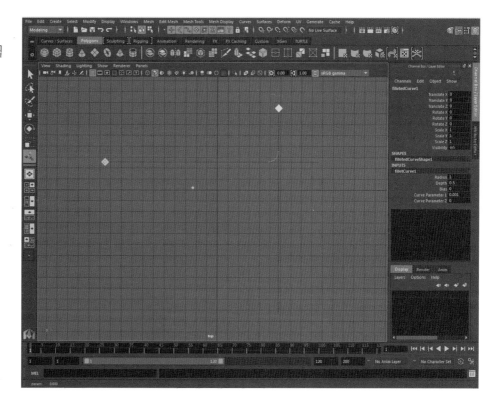

Filletcurve 07

옵션 창에서 Trim 옵션이
체크된 상태에서 실행한
것입니다.

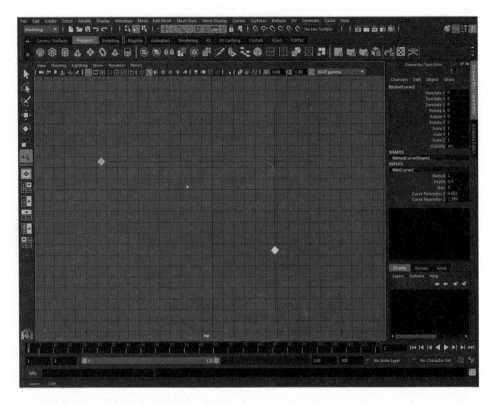

Filletcurve 08

키보드 "T"를 선택해 조절
자를 나타나게 해준 후 이
동한 형태입니다.
Curve가 교차한 부분이
Round로 Fillet된 것을 확
인할 수 있습니다.

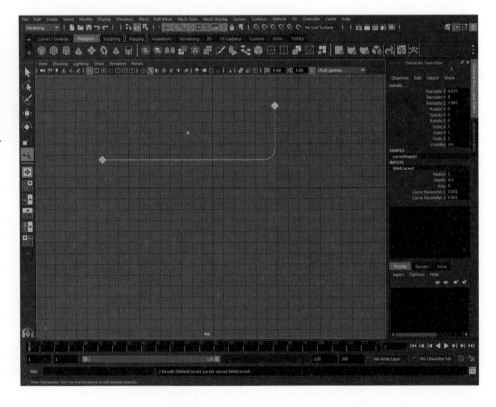

Filletcurve 09

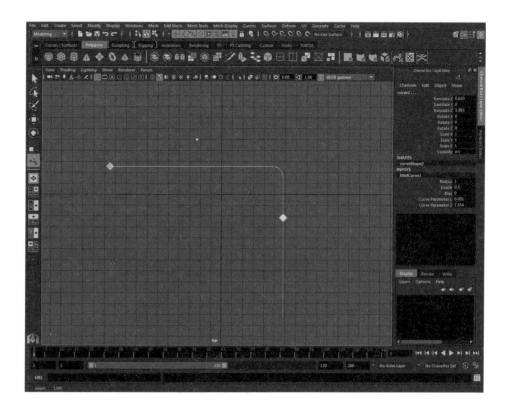

• **Insert Knot** : Curve 위에서 마우스 오른쪽 클릭 후 나오는 요소에서 Curve point를 선택하고 Curve를 선택하면 Curve Point가 나타납니다. Insert Knot을 실행하면 Vertex가 추가됩니다.

예제   **Insert Knot 학습하기**

Insert 01

Top View에 그림처럼 Create ≫ Curve Tools ≫ CV Curve Tool 을 이용해 Curve를 생성시켜 줍 니다.

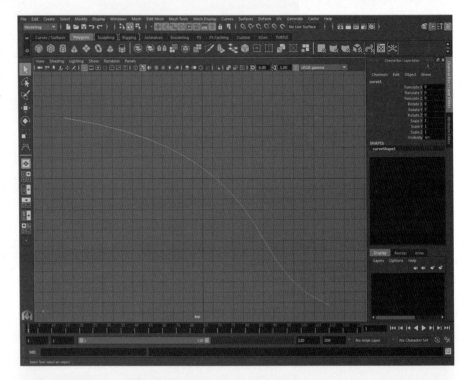

Insert 02

Curve 위에서 마우스 오른쪽 버 튼을 길게 누르면 메뉴가 나타납 니다.

Curve point를 선택합니다.

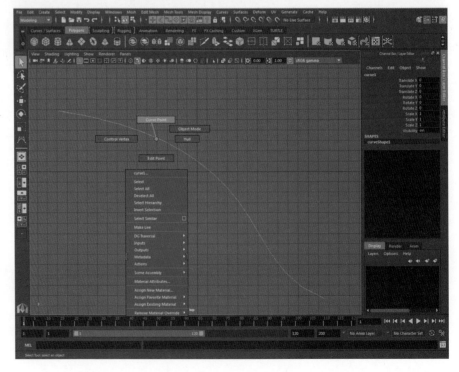

Insert 03

Curve의 임의의 지점에
Curve Point를 생성시켜 줍
니다.([Shift] Key를 누른
상태에서 마우스로 Curve
위를 클릭하면 여러 개의
Curve point를 생성시킬 수
있습니다.)

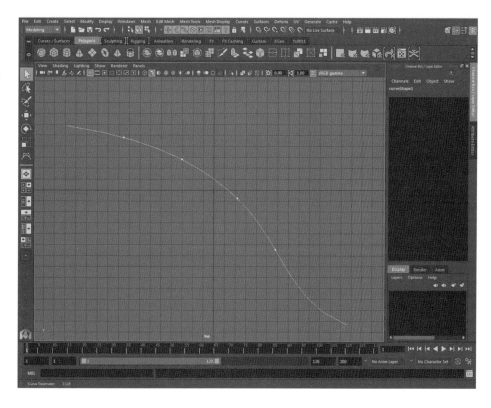

Insert 04

Curve >> Insert Knot을 실
행합니다.

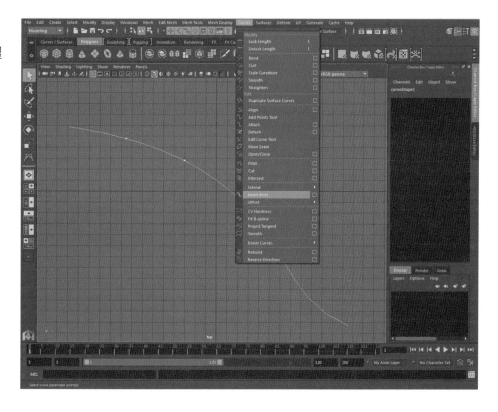

Insert 05

마우스 오른쪽을 클릭하여
CVvertex를 선택해 보면
vertex가 추가된 것을 확
인할 수 있습니다.

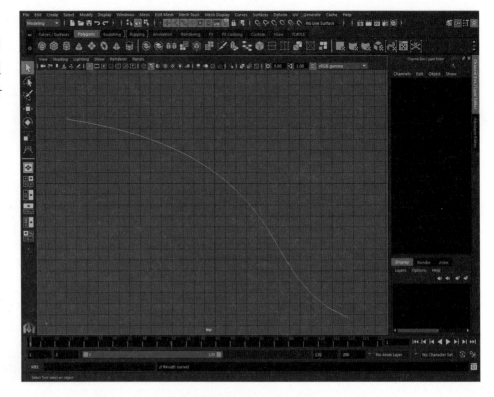

- **Extend** : Curve의 연장 방향으로 지정한 거리값만큼 연장됩니다.
- **Offset** : Curve를 거리값만큼 복사해줍니다.

예제 **Offset 학습하기**

❸ nurbs tool 》curve_openclose_fillet_cut_offset_cvhard

Offset 01

Top View에 그림처럼 Create 》
Curve Tools 》 CV Curve Tool을 이
용해 Curve를 생성시킵니다.

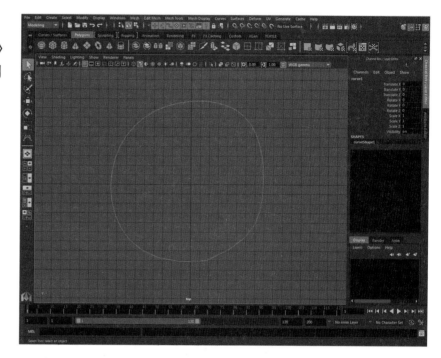

Offset 02

Curve를 선택한 후 Curves 》 Offset
》 offset curve의 오른쪽 옵션 박스
를 선택합니다.

Offset 03

옵션 창이 열린 그림입니다.
옵션 중 Distance 값을 통해
복사되는 거리 값을 지정할
수 있습니다.

Offset 04

Curve가 offset distance에
지정한 값만큼 이동하며
복사된 것을 확인할 수 있
습니다.

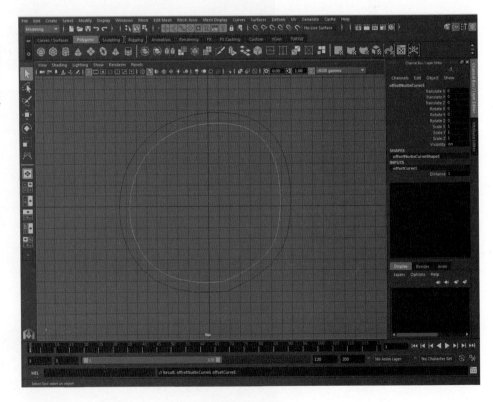

- **Reverse Curve Direction** : Curve의 시작점과 끝점을 바꾸어줍니다.
- **Rebuild Curve** : Curve의 Component(CVvertex, EP point, span)를 다시 정의 내려 줍니다.

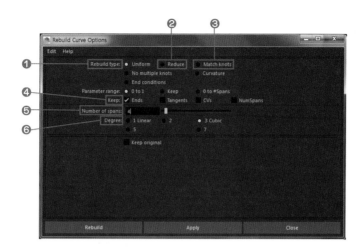

❶ **Rebuild type** : Unform은 작업자가 생성시킨 curve의 Span의 간격을 일정하게 정의 내려줍니다. 또한 Number of Spans에 적어준 값에 맞추어 정의 내려 줍니다.

❷ **Reduce Type** : 형태의 직선과 곡선을 기반으로 다시 정의 내려 줍니다.

❸ **Match Knots** : 두 개의 Curve가 가진 점의 개수를 일치하게 만들어줍니다.

❹ **Keep** : 명령어를 적용했을 때의 변형을 최소화시켜 주는 역할을 합니다.

Ends(끝점 Point), Tangent(커브의 기울기 유지) CVs(CV의 현재 상태 유지) NumSpans(원본 커브의 Span 수를 유지)

❺ **Number of Spans** : 적어 넣은 값을 통해 Span 수를 다시 정의 내려 줍니다.

❻ **Degree** : 곡률을 재설정해줍니다. 직선은 곡선으로, 곡선은 직선으로 만들어 줍니다.

예 Rebulid type 》 Uniform인 경우

Top View에서 Curve를 그려줍니다.

Curve를 선택합니다.

Curve가 가진 CV vertex의 개수를 Compont Mode에서 확인합니다.

Object Mode로 전환합니다.

Edit Curve 》 Rebuild Curve을 실행합니다.

Curve의 CV vertex의 개수가 Number of spans에 지정한 값으로 맞추어진 것을 확인할 수 있습니다.

- **Fit B-spline** : Curve의 Control Vertex를 기준으로 Curve를 만들어 줍니다.
- **Smooth Curve** : Curve를 부드럽게 만들어 줍니다.
- **CV Hardness** : Curve에서 선택한 Vertex 부분을 직각으로 만들어 줍니다.

– 이 경우는 작업자가 직각으로 만들 부분을 선택했다면 Curve의 앞쪽으로 CVs가 3개 이상 또는 뒤쪽으로 3개 이상의
CVs가 있어야 합니다.

| 예제 | CV Hardness 학습하기 |

❸ nurbs tool »curve_openclose_fillet_cut_offset_cvhard

CV hard 01

Top View에 그림처럼
Create » Curve Tools »
CV Curve Tool을 이용해
Curve를 생성시켜 줍니다.

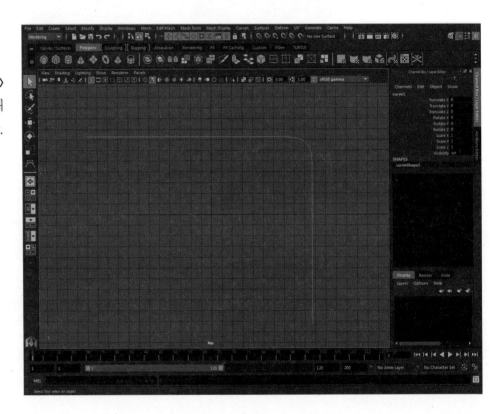

CV hard 02

마우스 오른쪽 클릭 후 CV vertex를 디스플레이시킵니다.

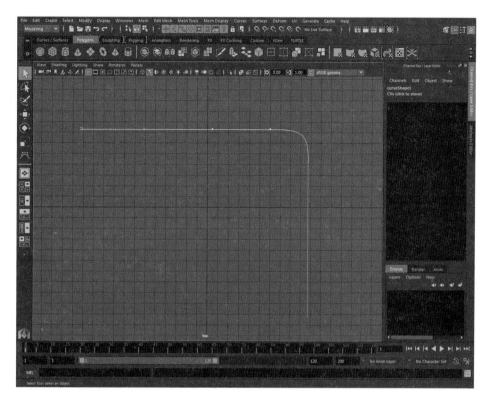

CV hard 03

Vertex의 개수를 확인합니다. (직각으로 만들고자 하는 Vertex의 앞쪽으로 3개 이상 뒤쪽으로 3개 이상 있어야 합니다.)

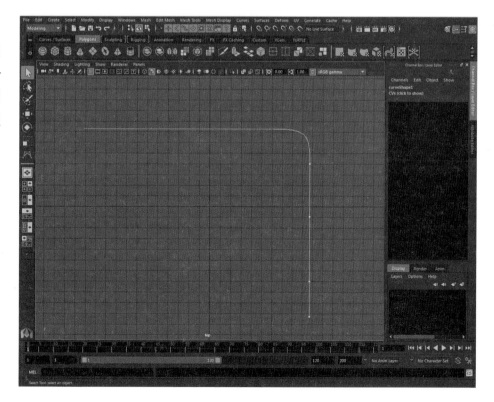

CV hard 04
직각으로 만들 Vertex를
선택합니다.

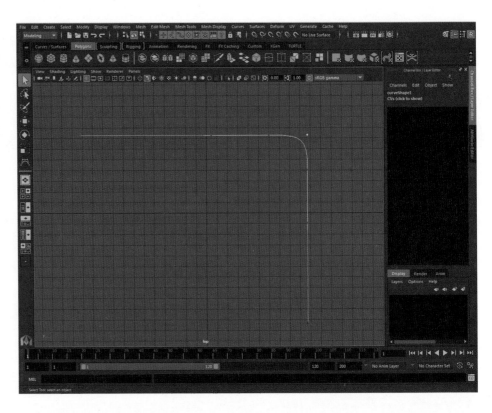

CV hard 05
Curves » CV Hardness를
선택해 실행해 줍니다.

CV hard 06

직각으로 만들어진 것을
확인할 수 있습니다.

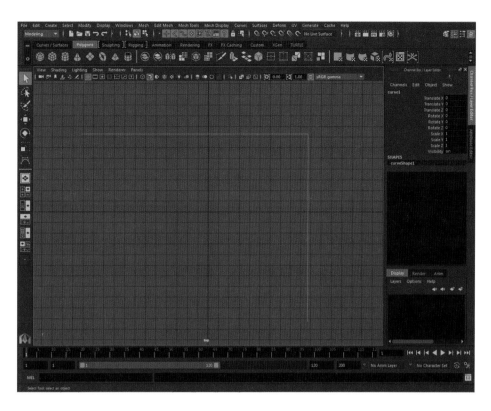

- **Add point Tool** : Curve의 끝점에서부터 연장해서 그림을 그립니다.
- **Lock Length** : Vertex를 이동할 때 다른 Vertex에 영향을 주면서 이동 편집이 됩니다.
- **Unlock Length** : Lock Length를 해제해 줍니다.
- **Bend** : Curve를 구부려 줍니다.
- **Curl** : Curve를 지글지글하게 만들어 줍니다.
- **Scale Curvature** : Curve를 확대해 줍니다.
- **Straighten** : 곡선 Curve를 직선 Curve로 변형해 줍니다.
- **Curve Editing Tool** : Curve의 형태를 편집합니다.
- **Project Tangent** : Surface의 Tangent 방향에 맞추어서 Curve를 정렬시켜 줍니다.

01 | Loft

Loft Option

두 개 이상의 Curve를 이용해 형태를 모델링하는 중요한 명령어입니다.

* Parameterization

   Uniform : 생성시킨 curve의 Component 정보를 그대로 반영해 모델을 만듭니다.

   Chord Length : UV 방향 모두 Parameterization 값이 Chord Length로 적용된 것을 확인할 수 있을 것입니다.

* Auto Reverse : 시작점과 시작점을 바라보고 모델링되게 되어 있습니다. 하지만 이 기능으로 인해 시작점과 끝점에 관계없이 모델링됩니다.

* Close : Loft를 하면 u/v 중 한쪽이 닫힌 상태로 모델링이 만들어집니다.

* Selection Spans : Loft 모델링을 할 때 Suface의 Span 수를 결정합니다.

* Curve Range : Loft를 실행시킨 후 채널 박스를 보면 편집요소가 서로 다르게 나타납니다.

* Output geometry : Nurbs, Polygon, Bezier 중 선택할 수 있습니다.

예제 **Loft 이용해 캐릭터 만들기**

❸ nurbs tool 》loft, ant_modeling

Loft 01

Front View와 Side View에 View 》 Image Plan 》 Import Image…를 통해 캐릭터 그림을 설치합니다. (c_f.tga)

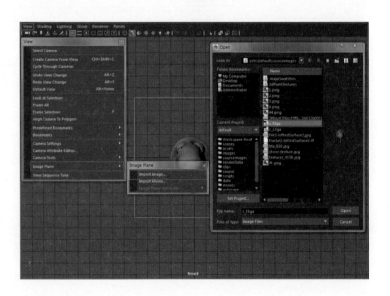

Loft 02

Side View에 View » Image Plan » Import Image...를 선택해 Side 그림을 생성시킵니다. (c_s.tga)

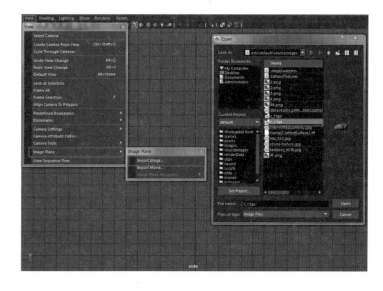

Loft 03

Front View에서 Nurbs Primitives » Circle을 만들어 줍니다.(Circle을 만들 때 Interactive Creation을 체크해 주면 Front View에서 클릭 드래그로 모델을 만들 수 있습니다.)

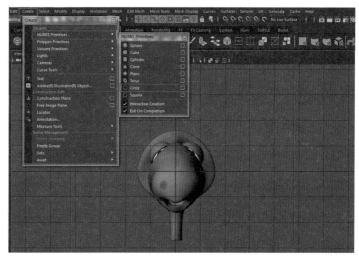

Loft 04

Front View에서 Circle을 생성시킨 그림입니다.

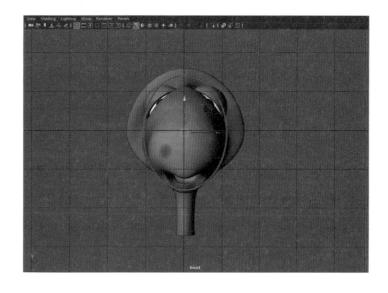

Loft 05

Side View에서 Circle을 위치시킵니다. 그리
고 약간 회전시켜 그림처럼 기울여 줍니다.

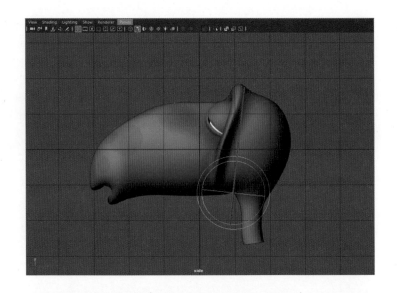

Loft 06

Circle을 복사합니다. 그림처럼 위치시킨 후
기울기에 맞추어 회전시켜 줍니다.
목 부분과 입 부분은 마우스 오른 클릭 후 CV
Vertex를 선택하고 그림처럼 Circle의 형태를
만들어 줍니다.

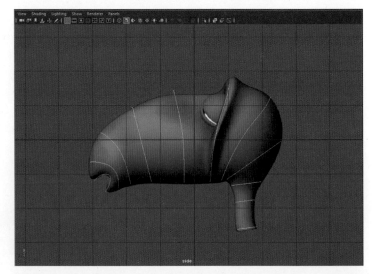

Loft 07

목에서부터 차례대로 선택합니다.(키보드의
[Shift]를 누르고 선택하면 다중선택이 됩니다.)

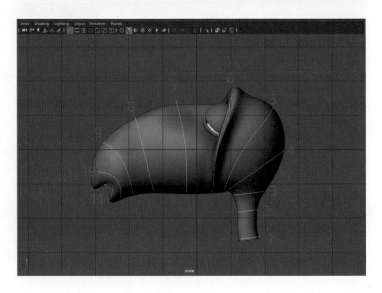

Loft 08

개미핥기 얼굴의 형태가 만들어진 것을 확인
할 수 있습니다.

이렇게 Loft Tool를 이용하시면 쉽게 모델의
형태를 만들 수 있습니다.

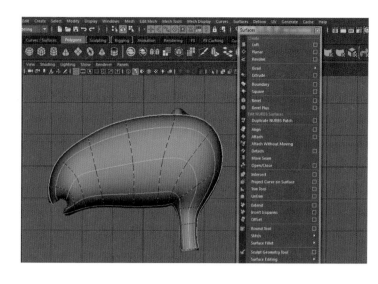

Loft 09

대각선 방향에서 보이게 뷰를 설정합니다.

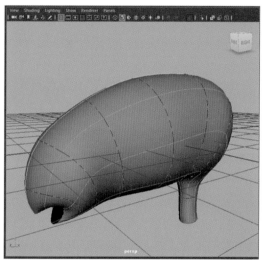

Loft 10

마우스 오른쪽 클릭 후 빨간색 화살표 부분의
isoparm을 선택합니다.

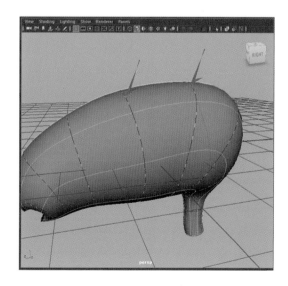

Loft 11

Surface » insert Isoparms 옵션박스를 선택한
후 값을 입력합니다. » insert를 선택합니다.

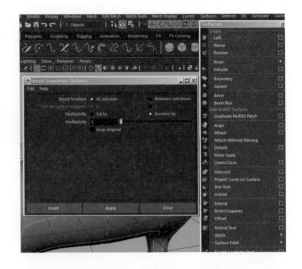

Loft 12

마우스 오른 클릭 후 CV Vertex를 선택합니다.

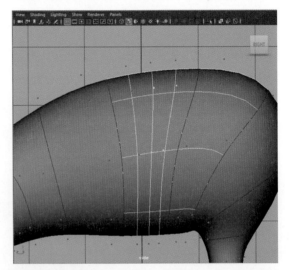

Loft 13

CV Vertex들의 크기를 늘리고 이동시켜 그림
처럼 만들어 줍니다.

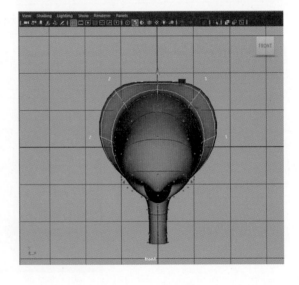

Loft 14

CV Vertex를 선택합니다.

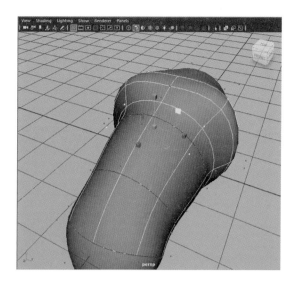

Loft 15

뒤쪽으로 이동시켜 만들어 줍니다.

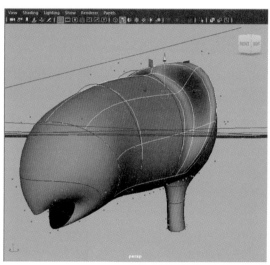

Loft 16

눈 위쪽 CV Vertex를 위로 이동해 그림처럼 완성합니다.

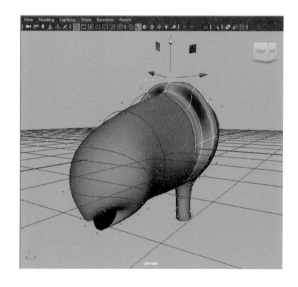

Loft 17

재질을 적용해 보겠습니다.
모델 위에서 마우스 오른클릭 합니다. 》 하단
의 Assign New Meterial..을 선택합니다.

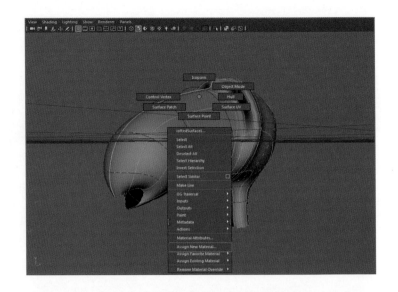

Loft 18

Phong을 선택합니다.

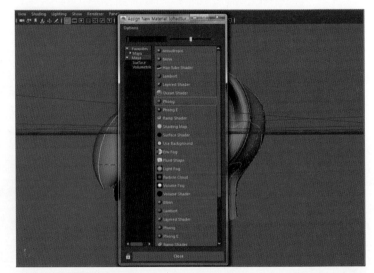

Loft 19

이름을 "ant"로 변경해 줍니다. Color 부분의
노란색 박스 부분을 클릭합니다.

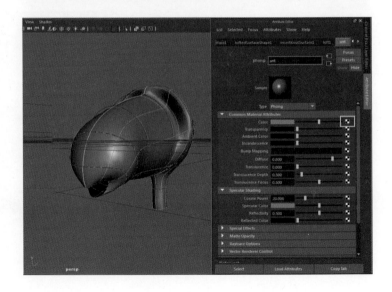

Loft 20

File Map을 선택합니다.

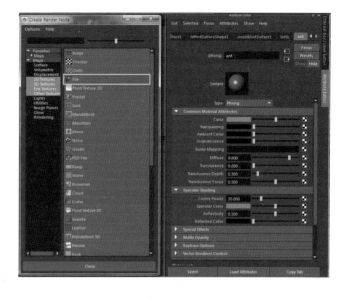

Loft 21

폴더를 찾아 들어가서 "face color.jpg"를 선택
합니다.

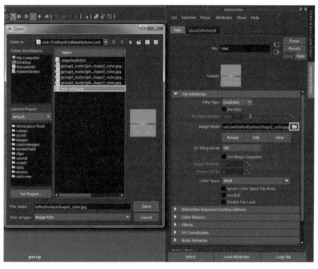

Loft 22

재질이 적용된 그림입니다.

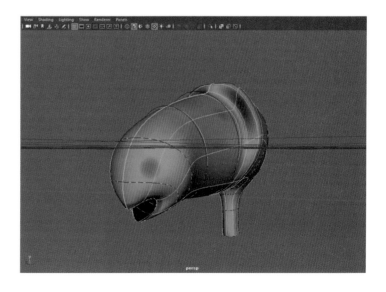

Loft 23

편집해서 완성된 모델입니다.

02 | Planar

닫혀진 완전한 Curve를 이용해 모델을 만들 수 있습니다.

> [예제] planar 학습하기

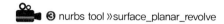 ❸ nurbs tool ≫surface_planar_revolve

Planar 01

Top View에서 Creats ≫ Curve tool을 이용해
그림을 그립니다.

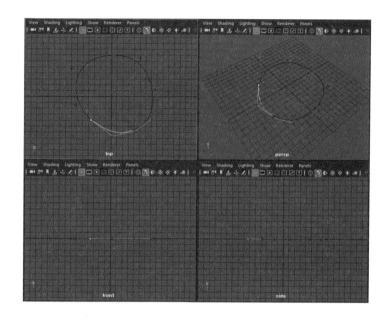

Planar 02

마지막 점은 키보드 Ⓥ를 누른 상태로 첫 점의
위치를 선택하면 끝점과 일치하는 그림을 그
릴 수 있습니다.

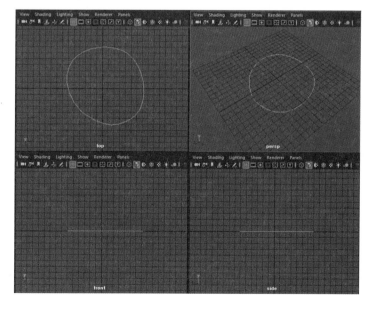

Planar 03

Surface » Planar를 실행합니다.

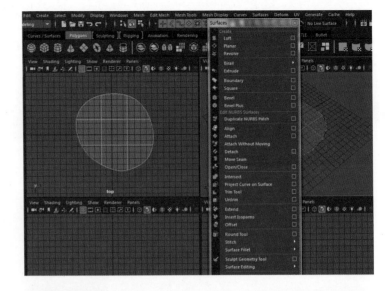

Planar 04

Surface가 생성된 것을 확인할 수 있습니다.
Perp에서 확인하면 닫힌 것을 확인할 수 있습
니다.

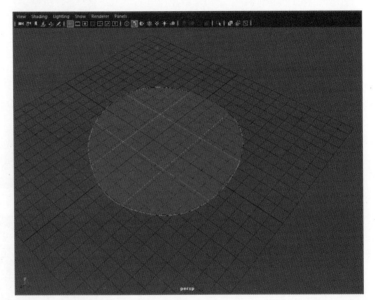

03 | Revolve

Revolve Option

와인잔, 컵, 촛대 등 원통형 모델을 만듭니다.

Revolve Option을 알아보겠습니다.

- **Axis Present** : Revolve의 회전축을 정합니다.
- **Pivot** : Revolve될 Pivot 위치를 현재의 선택된 Object의 것으로 할 것인지, 사용자가 직접 입력한 값으로 할 것인지를 결정합니다. 만약 여러분이 그린 커브의 Pivot을 수정하면 다른 결과가 나타날 것입니다.
- **Surface Degree** : 생성될 Revolve Surface의 Degree(곡률) 값을 지정합니다.
- **Start / End Sweep Angle** : Revolve 될 시작 · 끝 회전각을 입력해서 정할 수 있습니다.
- **Use Tolerance** : Tolerance는 오차를 의미합니다. 생성될 surface의 정확성과 관련이 있습니다.
  만약 None 상태로 사용자가 Segment 입력값을 사용하면 그 값이 곧 V 방향으로 8 Span을 가지게 될 것이고, Local 사용 시 사용자가 입력하는 수치에 따라 영향을 미쳐 Span 값이 다르게 나타날 것입니다. Global은 Preferences Window 》 Setting 》 Tolerance의 정해진 Positional과 Tangential 값으로 만들어집니다.
- **Curve Range** : Complete가 아닌 Particle을 선택하게 되면, SubCurve Node가 추가로 생성됩니다.
  Channel Box의 input 》 SubCurve를 열어 Min/Max Value를 조절하면 원통형 오브젝트가 만들어지는 과정을 확인할 수 있습니다.

Revolve가 적용된 오브젝트를 선택하고 Channel Box의 Revolve를 클릭하여 연 다음, ⊤ Key를 누르면 Interactive Mode로 전화되어, 각 회전측 · 각 Piviot의 위치 등을 쉽게 조절할 수 있습니다.

Revolve Option 학습하기

❸ nurbs tool 》surface_planar_revolve

01 Creats 》 curve 》 Cv curve을 선택합니다.

02 view의 front 창에 와인 잔을 그림과 같이
그립니다.

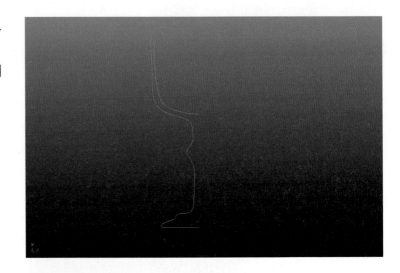

03 와인 curve를 선택합니다.

04 Modify 》 Center Pivot을 실행합니다.

05 키보드의 Insert를 누른 후 Pivot을 회전할
지점으로 이동합니다.

06 다시 키보드의 Insert를 선택하면 Pivot을
다시 사용할 수 있습니다.

07 Surface 》 Revolve Box를 선택한 후 [Axis
Preset] 옵션 중에 Y를 선택한 후 Apply를
실행합니다.

08 멋진 와인잔이 만들어졌습니다.

04 | Birail 2

Birail Surface 모델링은 4개 또는 3개의 연속되고 끝점이 맞추어져 있는 Curve를 이용해 모델링을 합니다. 이 기능은 자유 곡면체 모델링을 위해 필요한 모델링 방법으로 많은 Nurbs 유저들이 사용하는 기능입니다.

Birail Option

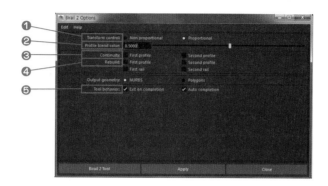

❶ **Transform Control** : Profile Curve가 Rail Curve를 따라가면서 면을 생성할 때 Rail Curve가 가지고 있는 커브의 형태에 따라 비례를 맞출 것인가를 결정합니다.

그림에 나타나 있듯이 Proportional의 경우 Rail Curve의 형태를 반영하여 Profile Curve의 Scale에 변형이 발생되지만, Non Proportional은 Profile Curve는 원래 형태 Scale을 유지하게 됩니다.

❷ **Profile Blend Value** : Birail 2에만 적용되는데, 양쪽 끝에 존재하는 Profile Curve의 형태를 기준으로 생성되는 서피스의 중간 지점의 형태를 어느 커브 쪽에서 영향을 많이 받을 것인지를 결정합니다. 1은 첫 번째, 0은 두 번째, 0.5 라면 양 쪽 Profile Curve의 영향을 받게 됩니다.

❸ **Continuity** : 어느 방향의 Profile Curve를 기준으로 Surface의 연속성을 맞출 것인지를 지정합니다.

❹ **Rebuild** : Profile Curve 또는 Rail Curve를 이용해 생성되는 Surface의 Rebuild를 수행합니다.

❺ **Tool Behavior** : Exit On Completion은 면을 생성 후 명령을 종료하고, Auto Completion이 Off될 시 Profile과 Rail Curve를 선택한 다음 [Enter↵] Key를 눌러야 결과가 발생됩니다.

예제 **Birail 01 Tool**

❸ nurbs tool 》surface_birail tool

Birail 01

Side View에 그림처럼 Create 》 Curve Tools
》 CV Curve Tool을 이용해 두 개의 Curve를 생
성시켜 줍니다.
이 Curve를 rail Curve라고 합니다.

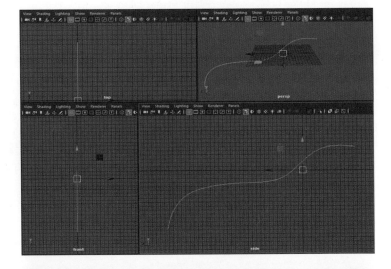

Birail 02

Ctrl+d를 이용 복사한 후 빨간색 Pivot으로
이동합니다.

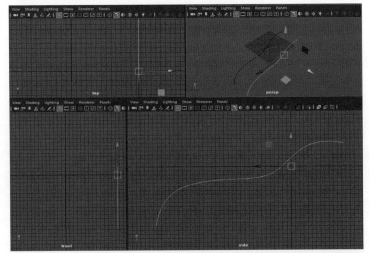

Birail 03

화면 위 Curve Snap 버튼을 활성화합니다.
Create 》 Curve Tools 》 CV Curve Tool을 이
용해 끝점과 끝점을 맞추어서 그려 줍니다. 이
커브를 Profile Curve라고 합니다. (Curve Snap
을 이용해 정확하게 일치해야 합니다.)

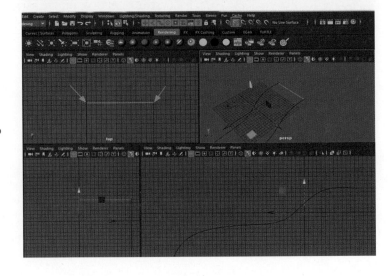

Birail 04

Profile Curve를 곡선으로 편집해줍니다.

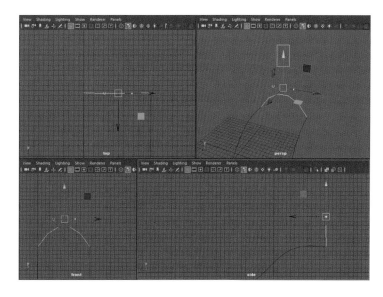

Birail 05

Curve가 완성된 그림입니다.

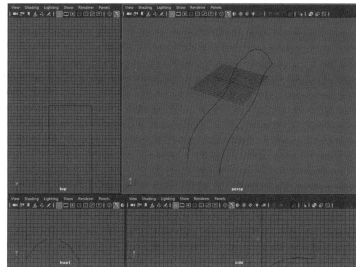

Birail 06

Surface >> Birail >> Birail 1 Tool을 실행합니다.

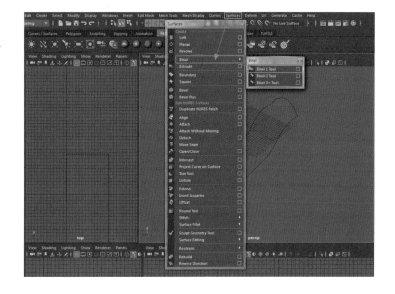

Birail 07

Profile Curve를 먼저 선택합니다.

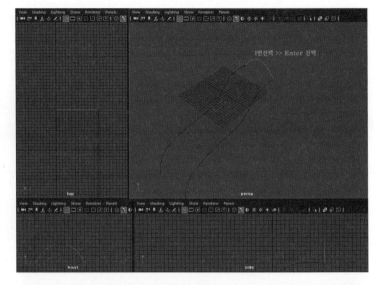

Birail 08

rail Curve 두 개를 차례대로 선택합니다.

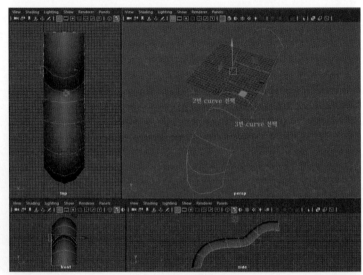

Birail 09

모델링이 된 것을 확인할 수 있습니다.

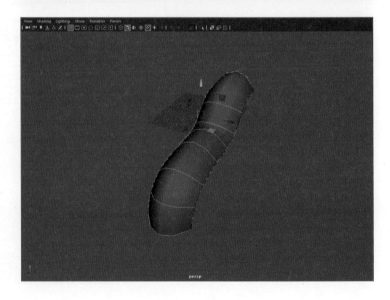

Birail 10

Create 》 Curve Tools 》 CV Curve Tool을 이
용해 4개의 Curve를 생성시켜 줍니다.
두 개의 Profile Curve와 두 개의 rail Curve로
구성됩니다.
Surface 》 Birail 》 Birail 2 Tool을 실행합니다.
1번 선택 》 2번 선택 》 3번 선택 》 4번 선택을
차례대로 합니다.

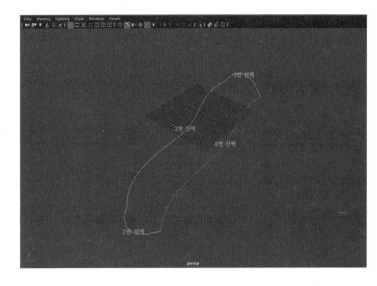

Biraild 11

형태가 완성됩니다.

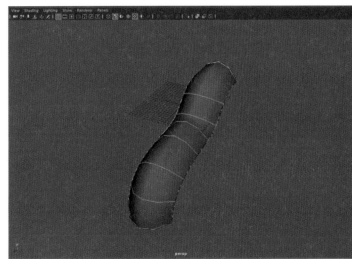

Birail 12

Create 》 Curve Tools 》 CV Curve Tool을 이
용해 5개의 Curve를 생성시켜 줍니다.
3 이상의 Profile Curve와 2개의 rail Curve로
구성됩니다.
Surface 》 Birail 》 Birail 3+ Tool을 실행합니다.
1번 선택 》 2번 선택 》 3번 선택 》 Enter↵ 선택
》 4번 선택 》 5번 선택을 차례대로 합니다.

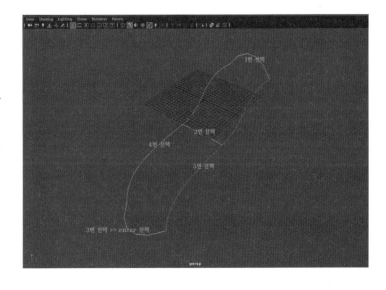

Biraild 13

형태가 완성됩니다.

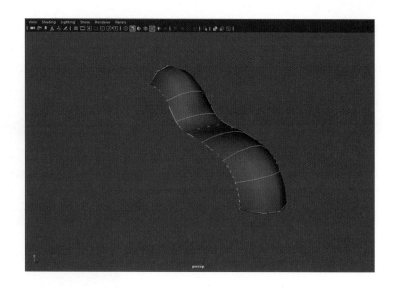

05 | Extrude

Extrude Option

이 Tool은 나선형 형태의 오브젝트를 만들 수 있는 모델링 툴입니다.

• **Distance** : 단순히 오브젝트의 두께를 만들어 주는 명령어입니다.
• **Extrude Length** : 두께를 입력합니다.

• **Direction**

　Profile Normal : 선택된 커브의 Normal 방향으로 Extrude가 생성됩니다.

　Specify : 사용자는 Extrude될 방향 축을 선택해서 지정할 수 있습니다.

• **Surface Degree** : surface의 (곡률)Degree 값. Linear는 각진 형태를 만들어 냅니다.
• **Rotation** : 입력된 값만큼 회전하며 Extrude가 실행됩니다.
• **Scale** : 모델링 끝점 부분이 Scale이 조정되어 적용됩니다.

• **Curve Range** : extrude를 적용 후 Channel Box를 보면 input option이 서로 다른 것을 확인할 수 있습니다.

Partial : Channel Box에서 SubCurve를 확인할 수 있으며 수치를 입력하면 extrude가 변하는 것을 볼 수 있습니다.

Flat Style : 패스를 따라 모델링을 할 수 있습니다. 단면의 형태가 방향을 그대로 유지합니다.

Result Position : Extrude가 시작될 위치 점을 어디에 둘 것인가를 정합니다.

Tube Style : Profile Curve의 Normal 방향이 Path의 90° 방향을 유지하면서 모델링이 됩니다.

• **Orientation** : Extrude되는 Normal 방향을 Path / Profile 둘 중 하나를 선택할 수 있습니다.

예제 **Extrude 학습하기**

01 creat ≫ nurbs primitives ≫ circle을 선택해서 top view에 생성시킵니다.

02 creats ≫ cv curve tool을 선택합니다.

03 view의 front 창에 circle의 중심에서부터 오른쪽과 같이 그립니다.

04 circle을 선택하고 Shift 를 누른 상태로 curve를 그림처럼 선택합니다.

05 surface ≫ extrude box를 선택한 후 [style] 옵션 중에 tube를 [result position] 옵션 중에서 At path를 선택한 후 apply를 실행합니다.

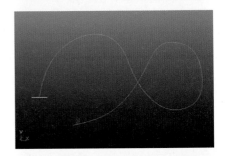

06 그림처럼 만들어 모델링을 완성합니다.

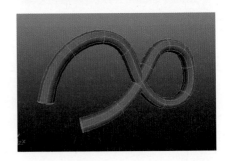

06 | Boundary

Boundary Option

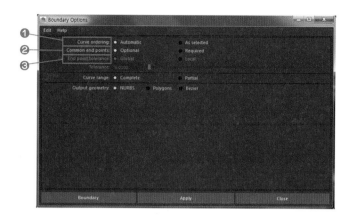

❶ **Curve Ordering** : 커브 선택 순서에 따라 생성되는 면의 형태가 결정됩니다. Automatics의 경우 마우스 드래그로 한 번에 커브를 선택하여, 특별한 선택 순서를 지정하지 않더라도 서피스를 생성하게 만듭니다.

　As Selected의 경우 사용자가 어떤 순서대로 커브를 선택했느냐에 따라 생성되는 서피스의 결과는 달라집니다.

❷ **Common End Points** : Optional의 경우 커브끼리의 끝점이 정확히 인접되지 않더라도 서피스는 생성되지만, Required 의 경우는 반드시 끝점이 일치되어야 합니다.

❸ **End Point Tolerance** : Common End Points가 Required의 경우 끝점에 대한 허용 오차값을 지정합니다. Local로 사 용자가 직접 범위를 지정합니다.

> **예제** | **Boundary 학습하기**

Boundary 01

Top View에 Create 》 Curve Tools 》 CV Curve Tool을 이용해 네 개의 Curve를 생성시 켜 줍니다.

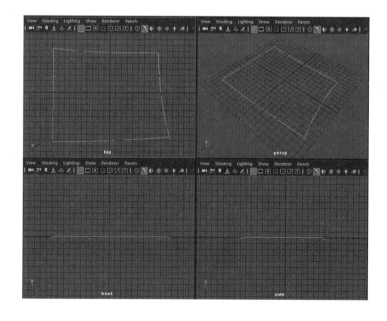

Boundary 02

오브젝트 모드에서 커브 4개를 선택합니다.

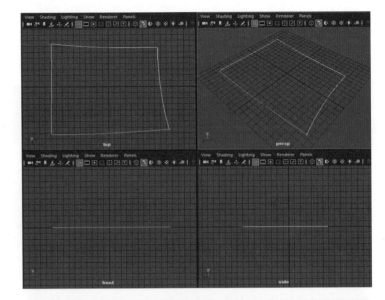

Boundary 03

Curve를 선택한 상태에서 Surface » Boundary
를 실행합니다.

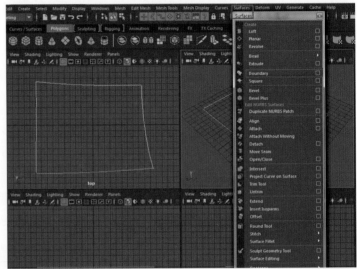

Boundary 04

Surface가 만들어진 것을 확인할 수 있습니다.

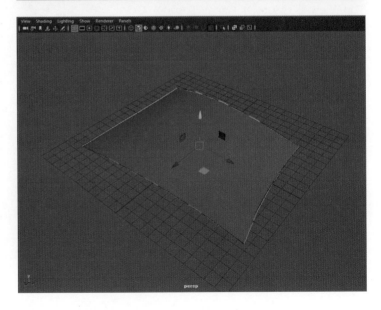

07 | Square

Square Option

Boundary와 Birail과 비슷한 명령을 수행합니다.

3~4개의 Curve를 끝점이 일치하게 생성시켜야 합니다.

순서대로 선택하여 명령을 적용합니다. SQUARE는 옵션 중에서 Tangent와 Rebuild를 병행할 수 있다는 장점을 가지고 있습니다. 실행한 후에도 채널 박스를 통해 수정할 수 있습니다.

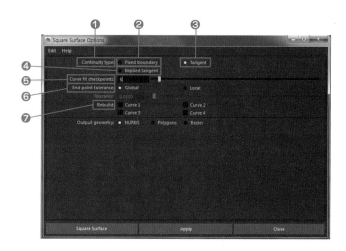

❶ **Continuity Type** : 연속성의 성질을 결정합니다.

❷ **Fixed Boundary** : 서피스 상의 커브(Isoparm과 같은)로부터 연속성을 부여하지 않은 상태로 결과를 만듭니다.

❸ **Tangent** : Surface Curve로부터 부드러운 결과를 만들어 내는데, 아래의 Curve Fit Checkpoints 값에 따라 정확성이 달라집니다.

❹ **Implied Tangent** : 선택된 커브의 normal 방향을 근거로 서피스를 생성합니다.

❺ **Curve Fit Checkpoints** : Square Surface 생성 시 얼마나 많은 Isoparm을 토대로 정확성을 맞출 것인지 결정합니다.

❻ **End Point Tolerance** : 인접한 Point의 끝점 위치 오차값을 지정합니다.

❼ **Rebuild** : 선택된 순서에 따라 사용자는 ReBuild할 커브를 선택합니다. 모든 방향의 커브를 체크하면 약간의 연산 시간이 걸리지만 보다 더 자연스러운 결과를 얻어내도록 할 것입니다.

명령이 적용된 상태에서 T Key를 누르면 각 방향으로 Continuity를 변경할 수 있는 조절자들이 나타납니다.

SQUARE 01

Create >> Primitives >> Plane을 생성시킵니다.
Plane을 Ctrl+d를 선택해 복사합니다. 이동
시켜 양쪽으로 위치시킵니다.
화면 위 Curve Snap을 활성화시킵니다. 그림
의 화살표 표시 부분에 정확하게 교차하는
Curve를 그립니다.

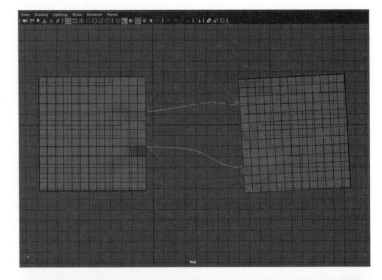

SQUARE 02

두 개의 Plane 위에서 마우스 오른 클릭 후
Isoparm을 선택합니다.

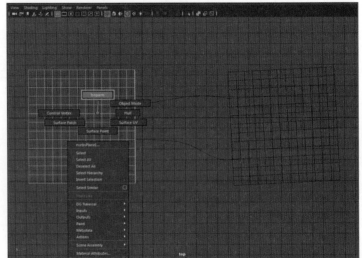

SQUARE 03

1번 Isoparm 선택 >> Shift Key를 누른 상태에
서 2번 Curve 선택 >> Shift Key를 누른 상태에
서 3번 Isoparm 선택 >> Shift Key를 누른 상태
에서 4번 Curve 선택을 차례대로 합니다.

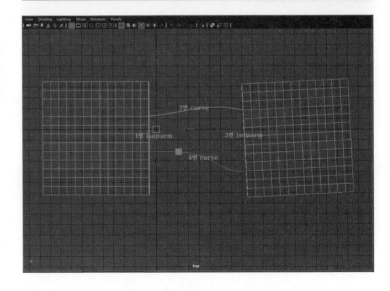

SQUARE 04

Surface >> SQUARE를 선택합니다.

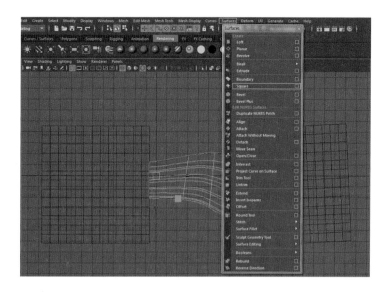

SQUARE 05

완성된 그림입니다.

마야 화면 오른쪽 channel Box >> Input >> Spuaresrf1를 보면 ReBuild curve1~ReBuild curve4까지 나타납니다. "Off" 상태에서 "on" 상태로 바꾸어주면 Surface의 Isoparm이 일정하게 변하는 것을 확인할 수 있습니다.

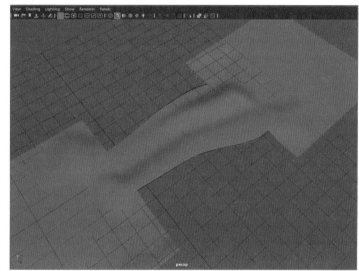

08 | Bevel

Bevel Option

Curve를 이용해 오브젝트의 두께를 생성하고 모서리를 경사면으로 만들어주는 명령어입니다.

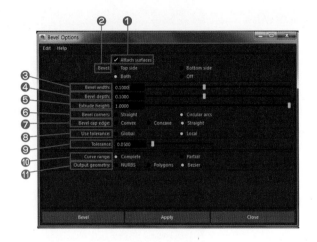

❶ **Attach surface** : 체크되어 있으면 경사면 부분까지 하나의 모델로 생성됩니다. 체크가 꺼져 있다면 서로 다른 모델로
생성됩니다.

❷ **Bevel** : Top Side : 위쪽 부분만 경사면이 적용됩니다.

Bottom side : 아래쪽 부분만 경사면이 적용됩니다.

Both : 양쪽 모두에 경사면이 적용됩니다.

off : Bevel이 적용되지 않습니다.

❸ **Bevel width** : Bevel의 두께를 설정합니다.

❹ **Bevel depth** : 경사면의 정도를 설정합니다.

❺ **Extrude height** : 두께를 설정합니다.

❻ **Bevel corners** : Straight (직선 모서리를 만들어 줍니다.), Circular arcs(모서리를 라운드해 줍니다.)

❼ **Bevel cap edge** : Convex : Bevel을 라운드해 줍니다.

Concave : Bevel을 안쪽으로 라운드해 줍니다.

Straight : Bevel을 직선으로 만들어 줍니다.

❽ **Use tolerance** : Global, Local

❾ **Tolerance**

❿ **Curve range** : Bevel을 적용한 후 채널 박스를 확인 해보면 Complete보다 Partial 명령어가 체크되어 있을 때 채널박
스 아래쪽 Input 부분에 편집 요소가 늘어난 것을 확인할 수 있습니다.

⓫ **Output geometry** : NURBS, Polygons, Bezier

모델링 방식을 선택할 수 있습니다.

- Duplicate NURBS Patches
- **Project Curve on Surface** : Curve를 Surface의 표면에 영사시켜 Curve on Surface라 하는 Curve를 만들어 줍니다.

| 예제 | Project Curve on Surface 학습하기 |

 ❸ nurbs tool 》surface_project_intersect_trimtool_untrim

Project 01

File 》 Open... 》 Project.mb 파일을 열어 줍니다.

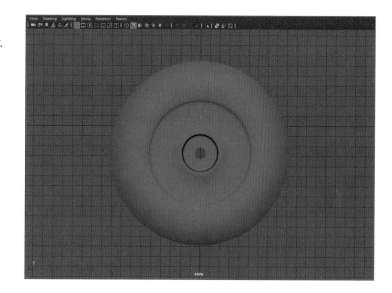

Project 02

front View에서 Create 》 Curve tools 》 CVs Curve Tool를 선택합니다.

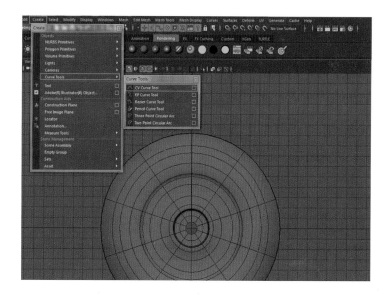

Project 03

Curve Tool로 그림을 그립니다.

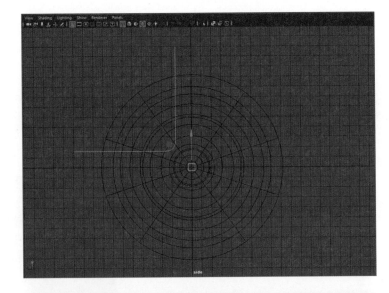

Project 04

Curve를 선택하여 Ctrl+d로 복사한 Curve를
Rotate시켜 줍니다. 총 4개를 복사한 그림입니다.

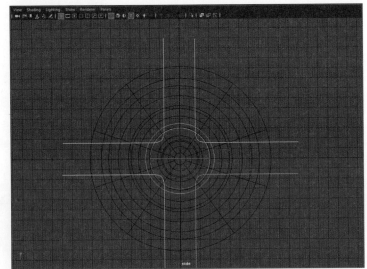

Project 05

화면 오른편 주황색 박스로 표시한 Persp View
를 선택합니다.
4개의 Curve를 선택하고 이동시킵니다.

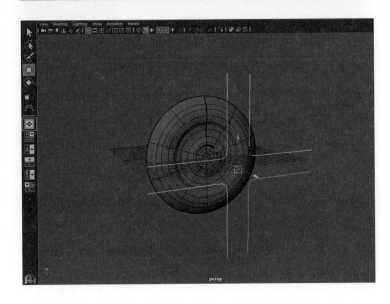

Project 06

화면 왼편 주황색 박스로 Four View를 선택합
니다.

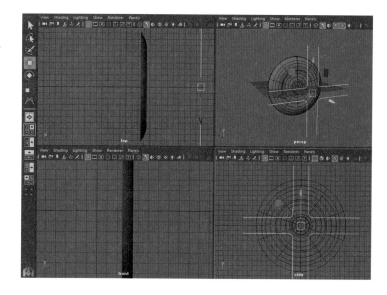

Project 07

Front View를 확대합니다.

Curve와 Surface를 함께 선택합니다.

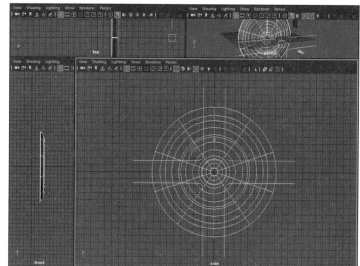

Project 08

Surfaces » Project Curve on Surface를 실행합
니다.

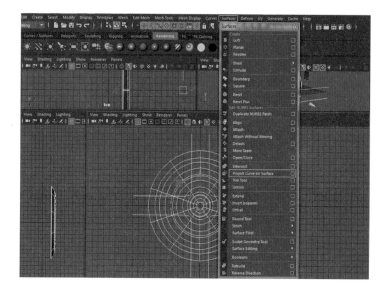

Project 09

Curve가 Surface의 표면에 생성된 것을 확인할
수 있습니다.

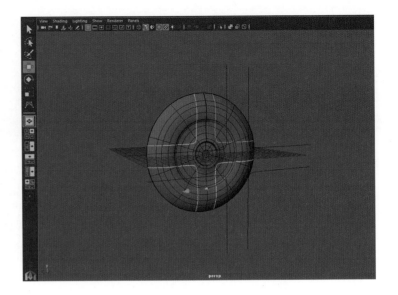

• **Intersect Surfaces** : Surface와 Surface가 서로 교차해 있을 경우 교차한 부분에 Curve를 만들어줍니다.

| 예제 | Intersect Surfaces 학습하기 |

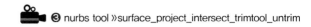 ❸ nurbs tool 》surface_project_intersect_trimtool_untrim

Intersect 01

File 》 Open... 》 Intersect.mb 파일을 열어 줍니다.

Intersect 02

화살표 부분은 두 개의 Surface가 교차한 부분을 표시한 것입니다.

Intersect 03

두 개의 Surface를 선택합니다.

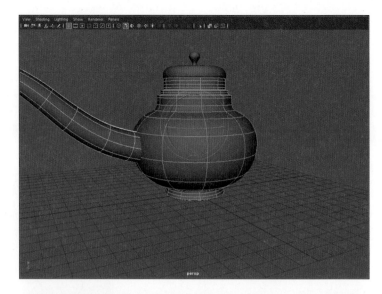

Intersect 04

Surfaces » Intersect Surfaces를 실행합니다.

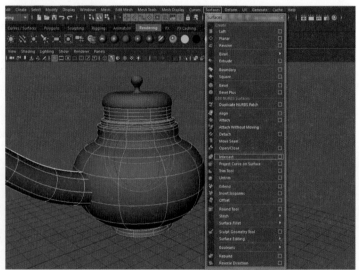

Intersect 05

새로운 Curve가 생성된 것을 확인합니다.

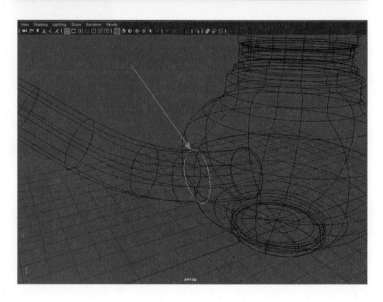

- **Trim Tool** : Surface의 표면에 커브를 생성시키고 그 부분을 잘라냅니다.
- Project Curve on Surface나 Intersect Surface 기능을 실행한 후 사용할 수 있습니다.

예제　**Trim Tool 학습하기**

❸ nurbs tool 》surface_project_intersect_trimtool_untrim

Trim 01

File 》 Open… 》 trim.mb 파일을 열어 줍니다.
Intersect Surfaces 기능을 실행한 그 파일입니다.

Trim 02

Surfaces 》 Trim Tool을 실행합니다.

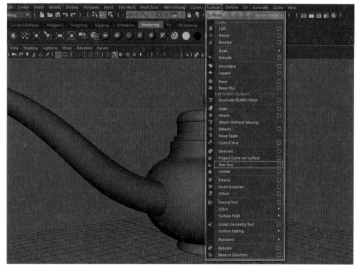

Trim 03

주전자 꼭지를 선택합니다. 흰색 Wireframe으로 나타납니다. 키보드 "4"번을 선택하면 안쪽 부분과 바깥쪽 부분을 확인할 수 있습니다.

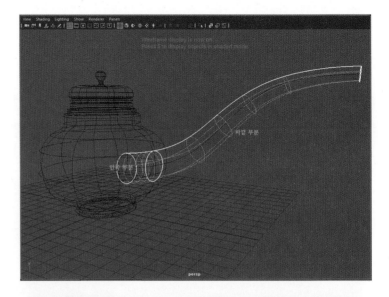

Trim 04

다시 한 번 남기고자 하는 부분을 선택합니다.
지면에서는 꼭지 부분을 선택했습니다.
화살표 부분을 보면 노란색 박스 점이 나타납니다.
이 표시는 이 부분을 남기겠다는 표시입니다.
키보드의 [Enter↵]를 실행합니다.

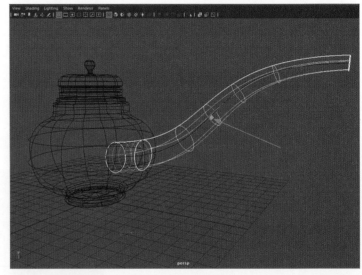

Trim 05

주전자 꼭지만 남고 안쪽 부분은 삭제되었습니다.

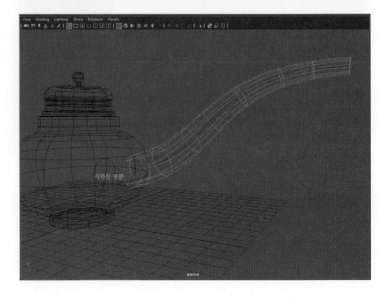

- **Untrim Tool** : Trim Tool을 실행시킨 후 잘려 나간 부분을 다시 복구시켜 줍니다.
- **Booleans** : Union Tool(A와 B를 합칩니다.) Difference Tool(A에서 B를 빼줍니다.)
  Intersection tool(A와 B가 교차한 부분만 남겨 줍니다.)
- **Attach Surface** : 두 개의 Surface를 선택한 Iosparm을 붙여 줍니다.

예제 Attach Surface 학습하기

❸ nurbs tool 》surface_align_attach_detach_openclose_insertisorarms

Attach 01

Create 》 NURBS Primitives 》 Plane의 옵션 박
스를 선택합니다.
U, V Patches : "6"으로 입력합니다.
Plane을 생성시킵니다.

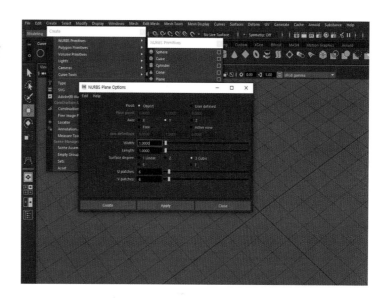

Attach 02

마우스 오른쪽 클릭 후 "Hull"을 선택합니다.

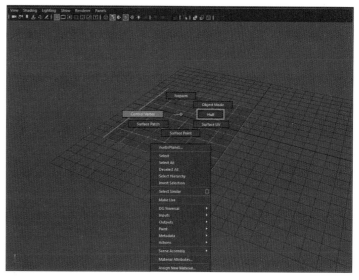

Attach 03

외곽 3개의 "Hull"을 선택하여 아랫방향으로
이동합니다.

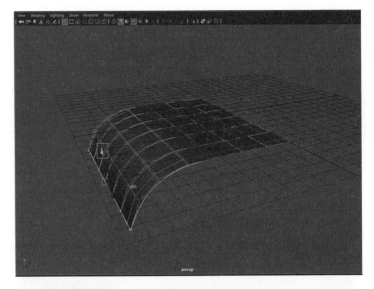

Attach 04

완성된 모델을 Ctrl + d 를 이용해 복사합니다.

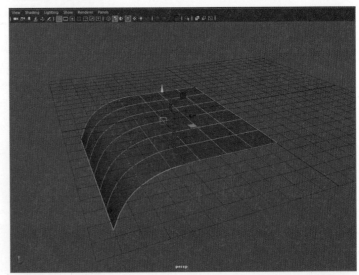

Attach 05

화면 오른편 Channel Box에서 Scale X 부분에
"-1"을 입력합니다.

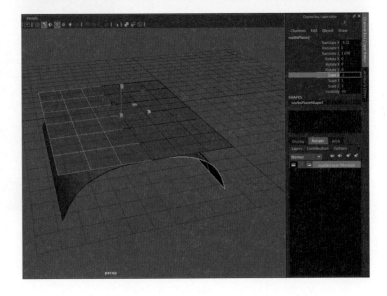

Attach 06

모델을 이동시켜 끝 부분을 맞춥니다.

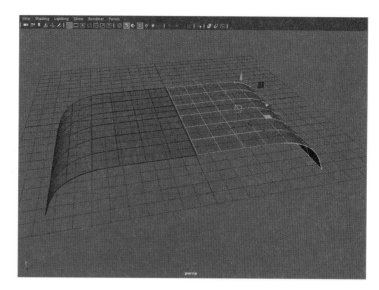

Attach 07

두 개의 Surface를 선택한 후 Surfaces 》 Attach
Surface를 실행합니다.(옵션을 그림처럼 선택
해 줍니다.)

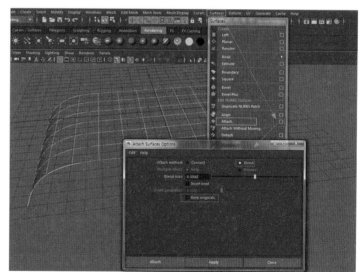

Attach 08

두 개의 Surface가 하나가된 것을 확인할 수 있
습니다.

History가 남아 있기 때문에 움직일 경우 왜곡
된 현상이 나타날 수 있습니다.

Edit 》 Delete all by Type 》 History 실행시켜
History를 삭제합니다.

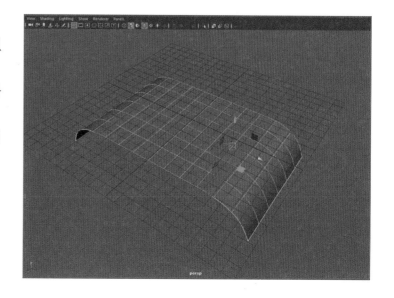

• **Attach Without Moving** : 두 개의 Surface의 Isoparm을 이용해 붙여 줍니다.

예제 **Attach Without Moving 학습하기**

 ❸ nurbs tool »surface_align_attach_detach_openclose_insertisorarms

Attach_w 01

Creats » NURBS Primitives » Plane을 생성시
켜 그림처럼 모델링합니다.

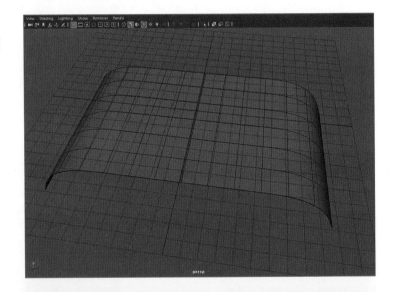

Attach_w 02

두 개의 모델 모두 마우스 오른 클릭 후 Isoparm
을 선택합니다.

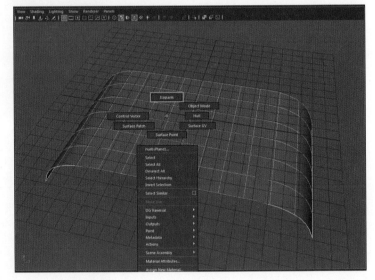

Attach_w 03

두 개의 Isoparm을 선택해 줍니다.(키보드의
Shift 를 누른 상태에서 선택합니다.)

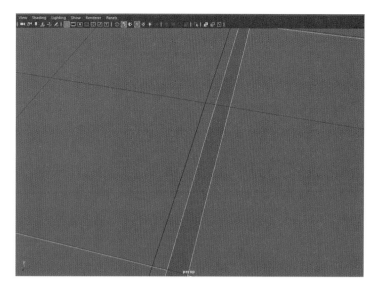

Attach_w 04

Surface » Attach Without Moving을 실행합
니다.

Attach_w 05

두 개의 Surface가 합쳐진 것을 확인할 수 있습
니다.

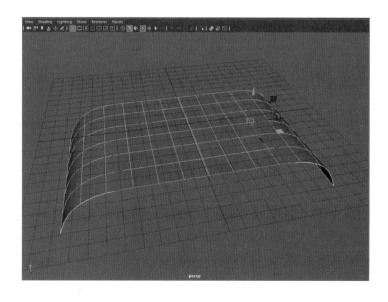

• **Detach Surface** : 선택한 Isoparm을 기준으로 Surface를 잘라냅니다.

예제 **Detach Surface 학습하기**

❸ nurbs tool »surface_align_attach_detach_openclose_insertisorarms

Detach 01

Creates » NURBS Primitives » Plane을 생성
시킵니다.
"Hull"을 이용해 그림처럼 모델링합니다.

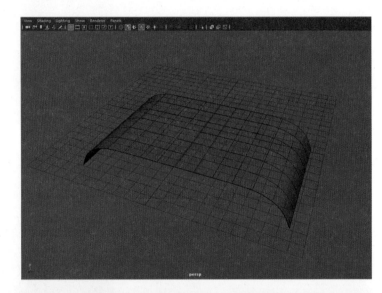

Detach 02

Plane 위에서 마우스 오른 클릭 후 나오는 메뉴
에서 Isoparm을 선택합니다.

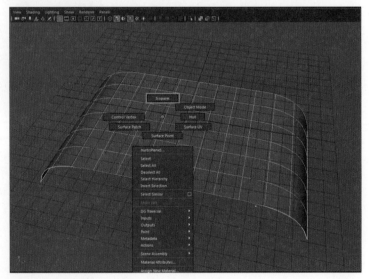

Detach 03

자르고자 하는 부분의 Surface의 Isoparm을 마우스로 클릭하여 선택합니다.

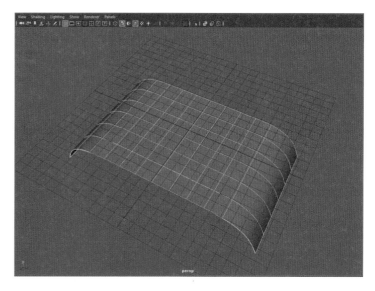

Detach 04

Surfaces ≫ Detach Surface를 실행합니다.
이때 "Keep Original"은 반드시 체크 해제합니다.

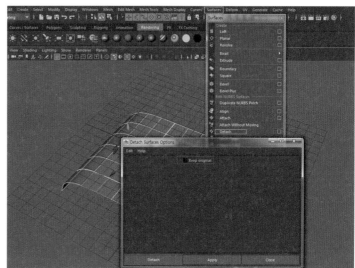

Detach 05

Plane을 선택해 보면 잘린 것을 확인할 수 있습니다.

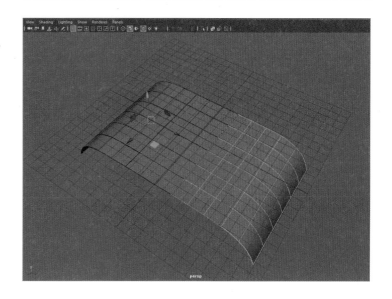

❶ **Attach** : 옵션을 체크하면 두 개의 Curve는 접합되면서 Align이 실행됩니다.

❷ **Continuity** : 두 개의 Surface가 Align될 때 그 방법을 선택합니다.

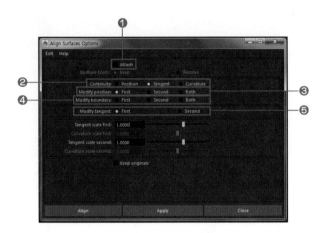

- Position : 위치만 이동시키며 Align이 실행됩니다.
- Tangent : 두 개의 Surface가 가진 Tangent를 고려해서 Align이 실행됩니다.
- Curvature : 두 개의 Surface가 가진 곡률을 고려해서 Align이 실행됩니다.

❸ **Modify position**
- First(첫 번째 선택한 Surface가 이동하며 Align이 실행됩니다.)
- Second(두 번째 선택한 Surface가 이동하며 Align이 실행됩니다.)
- Both(두 개의 Surface가 이동하며 Align이 실행됩니다.)

❹ **Modify boundary**
- First(첫 번째 선택한 Surface가 이동하며 Align이 실행됩니다.)
- Second(두 번째 선택한 Surface가 이동하며 Align이 실행됩니다.)
- Both(두 개의 Surface가 이동하며 Align이 실행됩니다.)

❺ **Modify tangent** : 두 개의 Surface 중 선택된 Surface를 중심으로 Tangent가 맞추어집니다.

예제 Align Surface 학습하기

❸ nurbs tool 》surface_align_attach_detach_openclose_insertisorarms

Align 01

Create 》 NURBS Primitives 》 두 개의 Plane을
생성시켜 위치시켜 줍니다.
형태를 약간 편집해 줍니다.

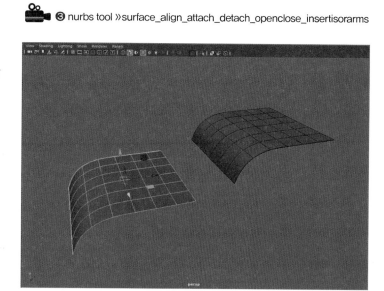

Align 02

키보드 "4"를 선택하고 두 개의 Isoparm을 선
택합니다.

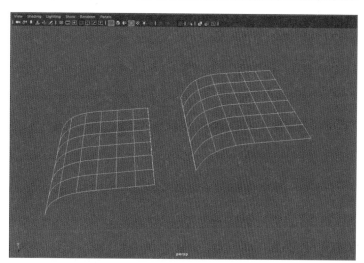

Align 03

Surface 》 Align 빨간색으로 표시한 옵션 창을
선택해 줍니다.
Attach 메뉴가 체크 해제 상태에서 적용합니다.

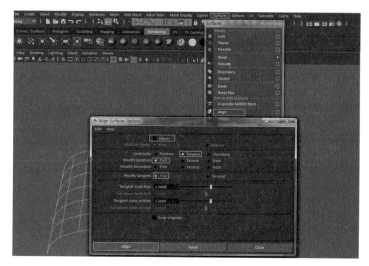

Align 04

두 개의 모델이 서로 다르지만 Align된 것을 확인할 수 있습니다.

연결된 부분의 곡률을 확인해 봅니다.

두 개의 모델이 하나처럼 보이는 것이 확인됩니다.

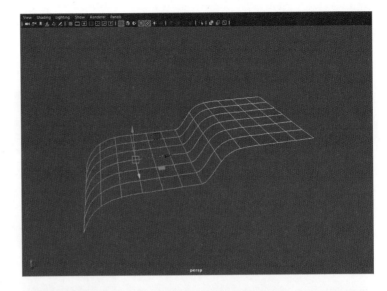

Align 05

Surface **»** Align 옵션 창을 선택해 줍니다.

Attach 메뉴가 체크된 상태에서 적용합니다.

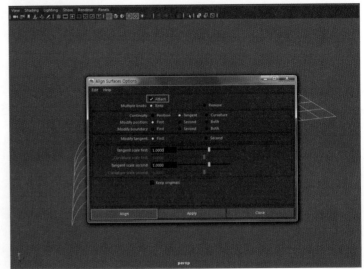

Align 06

두 개의 Surfaces가 합쳐져 하나의 모델로 선택됩니다.

History가 남아 있기 때문에 움직일 경우 왜곡된 현상이 나타날 수 있습니다.

Edit **»** Delete all by Type **»** History 실행시켜 History를 삭제합니다.

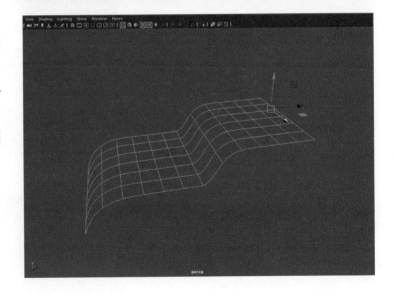

· Open/Close Surface

열려 있는 Surface를 닫아 줍니다.

Open/Close Surface Option

❶ **Surface direction** : U(U방향으로 Surface를 닫아줍니다.),
V(V방향으로 Surface를 닫아줍니다.), Both(U, V 방향 모두 닫
아줍니다.)

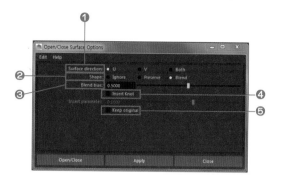

❷ **Shape**

- Ignore : Curve의 형태를 무시하고 닫아 줍니다.

- Preserve : Curve의 형태를 유지시키며 닫아줍니다.

- Blend : Curve가 가진 형태의 연속성을 유지하면서 닫아 줍
니다.

❸ **Blend bias** : 접합 지점의 치우침을 선택합니다.

❹ **Insert Knot** : 접합되는 부분에 Vertex를 생성시키면 실행합니다.

❺ **Keep original** : 원본 Curve를 복사하면서 기능을 실행합니다.

예제 **Open/Close 학습하기**

 ❸ nurbs tool 》surface_align_attach_detach_openclose_insertisorarms

OpenClose 01

Front View를 확대합니다. 》 Create 》 Curve
Tools 》 CV Curve Tool을 선택합니다.
열려진 호를 그립니다.

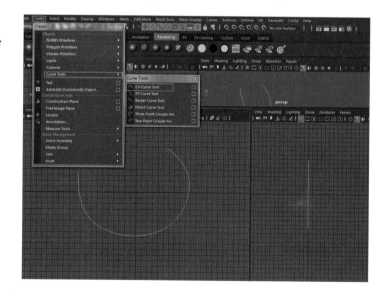

OpenClose 02

화면 오른편 주황색 박스 표시를 선택합니다.
Persp View로 전환되었습니다.

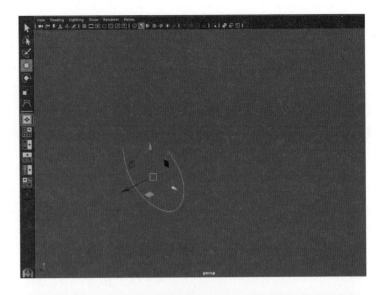

OpenClose 03

Ctrl + d를 선택해 복사합니다.
이동시켜 줍니다.

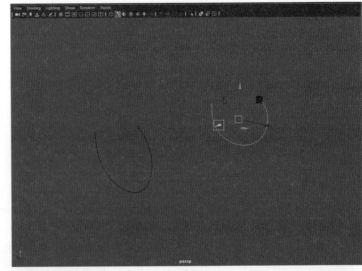

OpenClose 04

두 개의 Curve를 선택합니다.
Surface » Loft를 선택합니다.

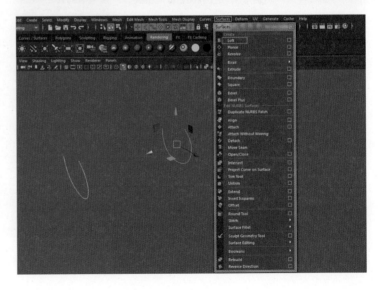

OpenClose 05

Curve와 Curve로 이어지는 Surface가 만들어
졌습니다.

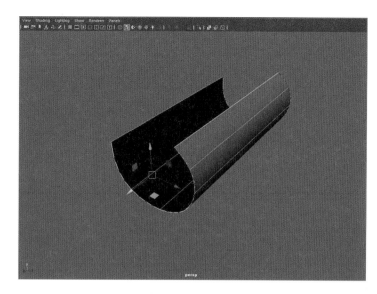

OpenClose 06

F8 Key를 선택합니다.
영문으로 U와 V를 확인할 수 있습니다.
U 방향으로 실행하면 될 것입니다.

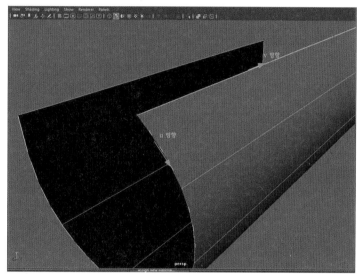

OpenClose 07

모델을 선택합니다.
Surfaces ≫ Open/Close Surface의 옵션창을
열어 줍니다.
Surface direction : U / Shape : Blend / Keep
original : 체크해제
open/close를 선택합니다.

OpenClose 08
열린 부분이 U방향으로 닫혔습니다.

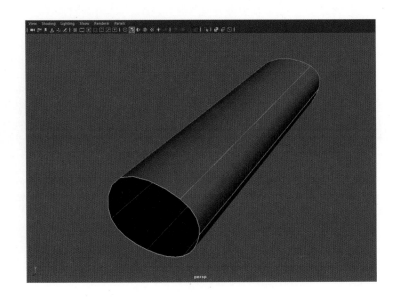

• **Move Seam** : Surface의 표면을 보면 다른 Isoparm보다 두꺼운 Isoparm이 있습니다. 그곳이 열려 있는 부분입니다. Move Seam은 그 열린 부분을 다른 Isoparm 부분으로 이동시킬 수 있습니다.

• **Insert Isoparms** : Isoparms를 이용해 Components를 추가시킬 수 있습니다.

Insert Isoparms Option

❶ Insert Location : At selection(선택한 Isoparms의 위치에 Multiplicity에서 지정한 개수를 추가시킵니다.)

❷ Between Selections(두 개의 Isoparms를 이용해 그 사이에 #Isoparms to insert에서 지정한 개수를 추가시킵니다.)

❸ #Isoparms insert : 추가되는 Isoparms의 개수를 지정합니다.

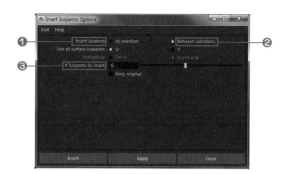

🎥 ❸ nurbs tool »surface_align_attach_detach_openclose_insertisorarms

Isoparms 01

Creates » NURBS Primitives » Sphere를 생성 시켜 줍니다.

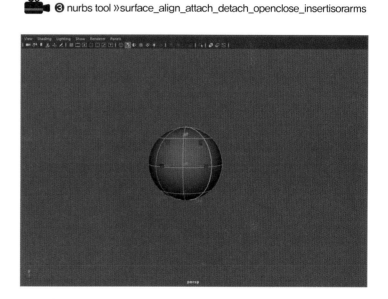

Isoparms 02

키보드 "ⓡ"(Scale Tool)을 선택합니다.
"y" 방향으로 크기를 키웁니다.

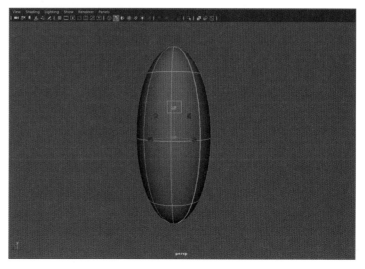

Isoparms 03

Sphere 위에서 마우스 오른쪽 클릭 Isoparm를
선택합니다.

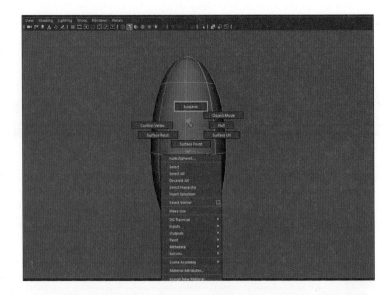

Isoparms 04

Sphere 표면에 주황색 박스 표시 부분에 있는
Isoparm을 마우스로 클릭 드래그해서 이동합
니다.
Isoparm이 노란색으로 나타납니다.

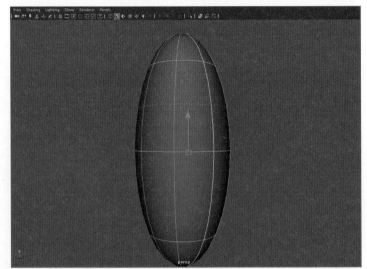

Isoparms 05

Surfaces 》 Insert Isoparms 옵션 창을 열어 줍
니다.
Insert Location : At selection / Keep original
 : 체크해제
Multiplicity : 1
Insert를 선택합니다.

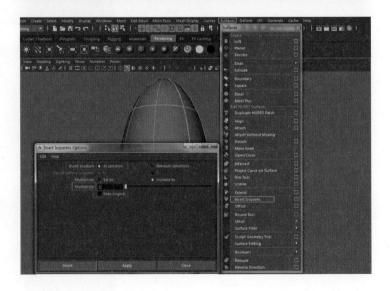

Isoparms 06

화살표 표시 부분에 새로운 Isoparm이 생성되었습니다.
만약 여러 개의 Isoparm을 추가시키길 원한다면 [Shift] Key를 이용해 여러 개의 Isoparm을 나타나게 해준 후 Insert Isoparms를 적용하면 됩니다.

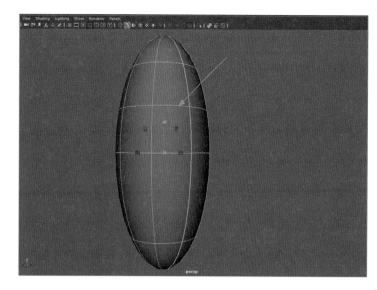

Isoparms 07

화살표로 표시한 부분의 Isoparm을 [Shift] Key를 누른 상태에서 두 개의 Isoparm을 선택합니다.

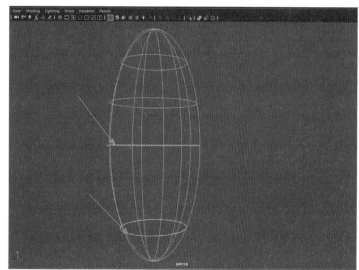

Isoparms 08

Surfaces ≫ Insert Isoparms 옵션창을 열어 줍니다.
Insert Location : Between selections / Keep original : 체크해제
#Isoparms to insert : 5
Insert를 선택해 줍니다.

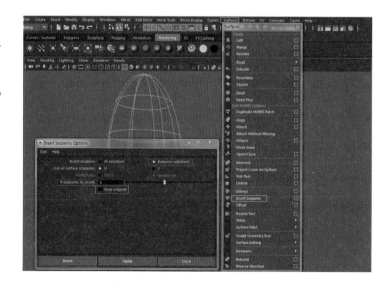

Isoparms 09

5개의 Isoparms가 추가되었습니다.

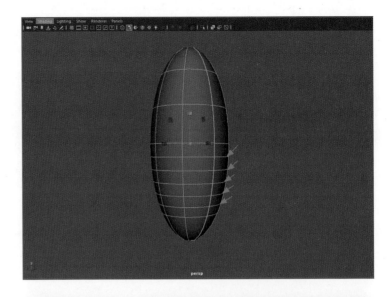

Isoparms 10

형태를 편집해 번데기를 만들었습니다.

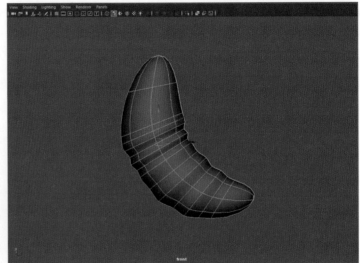

- **Extend Surfaces** : Surface의 U방향 또는 V방향으로 지정한 거리값만큼 연장됩니다.
- **Offset Surface** : Surface를 입력한 Offset distance의 값만큼 이동하며 복사해 줍니다.
- **Method** : Surface fit : Surface의 크기를 고려해 복사해 줍니다.
- **CV fit** : cv의 위치와 개수를 고려해 복사해 줍니다.
- **Reverse Surface Direction** : 3D오브젝트들은 모두 바깥쪽 방향과 안쪽 방향이 존재합니다. 그것을 마야에서는 UV라고 합니다. UV방향을 바꾸어 줍니다.
- **Surface direction** : U(U방향으로 이동하며 실행해 줍니다.), V(V방향으로 이동하며 실행해 줍니다.) Swap (UV를 서로 바꾸어줍니다.), Both(Surface의 대각선 방향으로 바꾸어 줍니다.)

Reverse Surface Direction Option

▲ reverse option

예제 **Reverse Surface Direction 학습하기**

Revers 01

Create 》 NURBS Primitives 》 Plane을 생성시
킵니다.

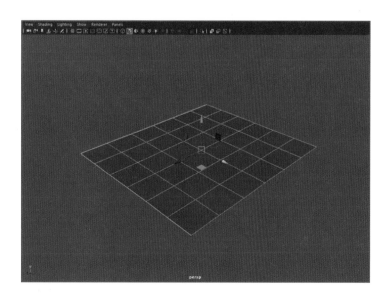

Revers 02

Plane을 선택합니다.

Display ≫ NURBS ≫ Normals(shaded Mode)
를 선택합니다.

가시가 나와서 Normal 방향을 표시해 줍니다.

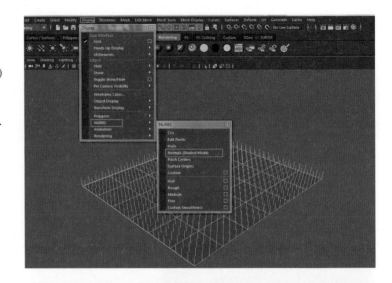

Revers 03

Surfaces ≫ Reverse Surface Direction을 선택
합니다.

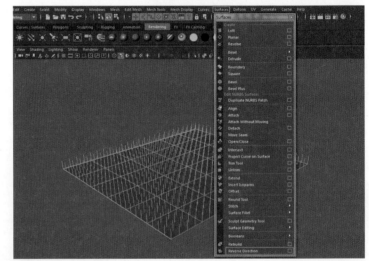

Revers 04

Normal 방향이 아래로 향한 것을 확인할 수 있
습니다.

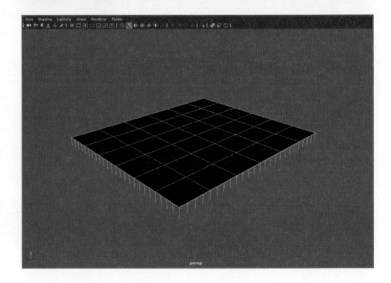

TIP 　검은색으로 나타나는 것은 Normal 방향이 뒤집힌 것을 나타냅니다.

• **Rebuild Surface** : Surface의 Component(CVvertex, Isoparms, patch)를 다시 정의 내려 줍니다.

Rebuild Surface Option

- Rebuild type : Unform은 작업자가 생성시킨 Surface의 Span 간격을 일정하게 정의 내려줍니다. 또한 Number of Span에 적어준 값에 맞추어 정의 내려 줍니다.
- Reduce Type : 형태의 직선과 곡선을 기반으로 다시 정의 내려 줍니다.
- Match Knots : 두 개의 surface가 가진 점의 개수를 일치하게 만들어줍니다.
- No multiple knot : Isoparms를 추가했을 경우 인식시켜 주는 역할을 합니다.
- Trim convert : Trim시켰을 경우 Surface의 Component(CVvertex, Isoparms, patch)들을 정리해 줍니다.
- Keep : 명령어를 적용했을 때의 변형을 최소화시켜주는 역할을 합니다.

Ends(끝점 Point), Tangent(커브의 기울기 유지)CVs(CV의 현재 상태 유지) NumSpans(원본 커브의 Span 수를 유지)

- Number of Span은 적어 넣은 값을 통해 Span 수를 다시 정의 내려줍니다.
- Degree는 곡률을 재설정해줍니다. 직선은 곡선으로 곡선은 직선으로 만들어 줍니다.

• **Round Tool** : 모델의 외곽(Isoparms) 부분을 Round로 만들어 줍니다. 또한 여러 개의 Round될 부분을 선택할 수 있습니다. 그리고 그 부분의 Round 되는 정도를 채널박스를 통해 각자의 수치를 입력해 서로 다른 Round를 만들어 줄 수 있습니다.

| 예제 | Round 활용하기 |

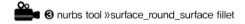

❸ nurbs tool 》surface_round_surface fillet

Round 01

Create 》 NURBS Primitives 》 Cube를 생성시켜
줍니다.

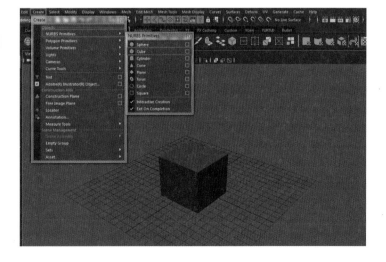

Round 02

Surfaces » Round Tool을 실행합니다.

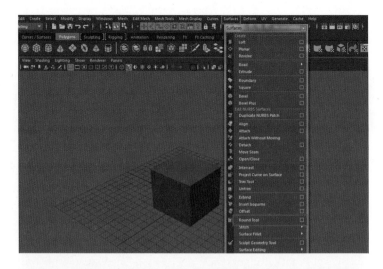

Round 03

마우스로 1번에서 2번으로 드래그 선택합니다.
노란색 표시가 나타납니다.

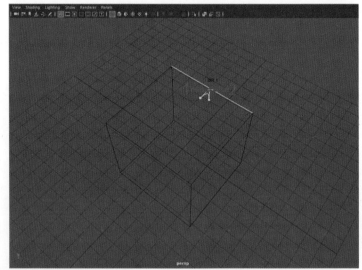

Round 04

다른 부분도 그림처럼 선택해 줄 수 있습니다. 채널
박스를 통해 roundconstantradius1 » Radius[0]에
서 값을 입력합니다.
키보드 Enter↵ Key를 선택합니다.

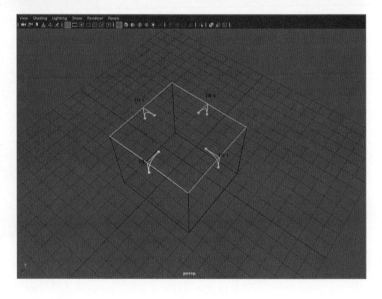

Round 05

채널박스에 Radius 값을 입력합니다.

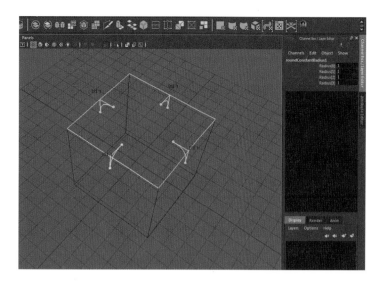

Round 06

표시되었던 부분에 Round가 만들어졌습니다.

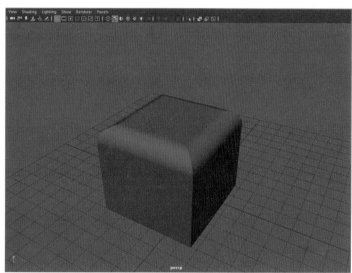

• Surface fillet

Circular Fillet

이 기능은 두 개의 모델이 교차해 있을 경우 교차한 부분을 작업자가 입력한 Radius 값에 의해 라운드를 만들어 주는 Tool 입니다.

Surface 》 Surface Fillet 》 Circular Fillet을 수행합니다.

명령이 실행되는 조건

첫째, 두 개 모델의 Normal 방향이 같아야 합니다. 그렇지 않은 경우 뒤집혀서 생성되거나 나타나지 않을 수도 있습니다.

둘째, Radius 값을 적절하게 조절해 줘야 합니다.

TIP
- 명령어 실행을 한 후에는 그림(Circular Fillet01)처럼 Circular Fillet이 적용된 모델을 선택하고, Channel Box의 Inputs 》 rbfSrf1의 Node를 선택합니다.
- 키보드 T Key를 누르면, 그림(Circular Fillet02)처럼 가시 모양으로 표시됩니다. 이것은 Normal 방향을 나타내는 것입니다. 화면의 두 개의 하늘색 다이아몬드 조절자는 Normal 방향을 조정하는 데 사용합니다.
- 조절자를 움직이면 Normal 방향 표시도 바뀌는 것을 볼 수 있습니다.
- 작업자는 조절자를 통해 정상적인 Fillet Surface를 얻을 수 있을 것입니다.

작업자는 모델링 작업을 할 때 크기가 큰 모델 또는 작은 모델을 만들 수 있습니다.

이때 명령어가 정상적으로 실행이 안 되는 경우가 있는데 Channel Box의 Primary Radius와 Secondary Radius의 값을 음수 또는 양수 값으로 입력해 조절해 맞추어 줄 수 있습니다.

TIP
Circular Fillet은 두 모델이 반드시 맞닿아 있어야 하는 것은 아닙니다. 어느 정도 사이가 떨어져도 명령은 실행됩니다. 하지만 Radius 값을 떨어진만큼 포함할 수 있도록 사용해야 합니다.

· Circular Fillet Option

❶ **Create Curve On Surface** : Surface에 Curve를 생성시켜
줍니다.

❷ **Reverse Primary / Secondary Surface Normals** : 두 개
의 오브젝트의 Normals 방향을 바꾸어 실행합니다.

❸ **Radius** : Fillet의 반지름 값

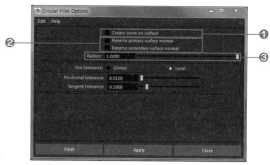

▲ Circular Option

| 예제 | **꽃병 만들기** |

CircularOption 01

Create 》 Curve Tool 》 CV Curve Tool을 선택
해 그려줍니다.

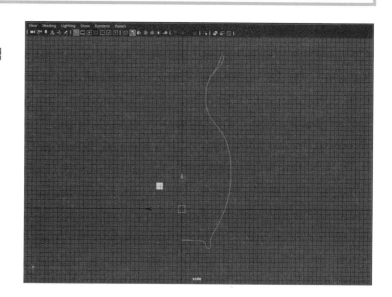

CircularOption 02

Surfaces 》 Revolve 옵션 박스를 선택합니다.

Axis Preset : y

Revolve 선택합니다.

CircularOption 03

Create ≫ Curve Tool ≫ CV Curve Tool을 이용
해 손잡이를 그려 줍니다.

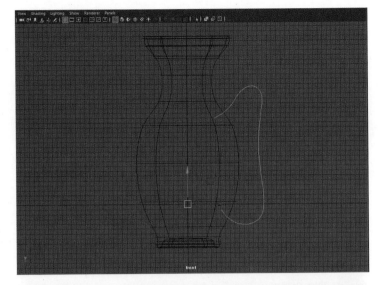

CircularOption 04

Create ≫ NURBS Primitives ≫ Circle을 생성시
킵니다. ≫ 손잡이 Curve의 시작점에 위치시켜
줍니다.

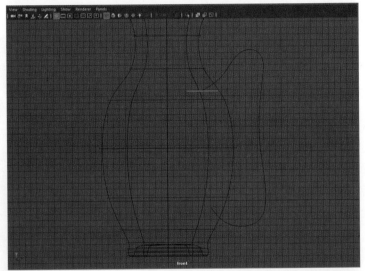

CircularOption 05

1번 선택 Circle을 선택합니다.
Shift Key를 누른 상태에서 2번 선택 Curve를
선택합니다.

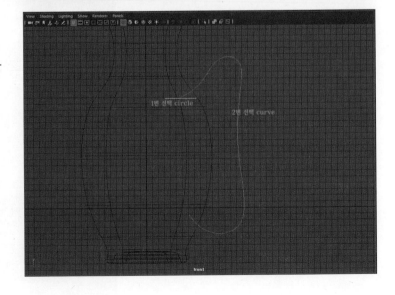

CircularOption 06

Surface >> Extrude 옵션 박스를 선택합니다.
Style : Tube / Result position : At path /
Rotation : 0 / Scale : 1
Extrude를 실행합니다.

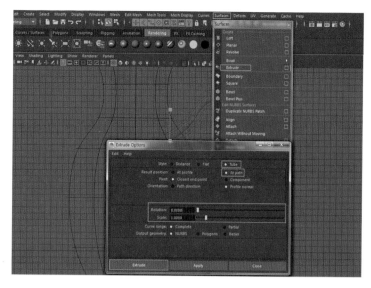

CircularOption 07

Extrude를 실행한 그림입니다.

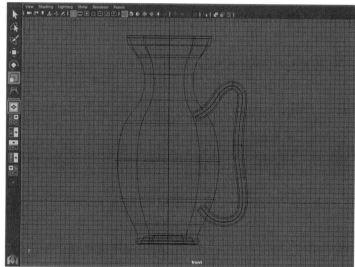

CircularOption 08

주황색 화살표 부분을 보면 두 개의 모델이 교
차하는 부분이 거칠고 어색합니다.

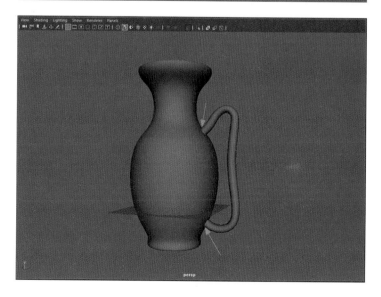

CircularOption 09

꽃병과 손잡이를 함께 선택합니다.

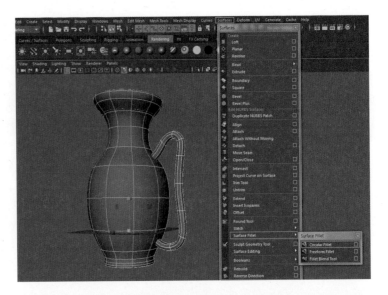

CircularOption 10

Surfaces » Surface Fillet » Circular Fillet을 선택합니다.

곡률 값은 Channel Box의 Input » Primary Radius와 Secondary Radius 값으로 변경할 수 있습니다.

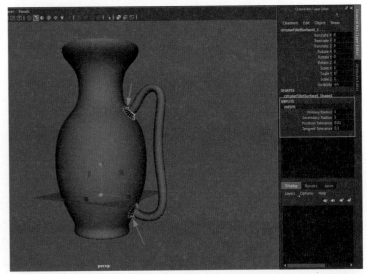

CircularOption 11

꽃병과 손잡이가 교차한 부분을 확인합니다. 새로운 모델이 나타나면서 곡률이 맞추어졌습니다.

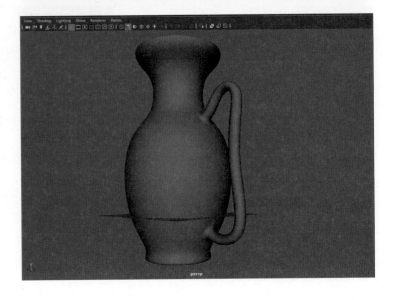

• **FreeForm Fillet :** Freeform Fillet은 두 개의 Curve On Surface나 Isoparm, Trim Edge를 이용해 Surface 곡면의 Tangent를 맞추어 새로운 Surface를 만들어 주는 Tool입니다.

| 예제 | FreeForm Fillet 학습하기 |

FreeForm 01

Create ≫ NURBS Primitives ≫ Sphere를 생성합니다.

Ctrl + d 를 선택해 복사합니다.

이동시켜 위와 아래에 위치시킵니다.

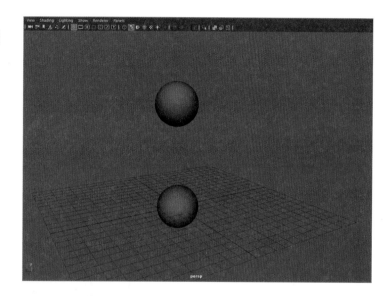

FreeForm 02

Sphere 위에서 마우스 오른쪽 클릭 Isoparm을 선택합니다.

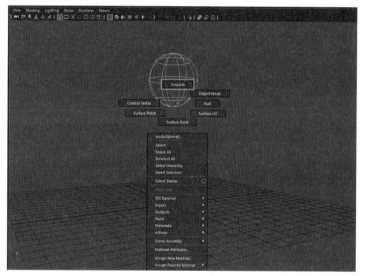

FreeForm 03

화살표 표시 부분의 Isoparm을 선택합니다. ≫
Shift Key를 누른 상태에서 아래 Sphere의
Isoparm을 선택합니다.

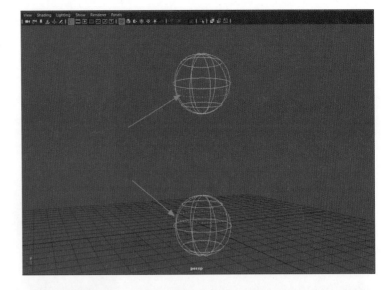

FreeForm 04

Surfaces ≫ Surface Fillet ≫ Freeform Fillet을
선택합니다.

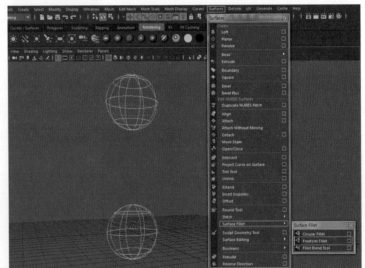

FreeForm 05

Tangent 방향과 곡률을 유지하는 새로운 Surface
가 만들어졌습니다.
화살표 방향은 Tangent 방향을 표시합니다.

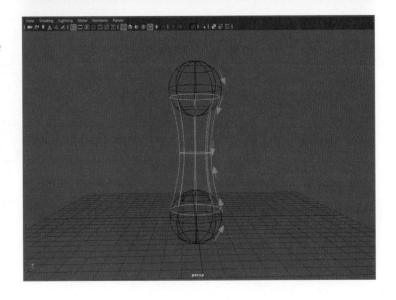

FreeForm 06

키보드 "5" 번을 선택합니다.

부드러운 운동기구가 만들어 졌습니다.

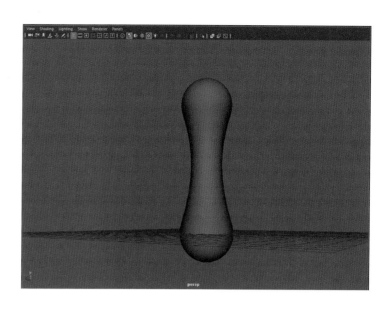

TIP Curve On Surface란 Surface 위에 그려져 있는 커브를 말합니다. 작업자는 Modify 》 Mike Live나 Surface
명령어를 실행해 생성시킬 수 있습니다.

• Freeform Fillet Option

- Bias : Freeform Surface에 대한 기울기(Tangent) 편향 정도를 조절합니다. 0, 1, −1 값을 비교하면서 실행해 보면 그 차이를 알 수 있습니다.
- Depth : Freeform Surface의 곡률(Curvature) 정도를 조절합니다. 0, 0.5, 1의 값을 비교하고 있습니다.

• Fillet Blend Tool

이 명령어는 Freeform Fillet과 유사한 역할을 합니다. 하지만 Freeform Fillet은 두 개의 모델에서 실행하지만, 이 명령어는 세 개의 모델에서도 실행이 가능합니다. 또한 명령어를 적용하는 방법도 다릅니다.

Fillet Blend 01
세 개의 모델을 준비합니다.

Fillet Blend 02
Surfaces 》 Surface fillet 》 Fillet Blend Tool을 선택합니다.
마우스가 화살표 모양의 포인터로 나타납니다. 첫 번째 Surface의 Isoparm을 선택하고 Enter↵ Key를 누르고, 그 다음 두 번째를 Surface의 Isoparm을 선택하고, 세 번째 Surface의 Isoparm을 선택하고, 네 번째 Surface의 Isoparm을 선택해서 Enter↵ Key를 누르면 3개 이상의 Isoparm을 연결하는 Blend Surface를 얻을 수 있습니다.

• Blend Tool Option

Auto Normal Dir : Normal 방향을 자동으로 인식하여 면을 만들게 됩니다.

- Reverse Normal : Normal 방향으로 전환시킬 수 있습니다.
- ReverseDirection : UV 방향으로 전환시킬 수 있습니다.
- Multiple Knots : Knot 정보를 인식하여 면을 생성시킵니다.
- Auto Closed Rail Anchor : Fillet Blend 적용 시 회전에 의한 꼬임을 방지해 줍니다.

Off하여 Channel Box에서 Left Start, End/Right Start/End 값을 조절하거나, T Key를 눌러 조절자로 부분적인 Blend의 결과를 얻을 수도 있을 것입니다.

−Stitch : 여러 개의 Surface들이 Vertex/Edge 부분을 접합시키는 명령어입니다.

TIP Multi Patch 모델링을 위해 꼭 필요한 기능입니다.

• Stitch Surface points : Vertex와 Vertex를 접합시키는 명령어입니다.

예제 Stitch Surface points 학습하기

Stitch 01

Create 》 NURBS Primitives 》 Plane을 두 개
생성시켜 줍니다.

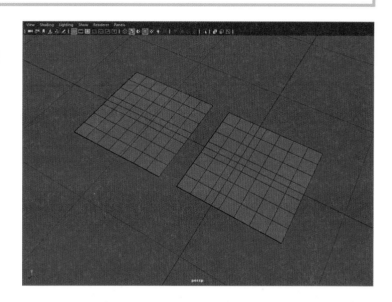

Stitch 02

F8 Key를 선택합니다.

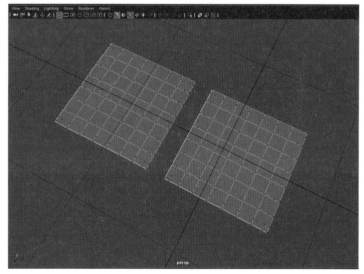

Stitch 03

두 개의 Vertex를 선택합니다.

Surfaces » Stitch » Stitch Surface points를 실
행합니다.

선택한 두 개의 Vertex가 접합되었습니다.

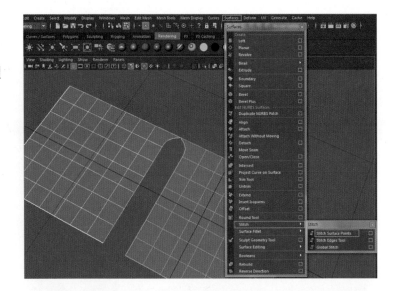

Stitch 04

아래 부분 두 개의 Vertex를 선택합니다.

Surfaces » Stitch » Stitch Surface points를 실
행합니다.

선택한 두 개의 Vertex가 접합되었습니다.

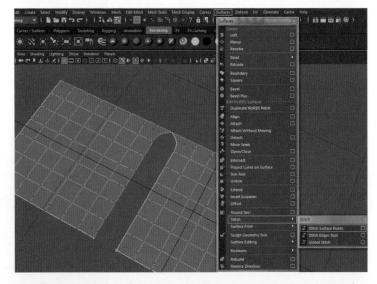

Stitch 05

모든 Vertex를 Stitch를 실행해 접합시킵니다.

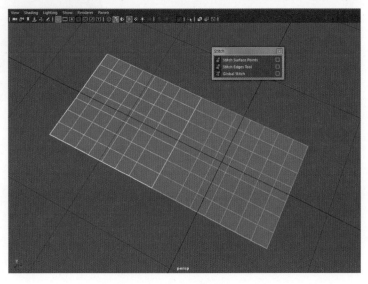

Stitch 06

모델을 선택하고 이동하면 접합된 것이 확인됩
니다.

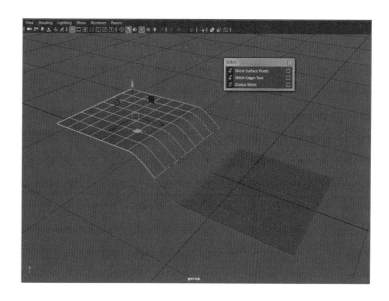

• **Stitch Edge Tool** : Edge와 Edge를 접합시키는 명령어입니다.

예제 | **Stitch Surface Edge 학습하기**

Stitchedge 01

Create » NURBS Primitives » Plane을 두 개
생성시켜 줍니다.

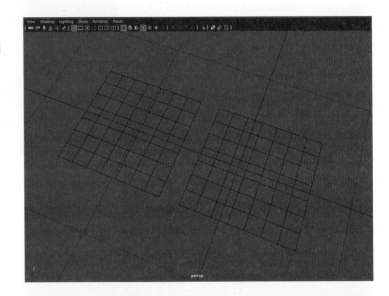

Stitchedge 02

Surfaces » Stitch » Stitch Edge Tool을 실행합
니다.

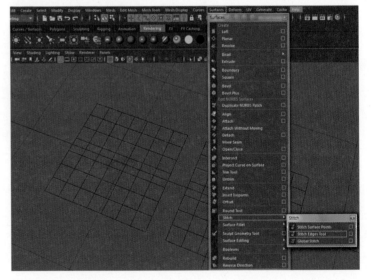

Stitchedge 03

왼편 모델의 Isoparm 부분을 마우스로 선택합
니다.

오른편 부분의 Isoparm 부분을 선택합니다.

Enter↵ Key를 선택해 완성합니다.

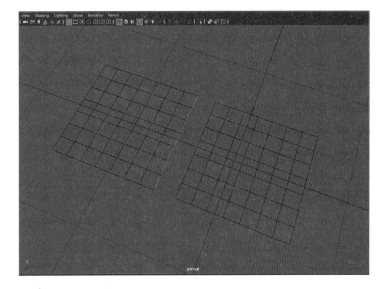

Stitchedge 04

Stitch 명령어가 실행되었습니다.

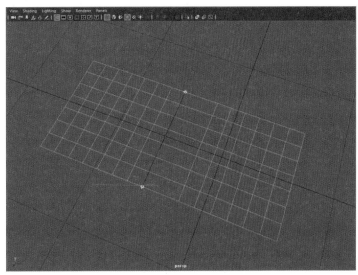

Stitchedge 05

노란색 점 부분을 클릭 이동하면 부분 Stitch도
가능합니다.

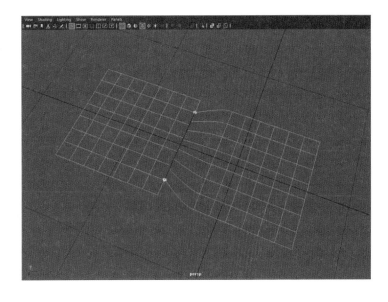

Stitchedge 06

하나의 모델을 선택해 이동합니다. 접합된 것
을 확인할 수 있습니다.

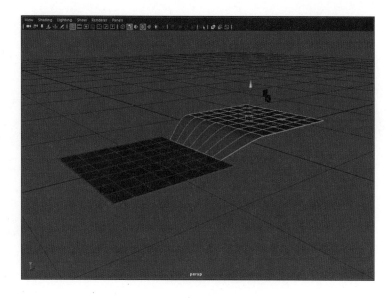

・Global Stitch

여러 개의 plan Object로 구성된 모델링들 간의 Vertex/Edge 부분을 접합시키는 명령어입니다.

・Sculpt Geometry Tool : 브러시를 이용해 오브젝트를 모델링하는 Tool입니다.

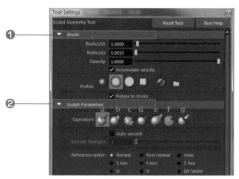

▲ nurbssculpt01

▲ nurbssculpt02

Reset : 정보를 초기화시켜 줍니다.

❶ Brush

    ▶ Radius(U) : 브러시의 최대 크기를 조절합니다.(단축키 "B")

      값이 "1"이 입력되었다면 View의 그리드 한 칸의 거리를 말합니다.

    ▶ Radius(L) : 브러시의 최소 크기를 조절합니다.

    ▶ Opacity : 브러시의 강도에 영향을 줍니다.

    ▶ Profile : 브러시의 종류입니다.

❷ Sculpt Parameters

    ▶ Operation : 브러시 타입을 정해 줍니다.

    a(Push) : 움푹 파이게 모델링합니다.

    b(Pull) : 튀어나오게 모델링합니다.

    c(Smooth) : 불규칙한 형태를 부드럽게 모델링합니다.

    d(Relex) : Component들을 일정하게 분포시키며 모델링합니다.

    e(Pinch) : Component들을 모아서 날카롭게 모델링합니다.

    f(Mesh) : Surface의 방향을 유지하며 모델링합니다.

    g(Erase) : Sculpt로 모델링한 것을 초기화시켜 줍니다.

    ▶ Smooth Strength : Smooth의 강도

    ▶ Reference vector : Sculpting의 방향을 정합니다.

    ▶ Max. displacement : Sculpting의 강도

    ▶ Seam/Pole tolerance : 허용치를 설정합니다.

    ▶ Flood : 설정값을 전체에 적용합니다.

    ▶ Reflection : 대칭으로 모델링을 합니다.

예제 Sculpting 학습하기

Sculpting 01

NURBS Primitives ≫ Sphere의 옵션 창을 선택합
니다.

Number of sections(30)/Number of spans(30)
을 입력해 줍니다.

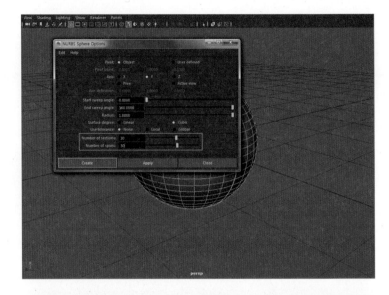

Sculpting 02

Sphere를 선택합니다.

Surfaces ≫ Sculpt Geometry Tool 옵션 박스를
선택합니다.

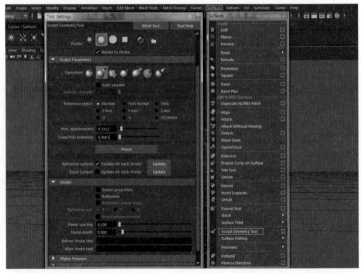

Sculpting 03

Radius(U)를 이용해 적당하게 Brush 크기를 정합니다.(0.02~0.3) 정도의 작은 수치로 했습니다.)

Surface 표면을 마우스로 클릭 드래그 하면 모델링이 만들어집니다.

골격을 생각하면서 Sculpting을 해보세요.

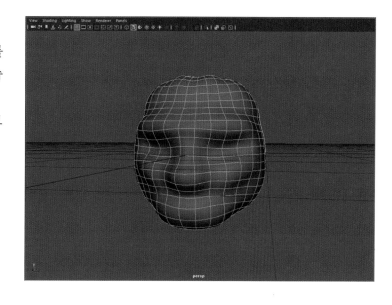

• Surface Editing

▶ Surface Editing Tool : NURBS Surface를 선택해서 이 기능을 실행하면 조절자가 나타납니다. 그 조절자를 이용해 형태를 편집합니다.

▶ Break Tangent : Isoparm이나 Surface Point를 이용해 날카로운 형태를 만들어 줍니다.

▶ Smooth Tangent : Isoparm이나 Surface Point를 이용해 날카로운 형태를 부드럽게 만들어 줍니다.

• Selection

▶ Grow CV Select : 선택영역을 확장해 줍니다.

▶ Shrink CV Selection : 선택영역을 축소해 줍니다.

▶ Select CV Selection Boundary : 선택한 CVvertex의 외곽을 선택하고 중앙은 해제시켜 줍니다.

▶ Select Surface Border : Surface의 외곽 CVvertex를 선택합니다.

LESSON 03 실습예제 따라하기

SECTION 01. 골목길 만들기

🎥 ❺ 골목길만들기 » 골목길만들기 01~06

01 | 기둥 만들고 지붕 씌우기

골목길 01

❶ front view를 Space Bar 를 선택해 확대시킵니다.

❷ create » Polygon Primitives » Interactive Creation을 선택합니다.

선택

골목길 02

create » Polygon Primitives » Cube를 선택합니다.

선택

골목길 03

View에 마우스를 클릭 드래그해서 만들어줍
니다.

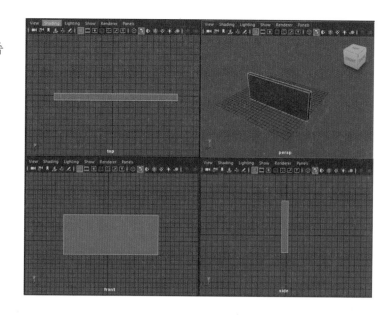

골목길 04

Cube를 선택하고 키보드의 F11을 선택합니다.
(Face Mode)
벽체의 위쪽 Face를 선택합니다.

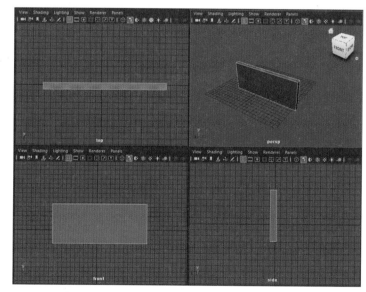

골목길 05

Edit Mesh » Extrude를 실행합니다.

골목길 06

Y방향 화살표를 선택해 위쪽으로 이동시켜 줍
니다.

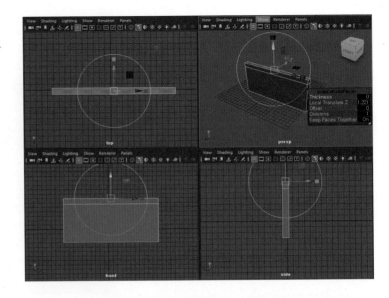

골목길 07

❶ Shift 키를 누르고 마우스로 두 개의 Face
를 선택해 줍니다.

❷ Edit Mesh ≫ Extrude를 실행합니다. 화살
표를 선택해 이동시켜 줍니다.

❸ 노란색 화살표를 선택해 이동시켜 줍니다.

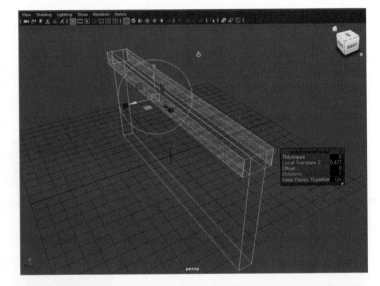

골목길 08

4개의 Edge를 선택합니다.

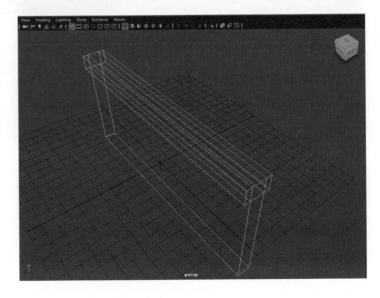

골목길 09

Edit Mesh ≫ Bevel을 적용합니다.

골목길 10

그림을 보면 외곽이 깎여진 것을 확인할 수 있습니다.

단축키 "R"(Scale Tool)을 선택해 벽의 길이를 조금 길게 만들어 줍니다.

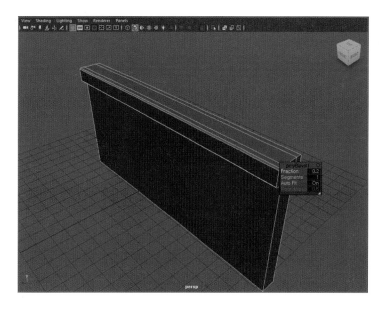

골목길 11

❶ Top view를 선택하고 Space Bar 를 선택해 확대시킵니다.

❷ create ≫ Polygon Primitives ≫ Interactive Creation이 체크되어 있는지 확인합니다.

❸ create ≫ Polygon Primitives ≫ Plane을 선택합니다.

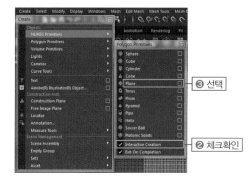

골목길 12

마우스 왼쪽 버튼을 이용해 클릭 드래그해서 화면에 Plane을 만들어 줍니다. 채널 박스에서 Subdivision을 30×30을 입력합니다.

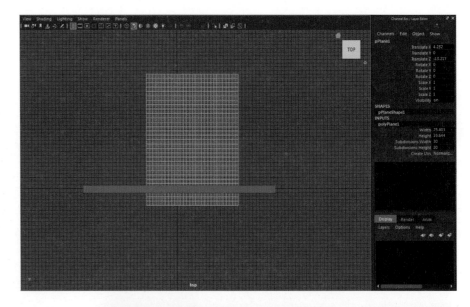

골목길 13

화면을 확대시켜 줍니다. 그리고 화면에 표시된 Edge 부분을 더블 클릭으로 한 칸씩 건너서 선택해 줍니다. (이때 [Shift] 키를 누른 상태에서 실행)

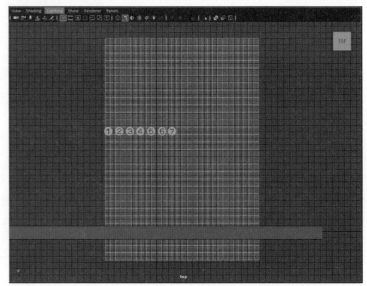

골목길 14

Tool Box에서 선택해 Perp View로 전환합니다.

선택

골목길 15

단축키 "W"(Move Tool)를 선택해 위쪽 방향으로(녹색 "Y") 이동시켜 줍니다.

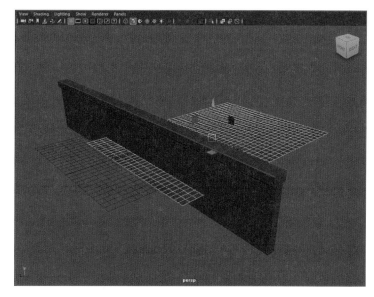

골목길 16

"F8"을 선택해 Object Mode로 전환시켜 준 후 위쪽(녹색 "Y")으로 이동하여 위치시켜 줍니다.

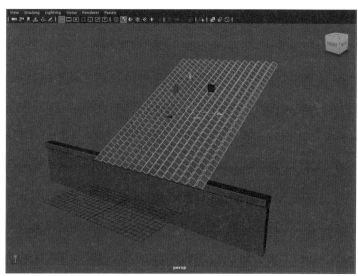

골목길 17

위쪽으로 돌출된 부분의 Edge를 Shift 키를 누른 상태에서 마우스로 더블 클릭해서 하나씩 선택해 줍니다.(다중으로 선택할 때는 Shift 키를 누른 상태로 합니다.)

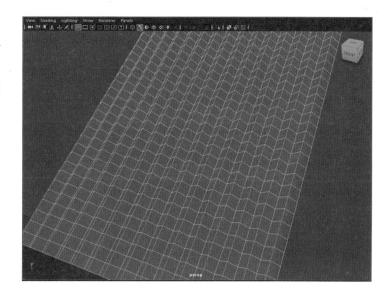

골목길 18

Edit Mesh » Bevel을 적용해 값을 입력합니다.

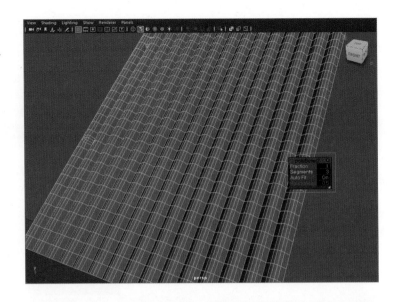

골목길 19

지붕을 복사해 이동시켜 완성한 그림입니다.

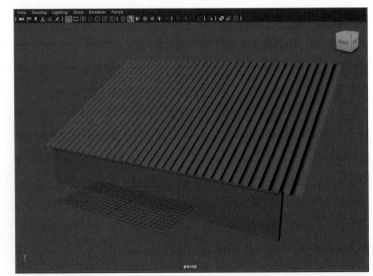

골목길 20

❶ create » Polygon Primitives » Plane을
   선택합니다.

❷ Plane의 크기를 조절해서 그림처럼 위치시
   켜 줍니다.

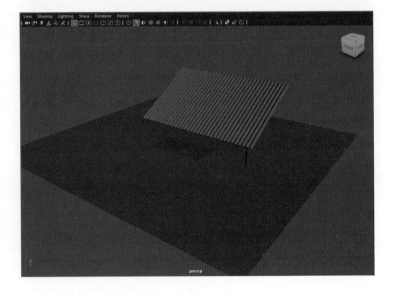

골목길 21

Top View로 전환시켜 줍니다.

골목길 22

❶ Create >> Polygon Primitives >> Cylinder를 선택합니다.

❷ Create >> Polygon Primitives >> Interactive Creation이 체크되어
있는지 확인하세요.

02 | 전봇대 만들기

골목길 23

Top View에서 키보드 "⁴"를 선택해 와이어
프레임 모드로 만들고 벽쪽 부분을 확인한 후
Cylinder를 생성시켜 줍니다.

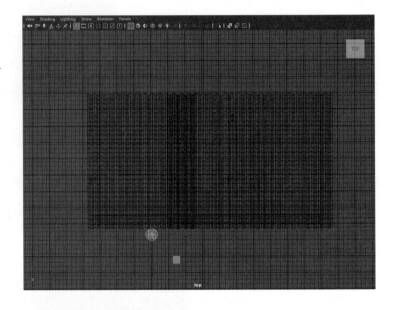

골목길 24

그림처럼 Persp View로 전환합니다.

골목길 25

실린더가 벽쪽으로 만들어진 것을 확인할 수
있습니다.

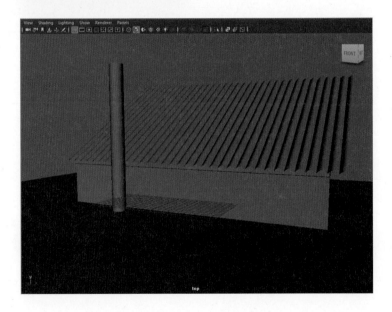

골목길 26

Front View로 전환시켜 줍니다.

골목길 27

Create 》 Curve Tools 》 CV Curve Tool을 선택합니다.

골목길 28

❶ 전봇대 부분에서부터 마우스 왼쪽 버튼을 클릭해 차례로 Vertex를 생성시킵니다.

직선 라인을 만들고자 할 때는 키보드 Shift 키를 누른 상태에서 그려 주면 됩니다.

❷ F8(Object Mode)을 선택해 Object Mode로 전환합니다.

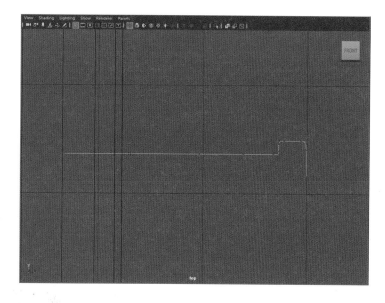

골목길 29

Modify 》 Center Pivot을 선택해 줍니다.

골목길 30

Pivot이 가운데로 이동한 것을 확인할 수 있습니다.

키보드 Insert 키를 선택하면 Pivot을 움직일 수 있습니다.

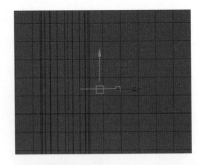

골목길 31

Pivot을 움직여 Curve의 끝점에 위치시켜 줍니다.

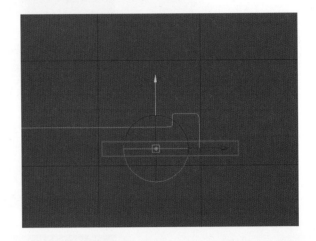

골목길 32

❶ Surfaces ≫ Revolve 옵션 박스를 선택한 후 값을 입력하고 확인해 줍니다.

❷ Revolve를 선택해 적용시킵니다.

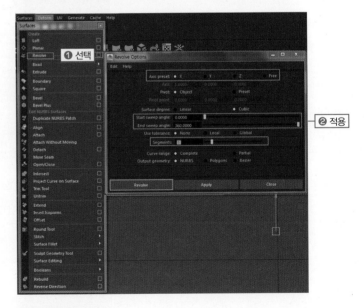

골목길 33

Edit ≫ Delete All By Type ≫ History를 선택해
줍니다.

골목길 34

View ≫ Predefined Bookmarks ≫ Perspective
를 선택해 Persp View로 전환해 모델을 확인합
니다.
그림처럼 "Ⓦ"를 선택해 화살표 부분을 선택해
이동시켜 줍니다.(노란색이 선택한 부분입니
다.)

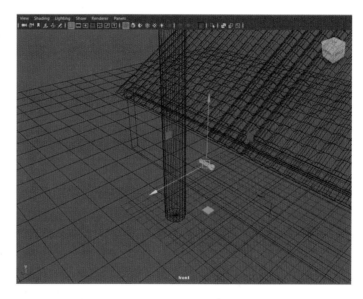

골목길 35

위치를 중앙으로 이동시켜 위치시킵니다.

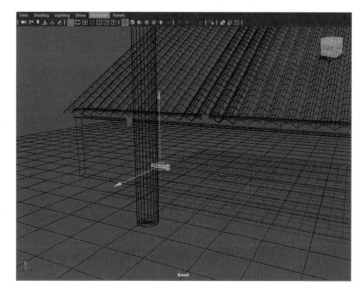

골목길 36

❶ Ctrl+d로 여러 개를 복사한 후 이동시켜서 위치시켜 줍니다.

❷ 전봇대가 조금 더 길쭉하도록 크기를 조절해 줍니다.

❸ View ≫ Predefined Bookmarks ≫ Front를 선택해 Front View로 전환해 모델을 확인합니다.

❹ Create ≫ Polygon Primitives ≫ Cube를 선택합니다.

❺ Create ≫ Polygon Primitives ≫ Interactive Creation이 체크되어 있는지 확인하세요.

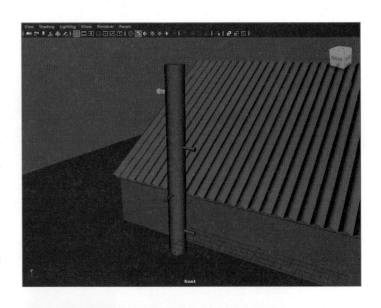

골목길 37

Cube를 만들어 줍니다.

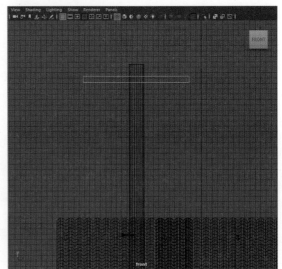

골목길 38

❶ View ≫ Predefined Bookmarks ≫ Perspective를 선택해서 Persp View에서 모델을 확인합니다.

❷ 그림처럼 이동시켜서 전봇대 가깝게 옮겨 줍니다.(노란색 화살표를 이동합니다.)

골목길 39

Cube를 이동해서 전봇대 표면 부분에 위치시
킵니다.

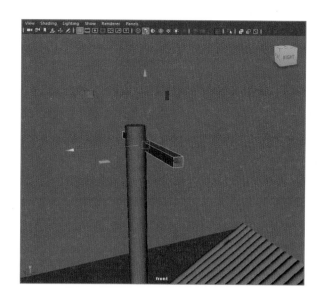

골목길 40

❶ Ctrl+d로 여러 개를 복사한 후 이동시켜
서 위치시켜 줍니다.

❷ 키보드 "E"를 선택해 회전합니다.

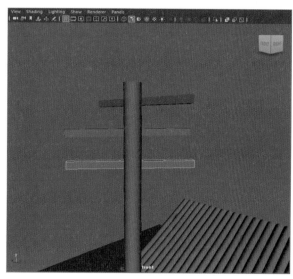

골목길 41

View 》 Predefined Bookmarks 》 Front를 선
택해 Front View로 전환시켜 확대해 줍니다.

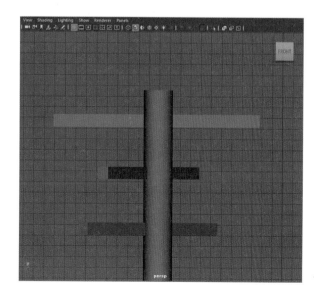

골목길 42

❶ Create 》 Polygon Primitives 》
   Cylinder 옵션박스를 선택합니다.
❷ 옵션박스에 주황색 부분처럼 값
   을 입력해 줍니다.

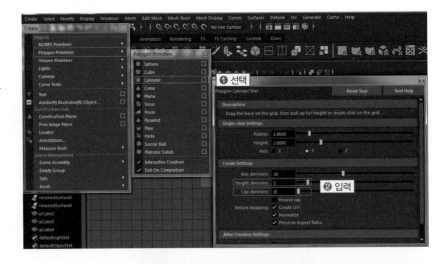

골목길 43

Cylinder를 생성시켜 줍니다.

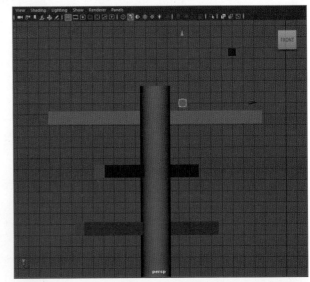

골목길 44

❶ Face를 선택하고 ❷ Edit Mesh 》 Extrude
옵션 박스를 선택한 후 ❸ Divisions 값을 입력
하고 ❹ Extrude를 선택합니다.

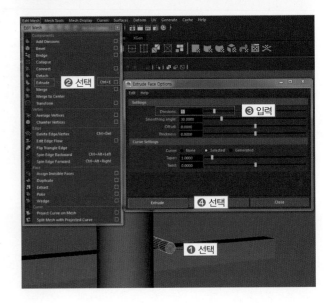

골목길 45

View » Predefined Bookmarks » Perspective
를 선택해 Perspective View로 전환시켜 Extrude
조절자를 선택해서 이동시킵니다.
그림을 확인해서 반드시 화살표를 선택해 이동
시켜야 합니다.

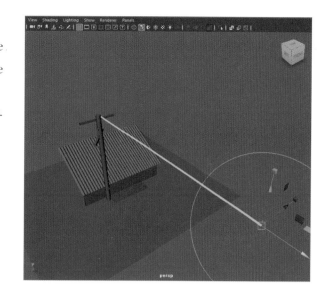

골목길 46

❶ 화면을 확대시킨 후 반대편 Face를 선택합
　니다.
❷ 골목길 44처럼 Edit Mesh » Extrude 옵션
　박스를 선택한 후 Divisions 값을 입력하고
　Extrude를 실행합니다.

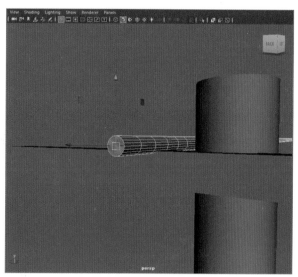

골목길 47

그림을 확인해서 반드시 화살표를 선택해 이동
시켜야 합니다.(노란색으로 표시된 부분의 화
살표입니다.)

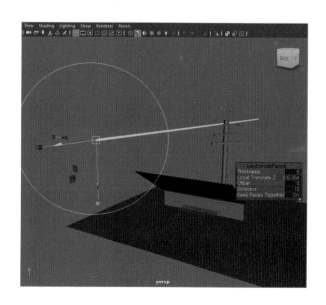

골목길 48

❶ View » Predefined Bookmarks » Front를
선택해 Front View로 전환시켜 확대해 줍니
다. 그리고 그림에서 보이는 것처럼 Vertex
를 선택해 줍니다.

❷ 마우스 오른 클릭하여 Vertex를 선택합니다.

❸ 그림에서 보이는 것처럼 Vertex를 선택해
줍니다.

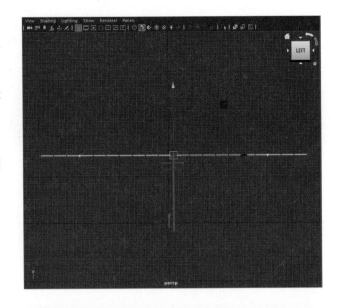

골목길 49

Move Tool을 더블클릭하거나, Modify » Trans
formation » Move Tool 옵션 박스를 선택해 줍
니다.

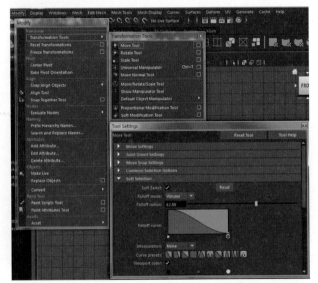

골목길 50

❶ Soft Select는 영역을 설정해서 이동하
는 기능입니다.

❷ "Y"축 화살표를 선택해 아래로 이동합
니다.

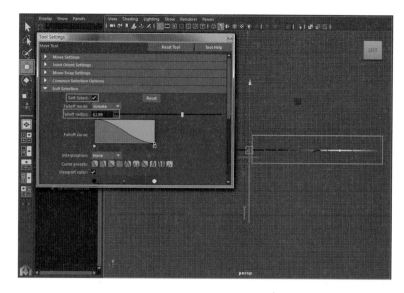

골목길 51

전선줄을 복사해서 아래쪽으로 이동시켜 여러
개의 전선줄을 만듭니다.
전선줄을 선택하고 Ctrl+d를 선택하면 모델
이 복사됩니다.

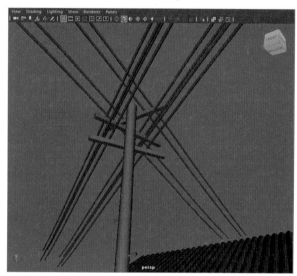

골목길 52

View » Predefined Bookmarks » Front를 선
택해 Front View로 전환시켜 확대합니다.

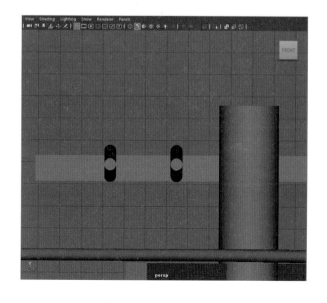

골목길 53

Create ≫ Curve Tools ≫ CV Curve Tool을 선택합니다.

골목길 54

❶ 그림을 그려줍니다.

❷ Modify ≫ Center Pivot을 선택합니다.

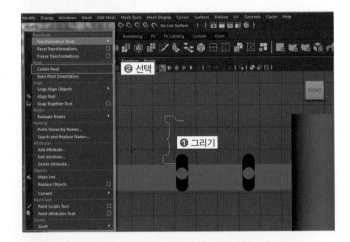

골목길 55

Pivot이 중앙으로 이동한 것을 확인할 수 있습니다.

만약 나타나지 않으면 키보드 "Ｗ"를 선택합니다.

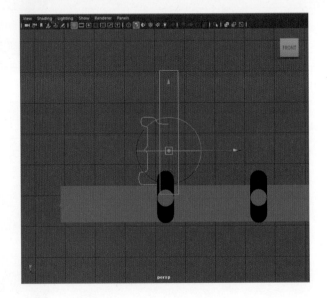

골목길 56

❶ Surfaces ≫ Revolve 옵션 박스를 선택합니다.

❷ 주황색 박스 부분의 입력 값을 확인하고 입
   력합니다.

❸ Revolve를 선택해 실행합니다.

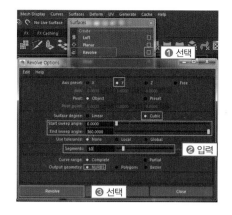

골목길 57

완성된 형태를 확인할 수 있습니다.

완성된 형태를 복사해서 골목길 58처럼 위치시
켜 줍니다.

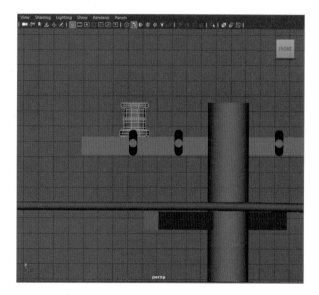

골목길 58

여러 개를 복사해 위치시킨 그림입니다.

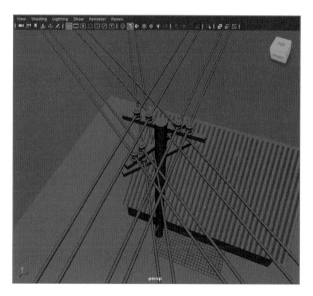

골목길 59

❶ View ≫ Predefined Bookmarks ≫ Front를
선택해 Front View로 전환시켜 확대해 줍
니다.

❷ Create ≫ Polygon Primitives ≫ Cylinder를
생성시킵니다.

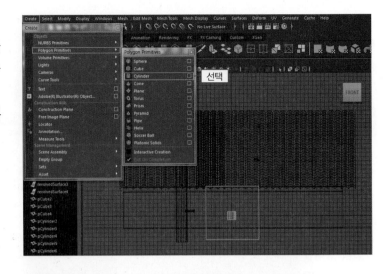

골목길 60

이동 툴("W")을 이용해 옮겨 줍니다.

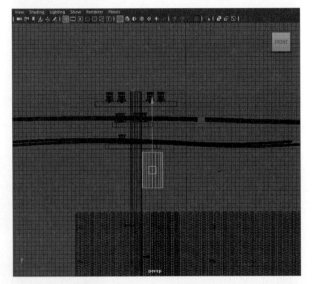

골목길 61

View ≫ Predefined Bookmarks ≫ Perspective
를 선택해 Persp View로 전환시켜 확대합니다.

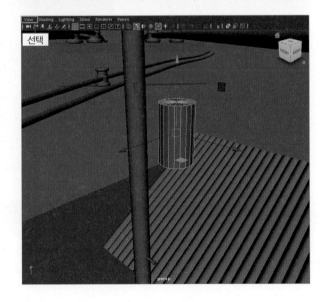

골목길 62

Mesh Tools ≫ Insert Edge Loop Tool을 이용
해 추가시킵니다.

골목길 63

Edge 부분을 클릭해 추가시켜준 그림입니다.

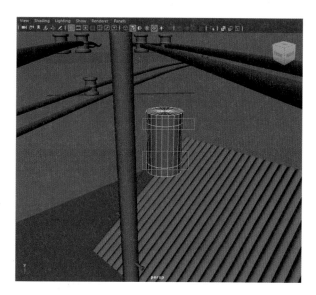

골목길 64

❶ F11 을 선택해 Face Mode로 전환합니다. (마
우스 오른 클릭 후 Face를 선택해도 됩니다.)

❷ Shift Key를 누른 상태에서 Face를 한 칸씩
건너서 선택해 줍니다.

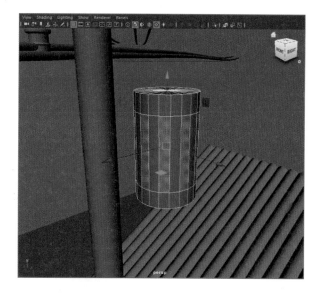

골목길 65

Edit Mesh ≫ Extrude를 실행합니다.

골목길 66

바깥 부분을 가리키는 파란색 화살표를 선택해 이동시킵니다. 그리고 빨간색 박스 모양을 선택해 축소시킵니다. 녹색 박스 모양도 선택해 그림처럼 크기를 조절해 줍니다.

Divisions는 1로 입력해 줍니다.

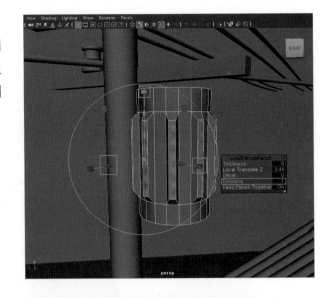

골목길 67

❶ 위와 아래의 Edge를 [Shift] Key를 누른 상태에서 더블클릭해서 원형으로 선택합니다.

❷ 그리고 Edit Mesh 》 Bevel을 선택해 줍니다.

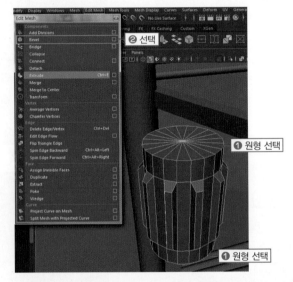

골목길 68

Bevel이 적용된 그림입니다.

골목길 69

그림처럼 이동시켜서 완성합니다.

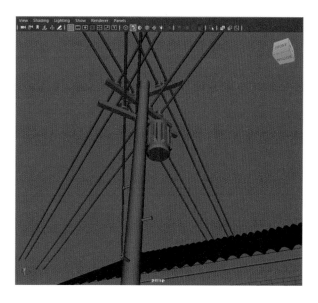

골목길 70

View » Predefined Bookmarks » Front를 선택해 Front View로 전환시켜 확대해 줍니다.

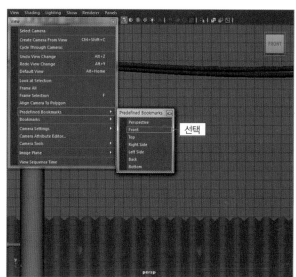

골목길 71

Mesh Tool » Create Polygon Tool을 선택합니다.

골목길 72

마우스로 3개의 점을 클릭해서 삼각형 형태를
생성시킵니다.

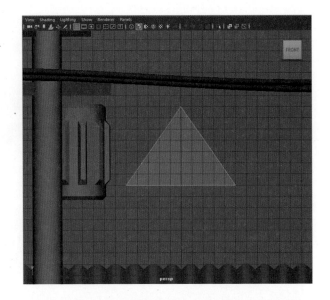

골목길 73

외곽 Edge를 선택합니다.

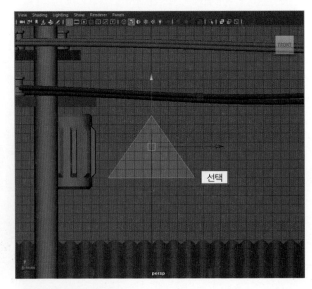

골목길 74

Edit Mesh ≫ Extrude를 실행합니다.

골목길 75

❶ 녹색 화살표 방향으로 이동시킵니다.

❷ Divisions 입력값은 "1"입니다.

❸ F11 을 선택해 Face Mode로 전환시킵니다.
(마우스 오른 클릭 후 Face를 선택할 수 있
습니다.)

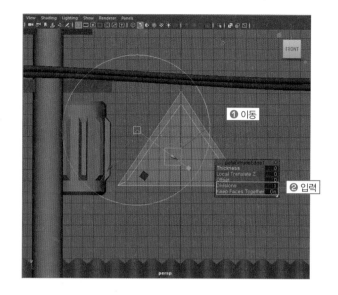

골목길 76

Face를 선택하고 Edit Mesh ≫ Extrude를 실행
합니다.

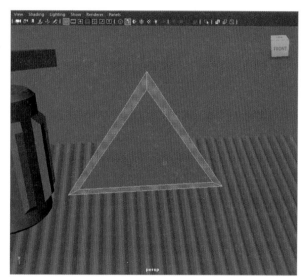

골목길 77

❶ 파란색 화살표를 선택해서 이동시킵니다.

❷ Divisions 입력값은 "1"입니다.

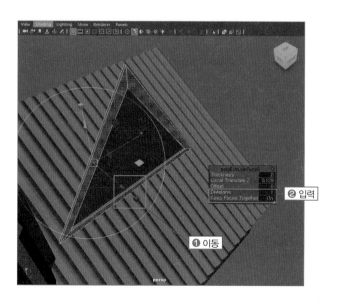

골목길 78

❶ View ≫ Predefined Bookmarks ≫ Front를 선택해 Front View로 전환시켜 확대해 줍니다.

❷ F8을 선택해 Object Mode로 전환시킵니다.(마우스 오른쪽 클릭을 통해서도 Object Mode를 선택할 수 있습니다.)

❸ 표지판을 선택하고 복사(Ctrl + d) 합니다.

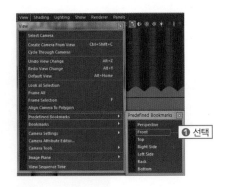

골목길 79

Modify ≫ Center Pivot을 선택합니다. Pivot이 중앙으로 이동한 것을 확인할 수 있습니다.

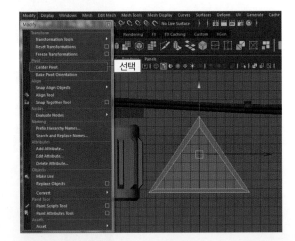

골목길 80

아래쪽으로 이동시키고 회전시켜 줍니다.(채널박스 확인)

(키보드 "E"를 선택해 회전할 수 있습니다.)

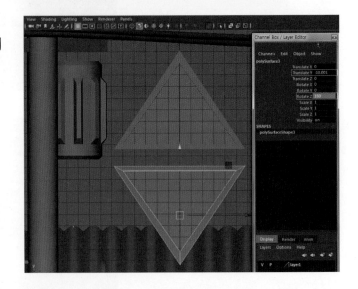

골목길 81

두 개의 표지판을 선택하고 Mesh ≫ Combine
을 실행합니다.

두 개의 표지판이 하나가 된 것을 확인할 수 있
습니다.

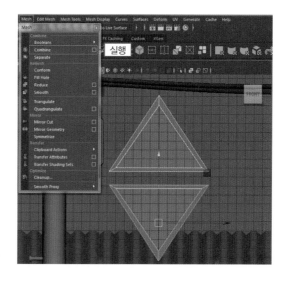

골목길 82

전봇대의 위 중간 지점에 위치시켜 완성합니다.

03 | Materials 설정

1. Color Map

Mater 01

Windows » Rendering Editors » Hypershade
를 선택합니다.

Mater 02

Hypershade 옵션창입니다. 주황색으로 표시
한 부분의 Phong을 선택합니다.

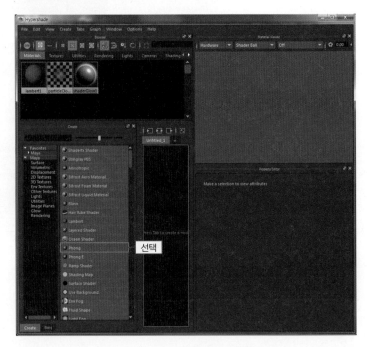

Mater 03

Phong » Color를 선택해 컬러를 지정할 수 있습니다.

Mater 04

전봇대를 선택하고 Phong 위에서 마우스 오른쪽 클릭해 Assign Material to Viewport Selection을 선택합니다.

Mater 05

전봇대에 Phong 재질이 입혀진 것을 확인
하기 위해 전봇대가 선택된 상태에서 [Ctrl]
+[a]를 동시에 선택해 줍니다.
Attribute Editor가 확장되어 보여집니다.

Mater 06

Color » 체크무늬 박스를 선택합니다.

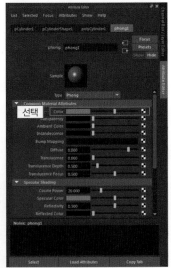

Mater 07

새로운 Create Render Node 옵션 창에서 File
을 선택합니다.

Mater 08

Image Name » 폴더를 선택합니다.

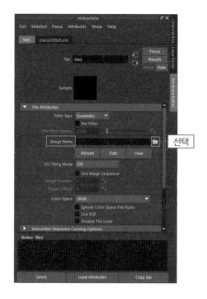

Mater 09

컴퓨터에서 이미지를 찾아서 선택해 줍니다.(나
무 재질 이미지(WD-075.jpg)를 선택합니다.)

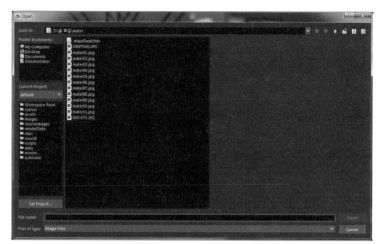

Mater 10

상단에서 Place2dTexture1을 선택합니다.

Mater 11

MirrorU, V 체크, RepeatUV를 입력해 줍니다.

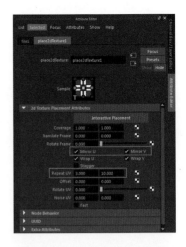

Mater 12

Color map이 적용된 상태입니다.(색상이
나타나지 않으면 키보드 ⑥을 선택합니
다.)

2. Bump Map

Mater 13

Bump Mapping 》 체크무늬를 선택합니다.

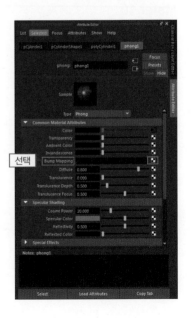

Mater 14

File Map을 선택합니다.

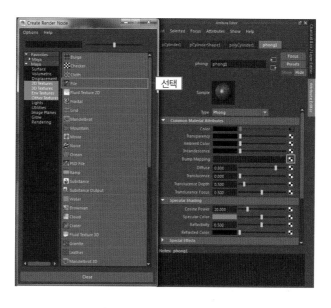

Mater 15

Image name의 폴더를 선택합니다.

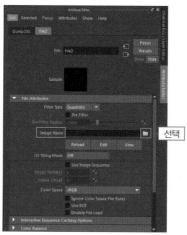

Mater 16

나무 이미지(WD – 075bump.jpg)를 선택한 후
Open을 선택합니다.

Mater 17

❶ 상단에서 Place2dTexture3을 선택합니다.

❷ 값을 입력해 Color Map과 동일하게 입력해 줍니다.

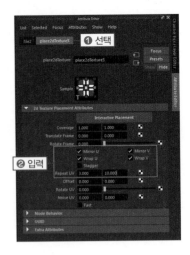

Mater 18

Windows ≫ Rendering Editors ≫ Hypershade를 선택합니다.

가운데 부분에 Input/Output Connection으로 연결된 것을 확인할 수 있습니다.

Mater 19

주황색 박스로 표시한 bump2d1을 선택합니다. 이 명령어는 bump Depth의 값을
통해 강도를 조절할 수 있습니다. 강도를 0.2로 설정해 줍니다.

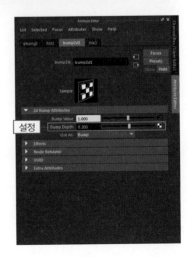

3. Specular Shading Map

빛을 받는 영역과 반사를 제어합니다.

Mater 20

그림과 같이 입력해 줍니다.

그림과 같은 방식으로 재질 설정을 벽/지붕 등 오브젝트에 각각 정의 내려줍니다.

04 | 지붕 재질 만들기

지붕은 콘크리트와 비슷한 재질입니다.

Mater_t 01

Windows ≫ Rendering Editors ≫ Hypershade를 선택합니다.

Mater_t 02

Hypershade 옵션창입니다. 주황색으로 표시한
부분의 Phong을 선택합니다.

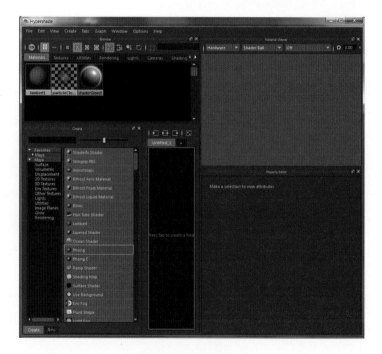

Mater_t 03

Phong ≫ Color를 선택합니다.
(색상을 지정할 수 있습니다.)

Mater_t 04

❶ 지붕을 선택하고 Phong2 위에서 마우스 오른쪽 클릭해 Assign Material to Selection을 선택합니다.

❷ 지붕이 선택된 상태에서 Ctrl + a 를 선택해 Attribute Editor를 확장해 줍니다.

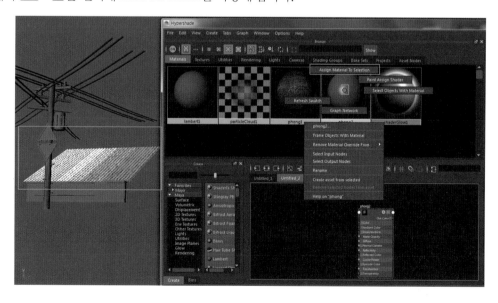

Mater_t 05

지붕에 Phong 재질이 입혀진 것을 확인할
수 있습니다.

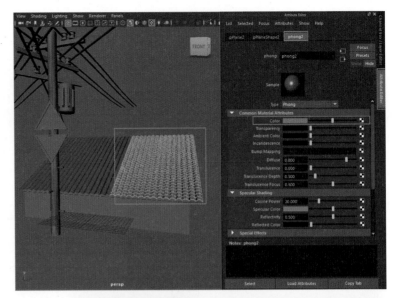

Mater_t 06

❶ Color의 체크무늬 박스를 선택합니다.
❷ File을 선택합니다.

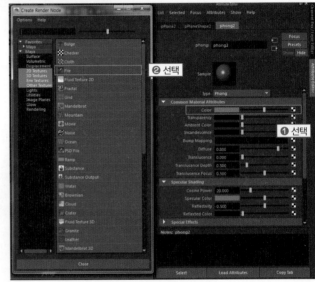

Mater_t 07

폴더 선택

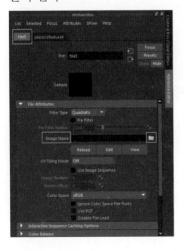

Mater_t 08

concreat.jpg를 선택합니다.

Mater_t 09

지붕에 재질이 입혀졌습니다.

위와 같은 방식으로 Bump Map도 적용해 줍니다.

Ambient Map, Specular Map을 설정해 줍니다.

Mater_t 10

재질이 적용된 값입니다.

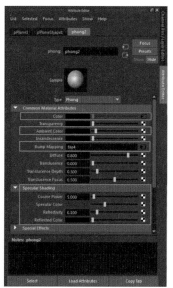

Mater_t 11

bump2d2 》 Bump Depth 》 0.1로 입력합니다.

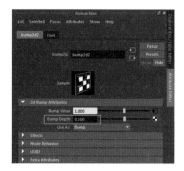

05 | 표지판 재질 만들기

위와 같은 방법으로 표지판에 lambert 재질을 설정합니다.

Sign 01

표지판 그림이 뭉개져서 나오는 것을 확인
할 수 있습니다.
UV 좌표 설정을 확인해야 합니다.
Mapping을 통해 그림을 맞추어 보겠습니다.

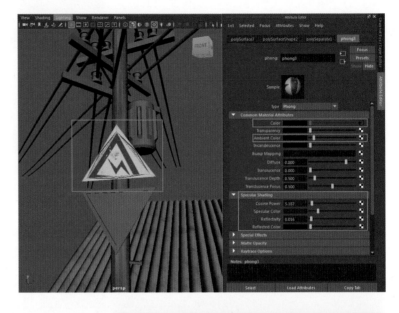

Sign 02

❶ 표지판을 선택합니다. "W"를 선택하면 "Z" 축으로 바라보는
　것을 확인할 수 있습니다.
❷ UV 》 Planar 옵션 박스를 선택합니다.

Sign 03

❶ 그림과 같이 Z axis를 체크합니다.

❷ Project를 선택합니다.

Sign 04

그림과 같은 Mapping 아이콘이 보입니다. 그림에
표시한 부분을 마우스로 클릭 드래그하면 이동이
가능합니다.

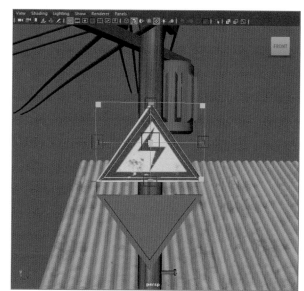

Sign 05

이미지가 표지판에 일치하도록 조절해 줍니다.

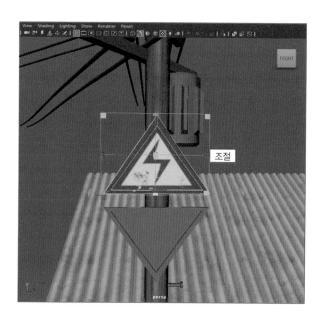

Sign 06

재질 입력값을 조절합니다.
아래 표지판도 위와 같이 재질을 만들어 적용합
니다.

Sign 07

표지판에 재질이 입혀진 그림입니다.

Sign 08

표지판 재질 설정 값입니다.
이런 방식으로 각 오브젝트의 재질을 하나씩 완성
합니다.

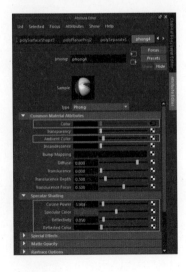

06 | 카메라 설정하기

Camera 01

Create ≫ Cameras ≫ Camera and Aim을 선택합
니다.

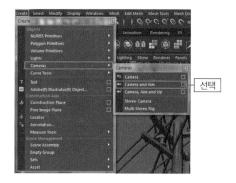

Camera 02

View ≫ Cycle Through Cameras를 선택합니
다. Camera1 View로 전환된 것을 확인할 수 있
습니다.
단축키 "Ⓐ"를 선택합니다. 전체 모델이 화면에 보
입니다.

Camera 03

Camera1 View를 그림처럼 보이게 조절합니다.
Camera1 View를 Bookmark를 만들어 보겠습니다.

Camera 04

❶ View ❯ Bookmarks ❯ Edit Bookmarks…를 선택합니다. 옵션 박스가 열립니다.

❷ New Bookmark ❯ Add to Shelf를 선택합니다.

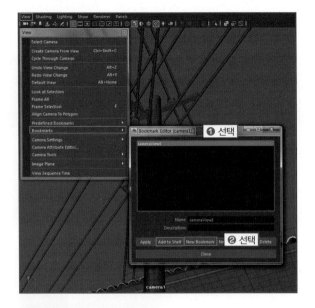

Camera 05

Shelf Bar 라인에 추가된 것을 확인할 수 있습니다. 또한 View ❯ Bookmarks ❯ Camera View1이 만들어진 것을 확인할 수 있습니다.

07 | 배경 설정하기

하늘을 설정하는 데는 가장 중요한 것이 렌더링시키고자 하는 뷰에 설정해야 한다는 것입니다.

Camera View1인지 확인합니다.

View » Camera Attribute Editor... »

Environment » Create » Type » Texture » Texture 체크무늬 박스 » Env Sky를 선택해 줍니다.

camera06부터 camera09까지 차례로 실행합니다.

Camera 06

Camera 07

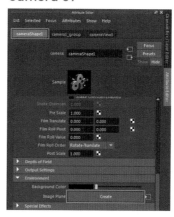

Camera 08

Camera 09

저녁을 연출한 envsky 입력 값입니다.

Camera 10

- Total Brightness : 전체의 밝기를 설정합니다.
- Sun Brightness : 태양의 밝기
- Halo Brightness : 태양의 후광의 밝기
- Elevation : 태양의 높이(고도)
- Azimuth : 태양의 위치 (방위각)
- Size : 태양의 크기
- Sky Brightness : 하늘의 밝기
- Air Density : 공기의 밀도
- Dust Density : 먼지의 밀도
- Floor Color : 수평선 지평선의 색상
- Floor Altitude : 수평선 지평선의 넓이
- Use Texture : 체크를 하면 구름이 보이게 조절할 수 있습니다.
- Cloud Texture : 구름을 적용합니다.(3D Texture의 Cloud Texture를 이용해 구름을 만들 수 있습니다.)
- Cloud Brightness :구름의 밝기
- Sunset Brightness : 태양 노을의 밝기
- Density : 구름의 뚜렷한 정도
- Threshold : 수치가 낮으면 구름이 풍부하게 나타납니다. 반대로 수치가 높으면 구름이 사라집니다.

08 | Light 설정하기

Light 01

Create 》 Light 》 Directional Light를 선택합니다.

Light 02

Light를 확대해서 방향을 카메라 위치에서 바라보게 회전시켜 줍니다. 그리고 노을을 연출하기 위해서 Color, Intensity, Raytrace Shadow를 설정해 줍니다.

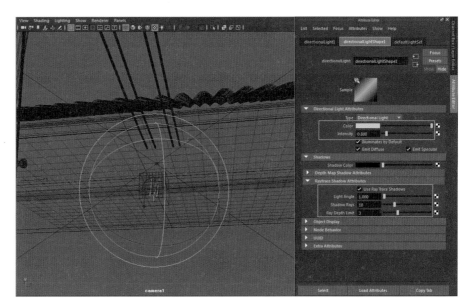

Light 03

View 》 Bookmarks 》 Camera 05에서 설정한 Camera View1을 선택합니다.

Light 04

Windows » Rendering Editors » Render View를 선택합니다.

Light 05

Render View입니다.

❶ Render the current frame(현 장면을 렌 더링합니다.)

❷ Render region(선택한 영역을 렌더링합 니다.)

❸ Snap short(현 장면을 나타내 줍니다.)

❹ IPR Render(현 장면을 실시간 렌더링합 니다.)

❺ Display Render Settings(창을 열어줍 니다.)

❻ Display real size(렌더링 후 이미지를 1:1 로 만들어 줍니다.)

❼ Keep Image(렌더링 이미지를 렌더 창에 저장합니다.)

SECTION 02 나비 모델링하기

Image 01

Side view를 확장한 후 Image Plane ≫ Import
Image… ≫ side.jpg를 배경에 나타나게 합니다.

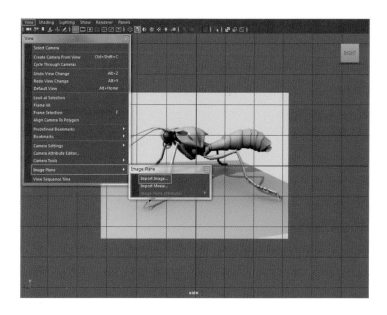

Image 02

Predefined Bookmarks ≫ Perspective를 선택
합니다.

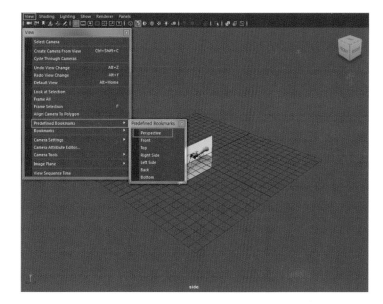

Image 03

X축(선택하면 노란색으로 보여집니다.)을 선택해 마이너스 방향으로 이동시켜 공간을 확보시킵니다.

Predefined Bookmarks 》 Right Side View로 전환합니다.

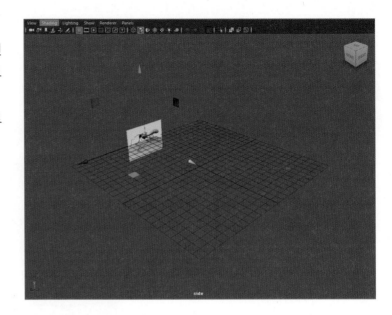

01 | 몸통 모델링하기

Butterfly 01

Create ≫ NURBS Primitives ≫ Circle을 선택해
View에 생성시킵니다.

Butterfly 02

채널 박스 RotateY 부분에 90을 입력합니다.

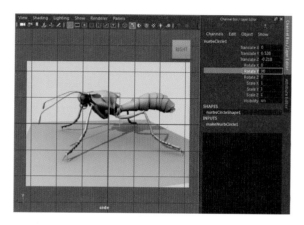

Butterfly 03

Ctrl + d로 복사한 후 1~5번까지 차례대로 위
치시킵니다. 1, 2, 3, 4, 5번 순서대로 하나씩 선
택합니다.

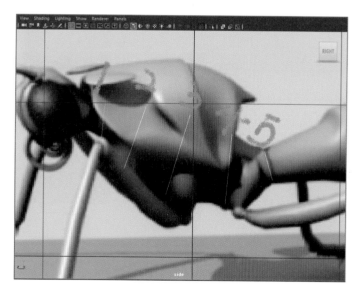

Butterfly 04

Surfaces ≫ Loft를 선택해 줍니다. 옵션 값을
확인합니다.

Butterfly 05

View ≫ Predefined Bookmarks ≫ Perspective
를 선택 전환합니다.

Butterfly 06

Loft를 실행해 완성한 것입니다.

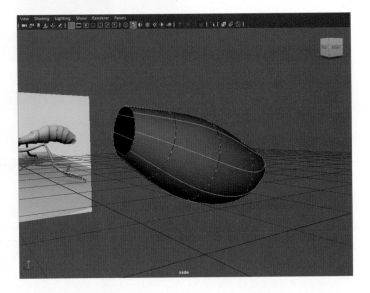

Butterfly 07

마우스 오른쪽 클릭 Isoparm을 선택해 Surface
표면의 목부분에 있는 외곽 Edge를 클릭 드래
그해서 Isoparm을 나타나게 해줍니다.

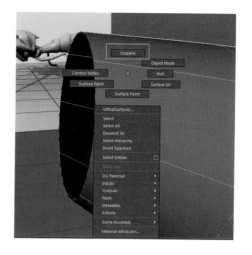

Butterfly 08

그림처럼 Isoparm을 나타나게 합니다.

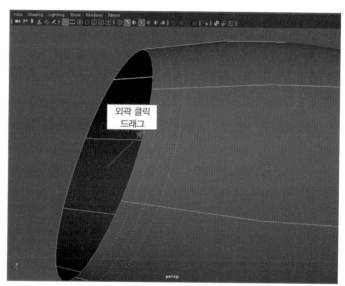

Butterfly 09

목쪽 부분에 Surface » Insert Isoparms를 이용
해 추가시킵니다. 이런 형태로 3개의 Isoparm
을 추가시킵니다.

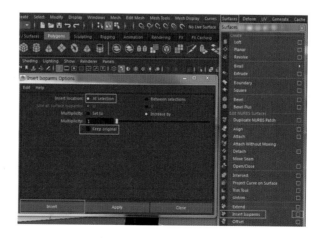

Butterfly 10

3개의 Isoparm이 추가되었습니다.

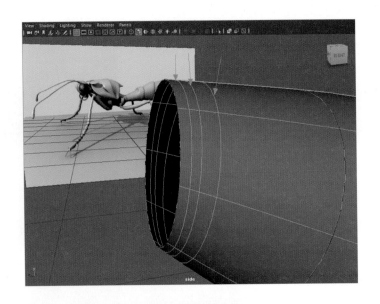

Butterfly 11

마우스 오른쪽 클릭을 통해 Hull을 선택합니다. 마우스로 분홍색 선(Hull)을 선택합니다.

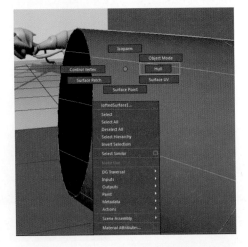

Butterfly 12

Hull에 포함된 Vertex가 선택된 것을 확인할 수 있습니다.

Butterfly 13

키보드에서 "ⓡ"을 선택하고 크기를 안쪽으로
작게 해줍니다.

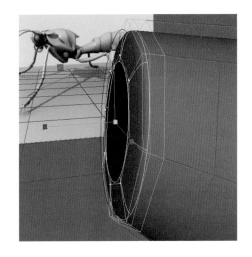

Butterfly 14

목쪽 부분에 Isoparm을 그림처럼 한 개 더 나
타나게 해줍니다.

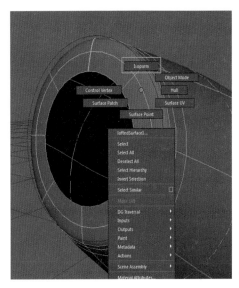

Butterfly 15

목쪽 부분에 Surface ≫ Insert Isoparms를 선택
해 Isoparm을 한 개 더 추가시킵니다.

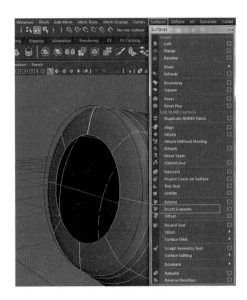

Butterfly 16

마우스 오른 클릭 후 Hull을 선택합니다.

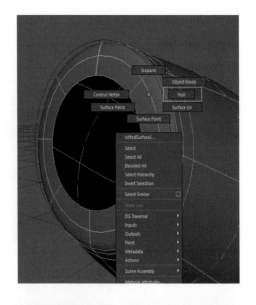

Butterfly 17

마우스 왼쪽 클릭으로 Hull을 선택합니다.
"W"를 선택하고 안쪽으로 이동시켜 위치를 그
림처럼 만들어 줍니다.

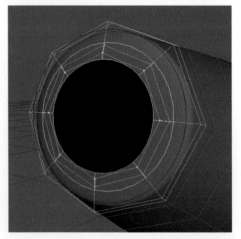

Butterfly 18

목 부분을 완성합니다.

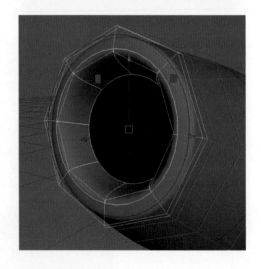

Butterfly 19

꼬리 쪽으로 나가는 몸통 부분도 같은 방법으로 모델링합니다.

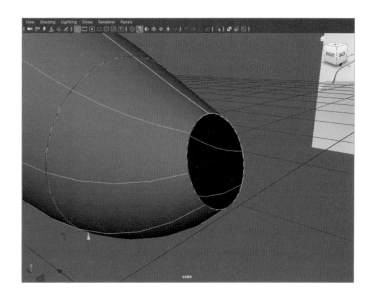

Butterfly 20

마우스를 이용해 외곽을 클릭 드래그하여 Isoparm을 표시합니다.

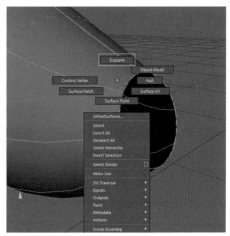

Butterfly 21

꼬리 부분에 Surfaces » Insert Isoparms를 선택해 3개의 Isoparm을 추가시킵니다.

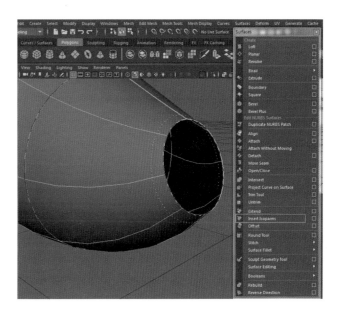

Butterfly 22

Isoparm을 세 개 추가시킨 그림입니다.

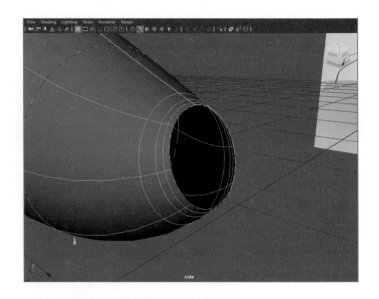

Butterfly 23

마우스 오른쪽 클릭을 통해 Hull을 선택합니다.

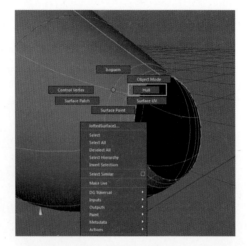

Butterfly 24

마우스로 분홍색 선(Hull)을 선택합니다. "Ⓡ"
을 선택하고 크기를 안쪽으로 작게 해줍니다.
(pivot의 가운데를 선택해 작게 해줍니다.)

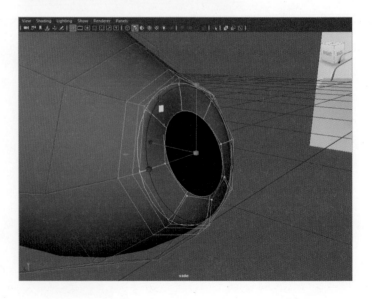

Butterfly 25

노란색 부분의 마우스 오른쪽 클릭을 통해
Isoparm을 선택해 줍니다.

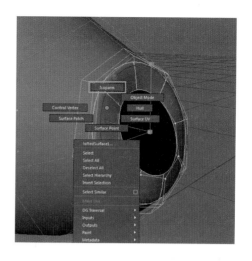

Butterfly 26

꼬리 부분에 Surfaces » Insert Isoparm을 선택
해 Isoparm을 한 개 더 추가시킵니다.

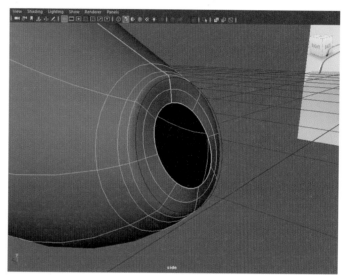

Butterfly 27

❶ 마우스 오른쪽 클릭을 통해 Hull을 선택합
   니다.
❷ 안쪽 Hull을 선택합니다.

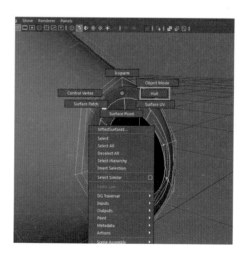

Butterfly 28

"W"를 선택하고 안쪽으로 이동시켜 줍니다.

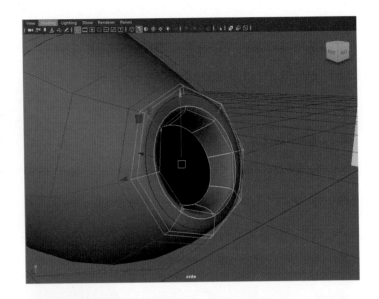

Butterfly 29

몸통이 완성된 그림입니다.

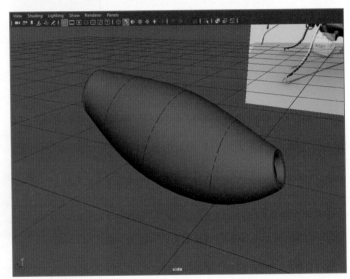

02 | 꼬리 모델링하기

Butterfly_t 01

Create ≫ NURBS Primitives ≫ Circle을 선택해
side View에 생성시킵니다.

Butterfly_t 02

Circle을 마우스 클릭드래그로 만들어 확인합니다.

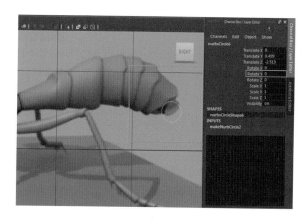

Butterfly_t 03

채널 박스 RotateY 부분에 90을 입력합니다.

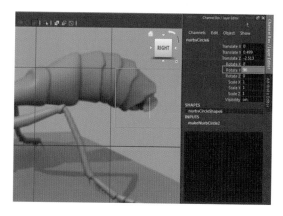

Butterfly_t 04

Ctrl+d를 이용해 복사한 후 1~4번까지 차례대
로 위치시킵니다. 1, 2, 3, 4번 순서대로 하나씩 선
택합니다.

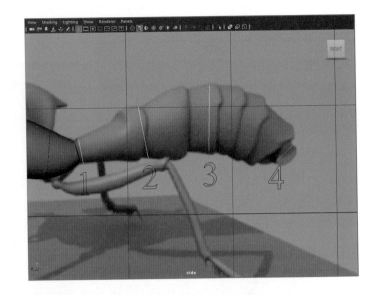

Butterfly_t 05

❶ Surfaces » Loft 옵션 박스를 선택합니다.
❷ Loft를 선택합니다.

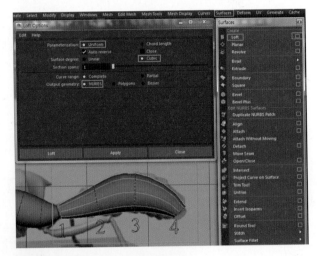

Butterfly_t 06

View » Predefined Bookmarks » Perspective를
선택 전환합니다.

Butterfly_t 07

마우스 오른쪽 클릭으로 Isoparm을 선택하고 Surface 표면의 외곽 Edge를 클릭 드래그해서 Isoparm을 나타나게 합니다.

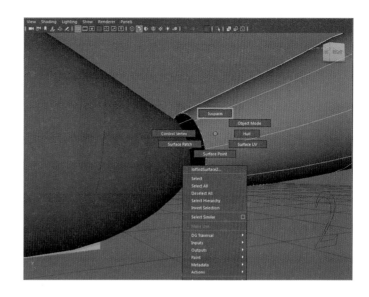

Butterfly_t 08

꼬리 부분에 Surfaces 》 Insert Isoparms를 이용해 추가시킵니다. 이런 형태로 3개의 Isoparm을 추가시킵니다.

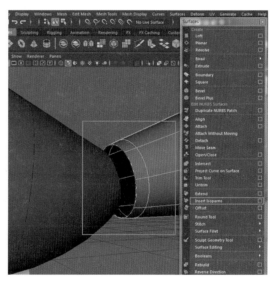

Butterfly_t 09

3개의 Isoparm이 추가된 것을 확인합니다.

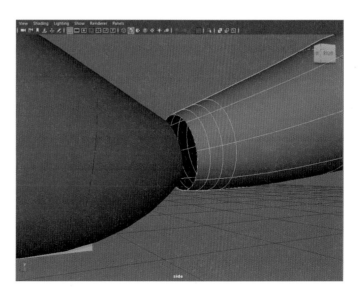

Butterfly_t 10

마우스 오른쪽 클릭을 통해 Hull을 선택합니다.

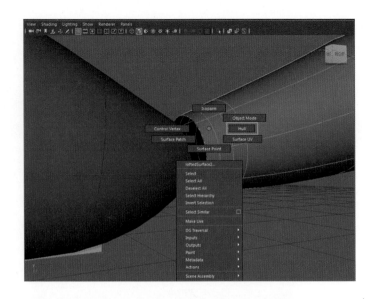

Butterfly_t 11

마우스로 분홍색 선(Hull)을 선택합니다.

Hull에 포함된 Vertex가 선택된 것을 확인할 수 있습니다.

키보드에서 "R"을 선택하고 크기를 안쪽으로 작게 해줍니다.

키보드에서 "W"를 선택하고 안쪽으로 이동시켜 완성합니다.

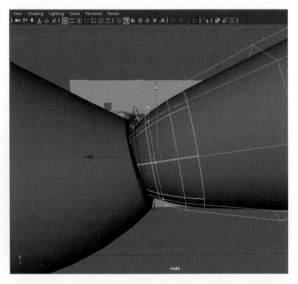

Butterfly_t 12

꼬리 끝부분 모델링도 앞의 방법의 반복입니다.

마우스 오른쪽 클릭을 통해 Isoparm을 선택합니다.

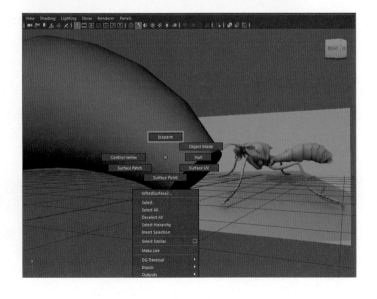

Butterfly_t 13

꼬리 부분에 Surfaces 》 Insert Isoparms를 선택해 3
개의 Isoparm을 추가시킵니다. (여러 개의 Isoparm
을 선택할 때는 키보드의 Shift Key를 누른 상태에
서 마우스로 Isoparm 클릭 드래그하면 생성할 수 있
습니다.)

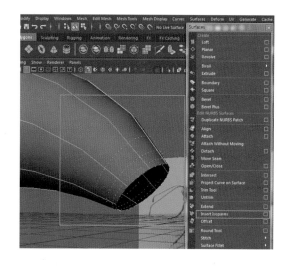

Butterfly_t 14

마우스 오른쪽 클릭으로 Hull을 선택합니다.

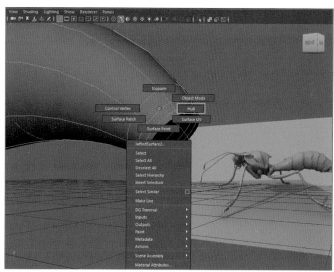

Butterfly_t 15

마우스로 분홍색 선(Hull)을 선택합니다. "R"을
선택하고 크기를 안쪽으로 작게 해줍니다.

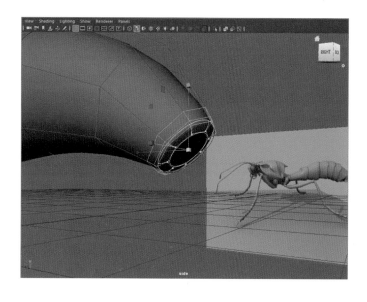

Butterfly_t 16

노란색 부분에 마우스 오른쪽 클릭을 통해 Isoparm
을 표시해 줍니다.

꼬리 부분에 Surfaces ≫ Insert Isoparms를 선택해
Isoparm을 한 개 더 추가시킵니다.

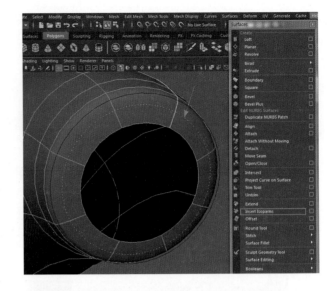

Butterfly_t 17

마우스 오른쪽 클릭을 통해 Hull을 선택합니다.

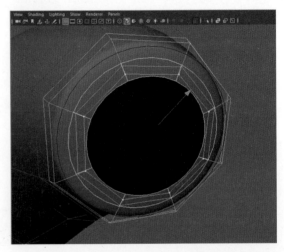

Butterfly_t 18

"W"를 선택하고 안쪽으로 이동시켜 줍니다.

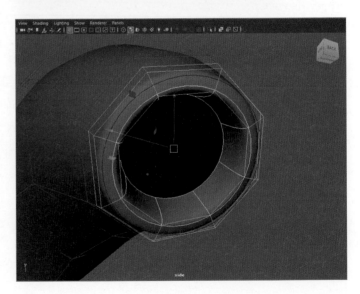

Butterfly_t 19

View ≫ Predefined Bookmarks ≫ Right Side를
선택 전환합니다.

Butterfly_t 20

꼬리의 형태가 완성되었습니다.

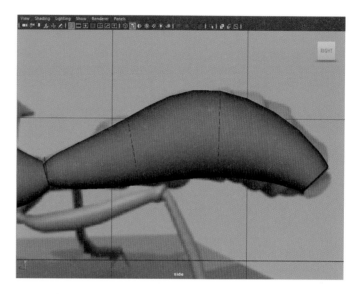

Butterfly_t 21

마우스로 Isoparm을 나타나게 합니다. Surfaces
≫ Insert Isoparms를 실행해 4개의 Isoparm을 추
가시킵니다.

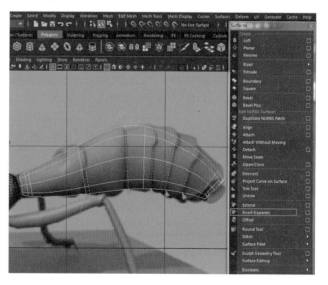

Butterfly_t 22

마우스 오른쪽 클릭을 통해 Control Vertex를
선택합니다.

> **TIP** Hull을 이용해도 가능합니다.

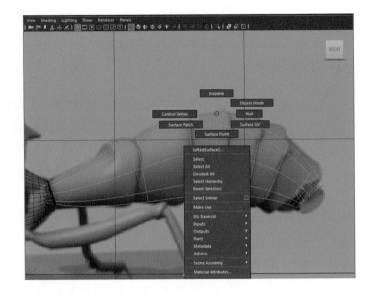

Butterfly_t 23

꼬리의 옴폭 들어간 부분에 맞추어 정리해 줍니다.

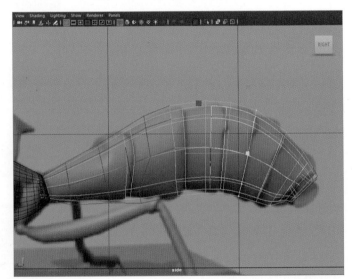

Butterfly_t 24

마우스 오른쪽 클릭을 통해 Isoparm을 선택합니다.

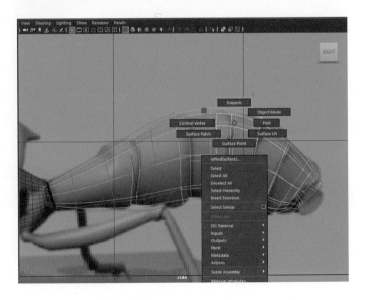

Butterfly_t 25

Isoparm을 나타나게 합니다. 위치는 그림처럼 비슷한 간격으로 선택합니다.

Surface ≫ Isoparm을 실행합니다.

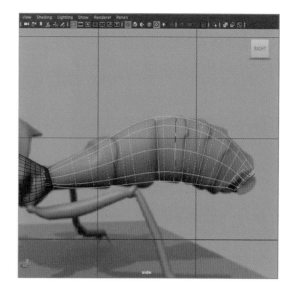

Butterfly_t 26

편집할 부분을 확대합니다.

마우스 오른쪽 클릭을 통해 Hull을 선택합니다.

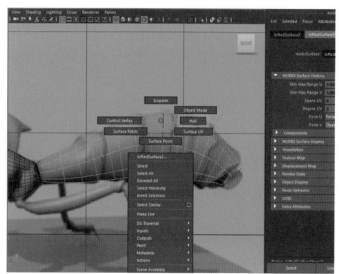

Butterfly_t 27

❶ 그림처럼 Hull을 선택합니다.

❷ 크기를 작게 해 그림처럼 만들어줍니다.

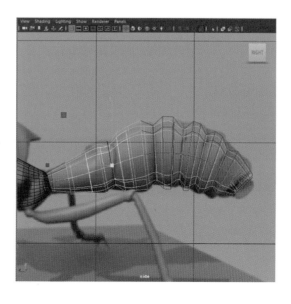

Butterfly_t 28

마우스 오른쪽 클릭을 통해 Control Vertex를 선택
합니다.

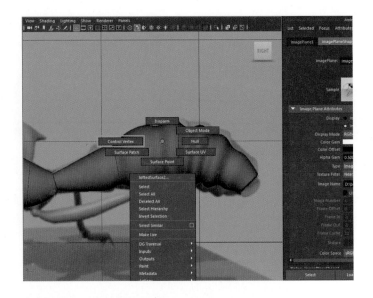

Butterfly_t 29

"Ⓦ"를 선택한 후 CV Vertex를 선택하고 이동시킵
니다.

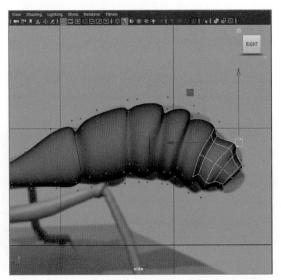

Butterfly_t 30

마우스 오른쪽 클릭을 통해 Isoparm을 선택합니다.
Isoparm을 나타나게 합니다. 위치는 그림처럼 비
슷한 간격으로 선택합니다.
Surface ≫ Isoparm을 실행합니다.

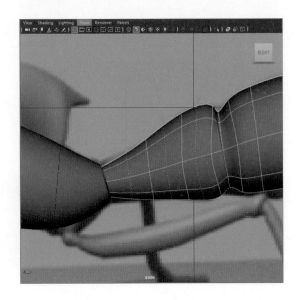

Butterfly_t 31

마우스 오른쪽 클릭을 통해 Control Vertex를 선택
합니다.

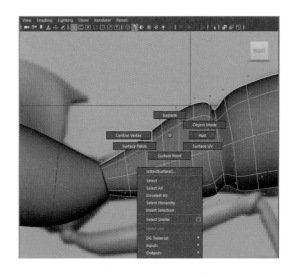

Butterfly_t 32

"W"를 선택한 후 CV Vertex를 선택하고 이동시킵
니다.

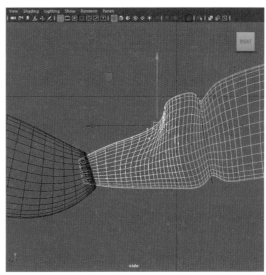

Butterfly_t 33

꼬리가 완성되었습니다.

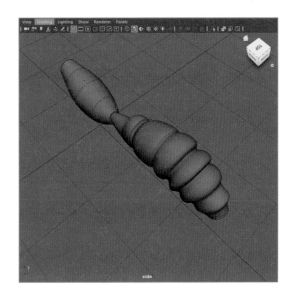

03 | 얼굴 모델링하기

1. Image plane 설정

Imageface 01

Front view를 확장한 후 Image Plane ≫ Import Image... ≫ butterflyface.jpg를 선택합니다. 그림이 보이는지 확인합니다.

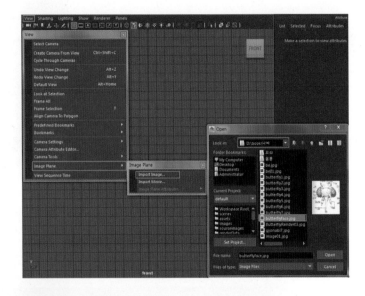

Imageface 02

Predefined Bookmarks ≫ Perspective를 선택합니다.

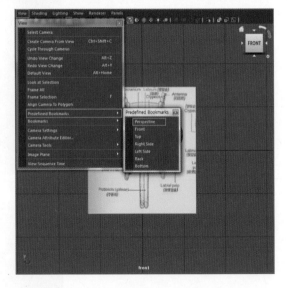

Imageface 03

파란색 화살표를 선택해 화살표 표시방향인 마이
너스 방향으로 이동시켜 공간을 확보시킵니다.

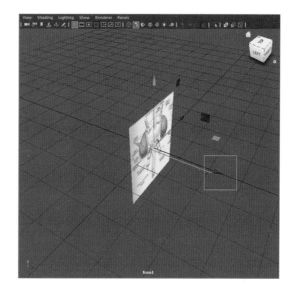

Imageface 04

공간이 확보된 그림입니다.

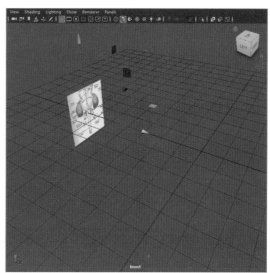

2. 나비 얼굴 모델링

View ≫ Predefined Bookmarks ≫ Front View로 전환합니다.

B_face 01

Create ≫ NURBS Primitives ≫ Circle을 선택해
Front View에 생성시킵니다.

B_face 02

Circle을 마우스 클릭 드래그하면 Circle이 생성됩
니다.

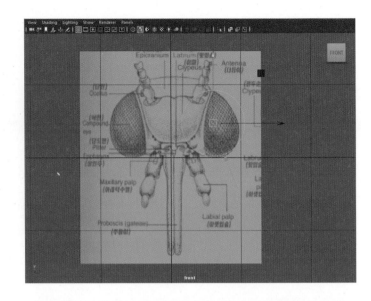

B_face 03

채널 박스 RotateY 부분에 90을 입력합니다.

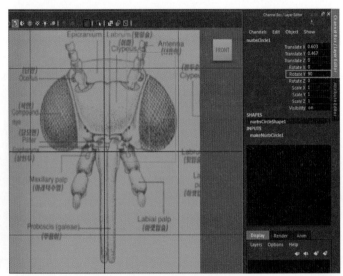

B_face 04

마우스 오른쪽 클릭을 통해 Control Vertex를 선택
합니다.

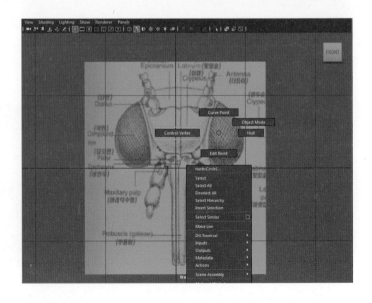

B_face 05

❶ Vertex를 이동툴(W), 스케일 툴(R)을 이용해 편집해 줍니다.

❷ Curve 위에서 마우스 오른쪽 클릭 Object Mode 를 선택합니다.

> **TIP** F8을 선택해도 Object Mode로 전환 가능합니다.

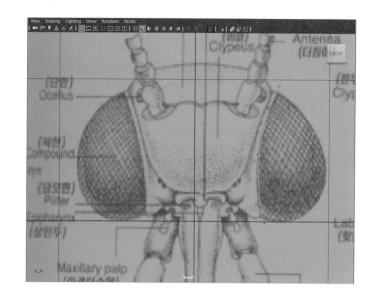

B_face 06

Curve가 선택된 상태에서 Modify ≫ Freeze Transformations를 선택합니다.

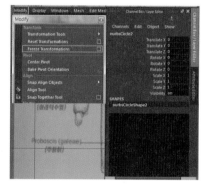

B_face 07

오른쪽 채널 박스를 확인해 보면 모두 초기 값으로 변한 것을 확인할 수 있습니다.

Ctrl + D로 Curve를 복사합니다. 그림처럼 반대 쪽으로 이동해 주고 주황색으로 표시한 부분처럼 Scale X −1을 입력해 줍니다. Curve가 반전된 것 을 확인할 수 있습니다.

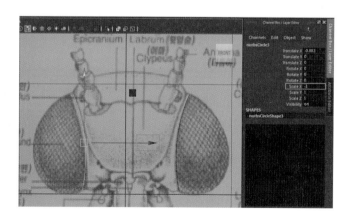

B_face 08

두 개의 Curve를 선택한 후, Surfaces » Loft 옵션
박스를 선택합니다. 옵션 값을 입력합니다. Loft를
선택해 실행합니다.

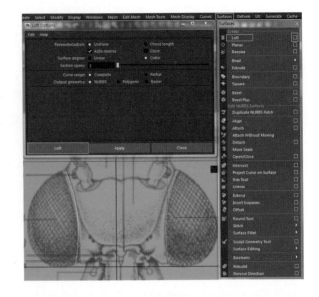

B_face 09

Surface가 만들어졌습니다. 다시 마우스 오른쪽
버튼을 클릭해서 "Hull"을 선택합니다.

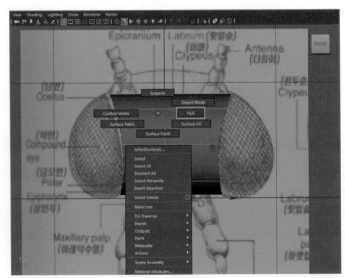

B_face 10

가운데 Hull을 선택하고 "Y" 방향(위쪽 방향)으로
이동시킵니다.

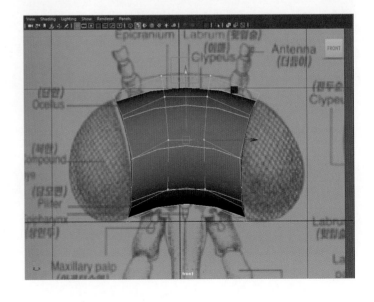

B_face 11
마우스 오른쪽 클릭을 통해 Isoparm을 선택합니다.

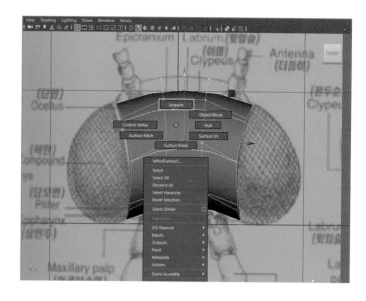

B_face 12
여러 개의 Isoparm을 나타나게 한 후, Surfaces 》
Insert Isoparms를 선택합니다.
추가된 것을 확인합니다.

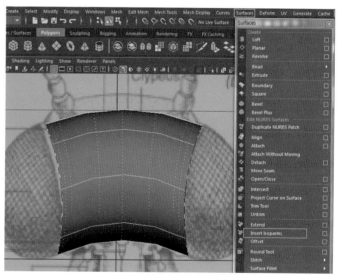

B_face 13
마우스 오른쪽 클릭을 통해 Hull을 선택합니다.

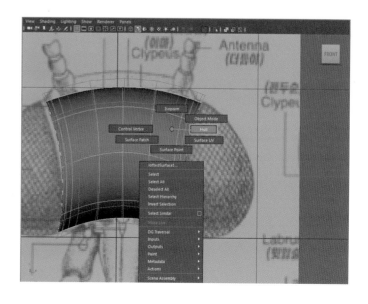

B_face 14

화살표 부분의 Hull 선택합니다. Vertex가 같이 선택됩니다. 키보드 "⒭"을 선택합니다. 》 주황색으로 표시한 가운데 박스 모양을 마우스로 클릭 드래그해서 크기를 키워줍니다.

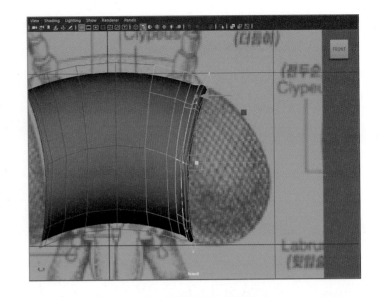

B_face 15

반대 부분도 같은 방법으로 모델링합니다.

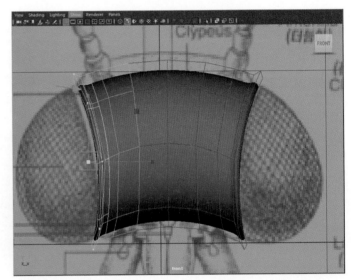

B_face 16

마우스 오른쪽 클릭을 통해 Isoparm을 선택합니다.

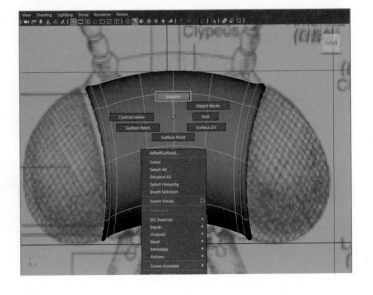

B_face 17

두 개의 Isoparms를 나타나게 한 후, Surfaces ≫
Insert Isoparms를 선택합니다. 추가된 것을 확인
합니다.

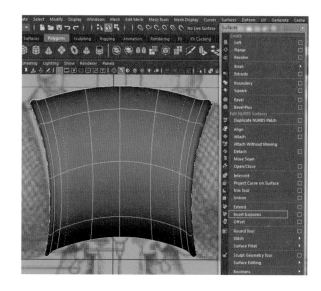

B_face 18

마우스를 오른쪽 클릭을 통해 Hull을 선택한 후,
그림처럼 Surface 표면의 Hull을 선택합니다.

 TIP Shift Key를 누른 상태에서는 여러 개의 Hull을
선택할 수 있습니다.

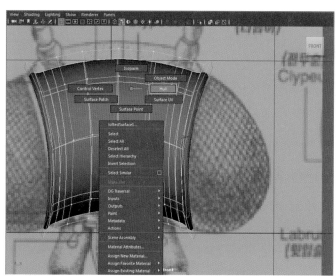

B_face 19

키보드 "R"을 선택해 크기를 늘려 줍니다. 마우스
왼쪽 버튼으로 가운데 주황색 박스 부분을 클릭,
드래그하면 크기가 늘어납니다.

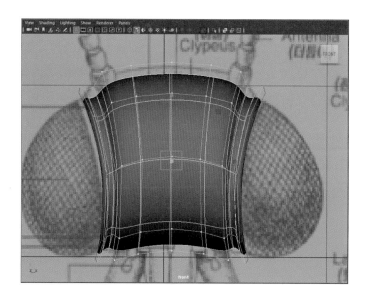

B_face 20

키보드 "Ⓦ"를 선택해 위쪽 방향인 "Y" 방향으로
이동시킵니다.

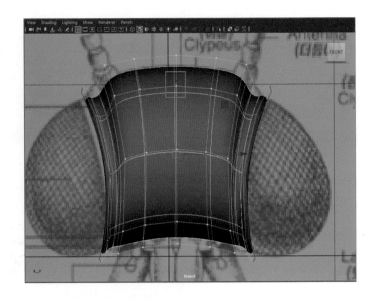

B_face 21

View ≫ Predefined Bookmarks ≫ Right Side
View로 전환합니다.

B_face 22

Create ≫ Polygon Primitives ≫ Sphere를 선택합
니다.
그림 아래쪽 Interactive Creation 옵션이 선택되
어 있는지 확인하세요.

B_face 23

Right Side View에서 마우스로 클릭 드래그하면
Sphere가 만들어집니다.

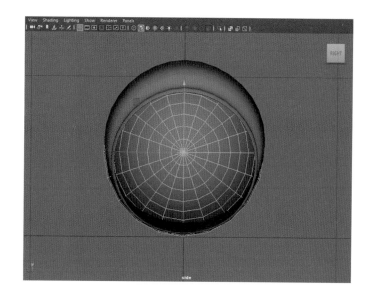

B_face 24

View » Predefined Bookmarks » Front View로
전환합니다.

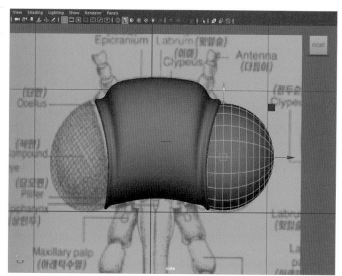

B_face 25

마우스 오른쪽 클릭을 통해 Vertex를 선택합니다.

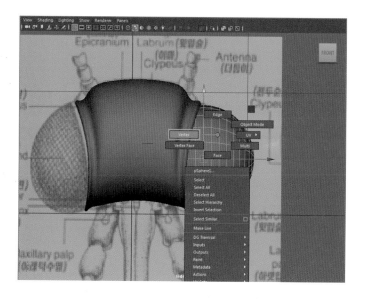

B_face 26

마우스로 클릭 드래그해서 외곽 Vertex를 선택합니다.

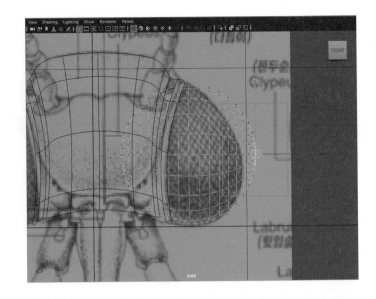

B_face 27

Modify ≫ Transformation Tools ≫ Move Tool 옵션 박스를 선택합니다.

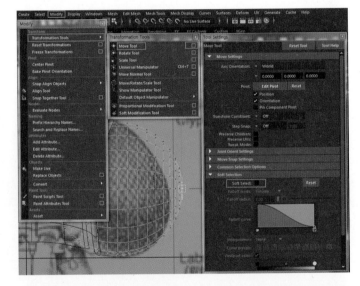

B_face 28

메뉴 중 주황색으로 표시한 Soft Select를 체크해 줍니다. (이 메뉴는 이동되는 영역을 설정하고 함께 이동시켜주는 기능입니다.)

Falloff radius 값을 조절해 그림처럼 노란색과 빨간색이 나타나게 조절합니다.

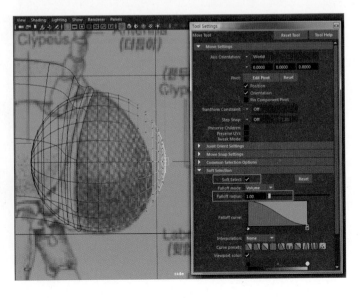

B_face 29

이동시켜서 위치시켜 줍니다.

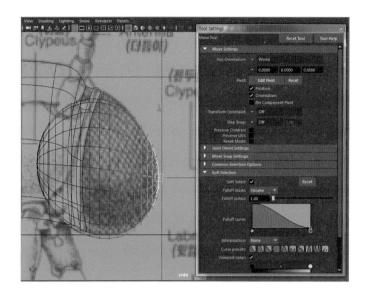

B_face 30

반대쪽도 선택한 후 이동시켜 그림처럼 위치시켜
줍니다.

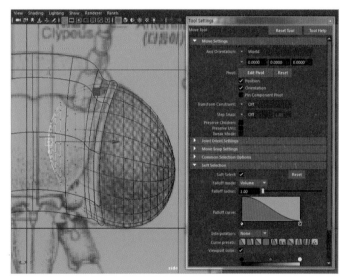

B_face 31

눈알 오브젝트를 선택합니다.
Modify » Freeze Transformations를 선택합니
다. 화면 오른쪽 채널박스가 초기값으로 바뀌었
습니다.
Ctrl + d를 이용해 눈알을 복사합니다.

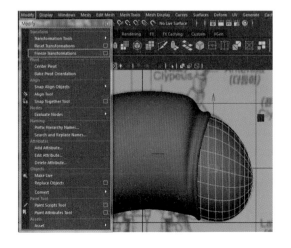

B_face 32

채널박스 Scale X 부분에 −1을 입력해 반전시켜
위치를 다시 그림처럼 완성합니다.

B_face 33

채널박스 Scale X 부분에 −1을 입력한 그림입
니다.

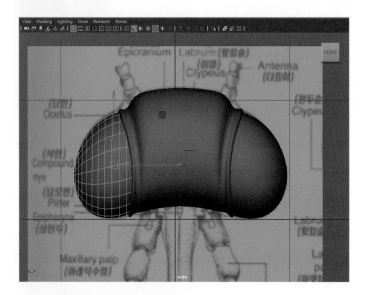

B_face 34

View ≫ Predefined Bookmarks ≫ Right Side
View로 전환합니다.

B_face 35

Create ≫ Curve Tools ≫ CV Curve Tool을 실행합
니다.

B_face 36

S자 곡선을 그려서 완성합니다.

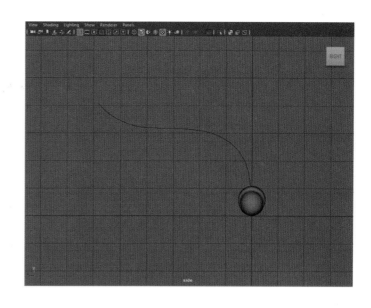

B_face 37

Create » NURBS Primitives » Circle을 선택해
View에 생성시킵니다.

B_face 38

Circle을 마우스 클릭 드래그하면 생성됩니다.

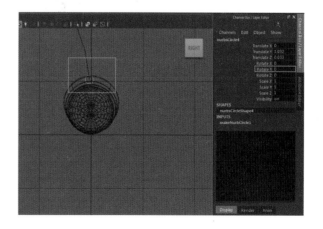

B_face 39

채널 박스 RotateY 부분에 90을 입력합니다.
Circle이 회전된 것을 확인할 수 있습니다.

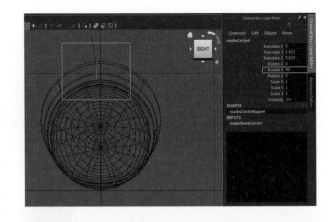

B_face 40

Circle을 선택합니다.
Shift key를 누른 상태에서 Curve를 선택합니다.
Surfaces » Extrude 옵션 박스를 선택합니다.
그림처럼 체크해 줍니다.
Extrude를 선택합니다.

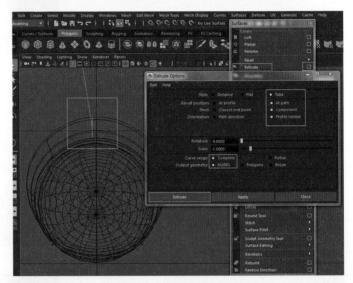

B_face 41

형태가 모델링됩니다.

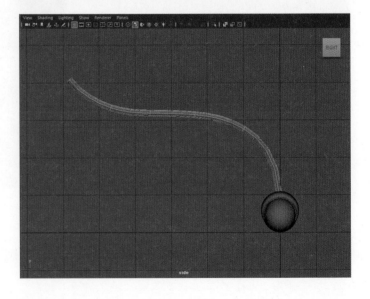

B_face 42

마우스 오른쪽 클릭을 통해 Isoparm을 선택하고 화살표가 지시한 부분에 나타나게 해줍니다.

Surfaces ≫ Insert Isoparms를 실행해서 추가시킵니다.

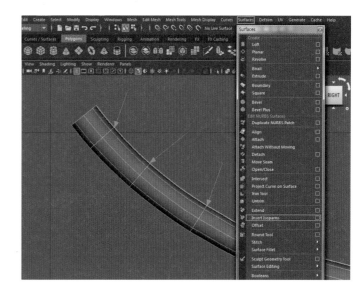

B_face 43

마우스 오른쪽 클릭을 통해 Hull을 선택합니다.

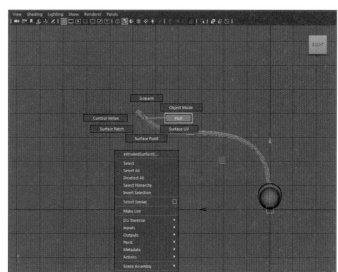

B_face 44

키보드 "R"을 이용해 크기를 키워서 그림처럼 완성합니다.

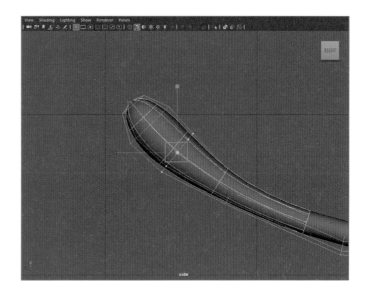

B_face 45

키보드 "E"를 이용해 회전시켜서 그림처럼 완성
합니다.

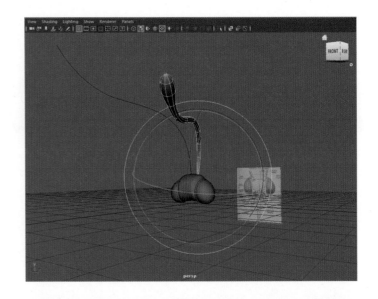

B_face 46

더듬이가 선택된 상태에서 Modify » Freeze
Transformations를 선택합니다.

오른쪽 채널 박스를 확인해 보면 모두 초기 값으로
바뀌었습니다.

이것을 실행하는 이유는 반전시켰을 때 오류를 만
들기 때문에 반드시 실행해 줘야 합니다.)

B_face 47

채널박스 Scale X −1을 입력합니다.

키보드 "W"를 이용해 왼쪽 부분으로 이동해 그림
처럼 완성합니다.

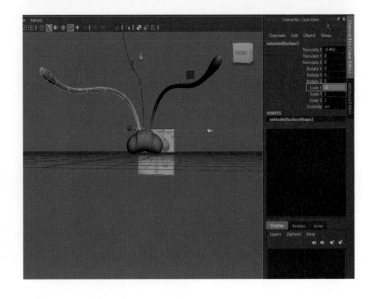

B_face 48

View >> Predefined Bookmarks >> Right Side View로 전환합니다.

B_face 49

Create >> Curve Tools >> CV Curve Tool을 실행합니다.

B_face 50

달팽이 형태의 곡선을 그려서 완성합니다.

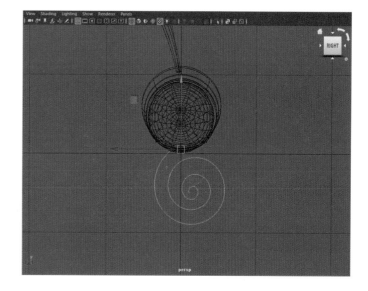

B_face 51

Create ≫ NURBS Primitives ≫ Circle을 선택해
View에 생성시킵니다.

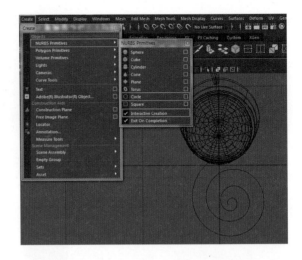

B_face 52

시작점 위치를 확대한 후 Circle을 마우스로 클릭
드래그하면 생성됩니다.

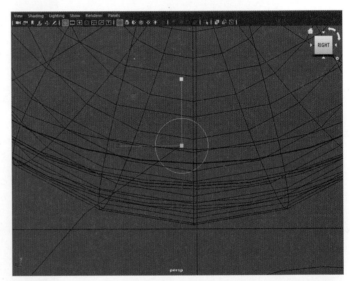

B_face 53

마우스 오른쪽 클릭으로 Control Vertex를 선택합
니다.

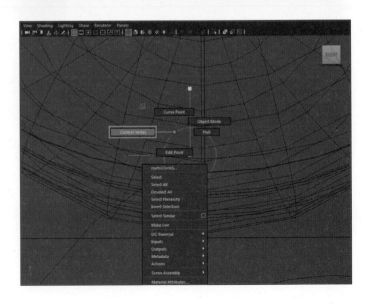

B_face 54

가운데 Vertex를 선택해 Scale("ㄹ")로 가운데로
모아준 후 그림처럼 땅콩 형태로 편집해 줍니다.

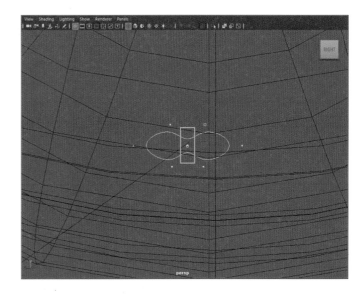

B_face 55

마우스 오른쪽 클릭으로 Object Mode를 선택합
니다.

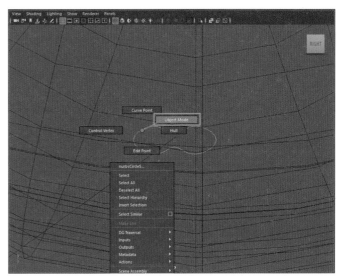

B_face 56

땅콩 형태의 Circle을 선택합니다.
Shift key를 누른 상태에서 Curve를 선택합니다.
Surfaces » Extrude 옵션 박스를 선택합니다.
입력 값을 그림(B_face 41)처럼 체크해 줍니다.
Extrude를 선택합니다.

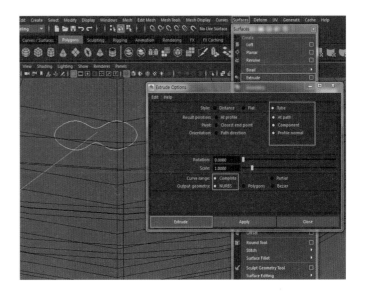

B_face 57

형태가 모델링됩니다.

땅콩 형태의 Curve를 선택한 후 크기와 회전을 그림처럼 편집합니다.

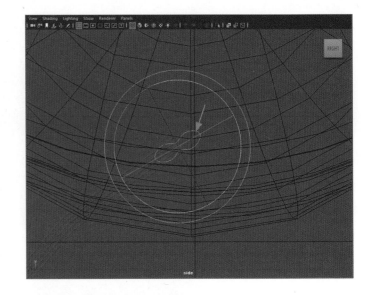

B_face 58

View » Predefined Bookmarks » Perspective View로 전환합니다.

B_face 59

더듬이와 촉수가 완성된 그림입니다.

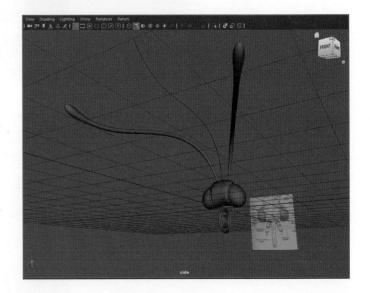

B_face 60

View ≫ Predefined Bookmarks ≫ Perspective로
전환합니다.

B_face 61

마우스 오른쪽 클릭 후 Isoparm을 선택합니다.

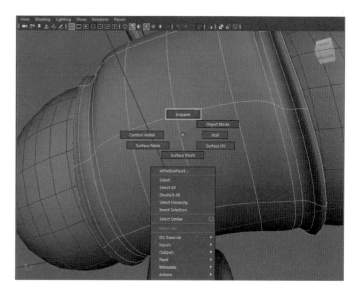

B_face 62

화살표로 표시한 부분의 Isoparm을 마우스 왼쪽
버튼으로 클릭 드래그해서 새로운 Isoparm이 나
타나게 해줍니다.

여러 개의 Isoparm은 Shift key를 누르고 마우스
왼쪽으로 클릭 드래그하면 생성할 수 있습니다.

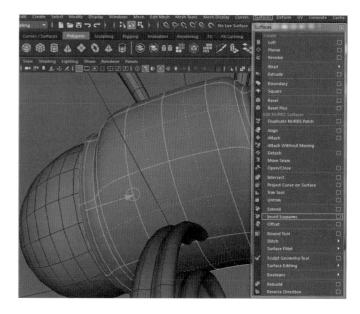

B_face 63

마우스 오른쪽 클릭 후 Control Vertex를 선택합
니다.

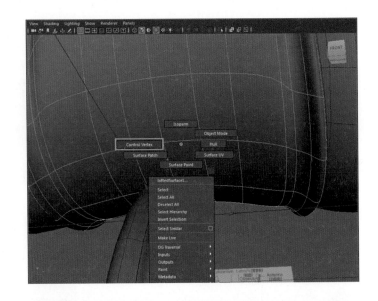

B_face 64

주황색으로 표시한 Vertex를 선택합니다.

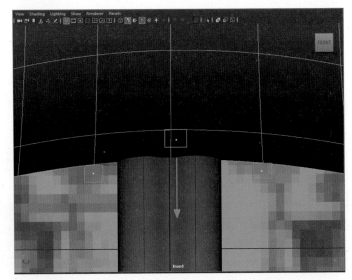

B_face 65

화살표 방향으로 이동시켜 입 부분에 볼륨을 만들
어 줍니다.

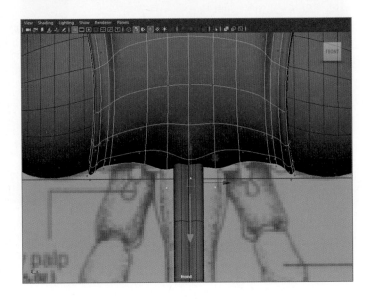

B_face 66

Create » Curve Tools » CV Curve Tool을 실행합니다.

B_face 67

곡선의 형태를 그림처럼 그립니다.

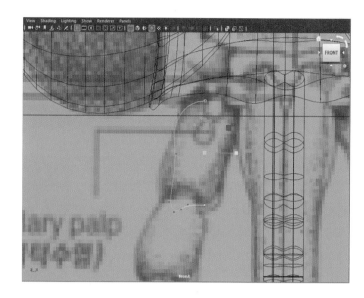

B_face 68

주황색 박스로 표시한 것처럼 시작점과 끝점을 선택합니다.

키보드 "Ⓡ"을 선택해 빨간색으로 표시한 부분을 마우스로 클릭 드래그해서 수직으로 맞추어 줍니다.

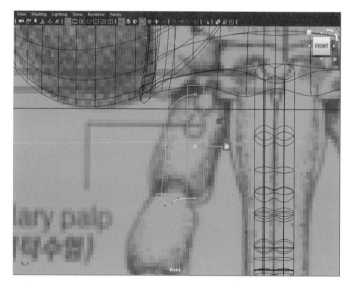

B_face 69

Curve 위에서 마우스 오른쪽 클릭 후 Object Mode
를 선택합니다.

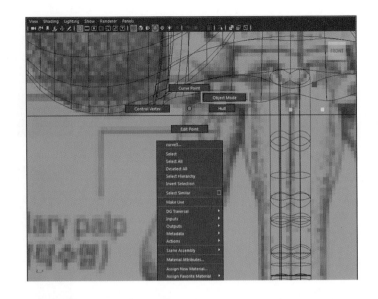

B_face 70

키보드의 [Insert] key를 누릅니다. pivot의 형태가 바
뀐 것을 확인할 수 있습니다.
그림에서 빨간색 화살표로 표시된 박스의 외곽을
마우스 왼쪽 버튼으로 선택해 이동하면 pivot이
이동됩니다.

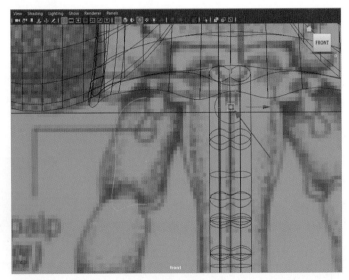

B_face 71

위치시켜 줍니다.

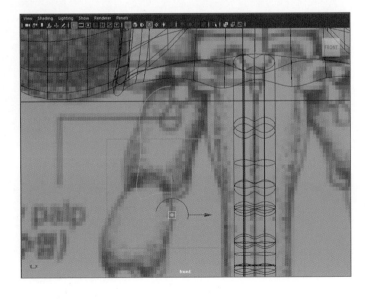

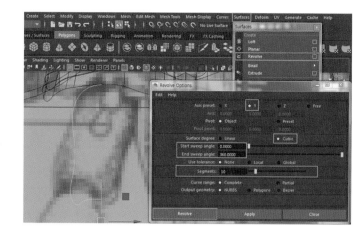

B_face 72

Surfaces ≫ Revolve 옵션 박스를 선택합니다.
입력 값을 확인합니다.
Revolve를 실행합니다.

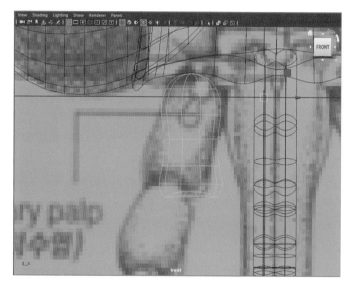

B_face 73

Revolve를 통해 완성한 형태입니다.

B_face 74

❶ 오브젝트가 선택된 상태에서 Modify ≫ Center
Pivot을 선택합니다. Pivot이 선택한 오브젝트
가운데로 이동했습니다.

❷ Ctrl + d를 이용해 복사합니다.

B_face 75

아래쪽을 이동해 위치시킵니다.

키보드 "R"을 선택해 크기를 작게 해서 위치시켜
줍니다.

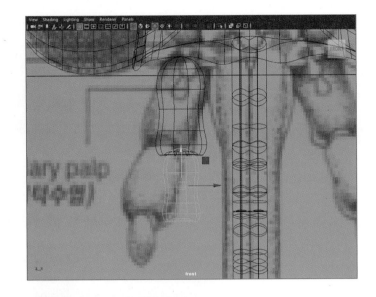

B_face 76

Create ≫ Curve Tools ≫ CV Curve Tool을 실행합
니다.

B_face 77

곡선의 형태를 그림처럼 그립니다.

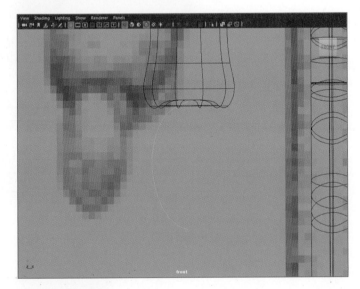

B_face 78

Curve 오브젝트가 선택된 상태에서 Modify ≫
Center Pivot을 선택합니다. Pivot이 선택한 오브
젝트 가운데로 이동되었습니다.

B_face 79

키보드의 Insert key를 누릅니다. Pivot을 그림처럼
끝에 맞추어 줍니다.

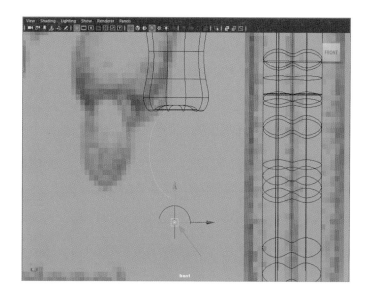

B_face 80

Surfaces ≫ Revolve 옵션 박스를 선택합니다.
입력 값을 확인합니다. ≫ Revolve를 실행합니다.

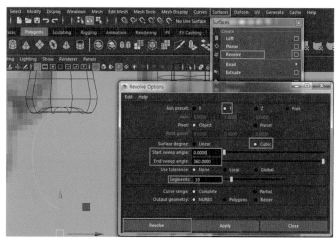

B_face 81

Revolve를 통해 완성한 형태입니다. 그림처럼 세
개 모두 선택합니다.

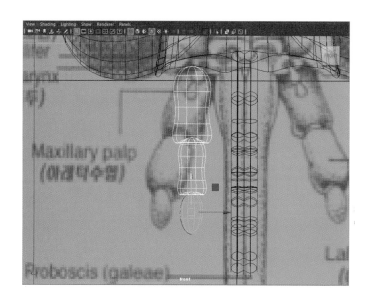

B_face 82

Edit 》 Group을 선택합니다.

B_face 83

오브젝트가 선택된 상태에서 Modify 》 Center Pivot을 선택합니다. Pivot이 선택한 오브젝트 가운데로 이동되었습니다.

B_face 84

키보드의 Insert key를 누릅니다. Pivot을 그림처럼 위쪽 끝에 맞추어 줍니다.

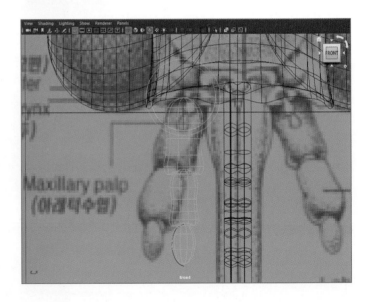

B_face 85

키보드 "E"를 선택해 회전시켜 줍니다.

만약 Object의 형태가 변형된다면 History 문제입
니다. Edit » Delete All by Type » History를 선택
해줍니다.

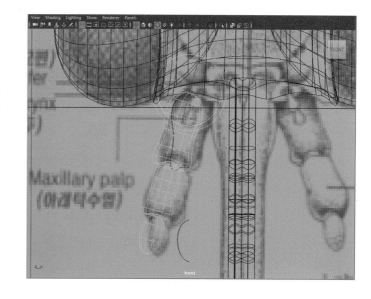

B_face 86

오브젝트가 선택된 상태에서 Modify » Freeze
Transformations를 선택합니다. 오른쪽 채널 박
스를 확인해 보면 모두 초기 값으로 바뀌었습니
다. 이것을 실행하는 이유는 반전시켰을 때 오류
를 만들기 때문에 반드시 실행해 줘야 합니다.)

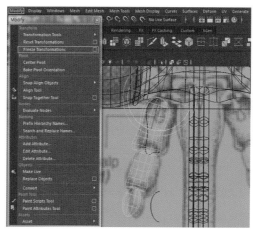

B_face 87

Rotate 아이콘이 변경되어져서 바로 세워진 것을
확인할 수 있습니다.
Ctrl + d를 이용해 복사합니다.

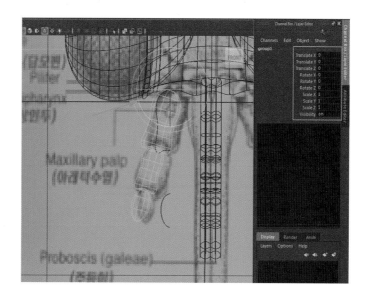

B_face 88

채널박스의 Scale X −1을 입력합니다. 오브젝트가 반전된 것을 볼 수 있습니다. (만약 Group이 선택되지 않을 경우 Windows ≫ Outliner를 실행해 이름으로 선택해야 합니다.)

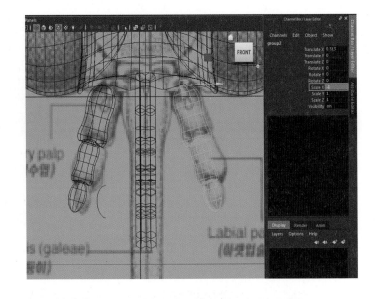

B_face 89

View ≫ Predefined Bookmarks ≫ Perspective View로 전환합니다.

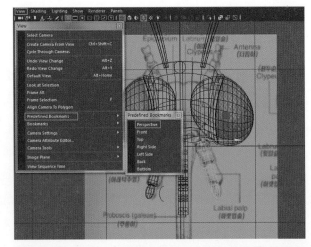

B_face 90

이동(W)/회전(E)/스케일(R) Tool을 이용해 적절하게 조절해 줍니다.

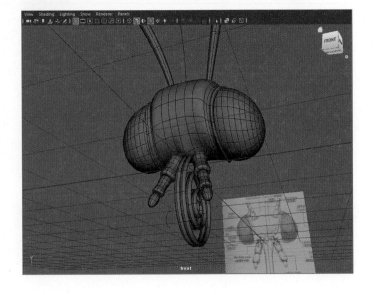

B_face 91

Windows » Outliner를 선택합니다.

B_face 92

Edit » Delete all by type » History를 선택합니다.

B_face 93

❶ 불필요한 오브젝트들은 모두 선택합니다. 여기에서는 Curve, Image plan이 선택되어졌습니다.

❷ [Delete] Key를 선택해 지워줍니다.

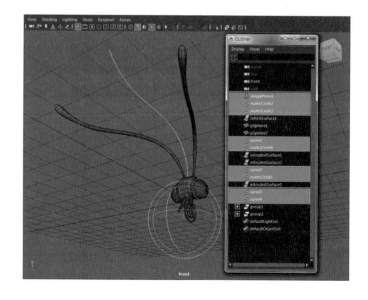

B_face 94

모두 선택한 후 Edit ≫ Group을 선택합니다. 이름
을 butterflyface로 바꾸어줍니다.

File ≫ Save as ≫ butterface로 저장합니다.

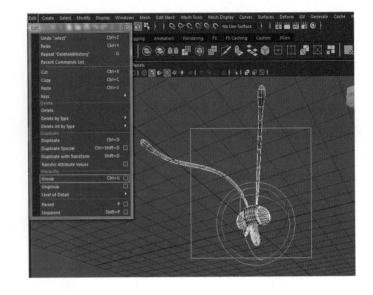

04 | 몸통 모델링 및 얼굴 Import하기

Buttercloth 01

File 》 Open Scene... 을 선택하고 butterbody.mb 를 선택합니다.

Buttercloth 02

File 》 Import... 를 선택하고 butterface.mb를 선택합니다.

Buttercloth 03

Import한 상태입니다. 너무 크게 만들어졌습니다.

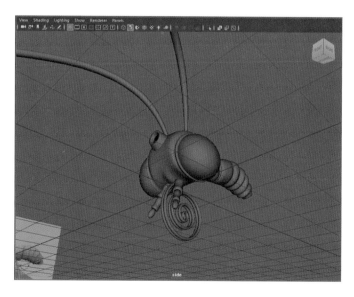

Buttercloth 04

Windows ≫ Outliner를 선택한 후 그림에 표시된
butterface : butterflyface를 선택합니다.

Buttercloth 05

View ≫ Predefined Bookmarks ≫ Right side
View로 전환합니다.

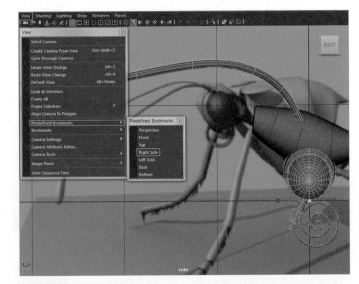

Buttercloth 06

이동(W)/회전(E)/스케일(R) Tool을 이용해 적
절하게 조절하여 위치를 맞추어 줍니다.

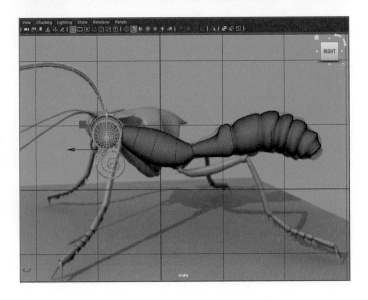

Layer를 이용해 분리하기

Buttercloth 07

화면 오른쪽에는 레이어 탭이 있습니다.
Layer ≫ Create Empty Layer를 실행합니다. 새로
운 레이어가 추가 되었습니다. 두 개의 Layer를 만
듭니다.

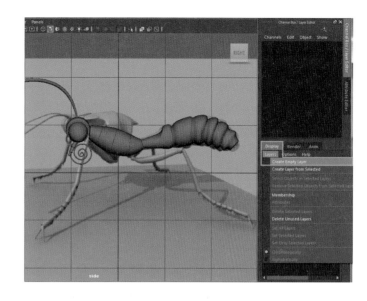

Buttercloth 08

몸통과 꼬리를 선택합니다. ≫ Body Layer 위에서
마우스 오른쪽 클릭하면 나타나는 메뉴에서 ≫
Add Selected Object를 선택합니다.

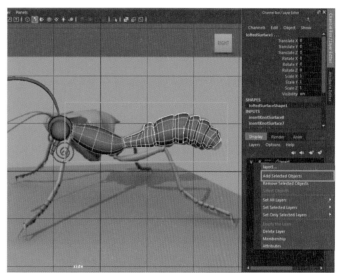

Buttercloth 09

Windows ≫ Outliner를 선택합니다. ≫ butterface
: butterflyface를 선택합니다. ≫ head Layer 위에
서 마우스 오른쪽 클릭하면 나타나는 메뉴에서 ≫
Add Selected Object를 선택합니다.

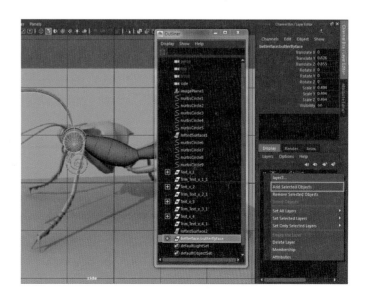

Buttercloth 10

Head Layer 위에서 마우스 오른쪽 클릭하여 나타
나는 메뉴에서 » Layer2...를 선택합니다.

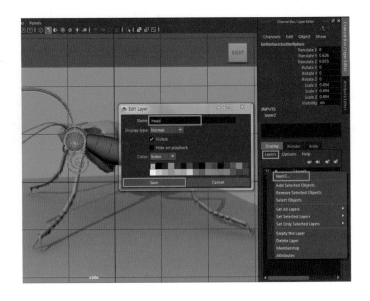

Edit Layer 창은 레이어의 이름을 지정할 수 있습니다. Color를 선택해서 와이어 칼라로 구분할 수
있습니다.

❶ head... : Edit Layer 편집창을 열어 줍니다.

❷ Add Selected Objects : 선택한 모델을 레이어에 포함시킵니다.

❸ Remove Selected Objects : 선택한 모델을 레이어에서 제외시킵니다.

❹ Select objects : 레이어에 포함된 모델을 모두 선택해 줍니다.

❺ Set All Layers : 전체 레이어의 기능을 선택 적용합니다.

❻ Set Selected Layers : 선택한 레이어의 기능을 적용합니다.

❼ Set Only Selected Layers : 선택한 오브젝트 레이어 기능을 적용합니다.

❽ Empty The Layer : 새로운 레이어를 만들어 줍니다.

❾ Delete Layer : 선택한 레이어를 삭제합니다.

❿ Membership : Relationship Editor를 디스플레이 해줍니다.

⓫ Attributes : Attributes의 레이어 영역을 디스플레이 해줍니다.

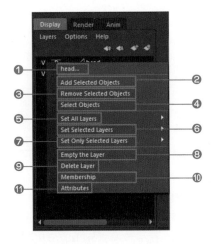

05 | 나비 갑옷 만들기

Buttercloth 01

View ≫ Predefined Bookmarks ≫ Right Side View로 전환합니다.

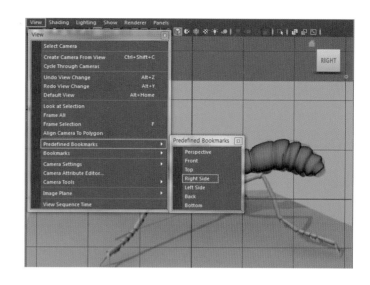

Buttercloth 02

Create ≫ NURBS Primitives ≫ Circle을 선택해 Front View에 생성시킵니다.
Circle을 View에서 마우스로 클릭 드래그하면 생성됩니다.

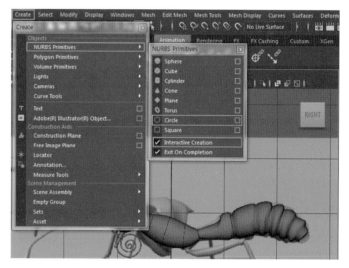

Buttercloth 03

채널 박스 Rotate Y 부분에 90을 입력합니다.

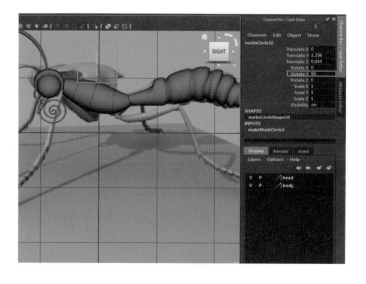

Buttercloth 04

마우스 오른쪽 클릭으로 Control Vertex를 선택합
니다.

그림의 형태가 만들어질 수 있도록 Vertex를 이동
툴(W), 스케일 툴(R)을 이용해 편집해 줍니다.

Curve 위에서 마우스 오른쪽 클릭으로 Object Mode
를 선택합니다.

Ctrl+D를 선택해 Curve를 복사합니다.

그림처럼 이동해 위치시켜 줍니다.

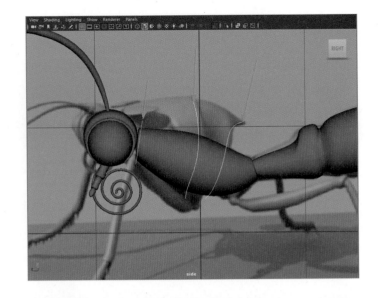

Buttercloth 05

세 개의 Curve를 선택한 후, Surfaces » Loft 옵션
박스를 선택한 후 옵션 값을 입력합니다. Loft를
선택해 실행합니다.

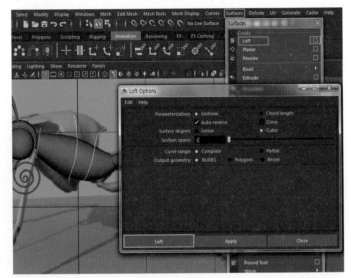

Buttercloth 06

Surface가 만들어졌습니다.

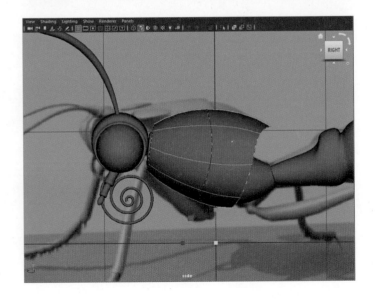

Buttercloth 07

View ≫ Predefined Bookmarks ≫ Perspective
View로 전환합니다.

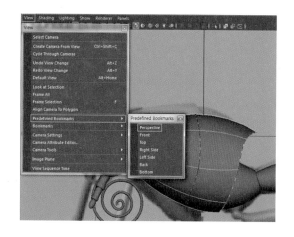

Buttercloth 08

마우스 오른쪽 클릭으로 Isoparm을 선택하고 마
우스 왼쪽 버튼을 이용해 나타나게 해줍니다.
Surfaces ≫ Insert Isoparms를 선택합니다.

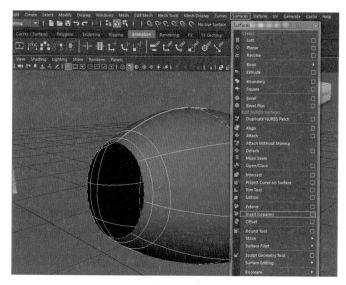

Buttercloth 09

❶ 모델 위에서 마우스 오른쪽 클릭으로 "Hull"을
선택합니다.
❷ 마우스로 화살표로 표시한 부분을 클릭하면
Hull이 선택됩니다.
❸ 스케일 툴(r)을 주황색 박스로 표시된 부분을
선택 드래그로 크기를 축소해 줍니다.

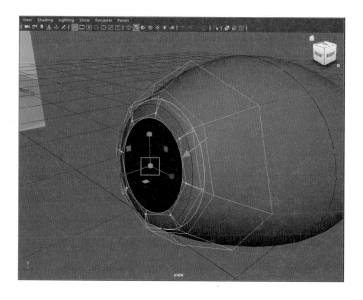

Buttercloth 10

마우스 오른쪽 클릭으로 나오는 메뉴 중 Isoparm
을 선택합니다. Isoparm을 나타나게 해준 후 》
Surfaces 》 Insert Isoparms를 선택 추가시킵니다.

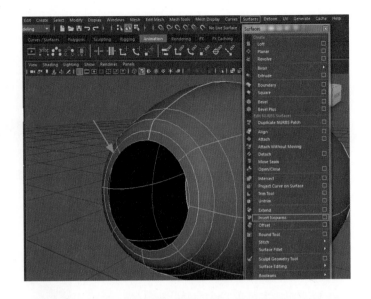

Buttercloth 11

모델 위에서 마우스 오른쪽 클릭 후 "Hull"을 선택
합니다.
마우스로 외곽의 "Hull"을 선택해 그림처럼 안쪽
으로 이동시켜 모델링을 합니다.

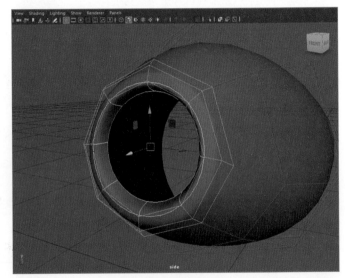

Buttercloth 12

❶ 모델의 뒤쪽으로 View를 회전합니다.

❷ 마우스 오른쪽 클릭한 후 Isoparm을 선택하고
마우스 왼쪽 버튼을 이용해 Isoparm을 나타나
게 해줍니다.

Surfaces 》 Insert Isoparms를 선택합니다.

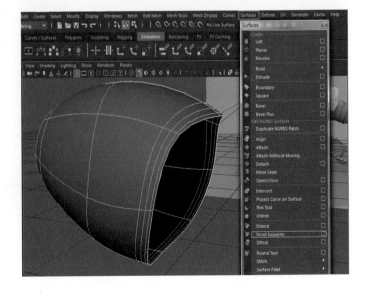

Buttercloth 13

❶ 모델 위에서 마우스 오른쪽 클릭 후 "Hull"을 선택합니다.

❷ 마우스로 화살표로 표시한 부분을 클릭하면 선택됩니다.

❸ 스케일 툴(r)을 선택 드래그로 크기를 축소해 줍니다.

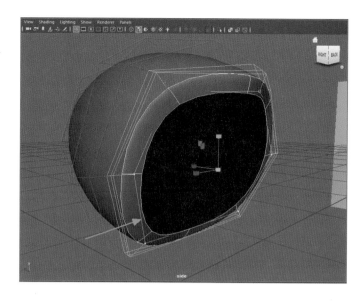

Buttercloth 14

마우스 오른쪽 클릭을 통해 나오는 메뉴 중 Isoparm을 선택합니다. Isoparm을 나타나게 해준 후 》 Surfaces 》 Insert Isoparms를 선택 추가시킵니다.

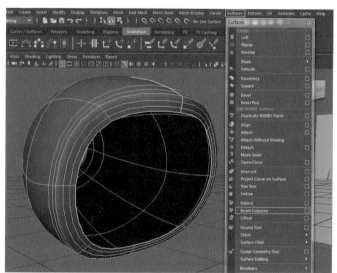

Buttercloth 15

모델 위에서 마우스 오른쪽 클릭으로 "Hull"을 선택합니다.

마우스로 외곽의 "Hull"을 선택해 그림처럼 안쪽으로 이동시켜 모델링을 합니다.

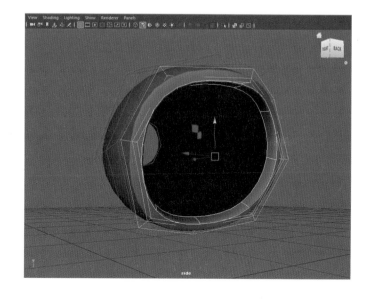

Buttercloth 16

View » Predefined Bookmarks » Right Side View로 전환합니다.

Buttercloth 17

마우스 오른쪽 클릭을 통해 나오는 메뉴 중 Isoparm 을 선택합니다. Isoparm을 나타나게 해준 후 » Surfaces » Insert Isoparms를 선택 추가시킵니다.

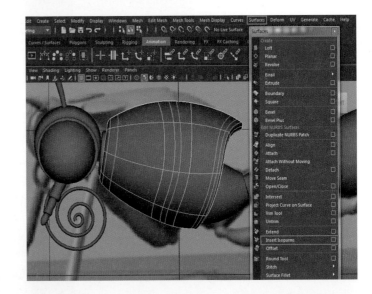

Buttercloth 18

마우스 오른쪽 클릭으로 Control Vertex를 선택합 니다.

주황색 박스로 표시된 부분을 선택합니다. 선택할 때는 박스 영역을 드래그해서 보이지 않는 반대쪽 도 함께 선택해 줍니다.

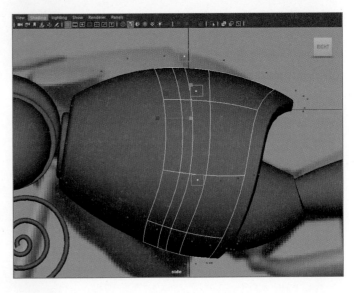

Buttercloth 19

키보드 "r"을 선택합니다. 스케일 툴이 나타나면 마우스 왼쪽 버튼을 이용해 주황색으로 표시한 부분을 클릭 드래그로 축소해 줍니다.

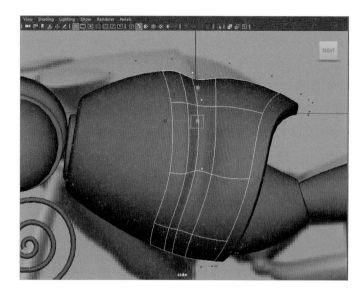

Buttercloth 20

주황색 박스로 표시된 부분을 선택합니다. 선택할 때는 박스 영역을 드래그해서 보이지 않는 반대쪽도 함께 선택해 줍니다.

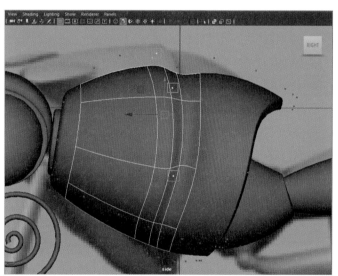

Buttercloth 21

이동 툴("w")을 선택해 화면 오른쪽으로 이동시켜 모델을 만들어 줍니다.

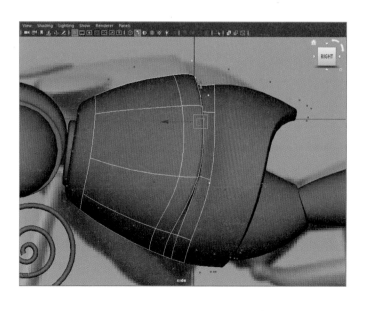

Buttercloth 22

View 》 Predefined Bookmarks 》 Perspective
View로 전환합니다.

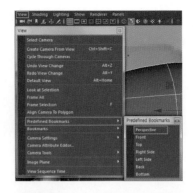

Buttercloth 23

Perspective View에서 보이는 형태입니다. 이제
머리쪽만 조금 다듬으면 되겠습니다.

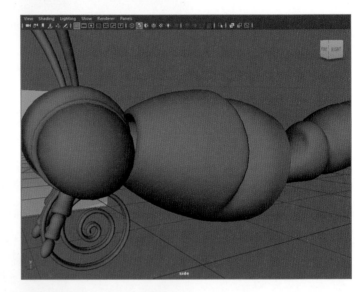

Buttercloth 24

View 》 Predefined Bookmarks 》 Right Side View
로 전환합니다.

Butterdoth 25

마우스 오른쪽 클릭으로 Control Vertex를 선택합
니다.

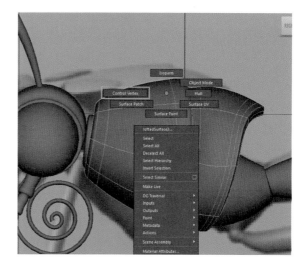

Butterdoth 26

목쪽 가까운 부분의 Vertex를 선택합니다.

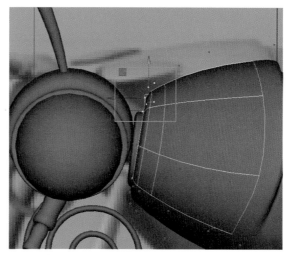

Butterdoth 27

이동 툴("Ⓦ")을 이용해 만들어 줍니다.

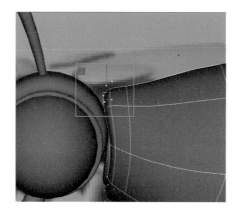

Buttercloth 28

아래 부분 Vertex를 선택한 후 이동해 모델링을 완
성해 줍니다.

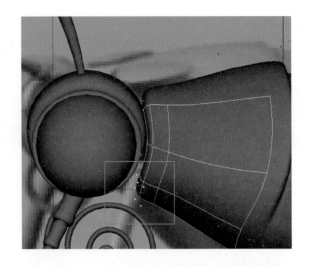

Buttercloth 29

완성된 그림입니다.

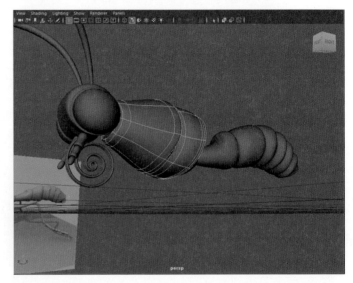

06 | 다리 모델링하기

Butterdari 01

View » Predefined Bookmarks » Right Side View로 전환합니다.

Butterdari 02

Create » Curve Tools » CV Curve Tool을 선택합니다.

Butterdari 03

그려서 만들어 줍니다.

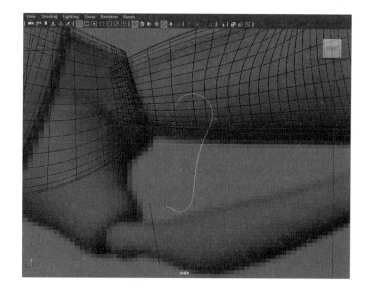

Butterdari 04

Modify ≫ Center Pivot을 선택합니다. pivot이 오
브젝트의 가운데로 이동했습니다.

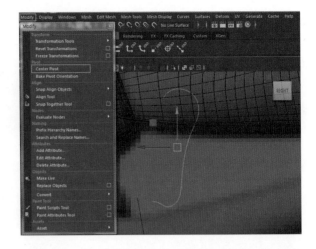

Butterdari 05

키보드의 Insert를 선택합니다. pivot을 이동할 수
있습니다.

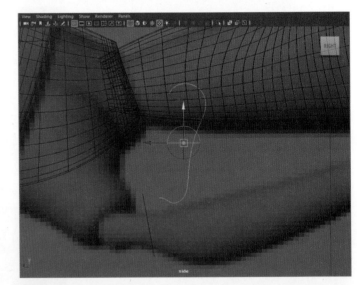

Butterdari 06

마우스로 드래그해서 위치를 끝점에 맞추어 줍
니다.

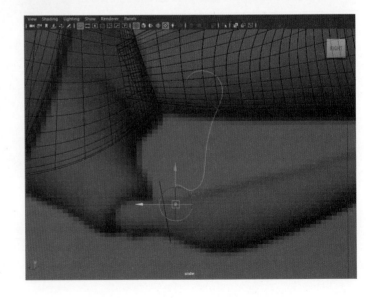

Butterdari 07

Surfaces » Revolve 옵션 박스를 선택합니다.
입력 값을 그림처럼 입력합니다. Revolve를 선택
합니다.

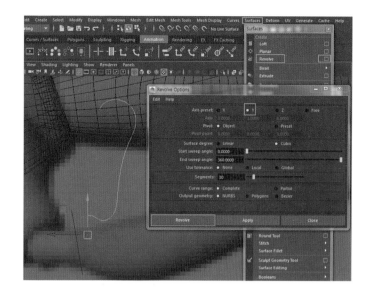

Butterdari 08

원통형 모델이 완성되었습니다.

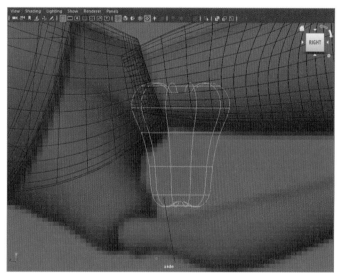

Butterdari 09

Modify » Center Pivot을 선택합니다. pivot이 오
브젝트의 가운데로 이동했습니다.

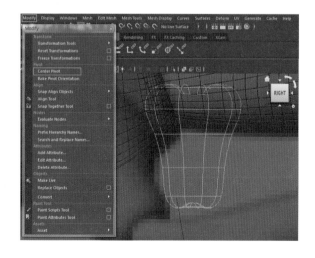

Butterdari 10

키보드 단축키 "E"를 선택합니다. 아이콘이 Rotate
를 할 수 있도록 변하면 Rotate시켜서 그림처럼 기
울게 해줍니다.

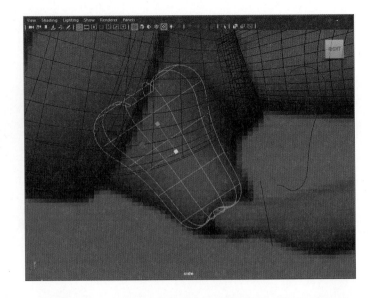

Butterdari 11

모델 위에서 마우스 오른쪽 클릭하여 나오는 메뉴
중에서 Control Vertex를 선택합니다.

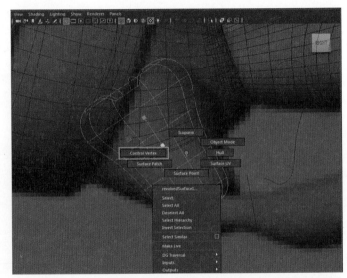

Butterdari 12

Vertex를 선택해서 위치와 크기를 정해 줍니다.

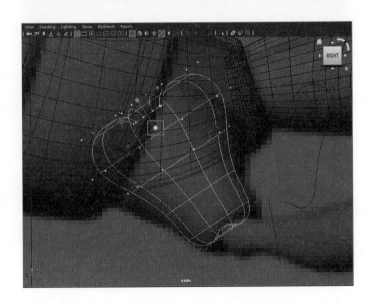

Butterdari 13

View ≫ Predefined Bookmarks ≫ Perspective
View로 전환합니다.

Butterdari 14

다리 부분 모델이 보여집니다.

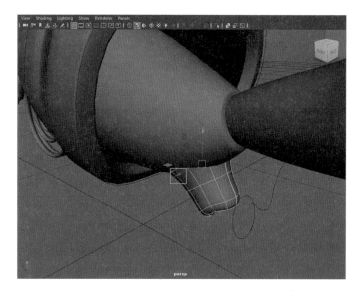

Butterdari 15

Side 위치로 다리 부분을 이동합니다.

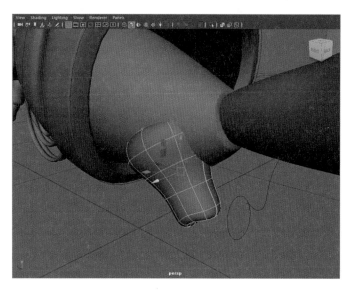

Butterdari 16

키보드 단축키 "E"를 선택합니다. 아이콘이 Rotate 를 할 수 있도록 변하면 Rotate시켜서 그림처럼 기 울게 해줍니다.

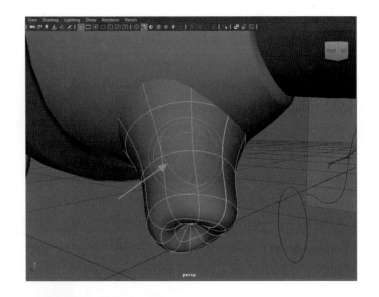

Butterdari 17

View » Predefined Bookmarks » Right Side View로 전환합니다.

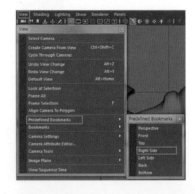

Butterdari 18

Create » NURBS Primitives » Cylinder 옵션 박스 를 열어줍니다. 특히 Caps 메뉴에서 None은 꼭 체 크해 주셔야 합니다.

Butterdari 19

View에 마우스 클릭 드래그로 Cylinder를 생성시
켜 줍니다.

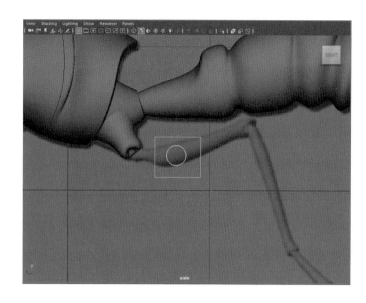

Butterdari 20

화면 오른쪽 채널 박스에서 Rotate Y 부분에 "90"
을 입력해 줍니다.

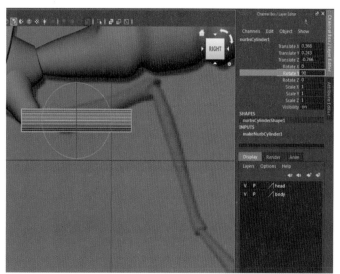

Butterdari 21

마우스 오른쪽 클릭 후 Control Vertex를 선택합
니다. (단축키 "F8")

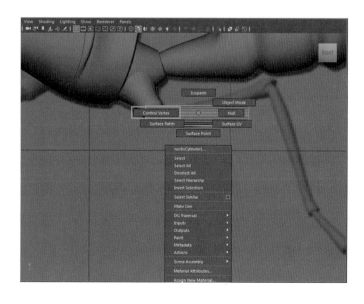

Butterdari 22

마우스로 Vertex를 선택해 위치시켜 줍니다.

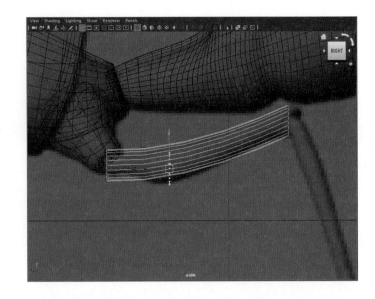

Butterdari 23

마우스 오른쪽 클릭 후 Isoparm을 선택합니다.

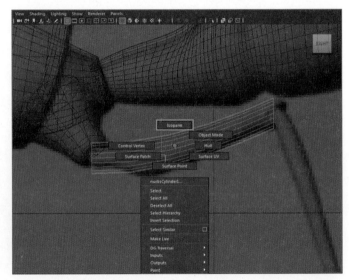

Butterdari 24

마우스 왼쪽 버튼으로 두 개의 Isoparm을 선택합
니다.

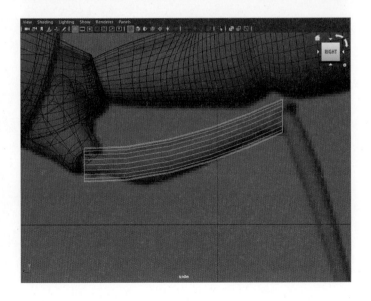

Butterdari 25

Surfaces ≫ Insert Isoparms 옵션 박스를 선택해
값을 입력해 줍니다.

Insert를 선택합니다.

Insert location : Between selections

Isoparms to Insert : 5

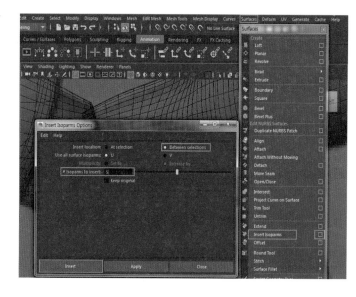

Butterdari 26

Isoparms가 추가된 것을 확인합니다.

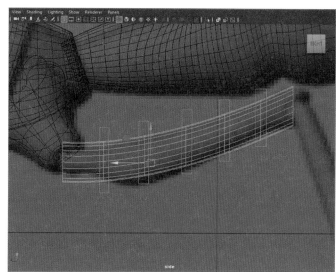

Butterdari 27

마우스 오른쪽 클릭 후 Control Vertex를 선택합
니다.

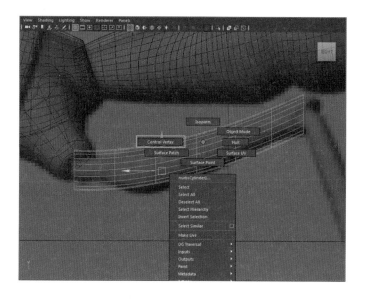

Butterdari 28

마우스 왼쪽 버튼을 이용해 선택합니다. 키보드 "Ⓡ"을 선택합니다. Scale Tool을 이용해 크기를 조절합니다.

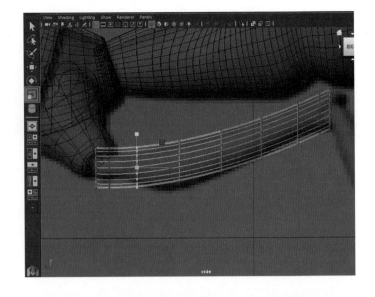

Butterdari 29

Move(Ⓦ), Rotate(Ⓔ), Scale(Ⓡ) Tool을 이용해 모델링합니다.

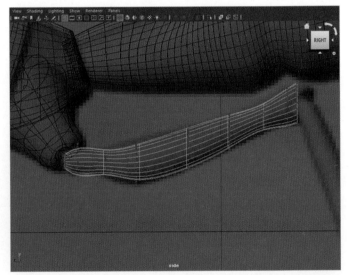

Butterdari 30

세부 모델링을 위해 무릎 부분을 확대시킵니다.

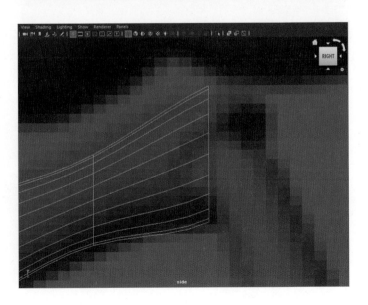

Butterdari 31

마우스 오른쪽 클릭으로 Isoparms를 선택합니다.
두 개 정도의 Isoparms를 선택해 줍니다.

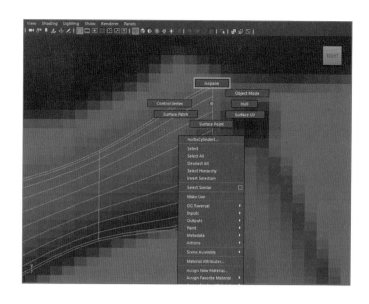

Butterdari 32

Surfaces ≫ Insert Isoparms 옵션 박스를 선택해
값을 입력해 줍니다.
Insert를 선택합니다.
Insert location : At selection
Multiplicity : 1

Butterdari 33

추가된 것을 확인한 후 마우스 오른쪽 클릭으로
Control Vertex를 선택합니다.

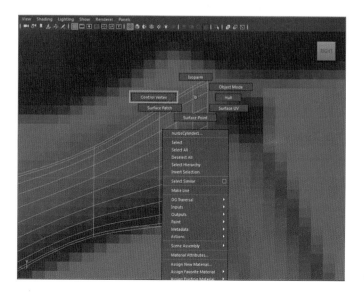

Butterdari 34

부분적으로 Vertex를 선택해 이동시켜 줍니다.

이동 단축키(Ⓦ)

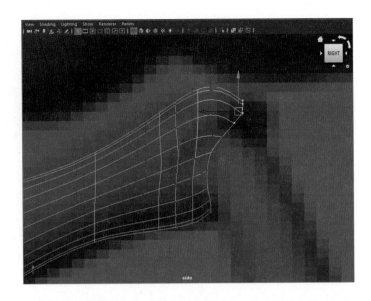

Butterdari 35

마우스 오른쪽 클릭으로 Isoparm을 선택합니다.

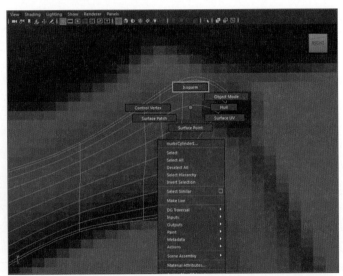

Butterdari 36

마우스 왼쪽 버튼으로 외곽 Isoparm 부분을 클릭

드래그로 Isoparm을 나타나게 해줍니다.

Surfaces 》 Insert Isoparms 옵션 박스를 선택해

값을 입력해 줍니다.

Insert를 선택합니다.

Insert location : At selection

Multiplicity : 1

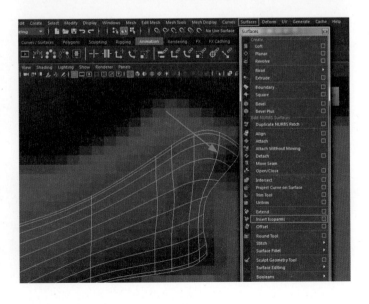

Butterdari 37

마우스 오른쪽 클릭으로 Hull을 선택합니다.

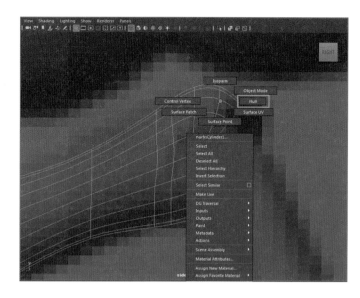

Butterdari 38

마우스 왼쪽 버튼으로 Vertex와 Vertex들과 이어
져 있는 분홍색 선("Hull")을 선택합니다.

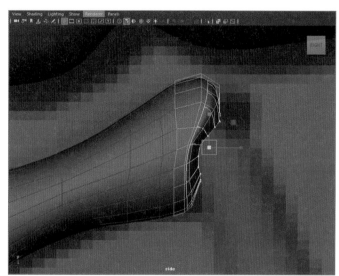

Butterdari 39

마우스 오른쪽 클릭으로 Isoparms를 선택합니다.
마우스 왼쪽 버튼으로 외곽 Isoparms 부분을 클릭
드래그하여 Isoparms를 나타나게 해줍니다.
Surfaces ≫ Insert Isoparms 옵션 박스를 선택해
값을 입력해 줍니다.
Insert를 선택합니다.
Insert location : At selection
Multiplicity : 1

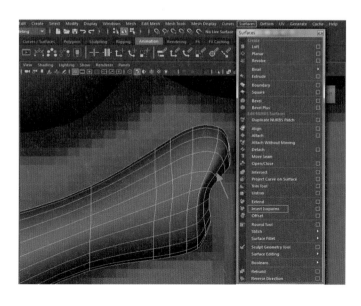

Butterdari 40

마우스 오른쪽 클릭으로 Hull을 선택합니다.

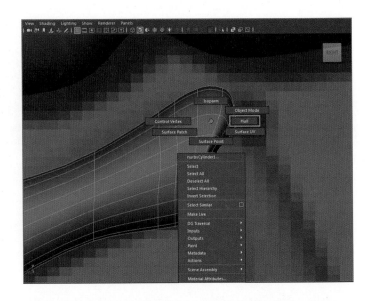

Butterdari 41

마우스 왼쪽 버튼으로 Vertex와 Vertex들과 이어
져 있는 분홍색 선("Hull")을 선택합니다. 이동툴
(단축키 "W")을 이용해 안쪽으로 위치시킵니다.

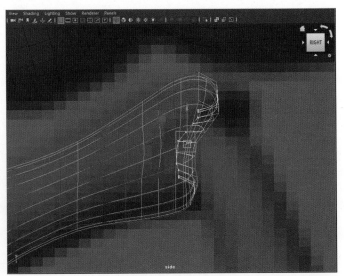

Butterdari 42

마우스 왼쪽 버튼을 이용하여 Vertex들을 선택합
니다.(다중 선택 버튼은 Shift, 선택 해제 버튼은
Ctrl)

회전툴(단축키 "E")을 이용해 화살표로 표시된
부분을 선택해 회전시킵니다.

무릎 부분은 완성되었습니다. 반대편 부분을 편집
합니다.

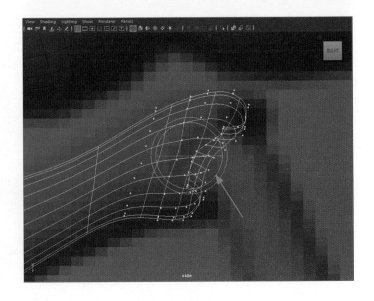

Butterdari 43

몸과 연결되는 부분을 확대합니다.

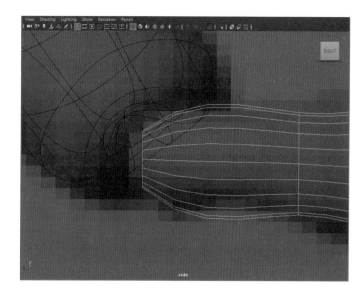

Butterdari 44

마우스 오른쪽 클릭으로 Isoparm을 선택합니다.
마우스 왼쪽 버튼으로 외곽 Isoparm 부분을 클릭
드래그로 Isoparm을 나타나게 해줍니다.

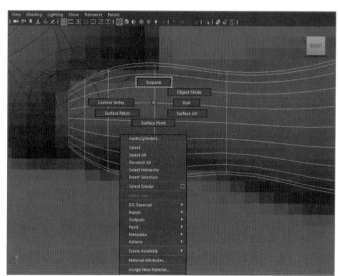

Butterdari 45

Surfaces » Insert Isoparms를 옵션 박스를 선택해
값을 입력해 줍니다.
Insert를 선택합니다.
Insert location : At selection
Multiplicity : 1

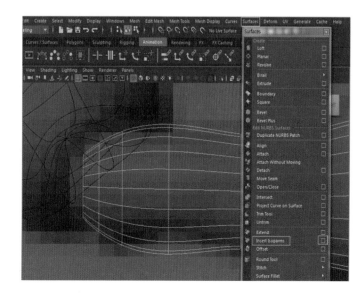

Butterdari 46

마우스 오른쪽 클릭으로 Hull을 선택합니다.

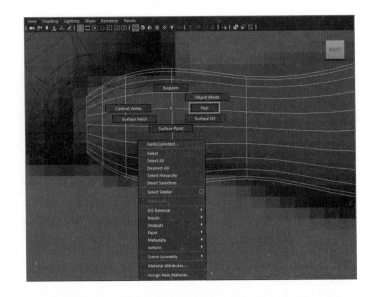

Butterdari 47

마우스 왼쪽 버튼으로 Vertex와 Vertex들과 이어
져 있는 분홍색 선("Hull")을 선택합니다. Scale
tool을(단축키 "R") 선택해 그림처럼 모아 줍니다.

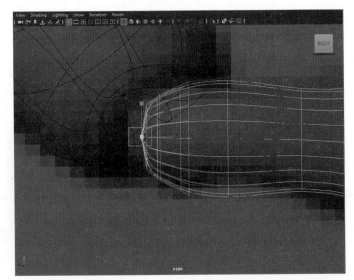

Butterdari 48

마우스 왼쪽 버튼을 이용 Vertex들을 선택합니다.
(다중 선택 버튼은 Shift, 선택 해제 버튼은 Ctrl)
회전 툴(단축키 "E"), Scale tool(단축키 "R")을
이용하여 선택해 크기를 조금 작게 해준 후 회전시
킵니다.

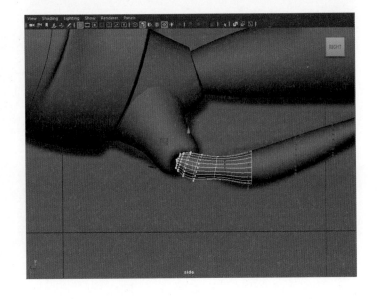

아래쪽 다리 모델링을 합니다.

View >> Predefined Bookmarks >> Right Side View로 전환합니다.

Butterdari 49

Create >> NURBS Primitives >> Cylinder 옵션 박스를 열어 줍니다. 입력 값을 그림처럼 적용합니다. 특히 Caps 메뉴에서 None은 꼭 체크해 주어야 합니다.

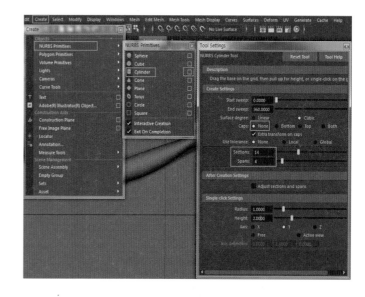

Butterdari 50

View에 마우스 클릭 드래그로 생성시켜 줍니다.

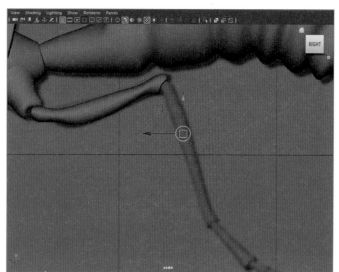

Butterdari 51

화면 오른쪽 채널 박스에서 Rotate Z 부분에 "90"을 입력해 줍니다.

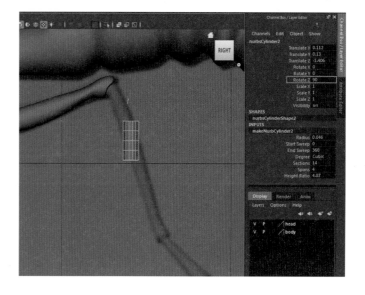

Butterdari 52

회전 툴(단축키 "E")을 선택하고 화살표로 표시
된 라인을 선택 회전시켜 줍니다.

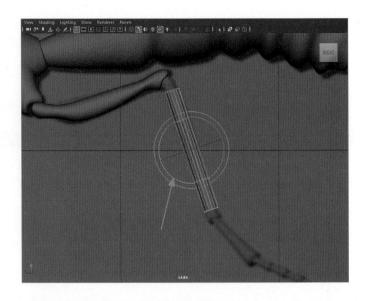

Butterdari 53

마우스 오른쪽 클릭으로 Hull을 선택합니다.

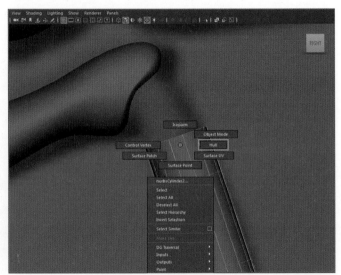

Butterdari 54

마우스 왼쪽 버튼으로 Vertex와 Vertex들이 이어
지는 분홍색 선("Hull")을 선택합니다.

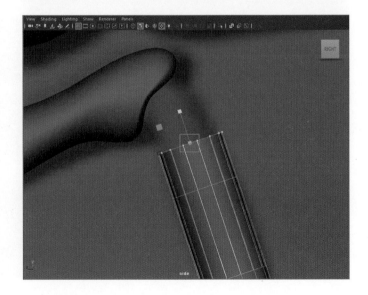

Butterdari 55

Scale tool(단축키 "R")을 선택해 그림처럼 모아
줍니다.

마우스 오른쪽 클릭으로 Isoparms를 선택합니다.

마우스 왼쪽 버튼으로 외곽 Isoparms 부분을 클
릭 드래그로 Isoparms를 3개 정도 나타나게 해줍
니다.

Surfaces ≫ Insert Isoparms 옵션 박스를 선택해
값을 입력해 줍니다.

Insert를 선택합니다.

Insert location : At selection

Multiplicity : 1

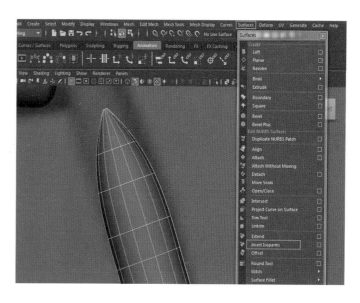

Butterdari 56

마우스 오른쪽 클릭으로 Hull을 선택합니다.

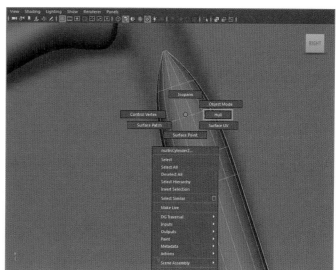

Butterdari 57

마우스 왼쪽 버튼으로 Vertex와 Vertex들이 이어
지는 분홍색 선("Hull")을 선택합니다.

Scale tool(단축키 "R")을 선택해 그림처럼 크기
를 키웁니다.

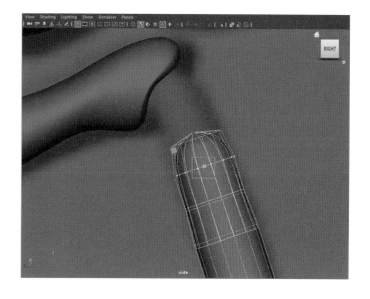

Butterdari 58

마우스 오른쪽 클릭 Control Vertex를 선택합니다.

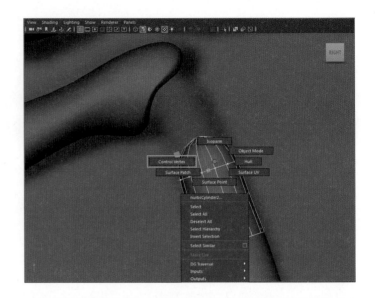

Butterdari 59

마우스 왼쪽 버튼을 이용 Vertex들을 선택합니다.
(다중 선택 버튼은 Shift , 선택 해제 버튼은 Ctrl)
이동툴(단축키 "W"), 회전 툴(단축키 "E"), Scale
tool(단축키 "R")을 이용해 선택한 부분의 Vertex
를 그림처럼 위치시켜 줍니다.

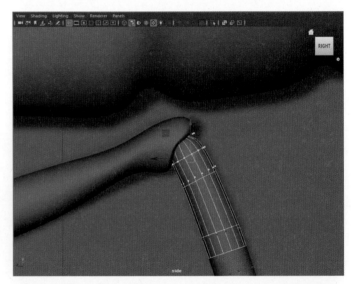

Butterdari 60

아래쪽 부분을 확대합니다.

Butterdari 61

마우스 오른쪽 클릭으로 Control Vertex를 선택합
니다.

Scale tool(단축키 "ℝ")을 선택해 그림처럼 안쪽
으로 크기를 조금 작게 합니다.

Butterdari 62

마우스 오른쪽 클릭으로 Isoparm을 선택합니다.

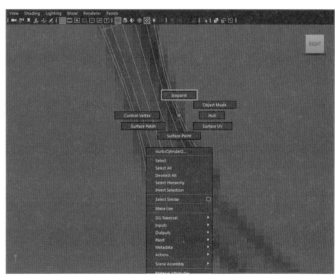

Butterdari 63

마우스 왼쪽 버튼으로 외곽 Isoparms 부분을 클릭
드래그로 Isoparms를 4개 정도 나타나게 합니다.

Surfaces » Insert Isoparms 옵션 박스를 선택해
값을 입력해 줍니다.

Insert를 선택합니다.

Insert location : At selection

Multiplicity : 1

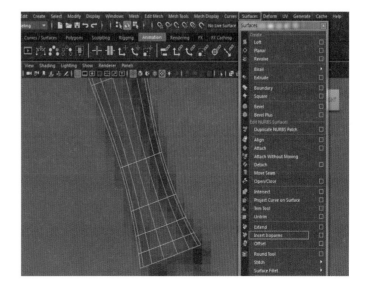

Butterdari 64

마우스 오른쪽 클릭으로 Hull을 선택합니다.

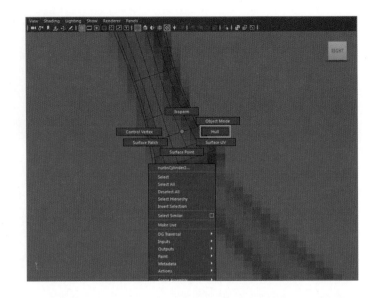

Butterdari 65

마우스 왼쪽 버튼으로 Vertex와 Vertex들이 이어
지는 분홍색 선("Hull")을 선택합니다. Scale tool
(단축키 "R")을 선택해 그림처럼 크기를 작게 모
델링합니다.

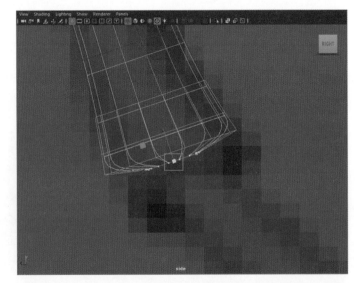

Butterdari 66

마우스 오른쪽 클릭으로 Isoparms를 선택합니다.
그림처럼 곡선부분에 Isoparms를 선택합니다.
Surfaces ≫ Insert Isoparms를 선택합니다.

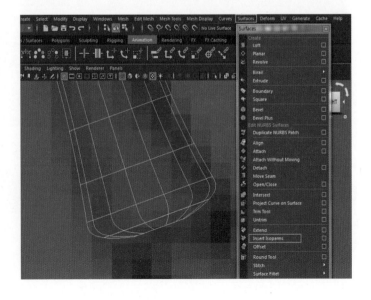

Butterdari 67

마우스 오른쪽 클릭으로 Hull을 선택합니다.

마우스 왼쪽 버튼으로 Vertex와 Vertex들이 이어
지는 분홍색 선("Hull")을 선택합니다.

Move Tool(단축키 "W")을 선택해 그림처럼 안쪽
으로 이동시켜 모델링합니다.

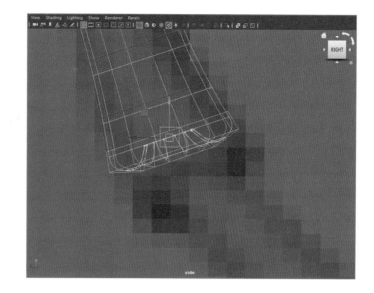

Butterdari 68

마우스 오른쪽 클릭으로 Control Vertex를 선택합
니다.

부분적으로 Vertex를 선택해 그림처럼 모델링합
니다.

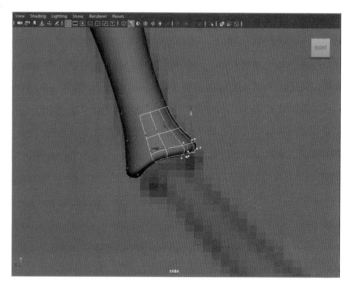

Butterdari 69

완성되었습니다.

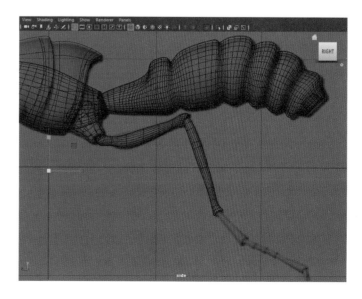

Butterdari 70

다리 부분을 선택한 후 Ctrl + D를 이용해 복사합
니다.

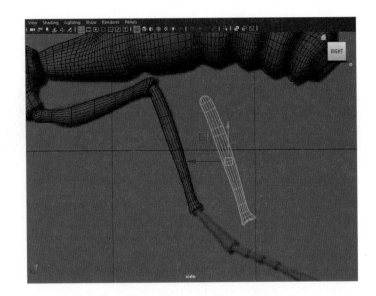

Butterdari 71

Move Tool(단축키 "W")을 이용해 이동시킵니다.
Rotate Tool(단축키 "E")을 이용해 회전시켜 줍
니다.

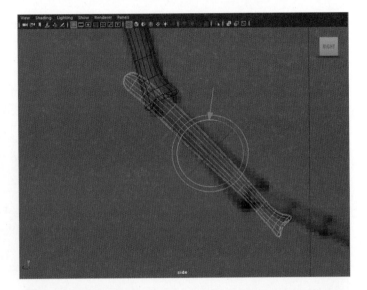

Butterdari 72

Scale Tool(단축키 "R")을 이용해 크기를 맞추어
줍니다.

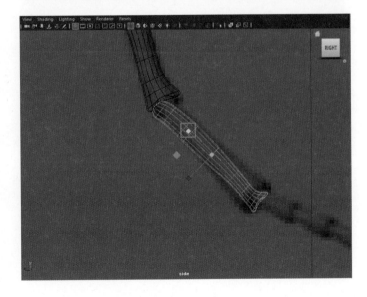

Butterdari 73

위쪽 부분 화면을 확대합니다.

Butterdari 74

마우스 오른쪽 클릭으로 Control Vertex를 선택합니다.

Move Tool(단축키 "W")을 이용해 이동시켜 그림처럼 조절해 줍니다.

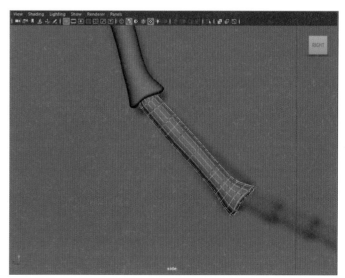

Butterdari 75

다리 부분을 선택한 후 Ctrl + D를 이용해 복사합니다.

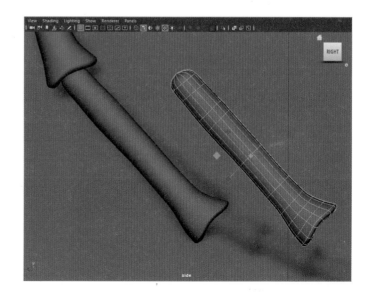

Butterdari 76

❶ 모델의 중간 Isoparms를 선택합니다.

❷ Surface ≫ Detach를 선택해 실행합니다.

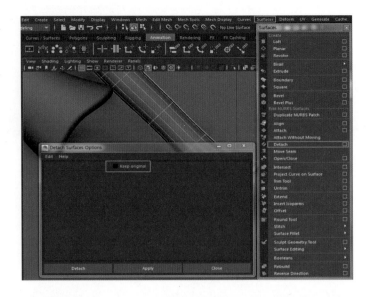

Butterdari 77

두 개로 분리된 것을 확인할 수 있습니다.

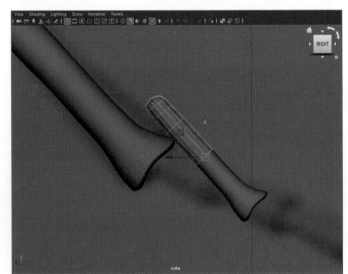

Butterdari 78

아래쪽 부분을 Move Tool(단축키 "W")을 이용해
이동하여 위치시킵니다.

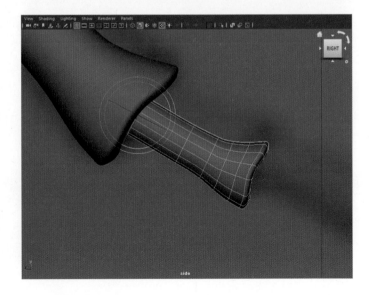

Butterdari 79

끝점들을 모아서 완성합니다.

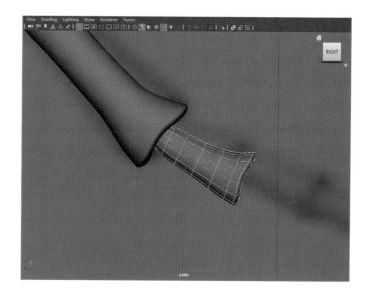

Butterdari 80

복사해서 아래쪽에 위치시켜 줍니다.

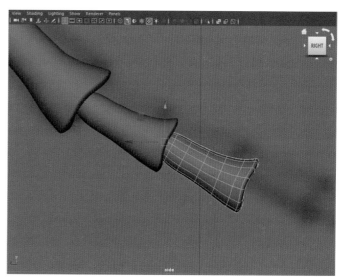

Butterdari 81

복사해서 아래쪽에 위치시켜 줍니다.

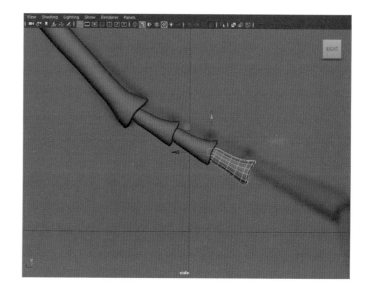

Butterdari 82

복사해서 아래쪽에 위치시켜 줍니다.

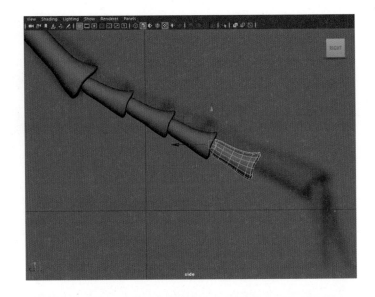

Butterdari 83

마우스 오른쪽 클릭으로 Control Vertex를 선택한
후 그림처럼 Vertex를 선택하고 이동시킵니다.

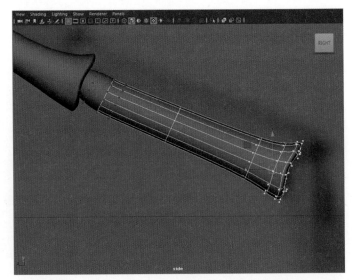

Butterdari 84

Rotate(단축키 "E")를 선택합니다. 화살표 부분
을 클릭 회전시켜 완성합니다.

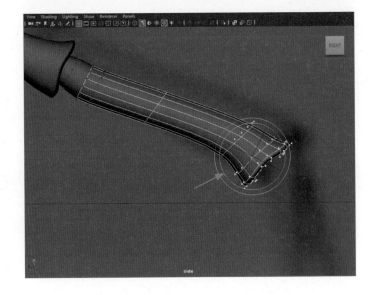

Butterdari 85

Polygon Primitives » Cube를 생성시킵니다.

Interactive Creation : 작업자가 원하는 위치에 모델을 생성시킬 수 있습니다.

Butterdari 86

View » Predefined Bookmarks » Perspective View로 전환합니다.

Butterdari 87

마우스 오른쪽 클릭으로 Edge를 선택합니다.

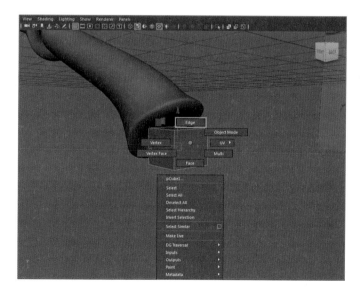

Butterdari 88

위쪽 Edge나 아래쪽 Face를 선택합니다. 키보드 "⌐"을 선택합니다. 크기를 줄입니다.

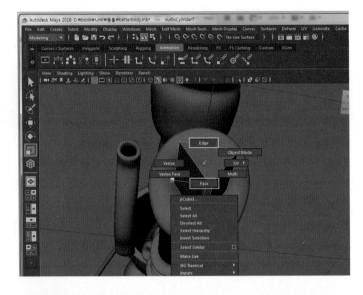

Butterdari 89

마우스 오른쪽 클릭으로 Face를 선택합니다.

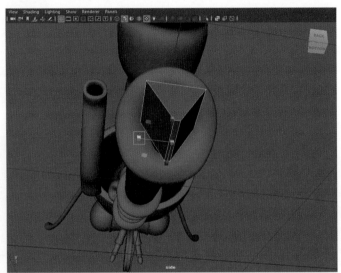

Butterdari 90

Edit Mesh ≫ Extrude를 선택합니다.

Butterdari 91

주황색 박스의 화살표 머리를 선택 이동합니다.

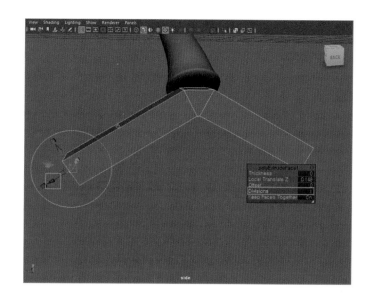

Butterdari 92

키보드의 "ⓡ"을 선택합니다. 크기를 작게 해서 그림처럼 모델링합니다.

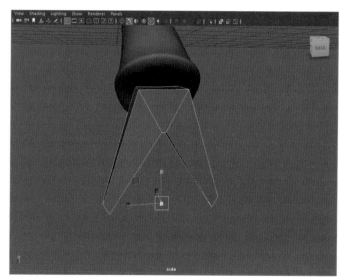

Butterdari 93

Mesh Tools » Insert Edge Loop를 선택합니다.

Butterdari 94

주황색 선 위를 클릭하면 새로운 Edge가 생성되는 것을 확인할 수 있습니다. 그림처럼 3개의 Edge를 추가합니다.

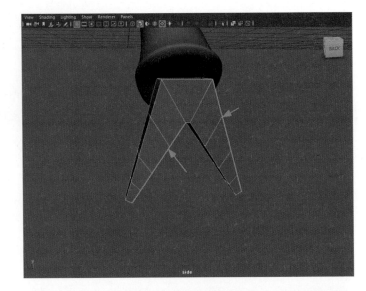

Butterdari 95

키보드의 F8을 선택해서 Object Mode로 전환합니다.

Mesh » Smooth를 적용합니다.

Edge가 추가되면서 부드러운 형태로 변경되었습니다.

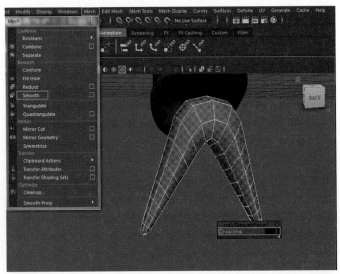

Butterdari 96

다리 부분이 완성되었습니다.

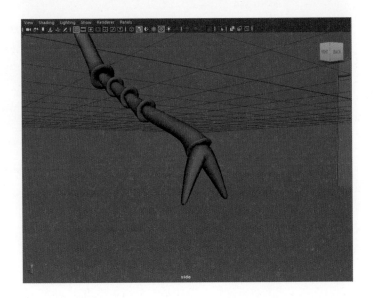

Butterdari 97

다리 부분 모두를 선택합니다.

Edit 》 Group을 선택합니다. (단축키 Ctrl + g)

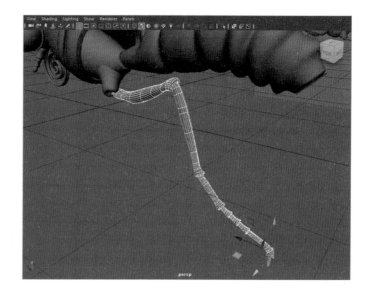

Butterdari 98

View 》 Predefined Bookmarks 》 Right Side
View로 전환합니다.

Butterdari 99

Group이 선택된 상태에서 Modify 》 Center Pivot
을 선택합니다.

Butterdari 100

키보드 [Insert]를 선택하면 Pivot을 움직일 수 있습니다. 다리 끝부분으로 옮겨 줍니다.

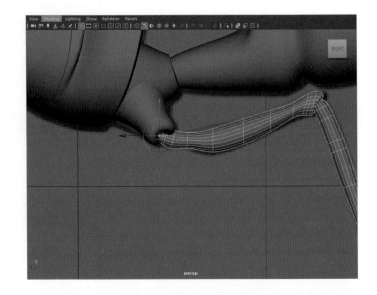

Butterdari 101

View » Predefined Bookmarks » Perspective View로 전환합니다.

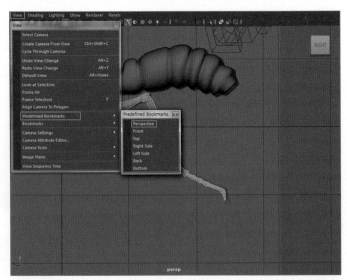

Butterdari 102

Perspective View로 보여집니다.

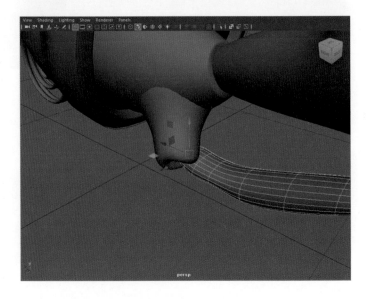

Butterdari 103

키보드 "e"를 선택해 Rotate Mode로 바꾸어 줍
니다.
회전시켜 그림처럼 만들어 줍니다.

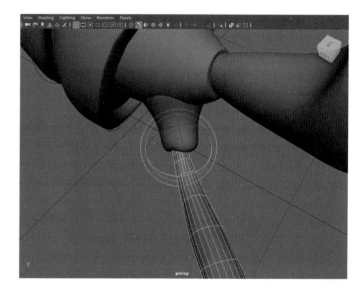

Butterdari 104

다리 부분 모델을 모두 선택합니다.

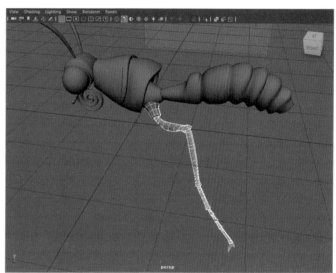

Butterdari 105

Edit » Group을 선택합니다.

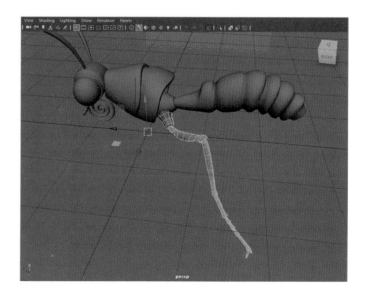

Butterdari 106

화면 오른쪽 채널 박스 Scale X 부분에 −1을 적어
줍니다.
반대편으로 반전된 것을 확인할 수 있습니다.

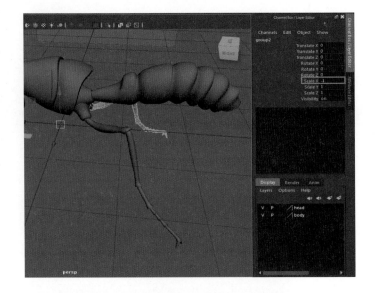

Butterdari 107

Windows ≫ Outliner를 선택합니다. 다리 부분
Group 두 개를 선택합니다.

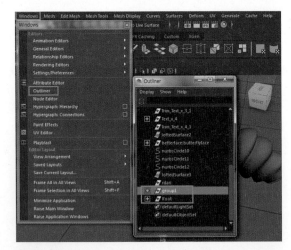

Butterdari 108

Edit ≫ Group을 선택합니다.

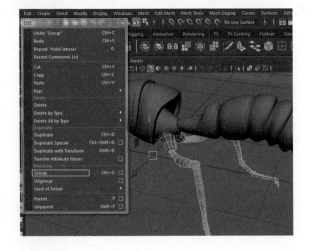

Butterdari 109

화면 오른쪽 채널 박스 Scale Z 부분에 −1을 적어
줍니다.

반대편으로 반전된 것을 확인할 수 있습니다.

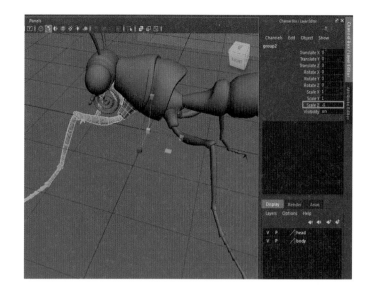

Butterdari 110

날개를 제외하고 모두 완성되었습니다.

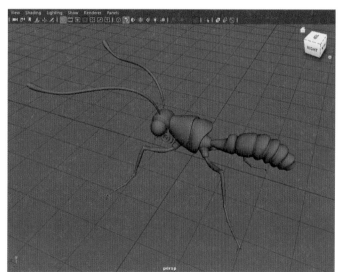

07 | 날개 모델링하기

날개를 모델링해서 Import로 불러오는 작업을 해보겠습니다.
Top View를 선택합니다.

Fly 01

❶ View ≫ Image Plane ≫ Import Image…를 선
택합니다.
❷ 나비 그림 butterfly.jpg를 선택합니다.

Fly 02

View ≫ Predefined Bookmarks ≫ perspective
View로 전환합니다.

Fly 03

키보드의 "W"를 선택해서 아래 방향으로 이동시
킵니다. 박스로 표시한 화살표 머리 부분을 잡아
서 아래 방향으로 이동시킵니다.

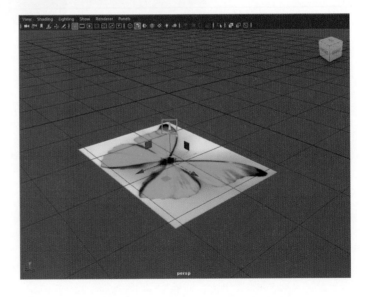

Fly 04

View » Predefined Bookmarks » Top을 선택해
전환합니다.

Fly 05

Create » Polygon Primitives » Cube를 생성시킵
니다.

Interactive Creation 메뉴가 선택된 상태에서 실행
하면 작업자가 생성 영역을 지정할 수 있습니다.

Fly 06

날개의 뼈 부분의 크기에 맞추어 Cube를 생성합
니다.

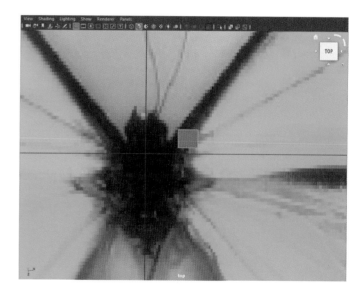

Fly 07

Rotate Tool(단축키 "e")을 선택한 후 회전시켜
방향을 맞추어 줍니다.

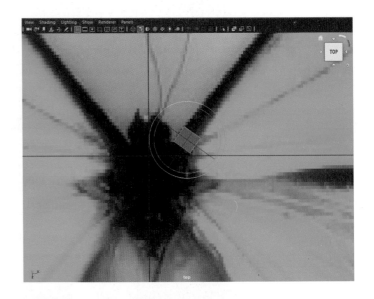

Fly 08

Create » Curve Tools » CV Curve Tool을 선택합
니다.

Fly 09

Cube의 위치에서 화살표 방향으로 마우스 왼쪽
버튼을 이용해 그려 줍니다.

Fly 10

View » Predefined Bookmarks » Perspective를
선택해 View로 전환합니다.

Fly 11

View를 확대시킵니다. Curve를 위쪽("y방향") 방
향으로 이동시켜서 화살표 지점(Cube 중앙)에 맞
추어 줍니다.

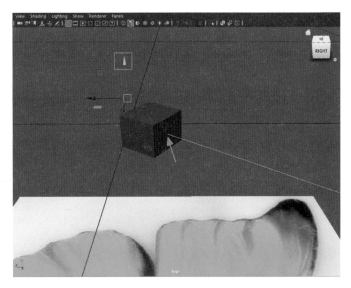

Fly 12

Cube 위에서 마우스 오른쪽 클릭으로 Face를 선
택합니다.

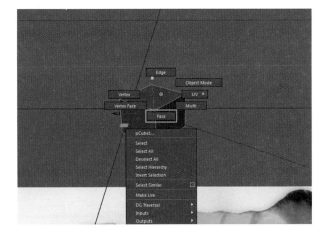

Fly 13

Face를 선택합니다.

Shift key를 누른 상태로 Curve를 선택합니다.

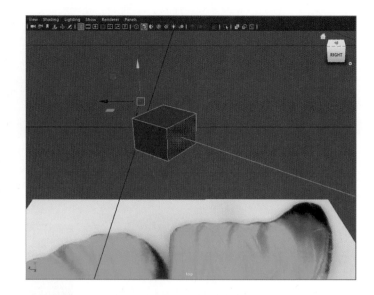

Fly 14

Edit Mesh ≫ Extrude를 실행합니다. Curve를 따
라서 실행된 것을 볼 수 있습니다.

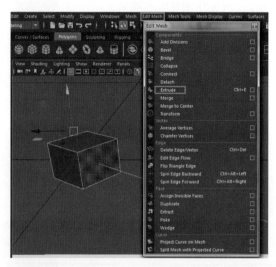

Fly 15

Divisions : 10, Taper : 0을 입력합니다.

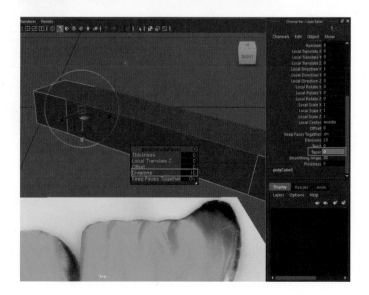

Fly 16

View ≫ Predefined Bookmarks ≫ Top View로 전
환합니다.

Fly 17

Create ≫ Polygon Primitive ≫ Cube를 생성시킵
니다.

Interactive Creation 메뉴가 선택된 상태에서 실
행하면 작업자가 생성 영역을 지정할 수 있습니다.

Fly 18

Cube를 크기에 맞추어서 생성시킵니다.

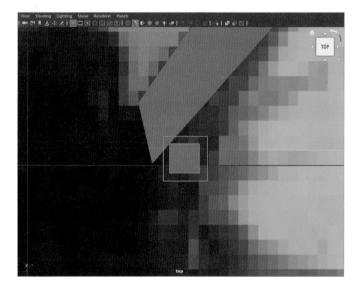

Fly 19

Rotate Tool(단축키 "e")을 선택한 후 회전시켜
방향을 맞추어 줍니다.

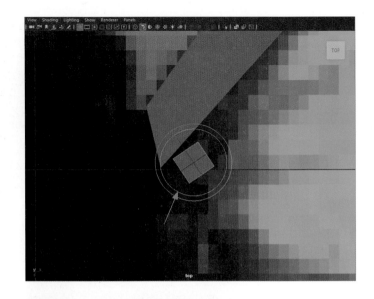

Fly 20

Create 》 Curve Tools 》 CV Curve Tool을 선택합
니다.

Fly 21

Cube의 위치에서부터 마우스 왼쪽 버튼을 이용해
그려줍니다.

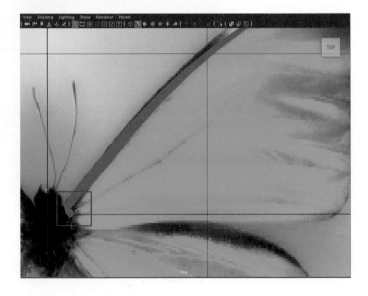

Fly 22

View 》 Predefined Bookmarks 》 Perspective
View로 전환합니다.

Fly 23

Scale Tool을 이용해 크기를 맞추어 줍니다.

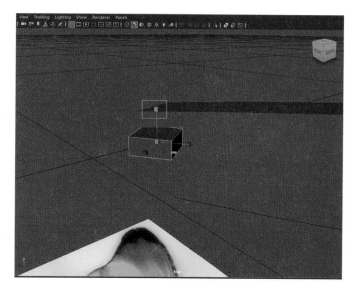

Fly 24

View를 확대시킵니다. Curve를 위쪽("y방향") 방
향으로 이동시켜서 화살표 지점(Cube 중앙)에 맞
추어 줍니다.

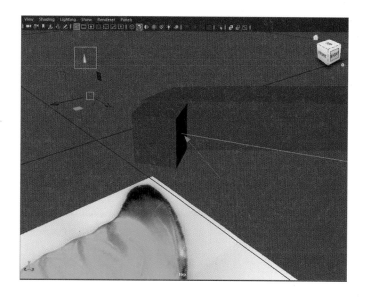

Fly 25

Cube 위에서 마우스 오른쪽 클릭으로 Face를 선
택합니다.

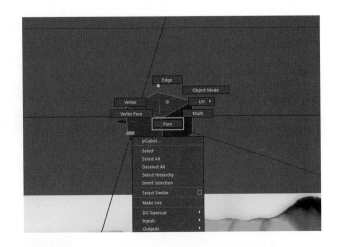

Fly 26

Face를 선택하고 Shift key를 누른 상태로 Curve
를 선택합니다.

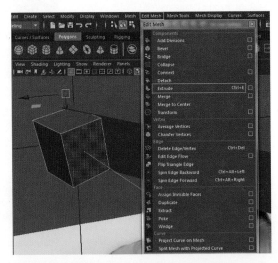

Fly 27

Edit Mesh ≫ Extrude를 실행합니다.

Curve를 따라서 실행된 것을 볼 수 있습니다.

Divisions : 10, Taper : 0을 입력합니다.

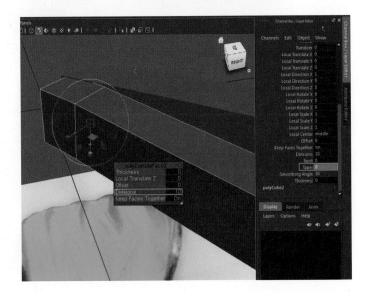

Fly 28

❶ View ≫ Predefined Bookmarks ≫ Top View
로 전환합니다.

❷ Create ≫ Polygon Primitive ≫ Cube를 생성시
킵니다.

Interactive Creation 메뉴가 선택된 상태에서 실
행하면 작업자가 생성 영역을 지정할 수 있습니다.

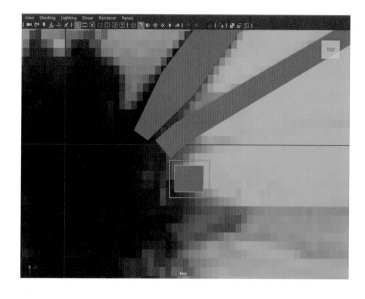

Fly 29

Rotate Tool(단축키 "e")을 선택한 후 회전시켜
방향을 맞추어 줍니다.

Create ≫ Curve Tools ≫ CV Curve Tool을 선택합
니다.

Cube의 위치에서부터 마우스 왼쪽 버튼을 이용해
그려 줍니다.

Fly 30

View를 확대시킵니다. Curve를 위쪽("y방향") 방
향으로 이동시켜서 Cube 중앙에 맞추어 줍니다.

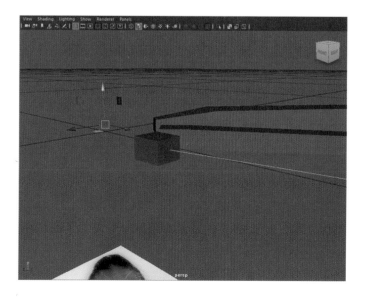

Fly 31

Cube 위에서 마우스 오른쪽 클릭 Face를 선택합
니다.

Face를 선택합니다.

[Shift] key를 누른 상태로 Curve를 선택합니다.

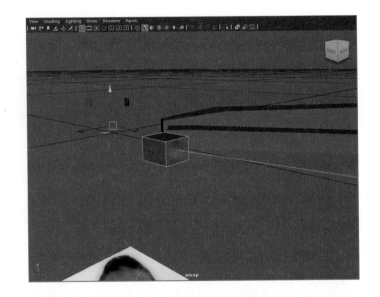

Fly 32

Edit Mesh ≫ Extrude를 실행합니다. Curve를 따
라서 실행된 것을 볼 수 있습니다.

Divisions : 10 Taper : 0을 입력합니다.

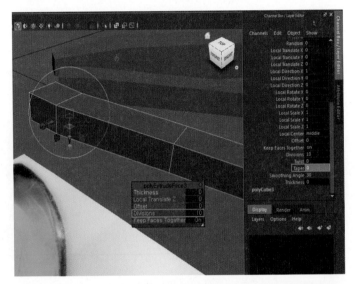

Fly 33

기본 뼈대가 완성되었습니다.

Fly 34

Create ≫ Curve Tools ≫ CV Curve Tool을 선택합
니다.

Fly 35

화살표 부분을 확인한 후 가지로 이어지는 부분의
Curve를 그립니다.

Fly 36

View ≫ Predefined Bookmarks ≫ Perspective
View로 전환합니다.
날개 위쪽에 그린 Curve를 확대합니다.

Fly 37

View를 확대시킵니다.

Modify ≫ Center Pivot을 실행합니다. ≫ Curve를
위쪽("y방향") 방향으로 이동시켜서 Cube 중앙에
맞추어 줍니다.

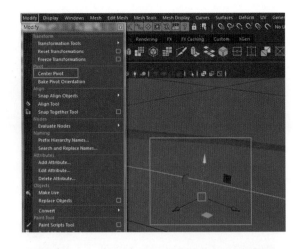

Fly 38

Mesh Tools ≫ Insert Edge Loop Tool을 실행합
니다.

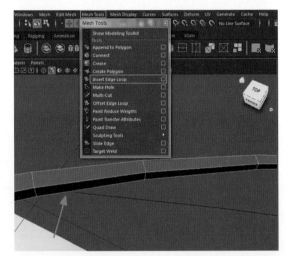

Fly 39

화살표로 표시된 Edge 부분을 클릭하면 새로운
Edge가 추가됩니다.

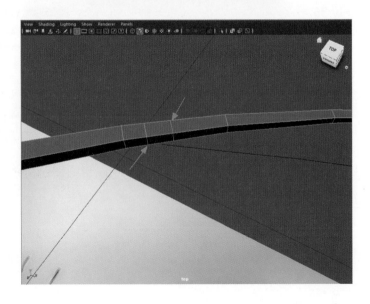

Fly 40

Cube 위에서 마우스 오른쪽 클릭으로 Face를 선택합니다.

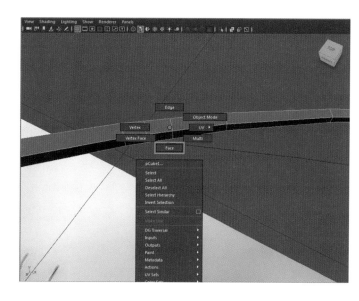

Fly 41

Face를 마우스로 선택합니다.

[Shift] key를 누른 상태로 Curve를 선택합니다.

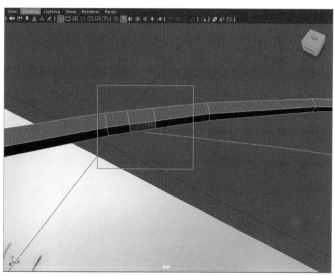

Fly 42

Edit Mesh ≫ Extrude를 실행합니다.

Curve를 따라서 실행된 것을 볼 수 있습니다.

Divisions : 10, Taper : 0을 입력합니다.

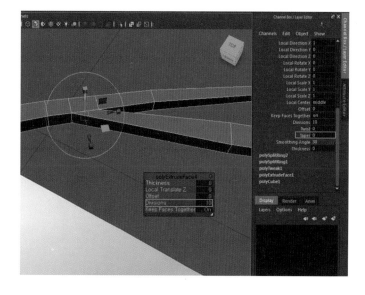

Fly 43

가운데 부분 Curve를 확대합니다.

View를 확대시킵니다.

Modify ≫ Center Pivot을 실행합니다.

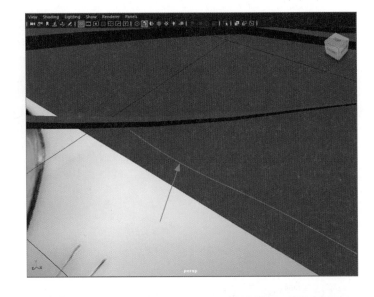

Fly 44

Curve를 위쪽("y방향") 방향으로 이동시켜서 Cube 중앙에 맞추어 줍니다.

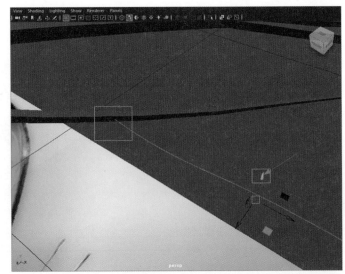

Fly 45

Mesh Tools ≫ Insert Edge Loop Tool을 실행합니다. 화살표로 표시된 Edge 부분을 클릭하면 새로운 Edge가 추가됩니다.

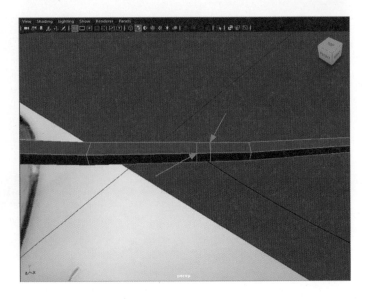

Fly 46

Cube 위에서 마우스 오른쪽 클릭으로 Face를 선택합니다.

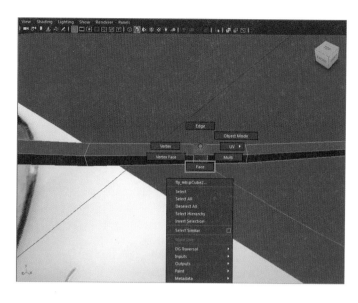

Fly 47

Face를 마우스로 선택합니다.

Shift key를 누른 상태로 Curve를 선택합니다.

Edit Mesh » Extrude를 실행합니다.

Curve를 따라서 실행된 것을 볼 수 있습니다.

Divisions : 10, Taper : 0을 입력합니다.

다른 Curve들도 같은 방식으로 Extrude를 적용해줍니다.

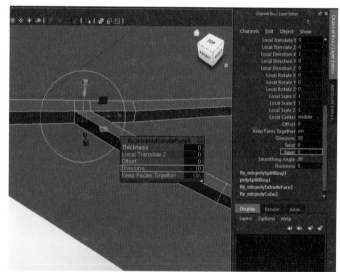

Fly 48

Mesh Tools » Insert Edge Loop Tool을 실행합니다.

화살표로 표시된 Edge 부분을 클릭하면 새로운 Edge가 추가됩니다.

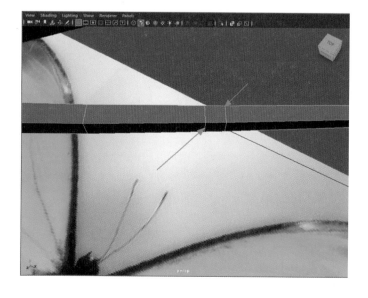

Fly 49

Cube 위에서 마우스 오른쪽 클릭으로 Face를 선
택합니다.

Face를 마우스로 선택합니다.

[Shift] key를 누른 상태로 Curve를 선택합니다.

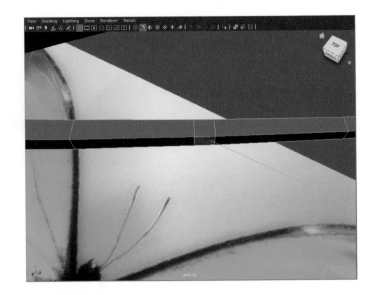

Fly 50

Edit Mesh » Extrude를 실행합니다.

Curve를 따라서 실행된 것을 볼 수 있습니다.

Divisions : 10, Taper : 0을 입력합니다.

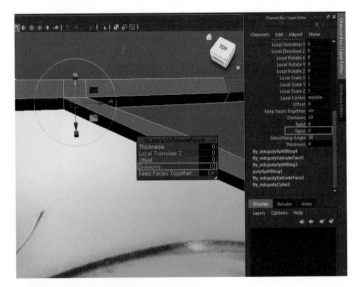

Fly 51

View » Predefined Bookmarks » Top View로 전
환합니다.

Fly 52

뼈대가 완성되었습니다.

Fly 53

Mesh Tools ≫ Create Polygon Tool을 선택합니다.

Fly 54

Shading ≫ Wireframe을 선택합니다.
마우스로 날개의 외곽을 Vertex를 생성시켜 그림
을 그려줍니다.

Fly 55

Mesh Tools ≫ Multi−Cut Tool을 선택합니다.

> **TIP**
> Create Polygon Tool은 마우스 클릭을 통해 그림을 그릴 수 있습니다.
> 이때 Face가 생성된 모델링 오브젝트로 생성됩니다.

Fly 56

Wireframe Mode를 확인하면 Edge가 서로 연결되지 않은 상태인 것을 확인할 수 있습니다. 하지만 오브젝트를 최소 삼각형 최대 사각형을 이루어지게 해야 합니다. 특히 현재는 사각형이 주가 되는 모델링을 하는 것이 바람직합니다.

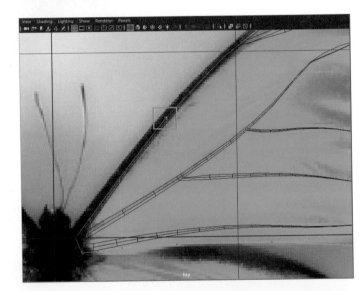

Fly 57

Multi−Cut을 통해 Edge를 추가시켜 보겠습니다.
그림에 보이는 위쪽 Vertex를 클릭합니다.
아래쪽 Edge 지점을 마우스 왼쪽 버튼으로 클릭 드래그하면 가상의 Edge가 나타납니다.
자동 스냅이 실행되기 때문에 적용하기가 편리합니다.

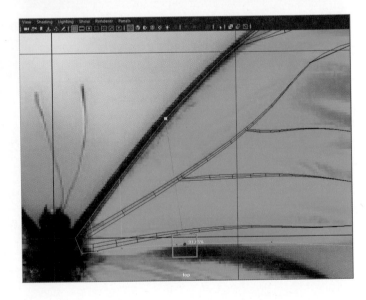

Fly 58

 키를 누르면 실행됩니다.

TIP 마우스 오른쪽 클릭으로도 선택할 수 있습니다.

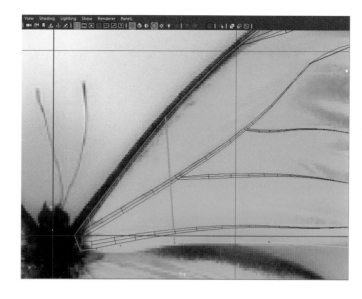

Fly 59

세로방향도 Edge를 추가시킵니다.

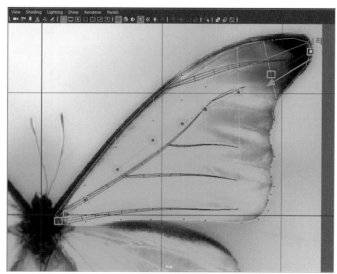

Fly 60

모든 Edge를 추가시킨 그림입니다.

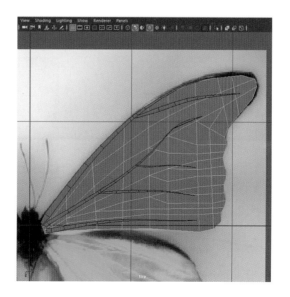

Fly 61

View » Predefined Bookmarks » Perspective
View로 전환합니다.
날개 뼈대의 중앙에 위치할 수 있도록 "y" 방향으
로 이동시킵니다.

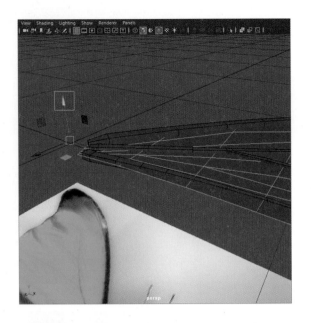

Fly 62

뼈대 오브젝트를 모두 선택합니다.

Fly 63

Mesh » Smooth Tool을 적용합니다.
위쪽 날개가 완성되었습니다. 아래쪽 날개도 위와
같은 방법으로 완성해 보겠습니다.

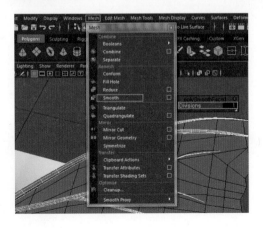

Fly 64

View 》 Predefined Bookmarks 》 Top View로 전
환합니다.

Fly 65

아래쪽 날개 부분을 확대해 줍니다.

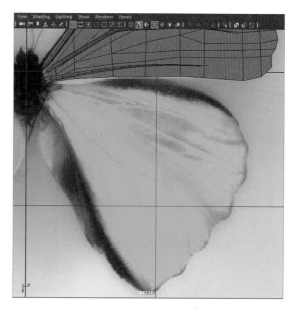

Fly 66

Create 》 Curve Tools 》 CV Curve Tool을 선택합
니다.
그림을 확인한 후 뼈대 부분을 모두 그립니다.

Fly 67

CV Curve Tool을 이용해 그린 그림입니다.

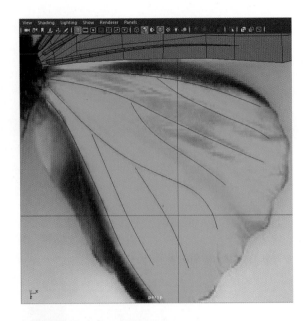

Fly 68

Create ≫ Polygon Primitive ≫ Cube를 생성시킵니다.

Interactive Creation 메뉴가 선택된 상태에서 실행하면 작업자가 생성 영역을 지정할 수 있습니다.

Fly 69

날개의 뼈 부분의 크기에 맞추어 Cube를 모두 생성합니다.

Rotate Tool(단축키 "[e]")을 실행해서 회전시켜 방향도 맞추어 줍니다.

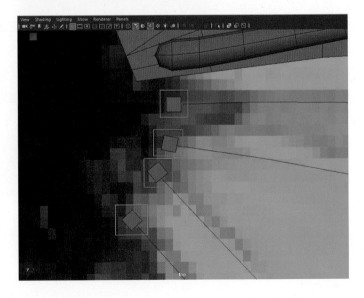

Fly 70

View » Predefined Bookmarks » Perspective
View로 전환합니다.

Fly 71

Curve가 날개 뼈대의 중앙에 위치할 수 있도록 "y"
방향으로 이동시킵니다. 화살표를 확인합니다.

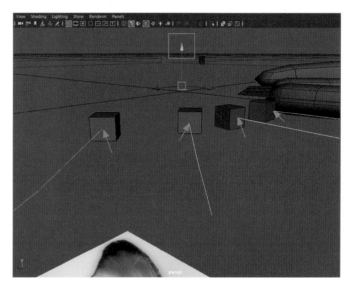

Fly 72

Cube 위에서 마우스 오른쪽 클릭으로 Face를 선
택합니다.
Face를 마우스로 선택합니다.
[Shift] key를 누른 상태로 Curve를 선택합니다.

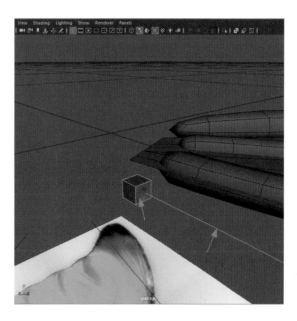

Fly 73

Edit Mesh ≫ Extrude를 실행합니다. Curve를 따라서 실행된 것을 볼 수 있습니다.

Divisions : 10, Taper : 0을 입력합니다.

Fly 74

Edit Mesh ≫ Extrude를 실행합니다. Curve를 따라서 실행된 것을 볼 수 있습니다.

Divisions : 10, Taper : 0을 입력합니다.

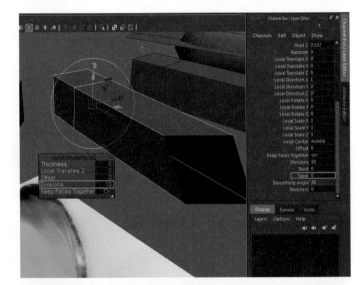

Fly 75

Edit Mesh ≫ Extrude를 실행합니다. Curve를 따라서 실행된 것을 볼 수 있습니다.

Divisions : 10, Taper : 0을 입력합니다.

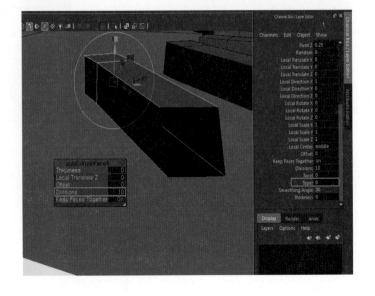

Fly 76

View를 확대시킵니다.

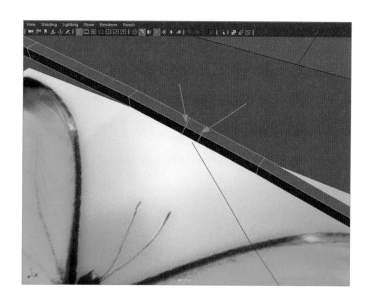

Fly 77

Mesh Tools ≫ Insert Edge Loop Tool을 실행합
니다.
화살표로 표시된 Edge 부분을 클릭하면 새로운
Edge가 추가됩니다.

Fly 78

Curve를 위쪽("y방향") 방향으로 이동시켜서 Cube
중앙에 맞추어 줍니다.

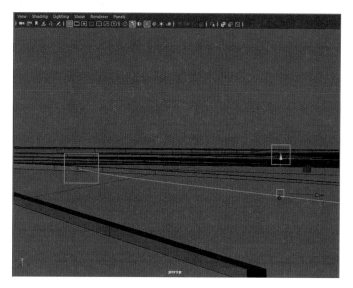

Fly 79

Cube 위에서 마우스 오른쪽 클릭으로 Face를 선택합니다.

Face를 마우스로 선택합니다.

Shift key를 누른 상태로 Curve를 선택합니다.

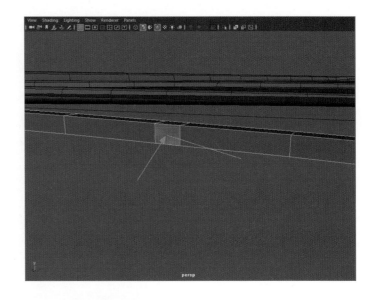

Fly 80

Edit Mesh ≫ Extrude를 실행합니다.

Fly 81

Curve를 따라서 실행된 것을 볼 수 있습니다.

Divisions : 10, Taper : 0을 입력합니다.

다른 부분도 차례대로 실행합니다.

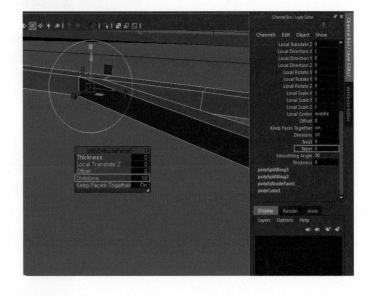

Fly 82

Mesh Tools ≫ Insert Edge Loop Tool을 실행합니다.

화살표로 표시된 Edge 부분을 클릭하면 새로운 Edge가 추가됩니다.

Fly 83

Curve를 위쪽("y방향") 방향으로 이동시켜서 Curve의 시작 부분을 Cube 중앙에 맞추어 줍니다.

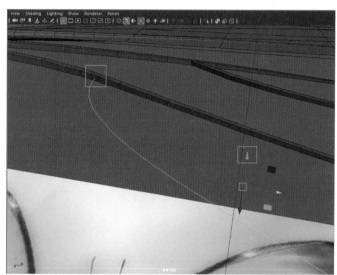

Fly 84

모델 위에서 마우스 오른쪽 클릭으로 Face를 선택합니다.

Face를 마우스로 선택합니다.

Shift key를 누른 상태로 Curve를 선택합니다.

Fly 85

Edit Mesh 》 Extrude를 실행합니다.

Curve를 따라서 실행된 것을 볼 수 있습니다.

Divisions : 10 Taper : 0을 입력합니다.

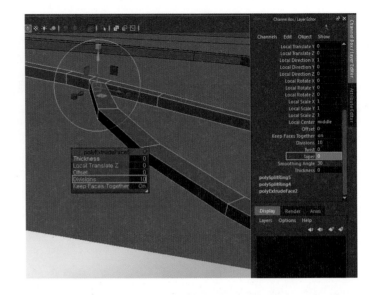

Fly 86

다른 부분의 Curve를 면의 중앙에 위치시킵니다.

Fly 87

Mesh Tools 》 Insert Edge Loop Tool을 실행합니다.

화살표로 표시된 Edge 부분을 클릭하면 새로운 Edge가 추가됩니다.

모델 위에서 마우스 오른쪽 클릭으로 Face를 선택합니다.

Face를 마우스로 선택합니다.

[Shift] key를 누른 상태로 Curve를 선택합니다.

Fly 88

Edit Mesh ≫ Extrude를 실행합니다.

Curve를 따라서 실행된 것을 볼 수 있습니다.

Divisions : 10, Taper : 0을 입력합니다.

Fly 89

Mesh Tools ≫ Insert Edge Loop Tool을 실행합니다.

화살표로 표시된 Edge 부분을 클릭하면 새로운 Edge가 추가됩니다.

모델 위에서 마우스 오른쪽 클릭으로 Face를 선택합니다.

Face를 마우스로 선택합니다.

Shift key를 누른 상태로 Curve를 선택합니다.

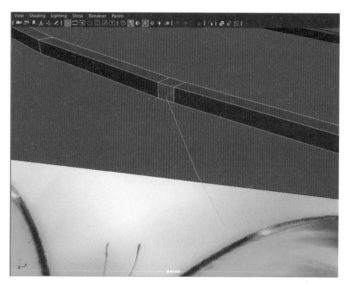

Fly 90

Edit Mesh ≫ Extrude를 실행합니다.

Curve를 따라서 실행된 것을 볼 수 있습니다.

Divisions : 10, Taper : 0을 입력합니다.

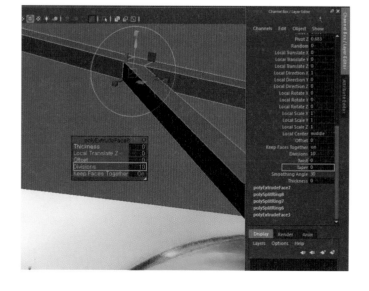

Fly 91

아래쪽 날개 뼈대가 만들어졌습니다.

Fly 92

View ≫ Predefined Bookmarks ≫ Top View로 전
환합니다.

Fly 93

아래쪽 날개를 확대시킵니다.

Fly 94

Mesh Tools **》** Create Polygon Tool을 선택합니다.

Fly 95

View를 확대시킵니다.

날개 외곽을 Vertex를 생성시키며 그립니다.

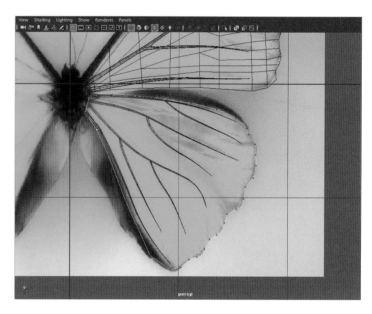

Fly 96

Mesh Tools **》** Mulit－Cut Tool을 선택합니다.

Fly 97

Edge와 Edge를 선택해서 새로운 Edge를 생성시
킵니다.

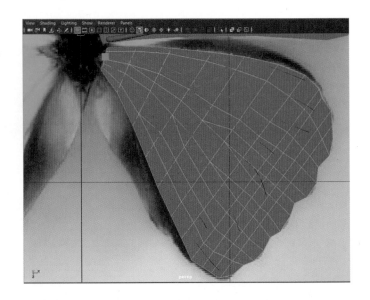

Fly 98

뼈대 오브젝트들을 모두 선택합니다.

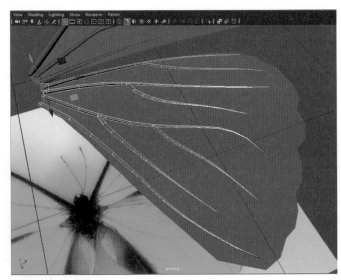

Fly 99

Mesh » Smooth를 적용합니다.
날개가 만들어졌습니다.

Mulit–Cut Tool 활용

M_cut 01

Create ≫ Polygon Primitives ≫ Plane을 생성시킵
니다. ≫ 오른쪽 채널 박스에서 Width divisions :
1, Height divisions : 1을 입력해 줍니다.

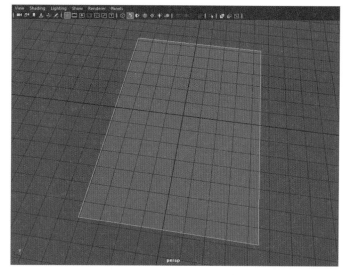

M_cut 02

Mesh Tools ≫ Muliti–Cut을 실행합니다.
마우스 포인트를 Edge 근처로 이동하면 그림처럼
빨간색 라인으로 보입니다.
이때 Edge를 마우스 왼쪽 버튼으로 클릭합니다.
그리고 다시 마우스 포인트를 다른 쪽 Edge 근처
로 가져갑니다.

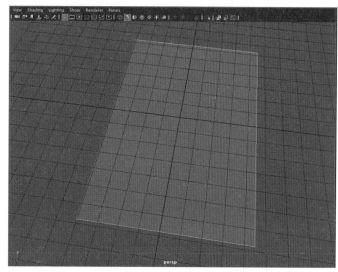

M_cut 03

다시 빨간색 Edge로 보여 줍니다.
빨간색 Edge를 마우스 왼쪽 버튼으로 클릭합니다.

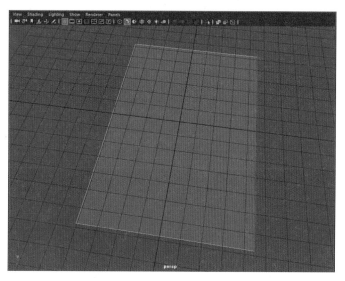

M_cut 04

가상의 Edge를 확인할 수 있습니다.

키보드 Enter↵를 실행해서 Edge를 추가합니다.

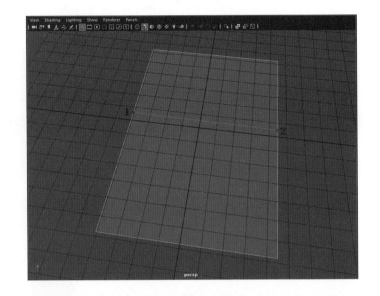

M_cut 05

Edge가 추가된 그림입니다.

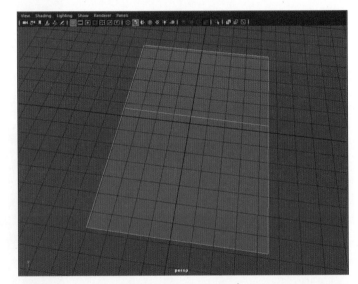

M_cut 06

마우스 포인트를 Vertex 1번 근처로 가져갑니다.
자동으로 스냅이 실행되어 빨간색 점으로 표시되
면 클릭합니다.

2번 근처로 가져가서 두 번째 Vertex 부분을 클릭
합니다.

가상의 Edge가 확인됩니다.

Enter↵를 실행해서 Edge를 추가합니다.

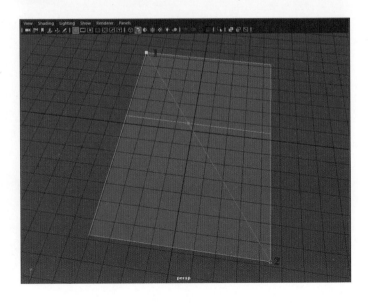

M_cut 07

Edge가 추가된 그림입니다.

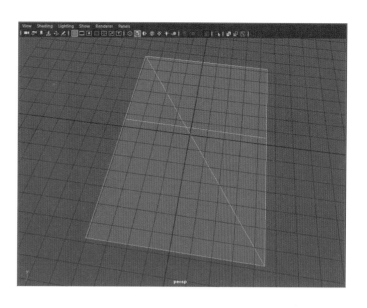

Fly 100

날개 잎이 완성되었습니다. 이동시켜서 뼈대의 가
운데 부분에 위치시킵니다.

Fly 101

Windows » Outliner를 선택합니다.
Outliner 창에서 불필요한 요소를 정리합니다.

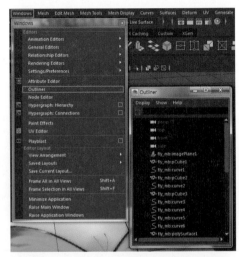

Fly 102

Edit » Delete All By Type » History를 이용해 지
워 줍니다.

Fly 103

날개를 모두 선택한 후 Ctrl+G를 이용해 Group
을 만듭니다.

날개가 완성되었습니다.

이제 나비와 합쳐서 완성 작업을 진행하겠습니다.

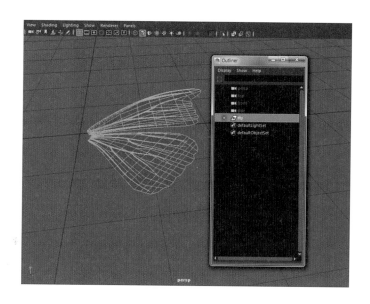

08 | 몸통과 날개 Import하기

나비의 몸통 부분을 File ≫ Open Scene... 선택해 열어줍니다.

Import 01

File ≫ Import...를 선택합니다.
몸통 파일을(fly01.mb) 열어줍니다.

Import 02

몸통과 날개를 같은 Scene에서 확인할 수 있습니다.

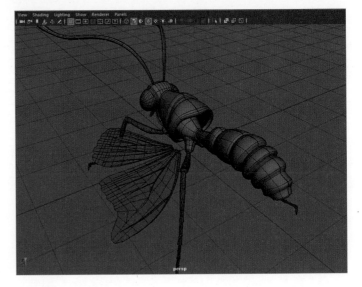

Import 03

Windows » Outliner를 선택합니다. Import가 된
날개를 선택합니다.

Import 04

앗! 날개가 뒤집어졌습니다.

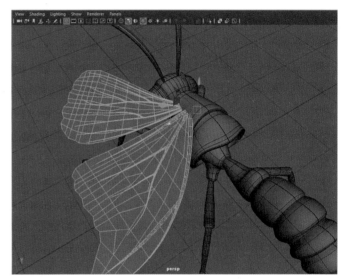

Import 05

오른쪽 채널박스 Scale Z 부분에 −1을 적어 줍
니다.

 TIP 마야에서 Scale X / Scale Y / Scale Z 부분에
−1은 Mirror를 실행합니다.

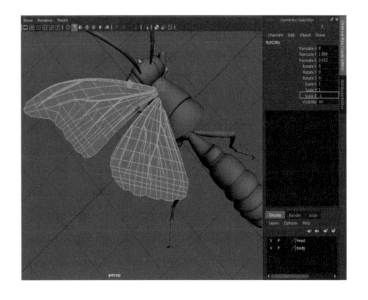

Import 06

크기가 작아 보입니다. 키보드 "ⓡ"을 선택해 크기를 주황색 박스 부분을 선택해 크게 모델링합니다.

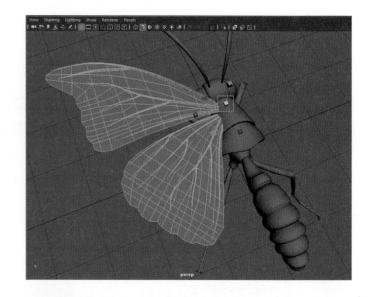

Import 07

아래쪽 날개를 모두 선택합니다. 그리고 이동키 "ⓦ"를 이용해 위쪽 날개와 조금은 포개지면서 아래쪽에 위치할 수 있도록 이동합니다.

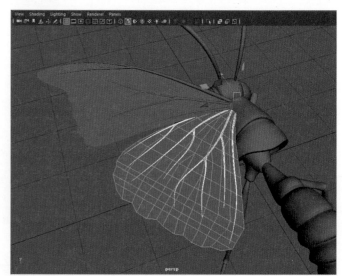

Import 08

Windows » Outliner를 열어서 날개를 전부 선택합니다.

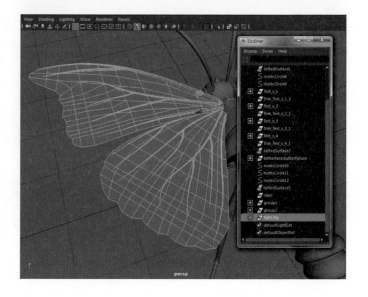

Import 09

Modify ≫ Freeze Transformations을 실행합니다.

Import 10

채널 박스를 확인하면 모든 값이 초기값으로 변경
되었습니다.
Ctrl + d를 이용해 복사합니다.

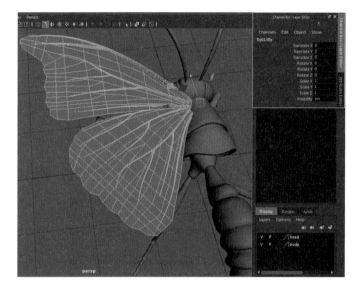

Import 11

오른쪽 채널박스 Scale X 부분에 −1을 적어 줍니
다. Mirror가 실행되면서 반대쪽 날개가 만들어졌
습니다.

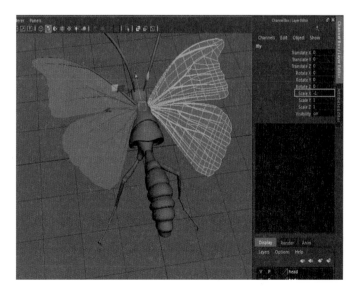

Import 12

완성되었습니다.

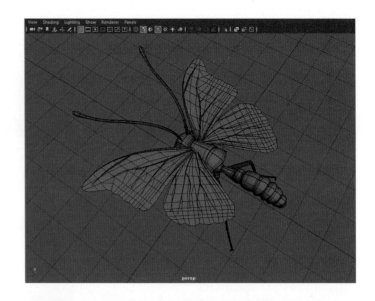

Import 13

View ≫ Predefined Bookmarks ≫ Top View로 전
환합니다. 날개 부위를 확대시킵니다.

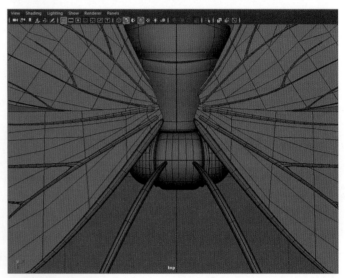

Import 14

Mesh Tools ≫ Create Polygon을 실행합니다.

Import 15

Wireframe Mode(단축키 "4")에서 그려 줍니다.

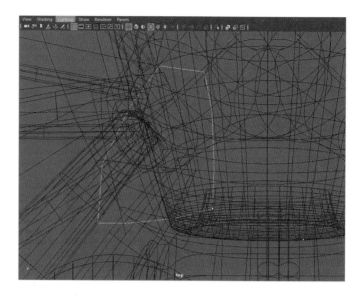

Import 16

"y" 방향으로 이동시켜 몸통 위쪽에 위치시킵니다.

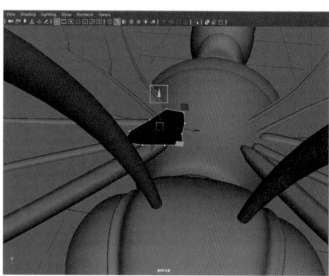

Import 17

Mesh Tools » Multi-Cut Tool을 선택합니다.

Import 18

마우스로 Edge와 Edge를 선택해 추가시킵니다.

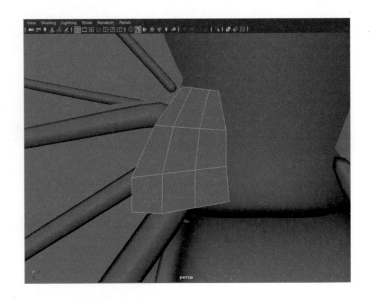

Import 19

모델을 선택한 후 Edit Mesh » Extrude를 실행합
니다.

Import 20

파란색 화살표를 이동시켜 두께를 만들어 줍니다.
Division : 1 / Keep Faces Together : On을 입력
합니다.

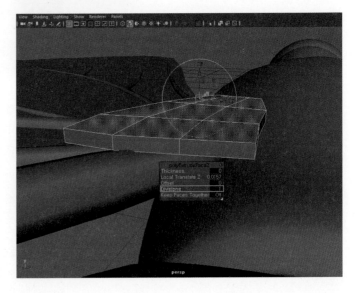

Import 21

모델 위에서 마우스 오른쪽 클릭으로 Object Mode
를 선택합니다.

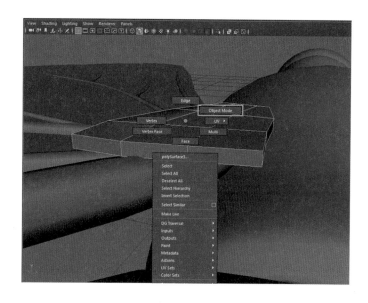

Import 22

모델을 선택한 후 Mesh ≫ Smooth를 적용합니다.

Import 23

모델을 선택한 후 Ctrl + d를 이용해 복사합니다.

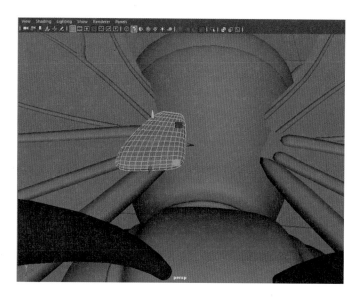

Import 24

채널박스에서 Scale X(빨간색 화살표)에 −1을 입력합니다.

Mirror가 되었습니다.

그림처럼 위치시킵니다.

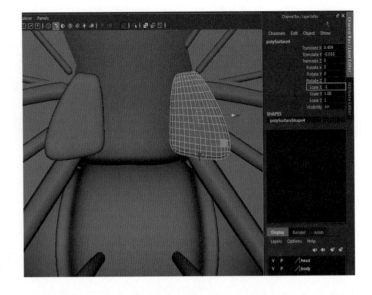

Import 25

모델링이 끝났습니다.

정리를 해주는 방법을 배워 보겠습니다.

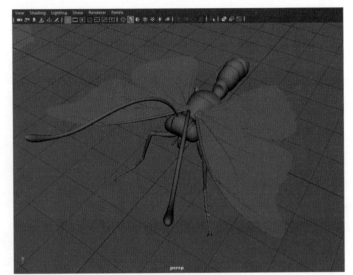

Import 26

Windows » Outliner를 선택합니다.

네임을 보면 복잡합니다.

Import 27

Edit 》 Delete All by Type 》 History를 선택합
니다.

Import 28

Select 》 All by Type 》 NURBS Curves를 선택합
니다.

Import 29

View의 모든 커브가 선택됩니다.
키보드 Delete key를 선택해 지워줍니다.

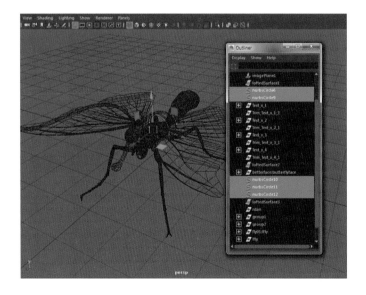

Import 30

Outliner 창에서 불필요한 이름들을 모두 선택해 지워줍니다. 이름도 바꾸어서 작업자가 관리하기 좋은 환경으로 만들어 줍니다.

이제부터는 재질 옵션과 재질을 설정해 보겠습니다.

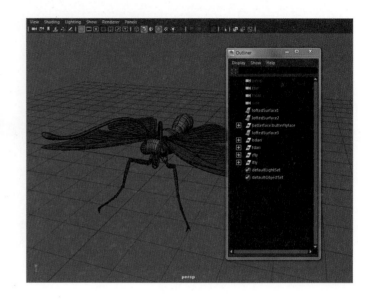

09 | 나비 재질 만들기

작업의 효율성을 위해 화면 오른쪽 Layer를 이용해 구분해 주겠습니다.

Mater 01

Display » Layer » Create Empty Layer를 선택합
니다.

Mater 02

만들어진 Layer 이름 위에서 마우스 더블 클릭하
면 Edit Layer 옵션 창이 나타납니다. 주황색 박스
입력 부분에 "body"라고 입력합니다.
Save를 선택해 줍니다.

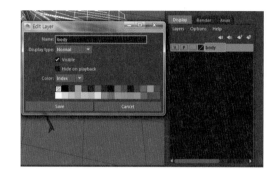

Mater 03

foot / face / fly를 차례로 만들어 줍니다.

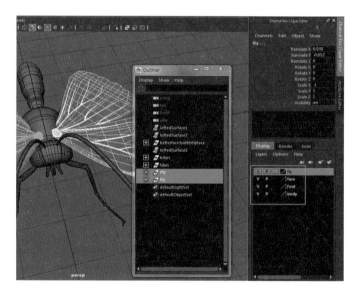

Mater 04

Outliner 창에서 "fly"를 선택합니다.
"fly" Layer "v" 부분 위에서 마우스 오른쪽 클릭
Add Selected Objects를 선택합니다.

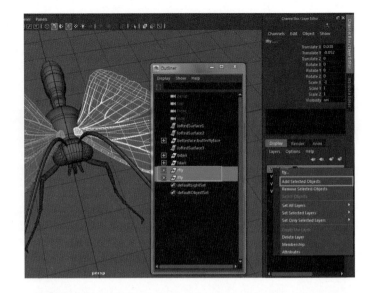

Mater 05

Layer에서 "v"를 클릭해 보면 "fly Object"가 숨겨
지는 것을 확인할 수 있습니다.

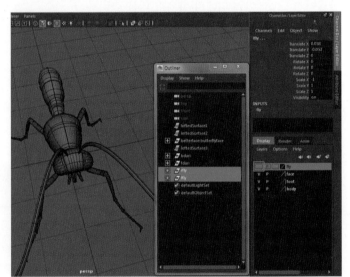

Mater 06

Outliner 창에서 "bdari/fdari"를 선택합니다.
"foot" Layer "v" 부분 위에서 마우스 오른쪽 클릭
으로 Add Selected Objects를 선택합니다.
"v"를 클릭해 보면 "bdari/fdari Object"가 숨겨지
는 것을 확인할 수 있습니다.

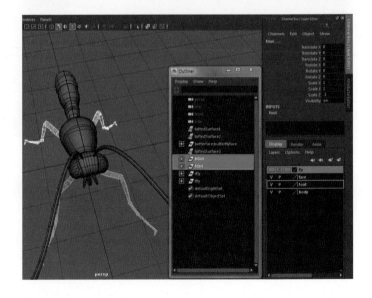

Mater 07

Outliner 창에서 "몸통 오브젝트"를 선택합니다.
"body" Layer의 "v" 부분 위에서 마우스 오른쪽 클
릭으로 Add Selected Objected를 선택합니다.
"v"를 클릭해 보면 "body Object"가 숨겨지는 것을
확인할 수 있습니다.

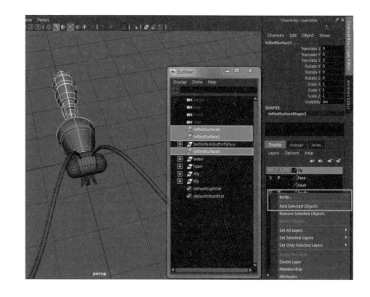

Mater 08

Outliner 창에서 "머리 오브젝트"를 선택합니다.
fly Layer의 "v" 부분 위에서 마우스 오른쪽 클릭으
로 Add Selected Objected를 선택합니다.
"v"를 클릭해 보면 머리 부분이 숨겨지는 것을 확
인할 수 있습니다.

 TIP Head Layer를 만들어 관리하는 것도 좋은 방법입
니다.

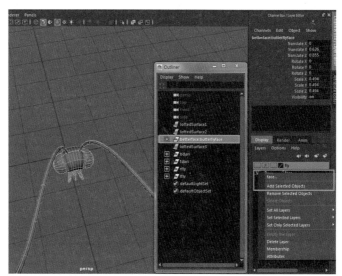

Mater 09

body Object를 선택합니다.

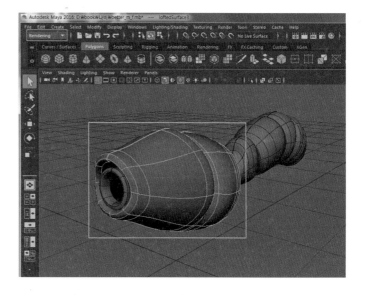

Mater 10

Windows ≫ Rendering Editors ≫
Hypershade를 선택합니다.

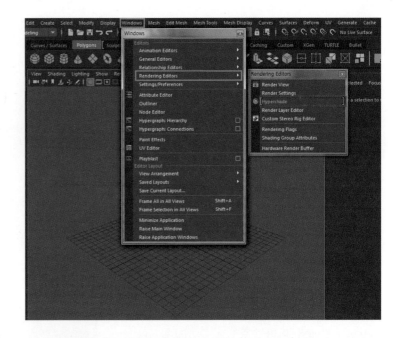

Mater 11

❶ 왼쪽 박스 하단에서 Blinn을 선택합니다.

❷ 오른쪽 화면을 보면 선택한 Blinn의 맵 요
소들이 나타나는 것을 확인할 수 있습니다.

❸ 이름을 Blinn에서 body로 변경해줍니다.

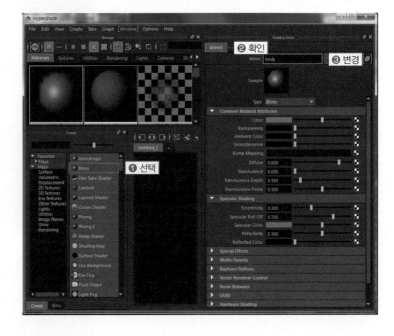

Mater 12

오른쪽 화면에서 주황색으로 표시한 Color
Map의 체크무늬를 클릭합니다.

Texture Editor가 나타납니다.

Fractal을 선택합니다.

Mater 13

다음과 같이 값을 입력해 줍니다.

Threshold : 0.965, Ratio : 0.965, Effects :
Invert 체크

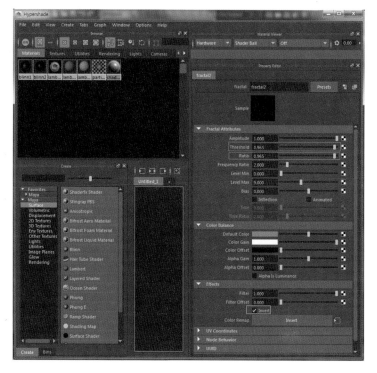

Mater 14

몸통을 선택한 후 body 재질 위에서 마우스 오른쪽 클릭으로 Assign Material to Selection을 선택해 적용합니다.

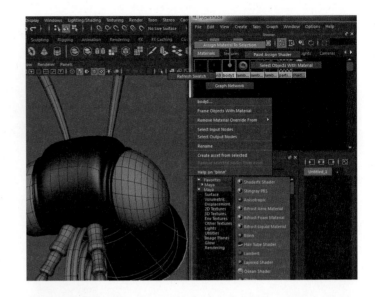

Mater 15

몸통과 꼬리 부분에 재질을 적용시켜 완성합니다.

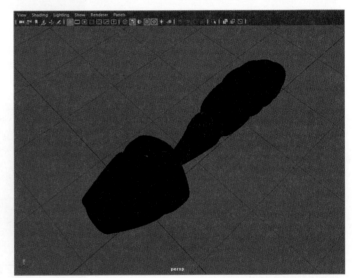

Mater 16

Windows 》 Rendering Editors 》 Hypershade
를 선택합니다.

왼쪽 박스에서 Blinn을 선택합니다.

오른쪽 화면을 보면 선택한 Blinn의 맵 요소들
이 나타나는 것을 확인할 수 있습니다.

이름을 Blinn에서 Head로 변경해줍니다.

오른쪽 화면에서 주황색으로 표시한 Color
Map의 체크무늬를 클릭합니다.

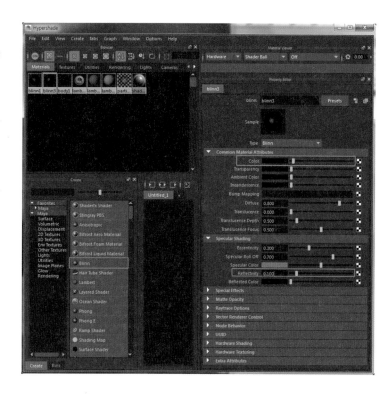

Mater 17

Texture Editor가 나타납니다.

Ramp map을 선택합니다.

Mater 18

오른쪽 화면을 설명합니다.

화면의 연두색 박스는 color를 편집하기 위해
선택하는 아이콘입니다.

주황색 박스는 Color를 지정할 수 있습니다.

Color 부분을 클릭하면 Color Box가 나타납니
다. 어두운 주황색을 선택해 줍니다.

분홍색 화살표는 Color 편집을 위해 추가시킵
니다.

화살표 부분을 마우스로 클릭하면 추가가 됩
니다.

그림처럼 추가시켜서 양쪽 사이드로 위치시켜
완성합니다.

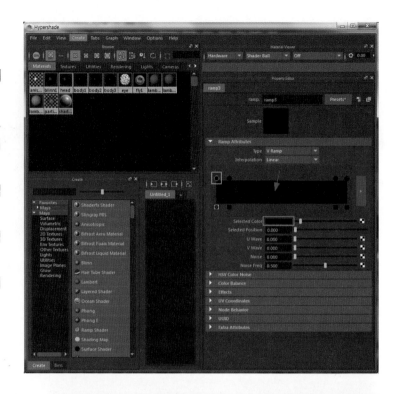

Mater 19

머리를 선택한 후 Head 재질 위에서 마우스 오른
쪽 클릭으로 Assign Material to Selection을 선택
해 적용합니다.

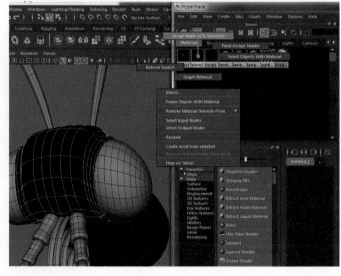

Mater 20

Windows ≫ Rendering Editors ≫ Hypershade
를 선택합니다.

왼쪽 박스에서 Blinn을 선택합니다.

오른쪽 화면을 보면 선택한 Blinn의 맵 요소들
이 나타나는 것을 확인할 수 있습니다.

오른쪽 화면에서 주황색으로 표시한 Color
Map의 체크무늬를 클릭합니다. 이름을 Blinn
에서 eye로 변경해줍니다.

Mater 21

Texture Editor가 나타납니다.

Granite map을 선택합니다.

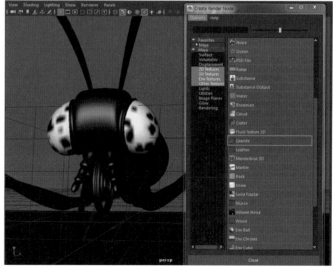

Mater 22

Color와 값을 입력해 줍니다.

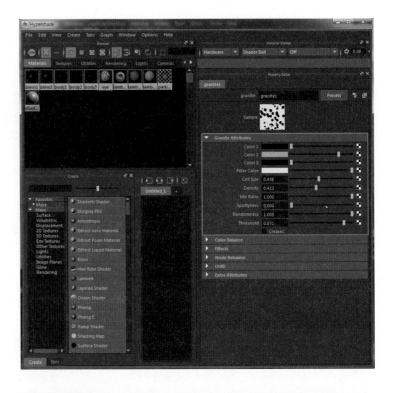

Mater 23

❶ 왼쪽 위 화면에서 eye 재질을 선택합니다.
오른쪽 화면에서 주황색 박스로 표시한
Specular Shading의 값을 입력해 줍니다.

❷ eye 재질은 눈을 선택하고 Assign Material
to Selection을 선택해 적용합니다.

Mater 24

View ≫ Predefined Bookmarks ≫ Top을 선택합니다.

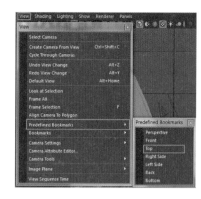

Mater 25

날개만 보이도록 레이어를 제어합니다.

날개 네 개를 모두 선택합니다.

Mesh ≫ Combine을 실행합니다.

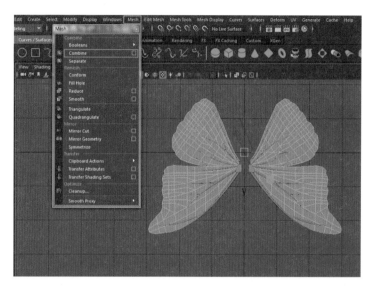

Mater 26

UV ≫ Planar 옵션 박스를 선택합니다.

Project form : Y axis를 체크합니다.

Project를 선택해 실행합니다.

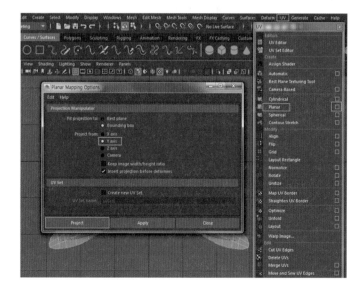

Mater 27

Y 방향으로 Mapping을 완성한 그림입니다.

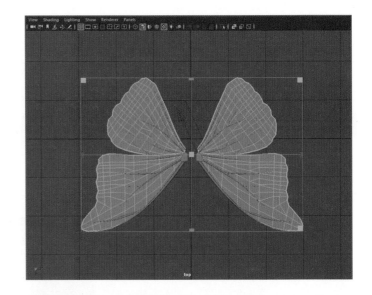

Mater 28

UV ≫ UV Editor를 선택합니다.

크기를 연두색 화살표를 움직여 조절합니다.

빨간색 화살표를 이용해 위치를 분홍색 박스 안에

위치하게 조절해 줍니다. 반드시 분홍색 박스 안

에 위치해야 합니다.

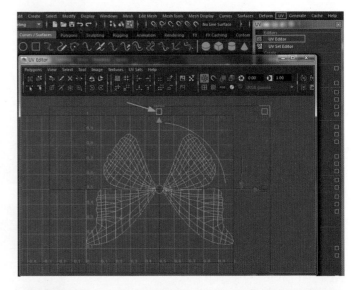

Mater 29

Edge가 선택된 것을 확인한 후 Polygons ≫ UV

Snapshot…을 선택합니다.

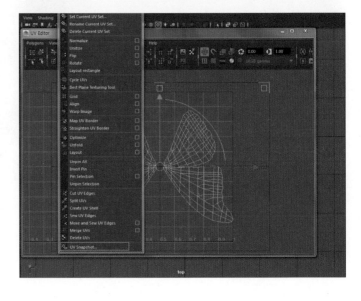

Mater 30

값을 입력한 후 OK 버튼을 선택해 저
장합니다.

경로를 확인해 저장된 이미지를 Photo
shop에서 Open할 수 있습니다.

또한 재질을 완성할 수 있습니다.

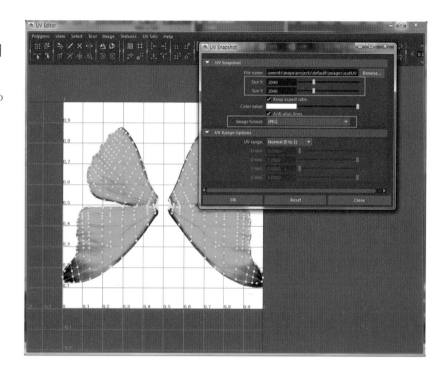

Mater 31

❶ Windows » Rendering Editors » Hypershade
를 선택합니다.

왼쪽 박스에서 Phong을 선택합니다.

오른쪽 화면을 보면 선택한 Phong의 맵 요
소들이 나타나는 것을 확인할 수 있습니다.

오른쪽 화면에서 주황색으로 표시한 Color
Map의 체크무늬를 클릭합니다.

❷ 날개 모델을 선택한 후 fly 재질 위에서 마우스
오른 클릭으로 Assign Material to Selection
을 선택해 적용합니다.

Mater 32

Texture Editor가 나타납니다.

File map을 선택합니다.

Mater 33

폴더를 선택하고 날개 이미지(bfly.jpg)를 선택합
니다.

Mater 34

폴더를 선택하고 날개 이미지(bfly.jpg)를 선
택한 그림입니다.

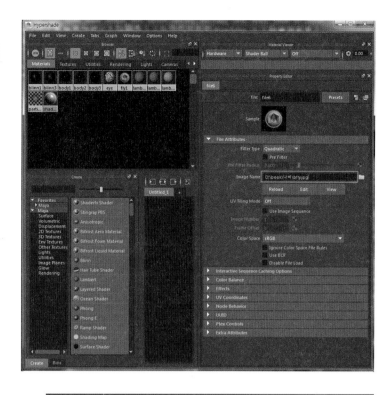

Mater 35

화면에 적용된 이미지가 보입니다. 하지만 외곽에
흰색이 보입니다.

UV 》 UV Editor를 선택합니다. UV Editor가 나타
납니다.

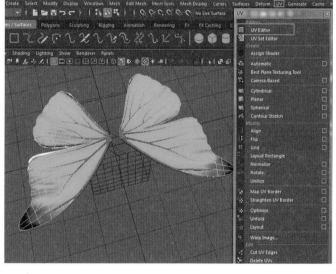

Mater 36

UV Editor 창에서 Image >> Display Image의 체크
를 해제하면 날개 UV가 확인됩니다.
다시 Display Image를 체크합니다.

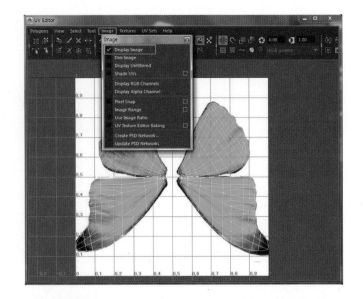

Mater 37

UV Editor에서 마우스 오른쪽을 클릭한 후 UV를
선택합니다.

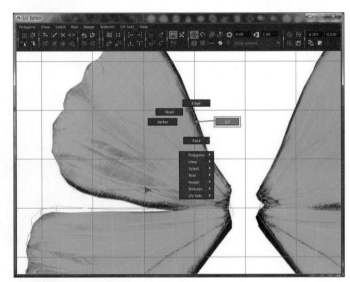

Mater 38

외곽이 어색합니다.

Mater 39

UV Editor에서 나비 UV 밖으로 나온 부분의 UV를
선택해서 안쪽으로 이동시켜 완성해줍니다.

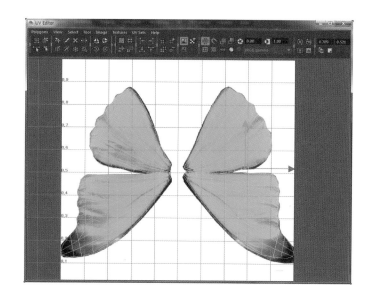

Mater 40

재질이 완성되었습니다.
Mesh » Separate를 선택합니다.
날개들이 분리되었습니다.

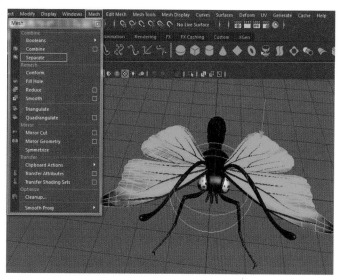

Mater 41

Windows » Outliner를 선택해서 열어 줍니다.
오른쪽 날개 부분을 모두 선택해서 Group(Ctrl+
G)을 만들어 줍니다.
왼쪽 날개 부분을 모두 선택해서 Group(Ctrl+
G)을 만들어 줍니다.
위와 같은 방식으로 모든 재질을 완성합니다.

10 | 나비의 털 만들기

몸통 부분 긴 털들과 머리 부분 솜털, 다리 부분으로 만들어 줍니다.

Hair 01

몸통 오브젝트를 선택합니다.

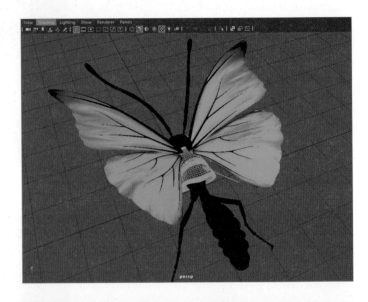

Hair 02

Generate **»** Make Paintable을 선택합니다.

 TIP Effect를 이용해 털을 만들 때 몸통에 그려질 수 있도록 하는 명령어입니다.

Hair 03

Windows » General Editor » Content Bowser
를 선택합니다.

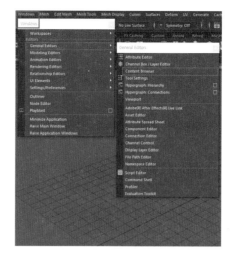

Hair 04

paint_effects » hair » bodyfurblond.mel을 선택
합니다. 주황색으로 표시된 부분을 확인하세요.

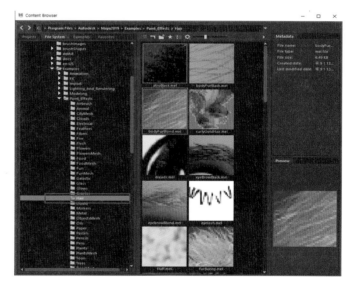

Hair 05

마우스를 몸통 오브젝트 위로 가져가면 원형 브러
시가 나타납니다. 머리 부분부터 아래쪽으로 직선
을 유지하고 그려 줍니다. 자동으로 털이 만들어
지는 것을 확인할 수 있습니다.

 TIP

브러시의 Size를 제어할 때는 키보드의 B를 누른
상태로 유지한 후 마우스 왼쪽 버튼을 좌우로 드래
그하면 사이즈가 작아지거나 커지는 명령이 실행
됩니다.

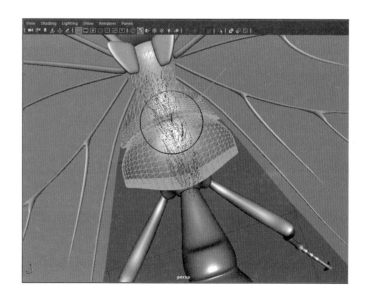

Hair 06

좌우 쪽으로도 위쪽에서 아래쪽으로 직선을 유지
하고 그려 줍니다. 자동으로 털이 만들어지는 것
을 확인할 수 있습니다.

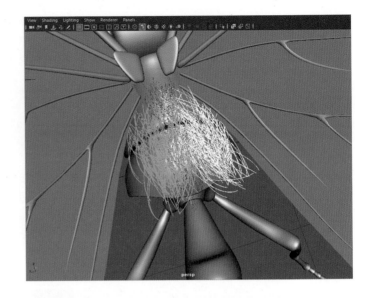

Hair 07

Windows ≫ Outliner를 선택합니다.

Hair 08

Outliner 창에서 주황색 박스로 표시한 strokebody
furblond1을 선택합니다.

화면 오른쪽 주황색 박스 Attribute Editor를 선택
합니다.(단축키 Ctrl + a)

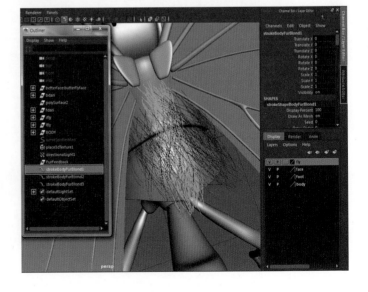

Hair 09

빨간색 박스로 표시한 bodyfurblond1을 선택합니다.

Tubes » Creation » Tubes Per Step : 20, Length Max : 0.9를 입력합니다.

하지만 오브젝트의 크기에 따라 값은 차이가 납니다.

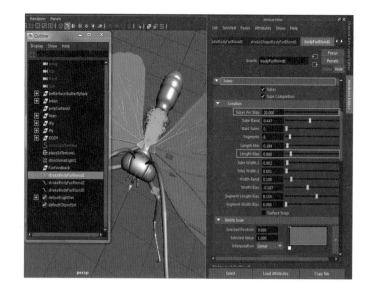

Hair 10

아래쪽으로 이동해서 Behavior » Forces » Gravity : 0.08을 입력합니다.

이것 역시 작업자가 원하는 형태가 될 수 있도록 조절합니다.

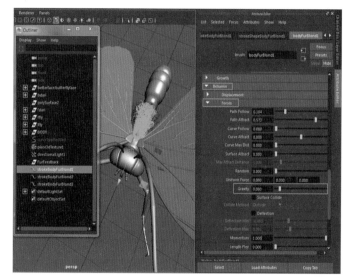

Hair 11

이번에는 좌우에 있는 strokebodyfurblond2를 선택합니다.

화면 오른쪽 빨간색 박스 Attribute Editor를 선택합니다. (단축키 Ctrl + a)

빨간색 박스로 표시한 bodyfurblond2을 선택합니다.

Tubes » Creation » Tubes Per Step : 10, Length Max : 0.4를 입력합니다.

하지만 오브젝트의 크기에 따라 값은 차이가 납니다.

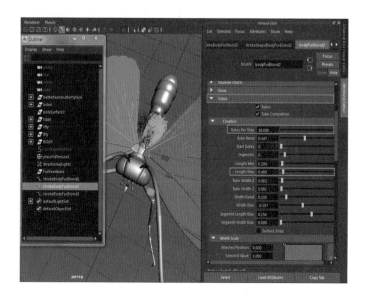

Hair 12

아래쪽으로 이동해서 Behavior ≫ Forces ≫ Gravity : 0.11을 입력합니다. 이것 역시 작업자가 원하는 형태가 될 수 있도록 조절합니다.

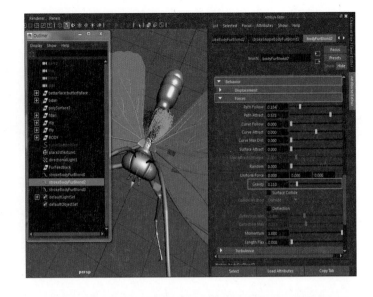

Hair 13

Windows ≫ Settings/Preferences ≫ plug_in Manager ≫ Fur.mll을 체크해 줍니다.

Hair 14

얼굴 모델을 선택합니다.

Hair 15

왼쪽 빨간색부분을 FX를 선택합니다.

나비 머리 오브젝트를 선택한 후

Modify ≫ convert ≫ NURBS to Polygon을 선택합니다.

나비 머리 poly object를 선택한 후

nHair ≫ Create Hair를 선택합니다.

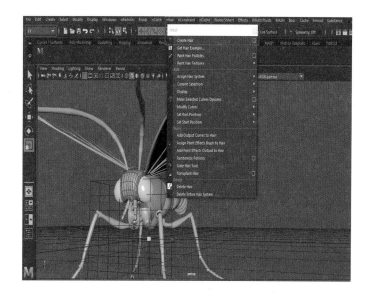

Hair 16

얼굴에 Hair를 적용시켜 털이 나타납니다.

(Ctrl + a를 선택합니다.)

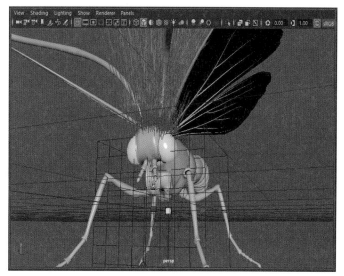

Hair 17

화면 오른쪽 주황색 박스 부분을 선택합니다.

(hairSystemShape1)

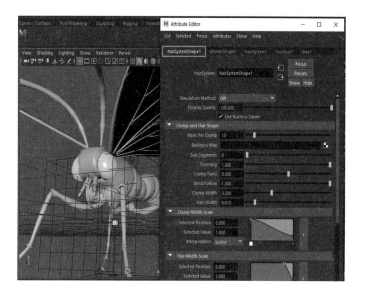

Hair 18

주황색 부분처럼 변경시키고 수치를 입력합니다.

Simulation Method : off

Thinning : 1

TIP Tip Color
어두운 주황색(Base Color보다 더 어둡게 합니다.)

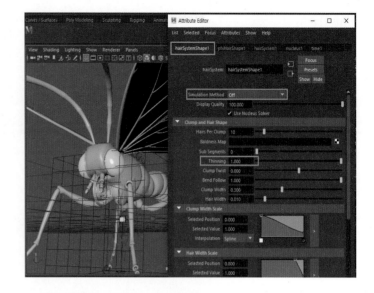

Hair 19

View » Predefined Bookmarks » Right Side를
선택합니다.

Hair 20

Create » Curve Tools » CV Curve Tool을 선택합
니다.

Hair 21

다리부분 안쪽으로 Curve를 그립니다.

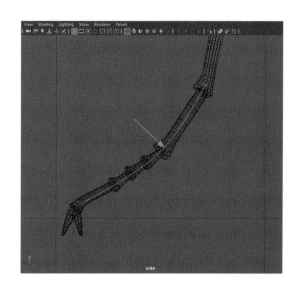

Hair 22

Modify » Center Pivot을 선택합니다. Pivot이 오브젝트 가운데로 이동됩니다.

Hair 23

키보드 Insert를 선택합니다. Pivot을 이동시킬 수 있습니다.
마우스로 Pivot을 Curve의 안쪽에 위치할 수 있도록 이동시킵니다.

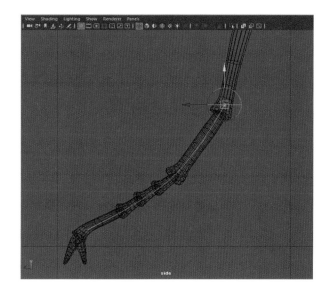

Hair 24

View » Predefined Bookmarks » Perspective를
선택합니다.

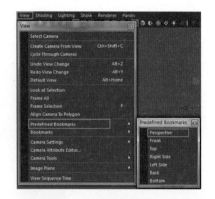

Hair 25

마우스로 Pivot을 Curve의 안쪽에 위치할 수 있도
록 이동시킵니다.

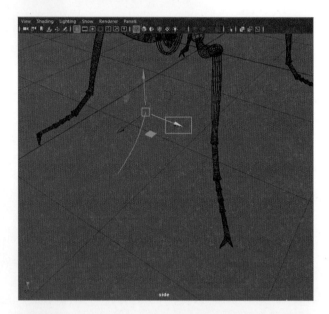

Hair 26

안쪽으로 이동시킨 모습입니다.

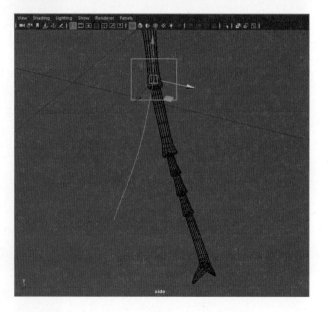

Hair 27

"[e]"를 선택하고 Rotate시켜 다리 안쪽에 위치할
수 있게 회전시켜 줍니다.

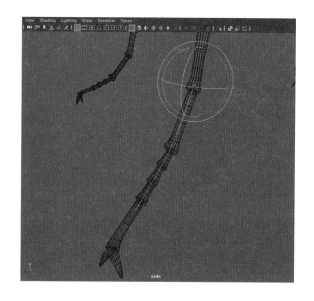

Hair 28

Windows ≫ General Editor ≫ Content Bowser를
선택합니다.

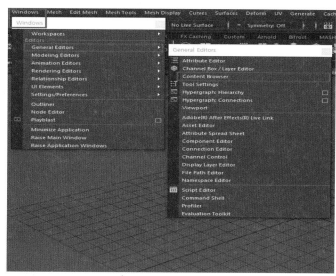

Hair 29

왼쪽 위 빨간색 박스 부분을 클릭해서 Modeling
Mode로 바꾸어줍니다.
Visor에서 아래 주황색 박스 부분의 hair를 선택합
니다.

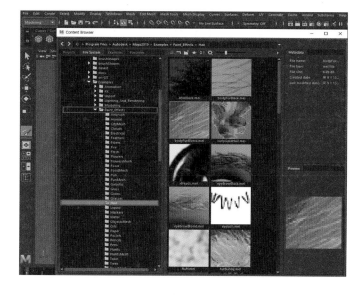

Hair 30

View를 확대시킵니다.

Curve를 선택합니다.

키보드의 Shift key를 누른 상태에서 주황색 박스 부분 bodyfurblond.mel을 선택합니다.

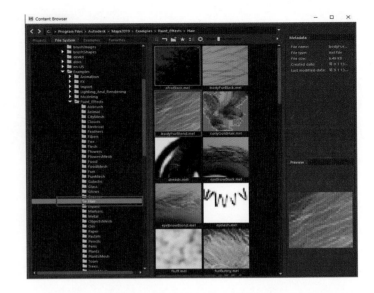

Hair 31

Generate » Curve Utilities를 선택합니다.

Attach Brush to Curves를 선택합니다.

Hair 32

Hair가 Curve에 생성된 것을 확인할 수 있습니다.
Attribute Editor를 선택합니다(단축키 Ctrl + a).
위쪽의 빨간색으로 표시된 부분의 bodyfurblond4
를 선택합니다.

Global Scale : 0.7, Brush Width : 0.003

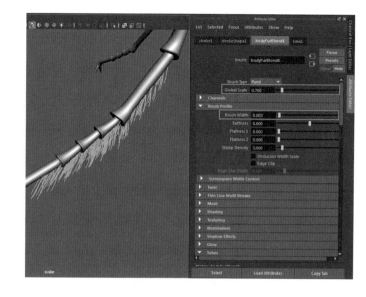

Hair 33

아래쪽으로 이동시킵니다.

Tube » Creation » Tube Per Step : 20, Length
max : 0.245

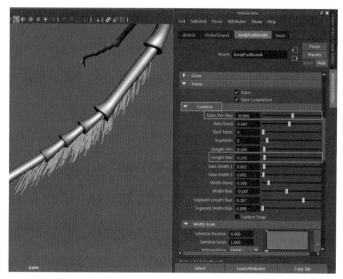

Hair 34

아래쪽으로 이동시킵니다.

Behavior » Forces » Gravity : 0.681을 입력합니
다.(값은 크기에 따라 변경해야 합니다.)

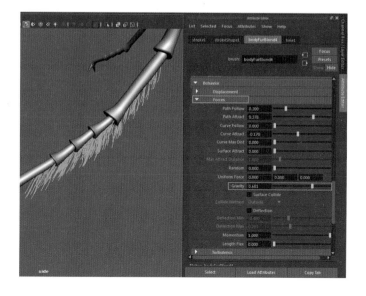

Hair 35

아래쪽으로 이동시킵니다.

Spiral ≫ Spiral Min : 0.419을 입력합니다. 적절히
값을 바꾸어가면서 원하는 형태로 만들어 줍니다.

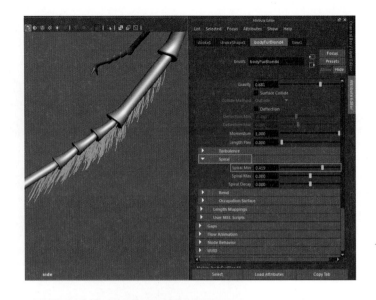

Hair 36

Windows ≫ Outliner를 선택합니다.

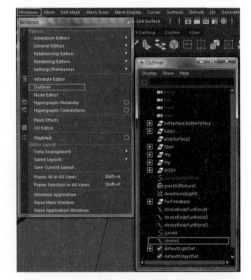

Hair 37

Outliner에서 stroke1을 선택합니다.
Ctrl+d를 이용해 복사합니다.
stroke2가 생성되었습니다.

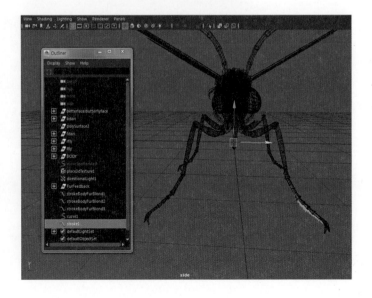

Hair 38

stroke2를 선택합니다.

오른쪽 화면 채널박스 Scale X 부분에 −1을 입력
합니다.

화살표 부분처럼 대칭으로 이동하며 반대편 다리
부분에 만들어졌습니다.

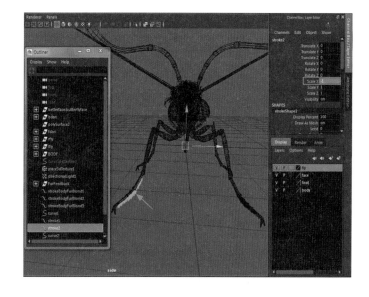

Hair 39

View에서 옆모습이 보이게 합니다.

Outliner에서 stroke2을 선택합니다.

Ctrl + d를 이용해 복사합니다.

stroke3가 생성되었습니다.

오른쪽 화면 채널박스 Scale Z 부분에 −1을 입력
합니다.

화살표 부분처럼 대칭으로 이동하며 반대편 다리
부분에 만들어졌습니다.

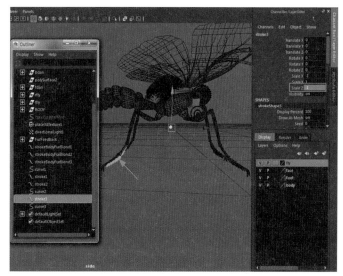

Hair 40

View에서 옆모습이 보이게 합니다.

Outliner에서 stroke1을 선택합니다.

Ctrl + d를 이용해 복사합니다.

stroke4가 생성되었습니다.

오른쪽 화면 채널박스 Scale Z 부분에 −1을 입력
하면 화살표 부분처럼 대칭으로 이동하며 반대편
다리 부분에 만들어졌습니다.

다리 네 개 부분 모두에 만들어졌습니다. 위치가
맞지 않는다면 이동키("w")를 이용해 맞춥니다.

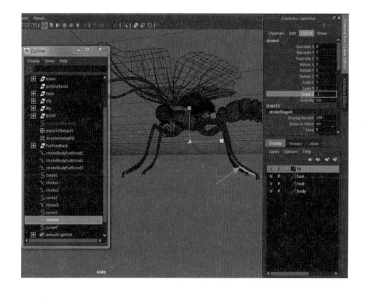

TIP View를 다루는 방법을 알아보겠습니다.

View 01

❶ perp 한 개의 뷰로 확대합니다.

❷ Top/Front/Side/Perp 네 개의 뷰를 만들어 줍니다.

❸ Outliner/perp 좌우로 두 개의 뷰를 만들어 줍니다.

❹ perp/Graph Editor 위/아래로 두 개의 뷰를 만들어 줍니다.

❺ Hypershade/perp 좌우로 두 개의 뷰를 만들어 줍니다.

❻ perp/Hypergraph/Graph Editor 위/아래 세계의 뷰를 만들어 줍니다.

❼ 마우스 왼쪽 버튼을 클릭하면 나타나는 메뉴 중에 선택해서 원하는 View로 전환할 수 있습니다.

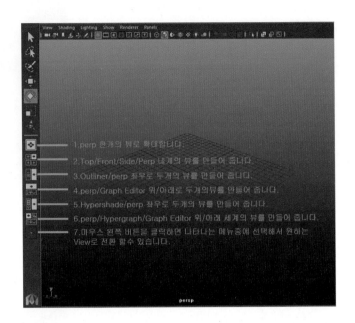

View 02

한 개의 View에서 ⌷Space Bar⌷를 누른 상태에서 Hotbox가 나타납니다. 마우스 왼쪽 클릭을 이용해 원하는 View로 전환할 수 있습니다.

또한 ⌷Space Bar⌷는 한 번 누르면 View를 네 개의 View 또는 한 개의 View로 전환시켜 줍니다.

⌷Ctrl⌷+⌷Alt⌷를 누른 상태에서 마우스 왼쪽 버튼을 이용해 사각형을 오른쪽에서 왼쪽으로 그리면 확대됩니다. 왼쪽에서 오른 쪽으로 그리면 축소됩니다.

⌷Alt⌷+마우스 중간 버튼을 누른 상태에서 이동하면 화면이 이동합니다.

F : Select All

A : Frame All

마우스 가운데 버튼을 회전시키면 줌인, 줌아웃이 실행됩니다.

View를 잘 다루어야 작업하기에 편리합니다.

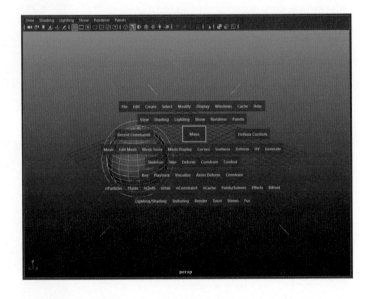

View 03

Top view를 선택하면 Top view로 이동됩니다.

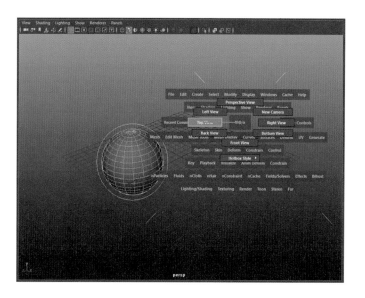

LESSON 04 | Lighting & Rendering

SECTION 01 | Light 이해하기

마야의 디폴트 라이트는 모두 7가지의 종류로 구성되어 있습니다. 작업자는 라이트를 사용할 때 공간의 빛에 대한 디자인을 생각하고 접근해야 합니다. 마야의 라이트는 빛의 반사를 표현할 수 없습니다. 만약 표현하기 원한다면 mentalry 또는 v−ray 렌더링과 같은 전문 소프트웨어를 사용해야 합니다. 하지만 빛을 비추고 그림자를 생성하고 투명한 모델을 투과시킬 수 있는 강력한 Tool입니다.

01 | Ambient Light

- Fill Light로 사용됩니다.
- 빛에 의한 음영이 일정하게 나타납니다.
- Depth Map Shadows(디폴트로 지원되는 그림자)를 통한 그림자를 표현할 수 없습니다.
- Intensity : "1"은 매우 밝게 표현됩니다. 사용한다면 "0.6" 이하가 좋은 결과를 가져올 수 있습니다.

Light 01

File 》 Open Scene... 》 Light.mb 파일을 불러옵니다.

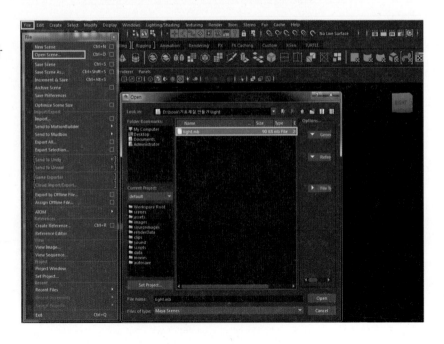

Light 02

Create ≫ Lights ≫ Ambient Light
를 선택해 생성합니다.

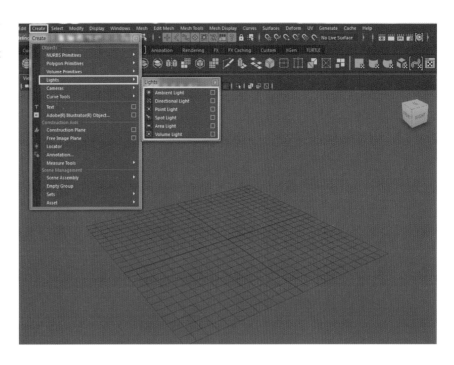

Light 03

옵션을 알아보겠습니다.

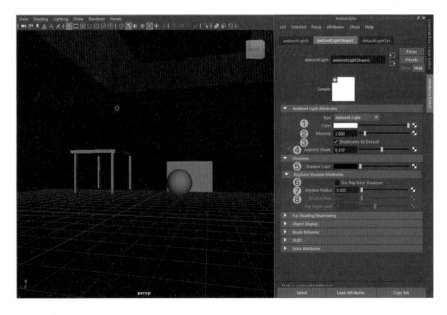

❶ Color : Light의 색상을 지정합니다.

❷ Intensity : Light의 강도

❸ Illuminates by Default : Light는 공간에 존재하지만 빛을 비추지는 못합니다.

❹ Ambient Shade : 값에 따라 음영이 바뀌어집니다.

❺ Shadow Color : Shadow의 색상을 지정합니다.

❻ Use Ray Trace Shadows : 소프트한 그림자를 만들어 줍니다. 그리고 투명한 재질을 투과시켜 줍니다.

❼ Shadow Radius : 많은 양의 작은 입자를 이용해 그림자의 해상도를 높게 합니다.

❽ Shadow Rays : 그림자의 외곽을 부드럽게 합니다.

Light 04

Ambient Shade : 0

Light 05

Ambient Shade : 0.5

Light 06

Ambient Shade : 1

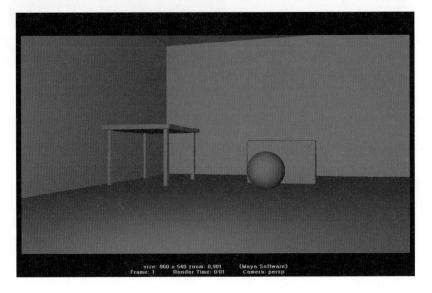

02 | Area Light

- Planer 형태를 가진 Light입니다.
- 빛의 전달 거리가 짧고 빛의 강도는 매우 강합니다.
- Planer의 크기에 따라 빛의 강도는 달라집니다.
- mentalry 또는 v-ray 렌더링과 연동해 사용되는 경우가 많습니다.

Light 07

Create » Lights » areaLight를 선택해 생성합니다.

위로 이동시키고 회전시켜 노란색 화살표 방향으로 만들어 줍니다.

오른쪽 화면처럼 입력해 줍니다.

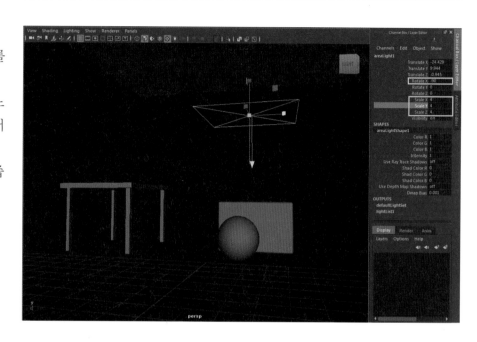

Light 08

라이트 옵션을 알아봅니다.

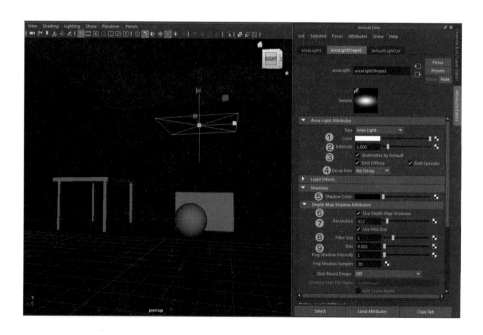

❶ Color : Light의 색상을 지정합니다.

❷ Intensity : Light의 강도

❸ Illuminates by Default : 체크가 해제되면 Light는 공간에 존재하지만 빛을 비추지 않습니다.

　Emit Diffuse : 체크가 해제되면 라이트의 영향을 받는 부분을 제거합니다.

　Emit Specular : 체크가 해제되면 빛이 가장 강한 부분을 제거합니다.

❹ Decay Rate : 빛을 감쇠시키는 역할을 합니다.

❺ Shadow Color : Shadow의 색상을 지정합니다.

❻ Use Depth Map Shadows : 일반적인 그림자를 만듭니다.

❼ Resolution : 그림자의 해상도를 정해 줍니다. 수치를 높이면 많은 양의 알갱이를 생성해 줍니다.

❽ Filter Size : 그림자를 부드럽게 보이게 해줍니다.

❾ Bias : 그림자의 시작점을 정해 줍니다. 값이 "0"일 때 모델의 위치에서부터 그림자를 생성시킵니다. 값을 높이면 그림자가 나타나지 않습니다.

Light 09
렌더링시킨 장면입니다.

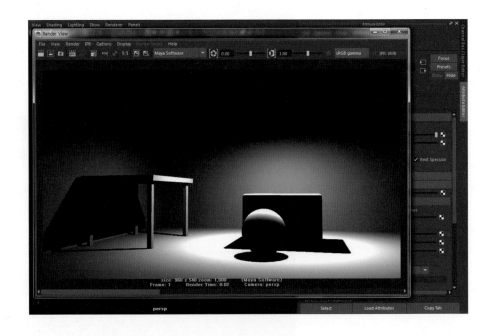

Light 10

Use Ray Trace Shadows를 체
크하면 실행됩니다.

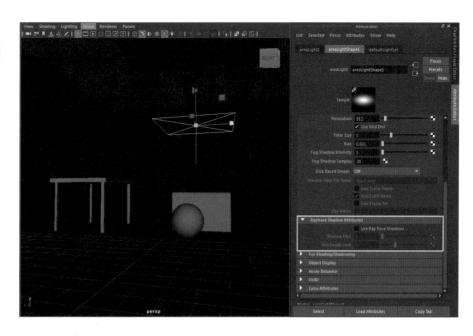

• **Use Ray Trace Shadows** : 체크하면 소프트한 그림자를 만들어 줍니다. 그리고 투명한 재질을 투과시켜 줍니다.

• **Shadow Rays** : 그림자의 외곽을 부드럽게 합니다.

• **Ray Depth Limits** : 그림자의 한계치를 정합니다.

03 | Direction Light

- 태양과 같이 직사광선으로 전달하는 라이트입니다.
- 라이트의 위치나 크기에 관계없이 방향만 지정하면 빛이 생성됩니다.

Light 11

Create » Lights » direction Light를 선택해 생성합니다. 위로 이동시키고 회전시켜 화살표 방향을 위에서 아래를 향하게 만들어 줍니다.
명령어는 areaLight와 동일합니다.

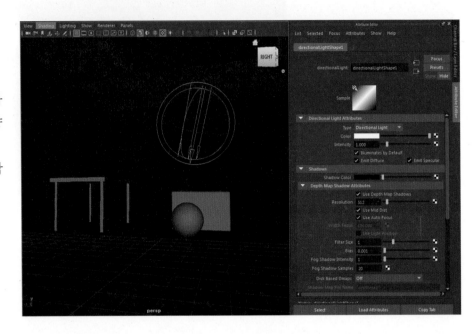

Light 12

렌더링시켜보면 빛이 틈을 뚫고 바닥에 비추어집니다. 빛의 반사가 실행되지 않기 때문에 다른 부분에 영향을 주지는 않는 것을 확인할 수 있습니다.

04 | Point Light

- 국부 광원이라 합니다. 점의 위치에서 사방으로 빛을 전달합니다.
- 외부 원형 조명 등에 자주 사용됩니다.

Light 13

Create ≫ Lights ≫ Point Light
를 선택해 생성합니다.
위치를 위쪽으로 이동시킵니다.
명령어는 areaLight와 동일합
니다.

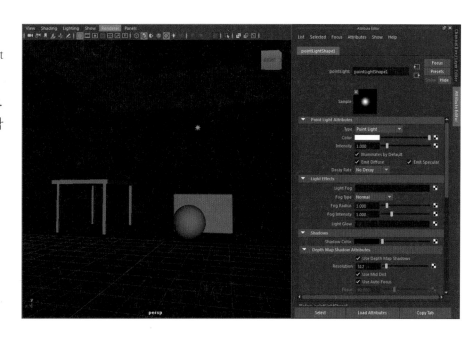

Light 14

렌더링시켜 보면 빛의 위치에
서 사방으로 전달하는 것을 볼
수 있습니다.

05 | Spot Light

- 라이트의 위치에서 원하는 방향으로 빛을 전달합니다.
- 스포트라이트와 같은 역할을 하는 라이트입니다.
- Light Fog를 사용하기 위해서는 Spot Light를 사용해야 합니다.

Light 15

Create » Lights » Spot Light
를 선택해 생성합니다.
위치를 위쪽으로 이동시킵니다.
명령어는 areaLight와 동일합
니다. 새로 추가된 명령어는 아
래에 소개하겠습니다.

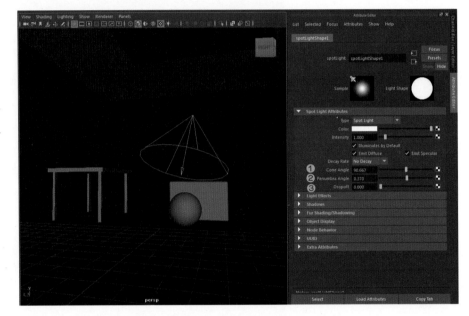

❶ **Cone Angle** : Spot Light를 비추었을 때 나타나는 영역을 말합니다.

❷ **Penumbra Angle** : Cone Angle의 외곽부분을 부드럽게 만들어 줍니다.

❸ **Dropoff** : Cone Angle의 중심에서부터 외곽으로 점점 빛이 사라지게 합니다.

Light 16

그림처럼 외곽이 나타납니다.
그것이 Cone Angle입니다.
렌더링시켜 보면 빛의 위치에
서 전달시켜 원형으로 전달되
는 것을 볼 수 있습니다.

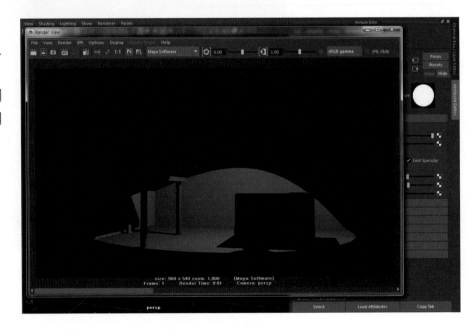

06 | Volume Light

- VolumeLight는 구, 박스, 원통형 등 형태를 가지고 있는 라이트입니다.
- 라이트의 위치에서 빛을 발생시켜 구의 외곽으로 가면 사라집니다.
- 공간 연출을 위해 필요한 라이트입니다.

Light 17

Create » Lights » VolumeLight
를 선택해 생성합니다.
중앙으로 이동시킵니다.
명령어는 areaLight와 동일합
니다.

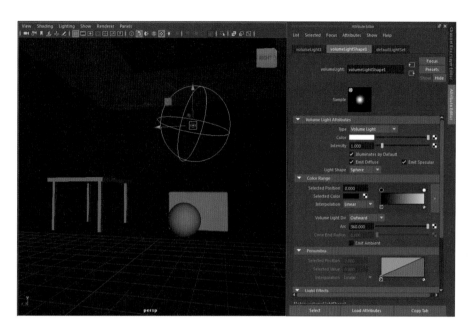

Light 18

Volume Light의 크기를 크게
조절해서 실내의 외곽에 위치
하게 합니다.

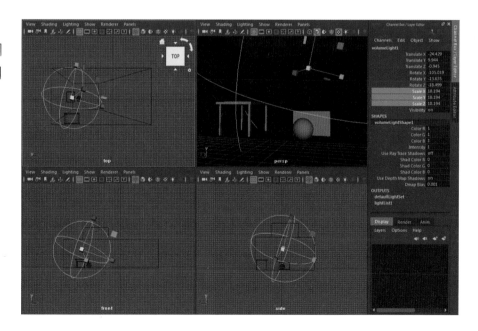

Light 19

렌더링시킵니다. 어둡지만 벽면은 빛에 영향을 받고 코너 부분은 빛이 영향을 주지 않습니다.

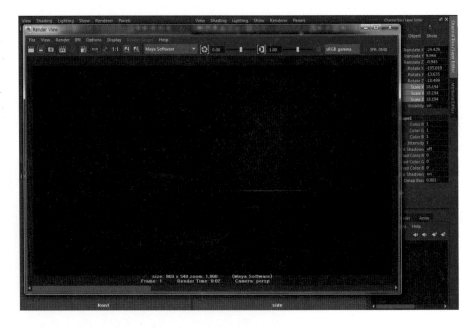

Light 20

명령어는 위 라이트들과 같습니다. 새로 추가된 다른 명령어를 소개합니다.

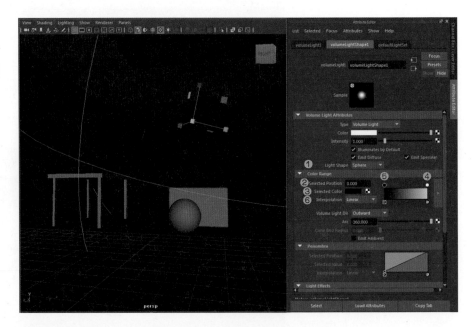

❶ **Light Shape** : Volume Light의 종류를 선택합니다.(Sphere(구), Box, Cylinder(원통형), Cone(원 뿔))

❷ **Selected Position** : 5번 또는 4번을 선택한 후 그 슬라이더의 위치를 수치로 조절합니다.

❸ **Selected Color** : 5번 또는 4번을 선택한 후 Color를 수정합니다.

❹ 슬라이더입니다. 선택 후 이동할 수 있습니다.

❺ 슬라이더입니다. 선택 후 이동할 수 있습니다.

❻ **Interpolation** : Color와 Color 사이에 값을 정해 줍니다.

Light 21

Intensity를 높인 후 다시 렌더
링시켜 확인합니다.

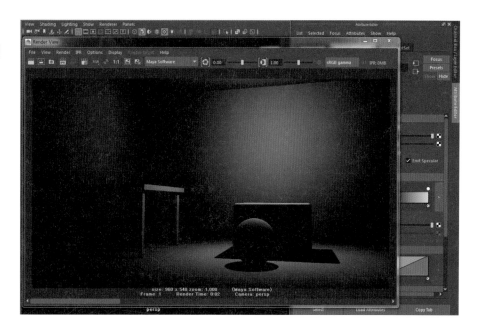

07 | Light Linking

작업자가 라이트를 사용하다 보면 연출을 위해 많은 Light를 사용하게 됩니다. 그때 우리는 효율적인 작업을 위해 라이트와 모델 간의 관계를 끊어 내거나 연결해야 합니다. 이때 사용하는 것이 Light Linking입니다.

Light 22

Point Light를 만들어 줍니다.

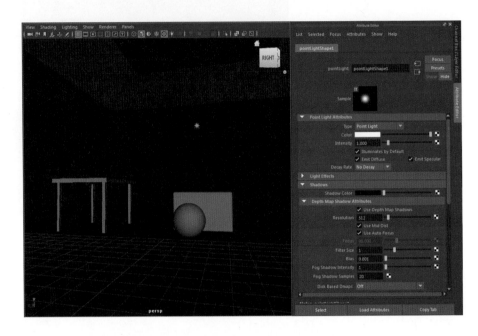

Light 23

렌더링시켜 확인합니다.

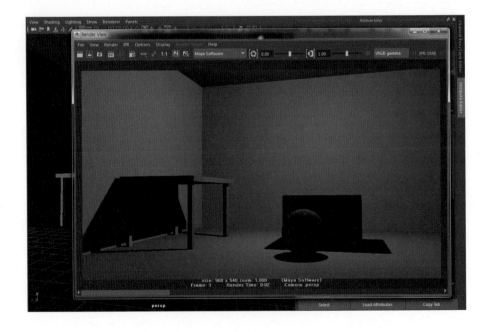

Light 24

Windows ≫ Relationship
Editor ≫ Light Linking ≫ Light
−Centric을 선택합니다.

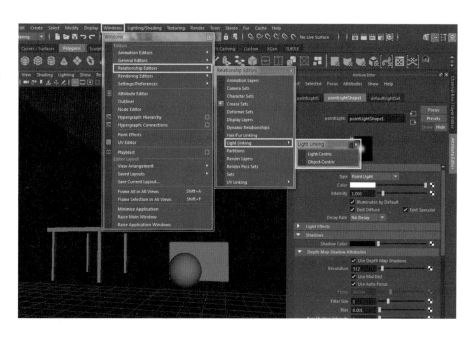

Light 25

Relationship Editor가 열립니다. 왼편은 Light(Light
Sources) / 오른편은 모델들이 보입니다.(Illuminated
Objects)

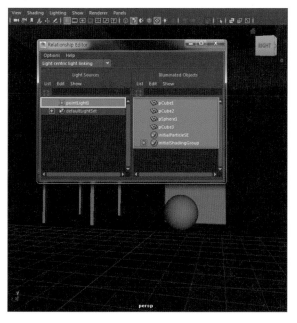

Light 26

오른편의 Illuminated Objects Window에서 PSphere1
를 선택 해제합니다.

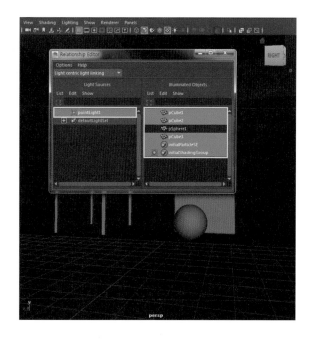

Light 27

렌더링시킵니다.
그림에서 구 부분에 라이트가
전달되지 않아 검은색으로 보
입니다.

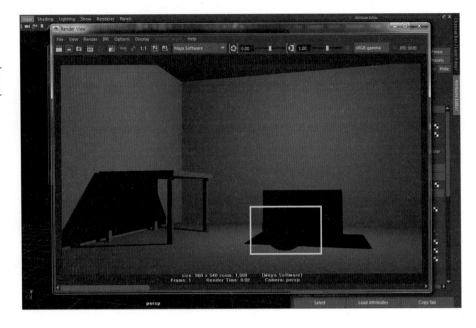

Light 28

Windows ≫ Relationship
Editor ≫ Light Linking ≫ Object
-Centric을 선택합니다.

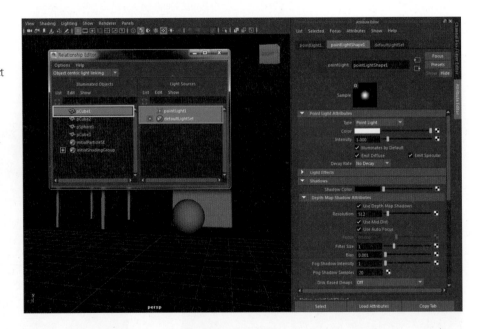

Light 29

Relationship Editor가 열립니다. 왼편에는 Illuminated Objects 아래로 모델들이, 오른편에는 Light(Light Sources)가 나타납니다.

왼편 Illuminated Objects에서 PCube2를 선택합니다.

오른편 Light(Light Sources)에서 Point Light 선택을 해제시킵니다.

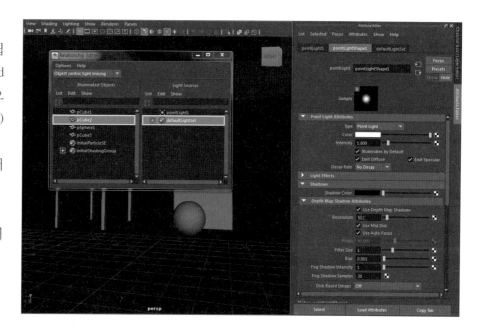

Light 30

렌더링해보면 책상이 빛을 받지 않습니다.

글라스 재질 만들기

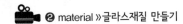
❷ material »글라스재질 만들기

실행   File » Open.. » glass.mb

Glass 01

글라스 잔을 선택합니다. 마우스 오른쪽 클릭으로 Assign New Material…을 선택합니다.

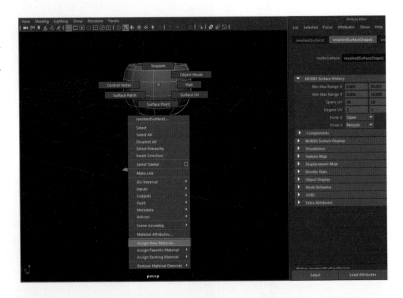

Glass 02

PhongE Shader를 선택합니다.

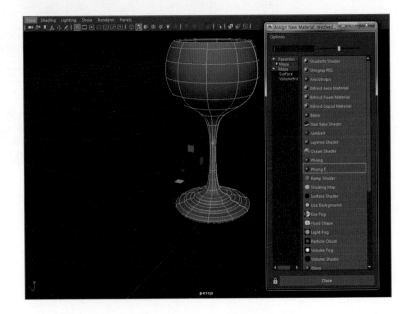

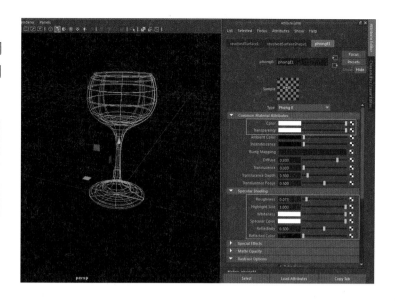

Glass 03

키보드 Ctrl + A 를 선택합니다. 화면 오른 편에
Attribute Editor가 나타납니다. 화면 상단에서
PhongE1 탭을 선택합니다.

- Color : 흰색(무색)
- Transparency : 흰색(완전 투명)
- Roughness : 0.073(하이라이트를 좁게 만듭니다.)
- Highlight Size : 1
- Whiteness : 흰색
- Specular Color : 원하는 색 지정(하이라이트 색상)

Glass 04

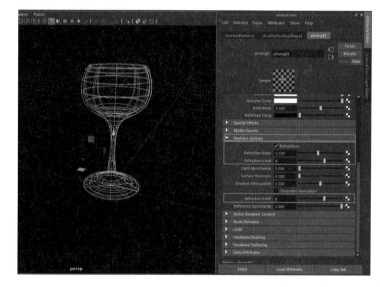

Raytrace Options ≫ Refractions : 체크 /
Refractive Index : 1.33(유리 굴절률) /
Refraction Limit : 6 / Reflection Limit : 6
위 값을 입력합니다.

Glass 05

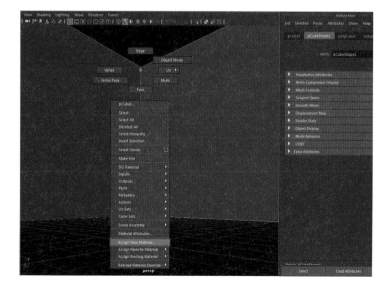

외곽 벽 부분에도 재질을 적용합니다.
벽을 선택합니다.
마우스 오른쪽 클릭으로 Assign New Material…
을 선택합니다.

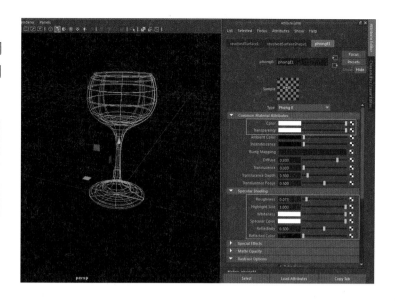

Glass 06

blinn을 선택 생성시킵니다.

화면 오른쪽 Attribute Editor를 선택합니다.

blinn1의 Color Map의 체크무늬를 선택합니다.

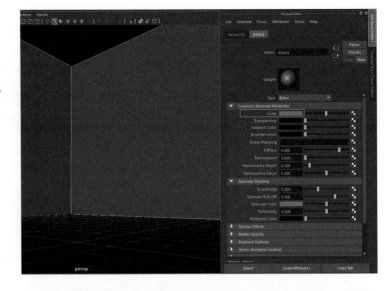

Glass 07

Create Render Node 창이 열립니다.

Checker Texture를 선택합니다.

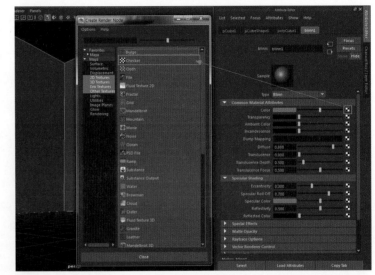

Glass 08

Attribute Editor를 확인한 후 Place2dTexture 탭을 선택합니다.

Repeat UV : 10*10을 입력합니다.

키보드 "6"번을 선택합니다. 적용된 재질이 보입니다.

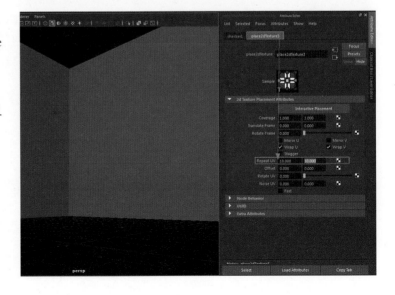

Glass 09

마야 화면 오른편 상단의 주황색 박스 표시부분을 클릭합니다.

Ren1der Setting 창이 열립니다.

Maya Software ≫ Quality : Production quality,
Raytracing Quality : Raytracing을 체크합니다.

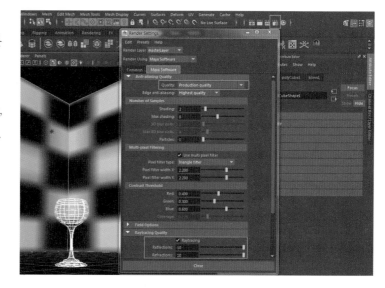

Glass 10

마야 화면 오른편 상단의 주황색 박스 표시부분을 클릭합니다.

Rendering이 실행됩니다.

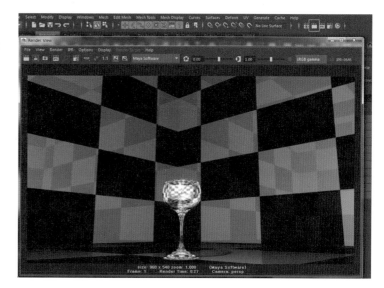

Glass 11

Specular Color는 빛의 색상을 표시합니다. 유리 재질의 색상을 결정해 줍니다. Reflectivity : 0.2(반사의 정도를 표현합니다.) 조금 더 세부적으로 적용합니다.

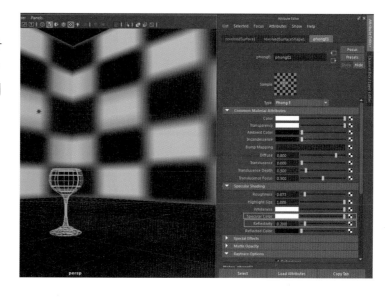

Glass 12

글라스 재질 이름을 "glass"로 변경합니다.
Transparency : 체크무늬를 선택합니다.
Create Render Node 창이 열립니다.
Ramp Texture를 선택합니다.

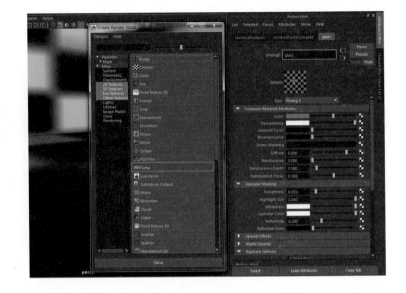

Glass 13

Attribute Editor를 확인한 후 Selected Color를
변경하면 Color가 변하는 것을 확인할 수 있습
니다.

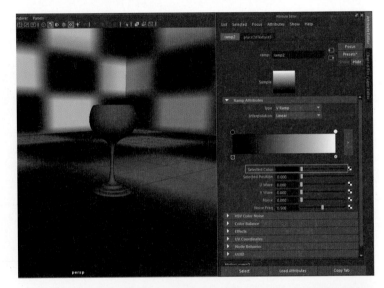

Glass 14

Color를 흰색과 회색으로 구성합니다.
슬라이더를 이동해 위치시킵니다.

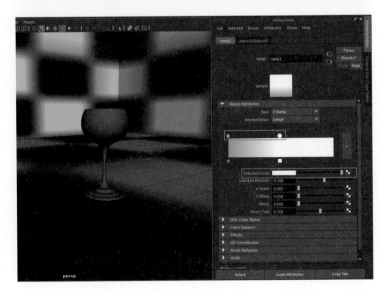

Glass 15

Windows » Rendering Editors » Hypershade
를 선택합니다.

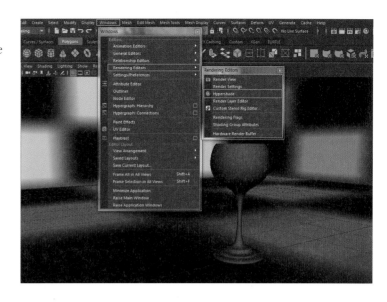

Glass 16

Hypershade 창이 열립니다.

glass 재질 위에서 마우스 오른쪽 클릭으로
Graph Network을 선택합니다.

Glass 17

Hypershade 왼편에서 Utilities » Sampler Info를 선택합니다. 위 Utilities 탭 선택 » Sampler Info를 마우스 중간 버튼으로 클릭 드래그해서 이동해 줍니다.

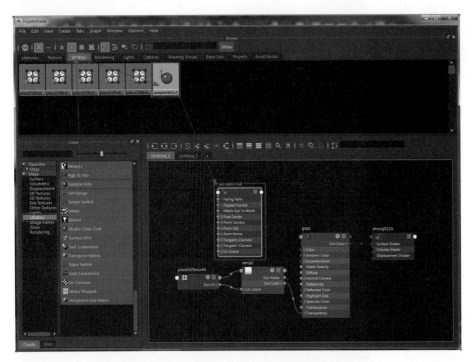

Glass 18

Sampler Info의 흰색 원 위에서 마우스 클릭 Facing Ratio를 선택합니다.

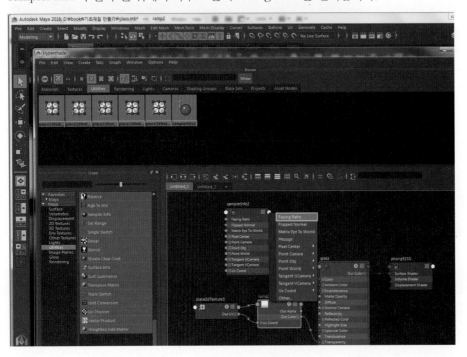

Glass 19

Ramp의 녹색 원 위에서 마우스 클릭 Other...를 선택합니다.

Glass 20

Output Selection ≫ Uv Coord ≫ V Coord를 선택합니다. Sampler Info의 Facing Ratio와 Ramp의 V Coord를 연결했습니다. 오브젝트의 정면방향을 인식해서 안쪽은 투명하게 바깥 쪽으로 점점 투명도가 약하게 적용됩니다.

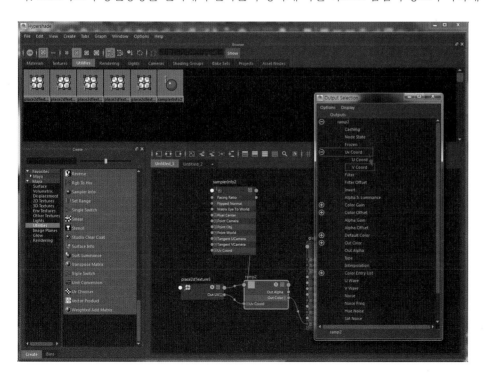

Glass 21

Samplerinfo가 적용된 그림입니다.

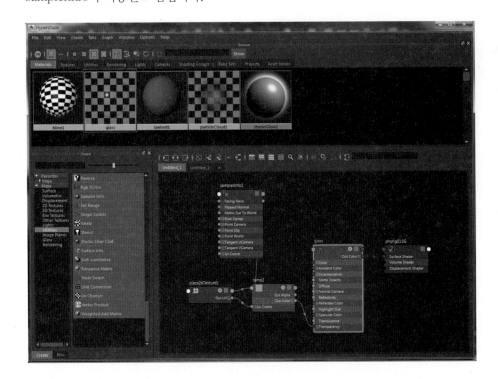

Glass 22

2d Texture ≫ ramp를 선택합니다.

Glass 23

Utilities **》** Samplerinfo를 선택합니다.

Glass 24

Samplerinfo의 Facing ratio를 선택합니다.

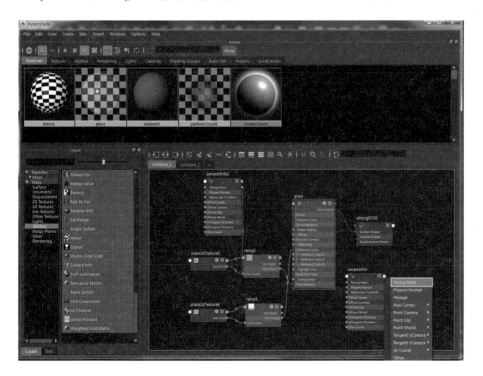

Glass 25

ramp3 모서리 원 지점을 클릭 Other...를 선택합니다.

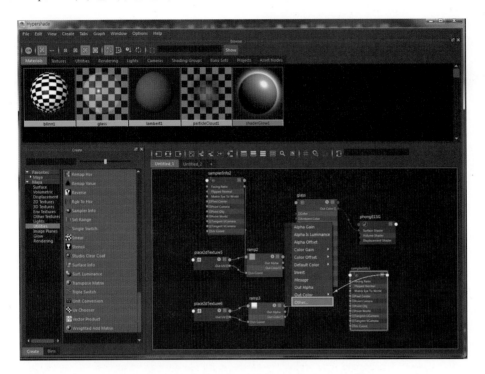

Glass 26

Input Selection » UV Coord » V Coord를 선택합니다. 렌더링시켜 글라스 재질을 확인합니다.

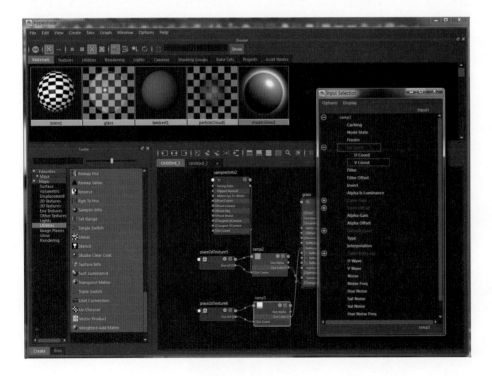

SECTION 03. Ice 재질 만들기

실행   File » Open... » Ice.mb

Ice 01

얼음 모델을 선택합니다.

Ice 02

얼음 모델 위에서 마우스 오른쪽 클릭으로
Assign New Material...을 선택합니다.

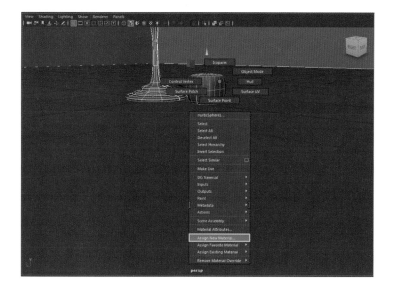

Ice 03

PhongE Shader를 선택합니다.

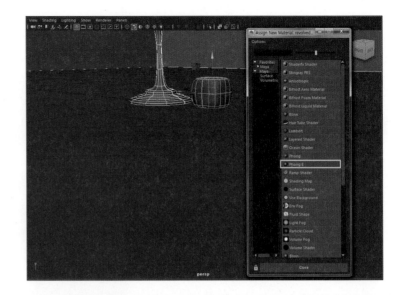

Ice 04

키보드 Ctrl + A를 선택합니다. 화면 오른 편에 Attribute Editor가 나타납니다. » 화면 상단에서 PhongE1 탭을 선택합니다. » 이름을 "ice" 로 입력합니다.

- Color : 검은색(무색)
- Transparency : 흰색(완전 투명)
- Roughness : 0.02(하이라이트를 좁게 만듭니다.)
- Highlight Size : 1
- Whiteness : 흰색
- Specular Color : 원하는 색 지정(하이라이트 색상)

Ice 05

Raytrace Options » Refractions : 체크 / Refractive Index : 1.72(얼음 굴절률) / Refraction Limit : 6 / Reflection Limit : 6
위 값을 입력합니다.

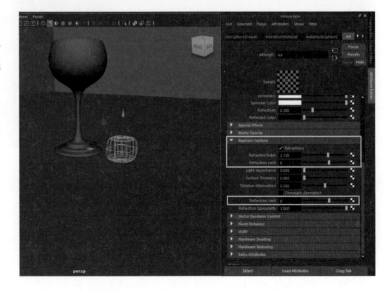

Ice 06

Transparency의 체크무늬를 선택합니다.
Create Render Node » Ramp map을 선택합니다.

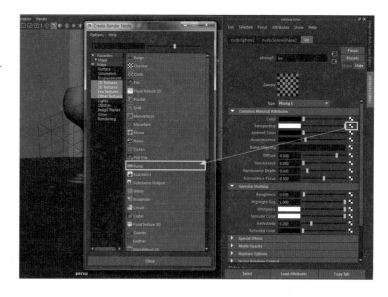

Ice 07

Attribute Editor를 확인한 후 Selected Color 부분 노란색 박스의 색상을 클릭해서 변경하면 Color가 변하는 것을 확인할 수 있습니다.
Color를 흰색과 회색으로 구성합니다.
슬라이더를 이동해 위치시킵니다.

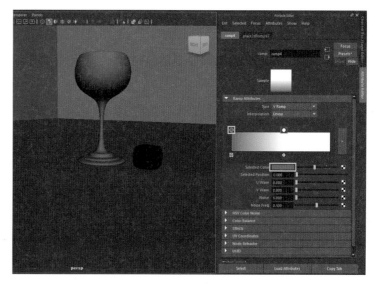

Ice 08

Bump Mapping의 체크무늬 박스를 클릭합니다.
Create Render Node » Solid Fractal을 선택합니다.

Ice 09

bump3d2 》 bump Depth : 0.15를 입력합
니다.

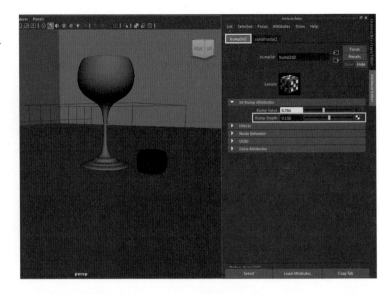

Ice 10

Solid Fractal은 3d textures map입니다. 외곽
에 보이는 와이어 박스는 Solid Fractal 3d 좌표
입니다.
선택해서 회전시켜 줍니다.

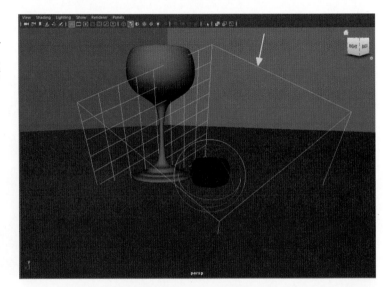

Ice 11

렌더링시켜 확인합니다. 이제 조금 더 세부를
작업합니다.

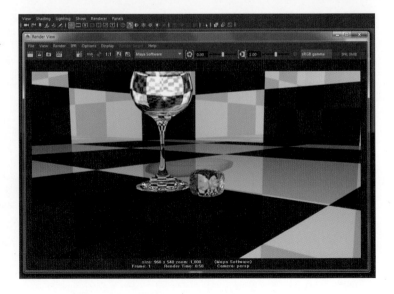

Ice 12

Windows » Rendering Editors » Hypershade
를 선택합니다.

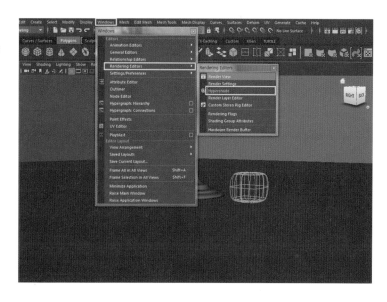

Ice 13

Hypershade 창이 열립니다.
ice 재질 위에서 마우스 오른쪽 클릭으로 Graph
Network을 선택합니다.
오른편 아래 부분에 재질 속성이 나타납니다.

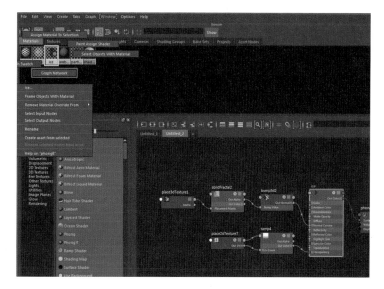

Ice 14

Utilities » Sampler Info를 선택합니다. 그림처럼 위치시켜 줍니다.

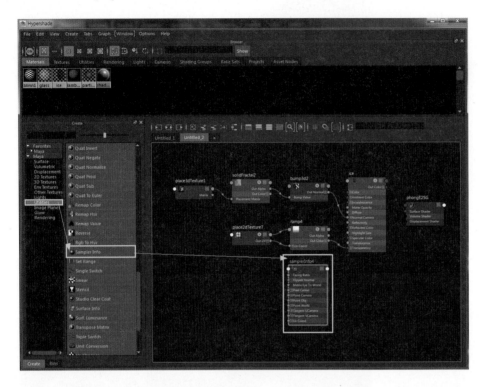

Ice 15

Sampler Info에서 노란색 박스표시 부분을 클릭하여 Facing Ratio를 선택합니다.

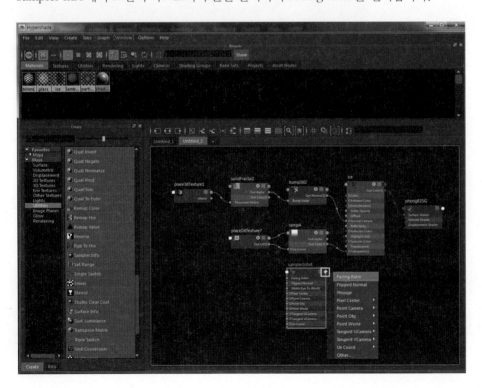

Ice 16

ramp의 노란색 박스표시 부분을 클릭하여 Other...를 선택합니다.

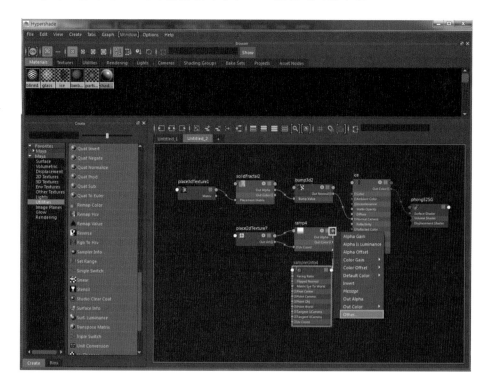

Ice 17

Input Selection ≫ UV Coord ≫ V Coord를 선택해 연결합니다.

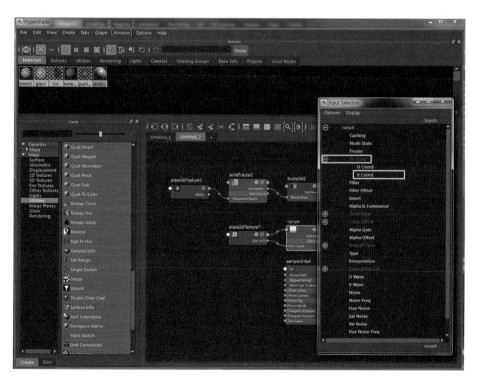

Ice 18

위의 작업은 Transparency map ≫ Ramp의 V Coord와 Facing Ratio를 연결한 것입니다.

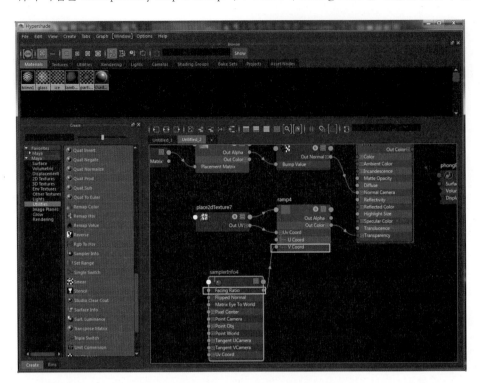

Ice 19

렌더링시켜서 완성합니다.

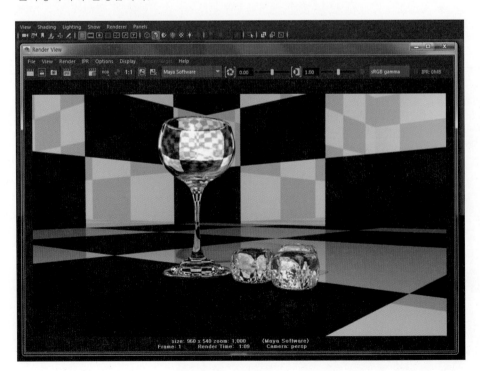

SECTION 04 금속 재질 만들기

 ❷ material 》금속재질

Metal 01

File 》 metal.mb 파일을 불러옵니다.

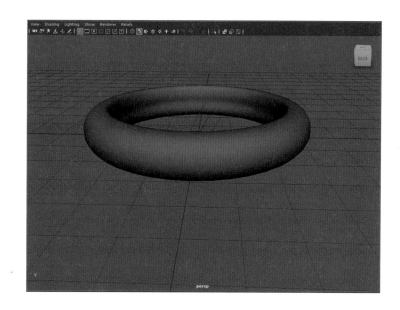

Metal 02

반지 모델 위에서 마우스 오른쪽 클릭으로
Assign New Material…을 선택합니다.

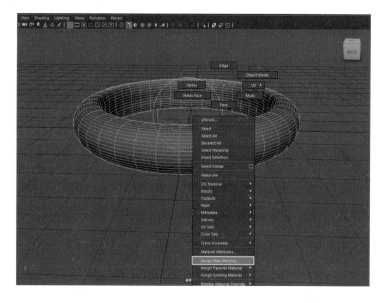

Metal 03

Assign New Material ≫ Blinn을 선택합니다.

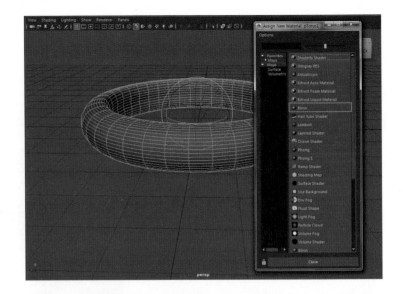

Metal 04

color ~ Translucence Focus까지 모두 "0" 값으
로 입력합니다.

Eccentricity : 0.03 / Specular Roll Off : 1 /
Specular Color : 흰색 / Reflectivity : 1을 입
력합니다.

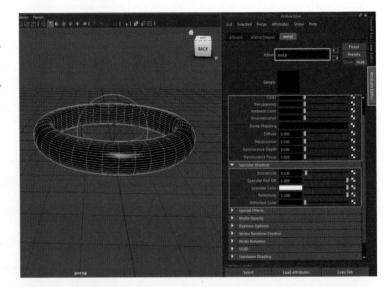

Metal 05

Reflected Color의 체크무늬 박스를 클릭합니다.
Env Textures ≫ Env Ball을 선택합니다.

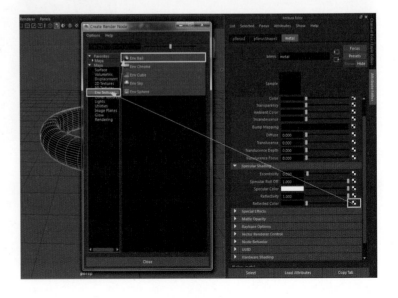

Metal 06

Env Ball 옵션에서 Image의 체크무늬 박스를 선택합니다.

Create Render Node ≫ File을 선택합니다.

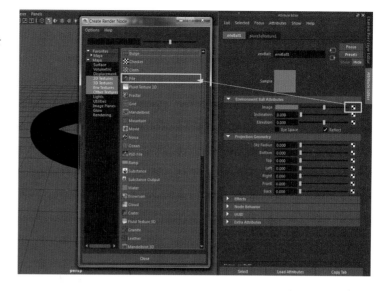

Metal 07

노란색 폴더를 선택한 후 buildingtops.hdr 파일을 선택합니다.

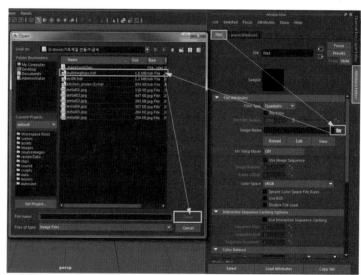

Metal 08

buildingtops.hdr 파일이 적용된 것을 확인할 수 있습니다.

*.hdr 이미지는 환경 Map입니다.

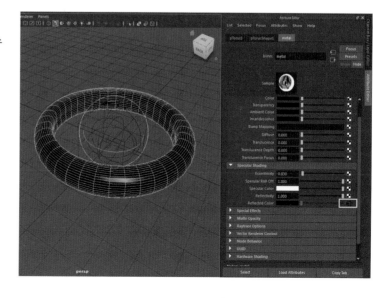

Metal 09

Inclination : 0 / Elevation : 1,571을 적용합
니다.

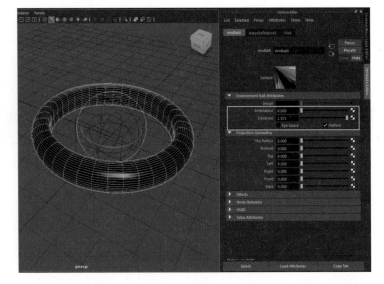

Metal 10

envBall1 》 Image의 노란색 박스 표시 부분을
클릭합니다.

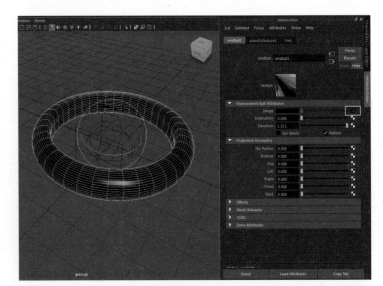

Metal 11

Filter Type : Quadratic / Pre Filter : 체크 /
Pre Filter Radius : 10을 입력합니다.

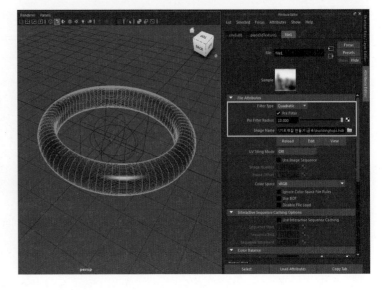

Metal 12
렌더링시켜 확인합니다.
골드로 바꾸어봅니다.

Metal 13
Attribute Editor ≫ file ≫ Color Balance ≫
Color Gain의 색상을 클릭 골드 색상으로 변경
해 줍니다.

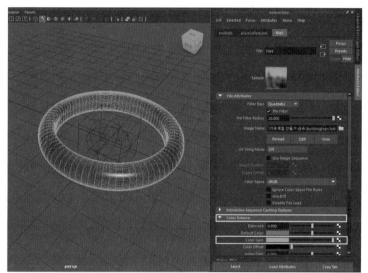

Metal 14
렌더링시켜 보면 골드 Ring이 되었습니다.

Double Side 재질 만들기

❷ material ≫더블사이드

Double 01

File ≫ double.mb 파일을 불러옵니다.

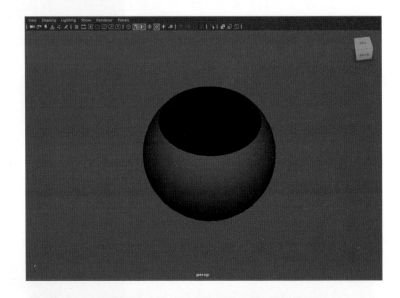

Double 02

모델을 위에서 마우스 오른쪽 클릭으로 Assign
New Material…을 선택합니다.

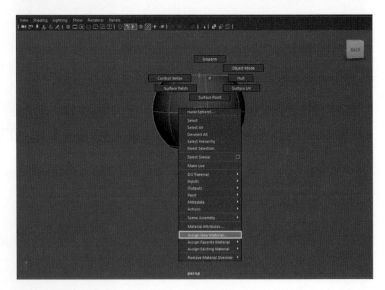

Double 03

Assign New Material >> Phong을 선택합니다.

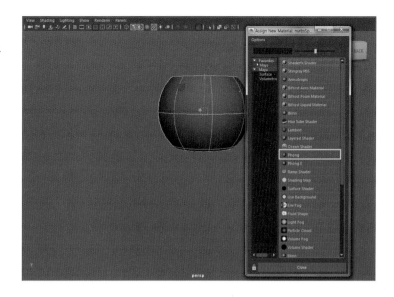

Double 04

Name을 "double"로 입력합니다.

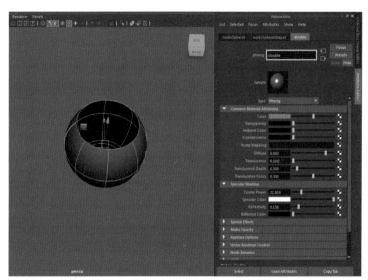

Double 05

Windows >> Rendering Editors >> Hypershade
를 선택합니다.

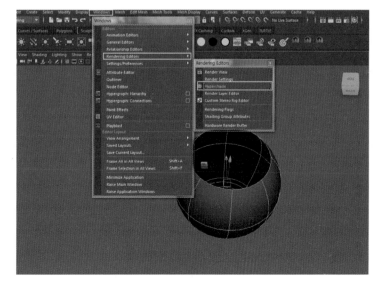

Double 06

노란색 박스로 표시한 double Shader 위에서 마우스 오른쪽 클릭으로 Graph Network을 선택합니다.

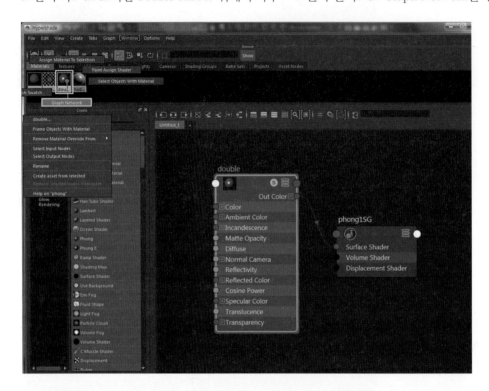

Double 07

2d textures ≫ Checker와 Mountain을 선택합니다. texture를 이동해 잘 보이게 정리합니다.

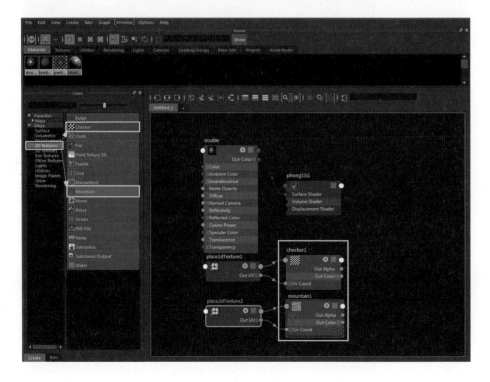

Double 08

Utilities » Condition을 선택합니다.

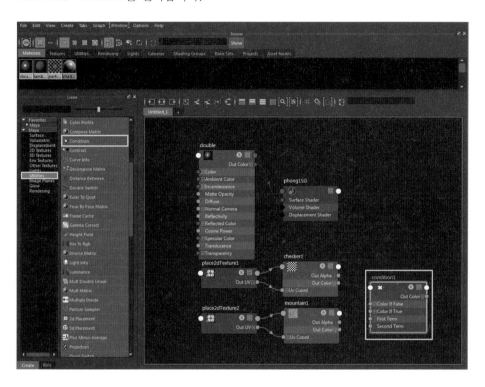

Double 09

Utilities » Sampler Info를 선택합니다. 그림처럼 위치를 정리합니다.

Double 10

Checker의 노란 박스 표시부분을 클릭하여 Out Color ≫ Out Color를 선택합니다.

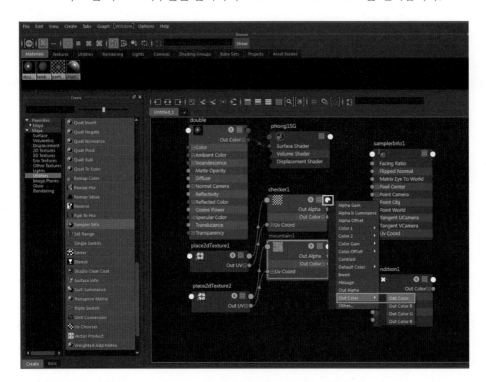

Double 11

Condition ≫ Color If False와 연결합니다.

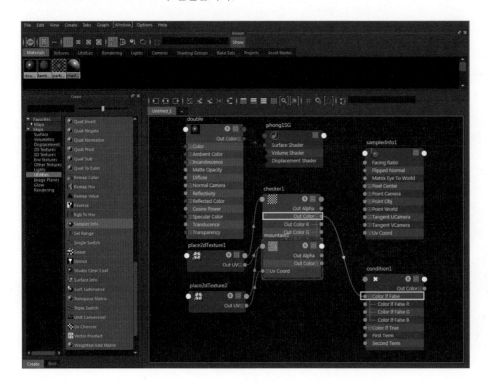

Double 12

Mountain의 노란 박스 표시부분을 클릭하여 Out Color ≫ Out Color를 선택합니다.

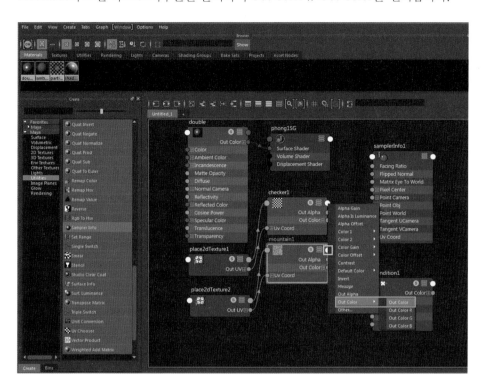

Double 13

Condition ≫ Color If True와 연결합니다.

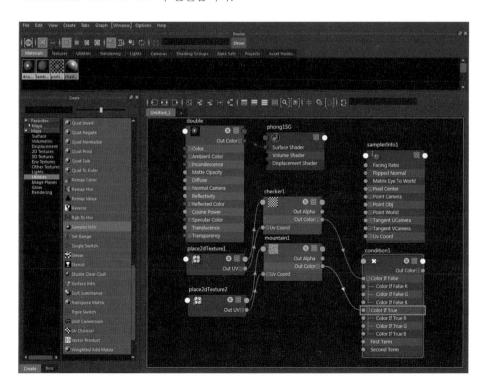

Double 14

Sampler Info의 노란 박스 표시부분을 클릭하여 Flipped Normal을 선택합니다.

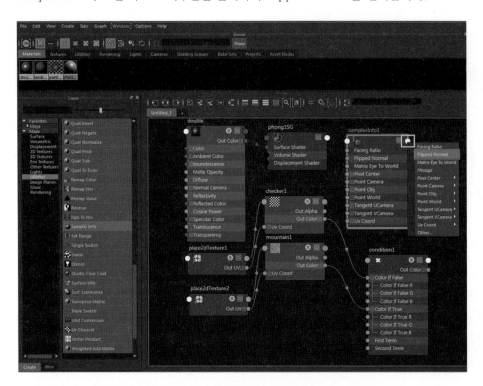

Double 15

Condition의 노란 박스 표시부분을 클릭하여 First Term을 선택합니다.

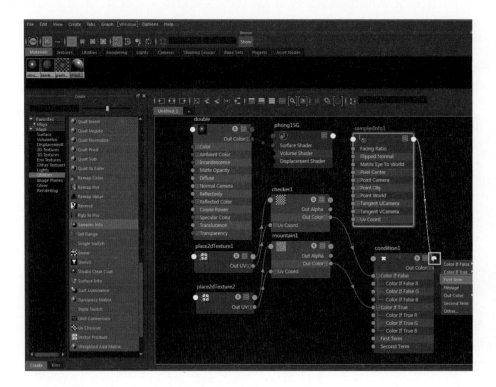

Double 16

Condition의 노란 박스 표시부분의 Out Color를 클릭 드래그해서 double ≫ Color와 연결해 줍니다.

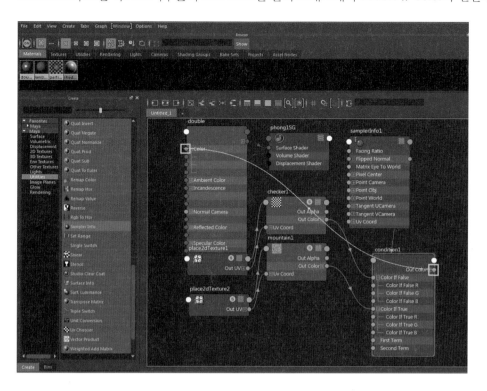

Double 17

렌더링시켜 보면 안쪽 재질과 바깥 부분 재질이 다르게 나타납니다.

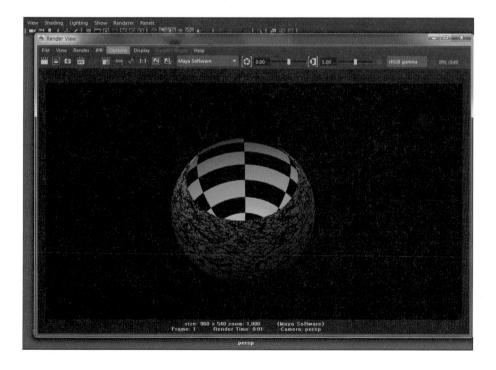

SECTION

06

Layer Shader 재질 만들기

Layer Shader 재질은 두 개 이상의 Shader를 이용 합성하는 재질입니다.

Layersh 01

File » Open… » layershader.mb 파일을 불러
옵니다.

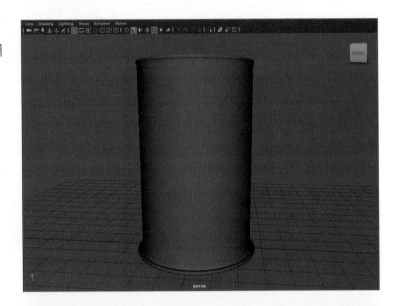

Layersh 02

페인트 모델 위에서 마우스 오른쪽 클릭으로
Assign New Material…을 선택합니다.

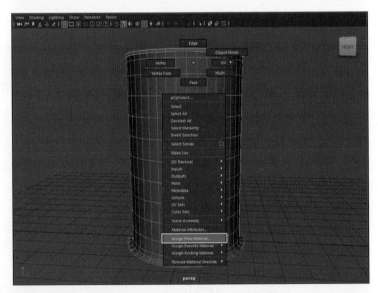

Layersh 03

Assign New Material 창에서 layershader를 선택합니다.

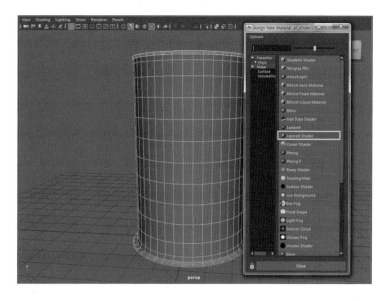

Layersh 04

Windows ≫ Rendering Editors ≫ Hypershade 를 선택합니다.

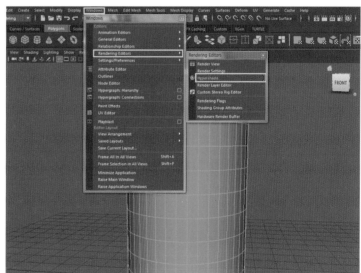

Layersh 05

Hypershade window에서 Surface ≫ Blinn과 Phong을 선택합니다.

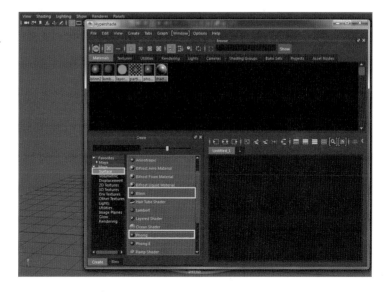

Layersh 06

Blinn 이름은 paintbox / Phong 이름은 paint
라고 입력합니다.

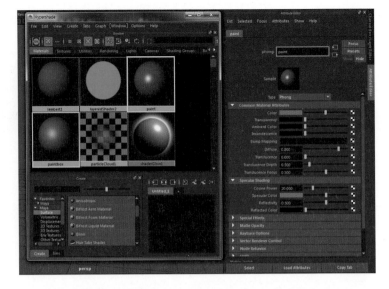

Layersh 07

paintbox를 선택합니다.
노란색 박스로 표시한 Color의 체크무늬를 선
택합니다.

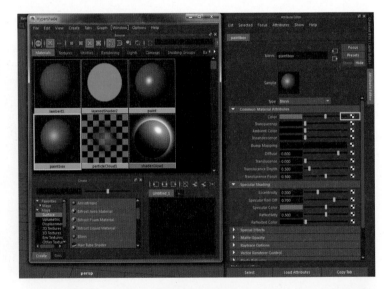

Layersh 08

2d texture ≫ File을 선택합니다.

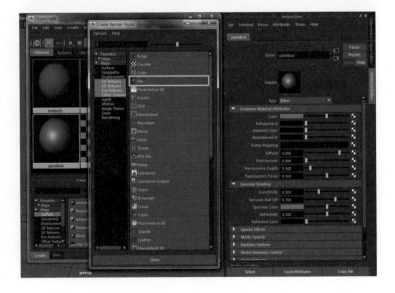

Layersh 09

폴더를 선택한 후 layer_c.jpg를 선택합니다.
paintbox Shader에 Color 이미지가 적용되었
습니다.

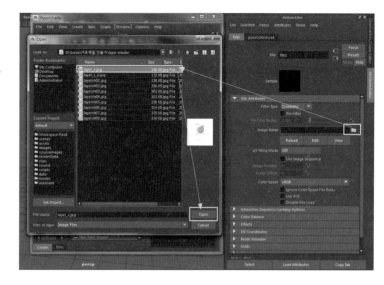

Layersh 10

paint Shader를 선택합니다.
Color Box를 선택해서 색상을 원하는 색으로
지정합니다.

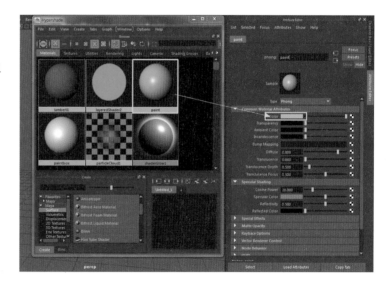

Layersh 11

노란색 박스로 표시한 layershader를 선택합
니다.
이름을 "paint_f"라고 입력합니다.

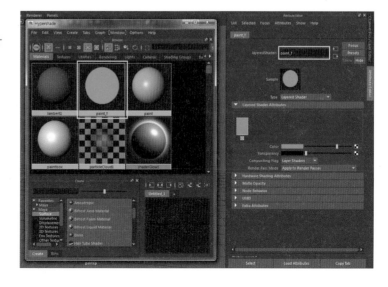

Layersh 12

paintbox Shader를 마우스 가운데 버튼으로 클
릭 드래그해서 화살표 위치로 이동해 줍니다.

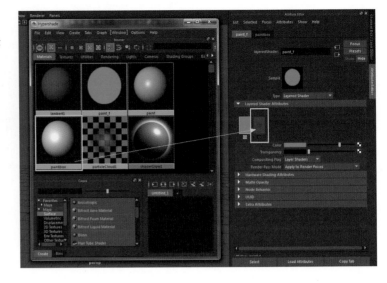

Layersh 13

paint Shader를 마우스 가운데 버튼으로 클릭
드래그하여 화살표 위치로 이동해 줍니다.

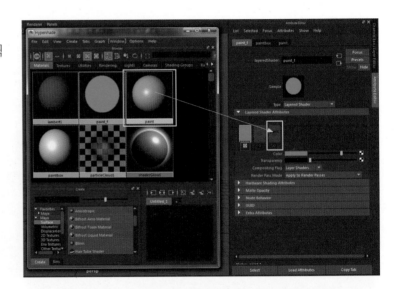

Layersh 14

빨간색 박스로 표시한 부분을 선택해 삭제합
니다.

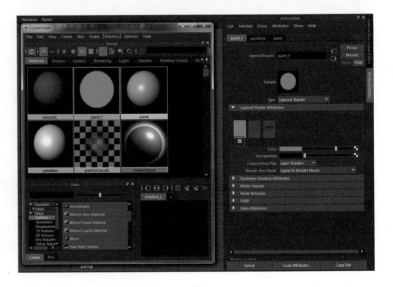

Layersh 15

layer shader 안에 paintbox Shader와 paint Shader가 적용된 것을 확인할 수 있습니다.

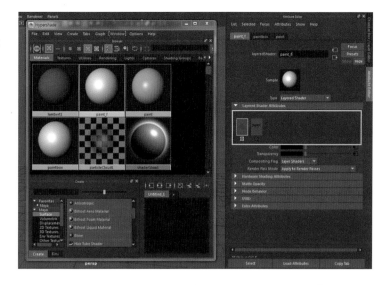

Layersh 16

렌더링시켜서 확인합니다. 이미지가 적용되었습니다.

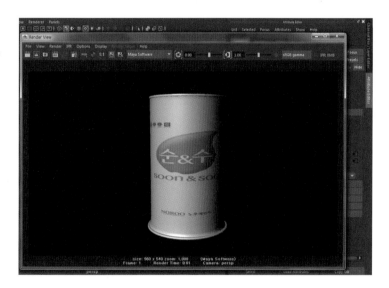

세부적으로 추가하기

Layersh 17

paint Shader를 선택합니다.
노란색으로 표시한 부분인 Transparency의 체크무늬를 선택합니다.

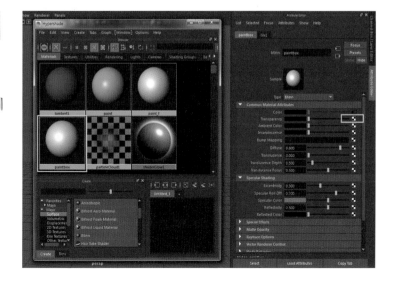

Layersh 18

2DTexture » File Map을 선택합니다.

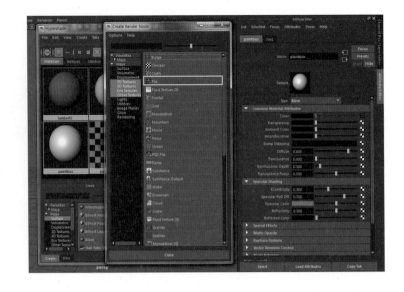

Layersh 19

오른쪽 화면 노란색 폴더를 선택합니다.
paint_a.jpg를 선택합니다.

Layersh 20

paint_a.jpg를 적용한 후 아래쪽 부분 Effects »
Invert를 체크해 줍니다. 합성해 주는 부분을
지정하는 작업입니다. 이 옵션으로 합성되는
부분을 선택할 수 있습니다.

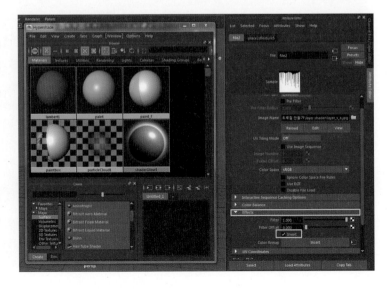

Layersh 21

렌더링시킵니다. 이미지 위에 페인트가 흘러내리듯 합성되었습니다.

Layersh 22

paintbox Shader를 선택합니다.

Eccentricity : 0.073 / Specular Roll Off : 1 / Specular Color : 흰색 / Reflectivity : 0.2 값으로 입력해 줍니다.

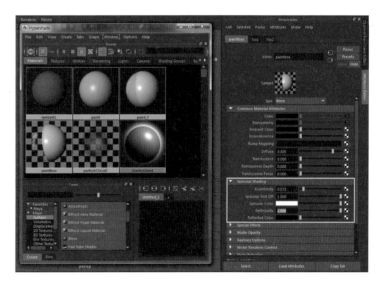

Bump를 이용하여 삼차원적으로 만들기

Layersh 23

paint Shader를 선택합니다.

노란색으로 표시한 부분의 체크무늬를 선택합니다.

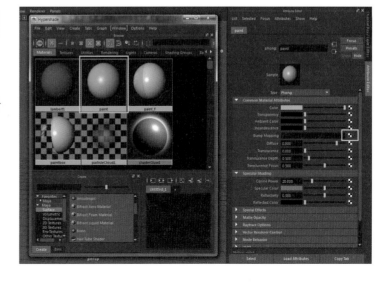

Layersh 24

2DTexture >> File Map을 선택합니다.

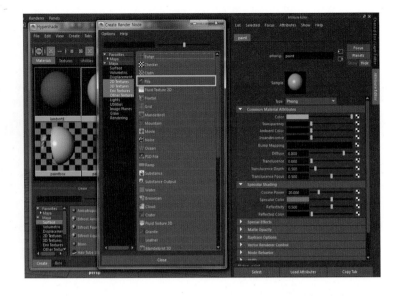

Layersh 25

Bump Value는 Map이 적용되는 부분이고 Bump Depth는 Bump의 강도를 지정하는 부분입니다. Bump Value 부분의 노란박스 부분을 선택합니다.

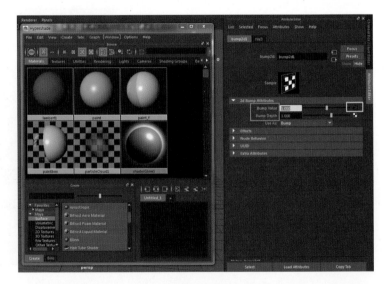

Layersh 26

오른편 폴더를 선택합니다.
layer_s_a.jpg를 선택합니다.

Layersh 27

렌더링시킵니다. 페인트가 넘쳐 흘러내리는 부분이 돌출되게 보입니다. 하지만 밋밋한 느낌입니다.

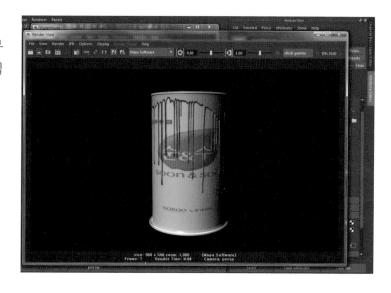

Layersh 28

Color Balance ≫ Alpha Gain 부분의 노란 박스 체크무늬를 선택합니다.

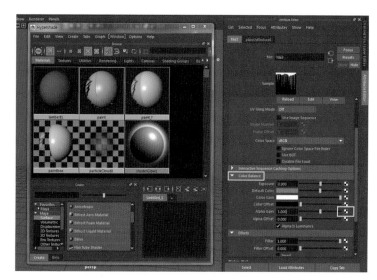

Layersh 29

2D Texture ≫ Fractal을 선택합니다.

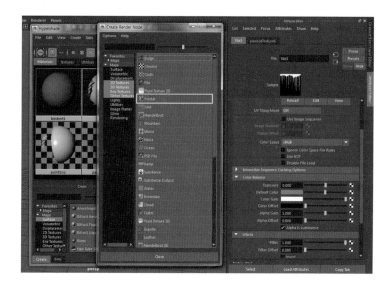

Layersh 30
렌더링 시킵니다. 너무 거칠게 보입니다.

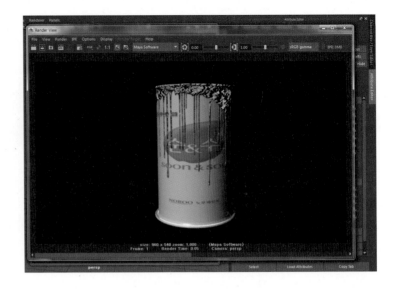

Layersh 31
Fractal » Alpha Gain : 0.02를 입력합니다.

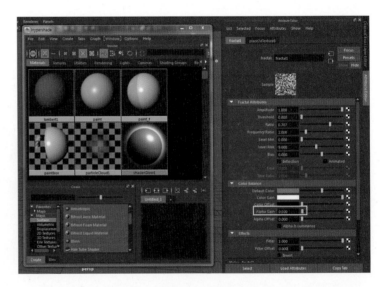

Layersh 32
렌더링 해봅니다. 적당하게 돌출되었습니다.
Alpha Gain의 값을 변화를 주어서 원하는 돌출
느낌을 만들어 줍니다.

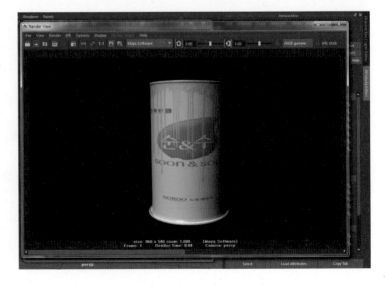

Layersh 33

Hypershade window **》** paint를 선택합니다.

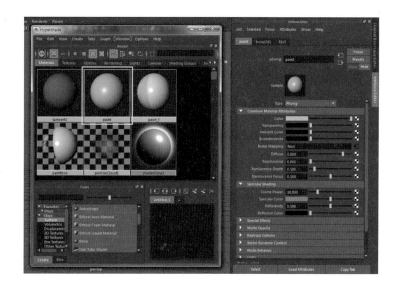

Layersh 34

Color : 주황색으로 바꾸어 보았습니다. /
Ambient Color : 어두운 회색 / Cosine Power
 : 86.455 / Specular Color : 흰색 / Reflectivity
 : 1.000

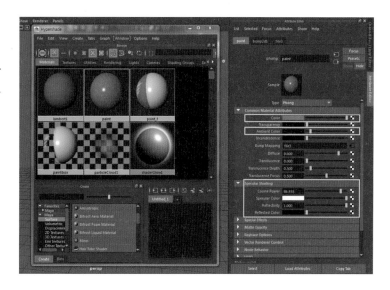

Layersh 35

최종 렌더링시켜 확인해 봅니다.

Layersh 36

여러분도 만들어 보세요.

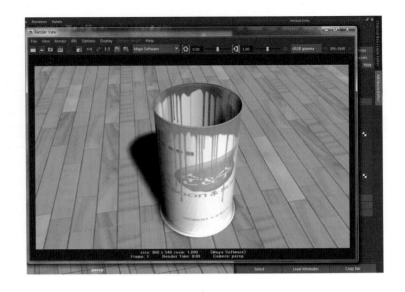

Maya
Animation

CONTENTS

LESSON 01 Animation 명령어

SECTION 01 Key

▲ Key

01 | Set

❶ **Set Key** : 키를 삽입합니다.(단축키 $\boxed{S}$)

❷ **Set Key on Animated** : Set Key를 이용해 Key를 생성시킨 후 Key를 추가합니다.

❸ **Set Key on Translate** : 이동시킨 후 Key를 추가합니다.(단축키 $\boxed{Shift}$+$\boxed{W}$)

❹ **Set Key on Rotate** : 모델을 ROTATE 부분에 Key를 추가합니다.(단축키 $\boxed{Shift}$+$\boxed{E}$)

❺ **Set Key on Scale** : 모델의 크기를 바꾼 후 Key를 추가합니다.(단축키 $\boxed{Shift}$+$\boxed{R}$)

❻ **Set Breakdown Key** : 키를 삽입합니다.

❼ **Set Driven Key** : CONTROL SETTING(자동 제어점)을 만들어 줍니다.

❽ **Set Blend Shape Target Weight Keys** : Blend Shape을 적용한 후 키를 삽입합니다.

| 예제 | **Set Driven Key** |

1. 운전자와 자동차에 비유할 수 있습니다. 이때 운전자에 의해서 자동차가 움직여집니다. 운전자를 Driver라고 합니다.
2. 자동문을 예로 다루겠습니다. 자동문은 버튼이나 센서에 의해 움직입니다. 이때 버튼이나 센서는 Driver입니다. 그리고 문은 Driven입니다.
   • Load Driver : Driver를 옵션창에 불러옵니다.
   • Load Driven : Driven을 옵션창에 불러옵니다.

---

02 | Edit

❾ **cut** : Key Frame를 잘라내기 합니다.

❿ **Copy** : Key Frame를 복사합니다.

⓫ **Paste** : Key Frame를 붙여넣기 합니다.

⓬ **Delete** : Key Frame를 삭제합니다.

⓭ **Scale** : 여러 개의 Key를 비율에 맞추어서 시간을 늘려주는 작업을 합니다.

⓮ **Snap** : Snap된 상태로 편집됩니다.

⓯ **Bake Animation** : 이동 경로를 Key Frame으로 적용합니다.

⓰ **Hold Current Key** : 선택한 Key Frame Hold 시킵니다.

⓱ **IK/FK Key** : IK에서 FK Key로 전환해 줍니다.

03 | Character Set

⑱ **Create Character Set** : 작업자가 만든 애니메이션을 Character Set을 이용해 Set을 단순하게 만들어 줍니다.

⑲ **Create Subcharacter Set** : 하위 오브젝트를 Character Set으로 만들어 줍니다.

⑳ **Character Mapper**

㉑ **Attribute Editor**

㉒ **Add to Character Set**

㉓ **Remove from Character Set**

㉔ **Merge Character Set**

㉕ **Select Character Set Node**

㉖ **Select Character Set Members**

㉗ **Set Current Character Set**

㉘ **Redirect**

04 | Time

㉙ **Scene Time Warp** : 애니메이션을 만든 후 속도를 재설정할 수 있습니다.

㉚ **Set Time Code...** : 타임 코드를 디스플레이시켜 줍니다.

Visualize

▲ Visualize

01 | Viewport

❶ **Create Editable Motion Trail** : 애니메이션 경로를 Frame으로 나타내 줍니다.

❷ **Create Turntable...** : 카메라를 이용 회전하는 애니메이션을 만들어 줍니다.

- Number of Frames : 카메라의 한바퀴 Turn하는 Frame
- Direction : Clockwise(시계방향), Counterclockwise(시계 반대방향)

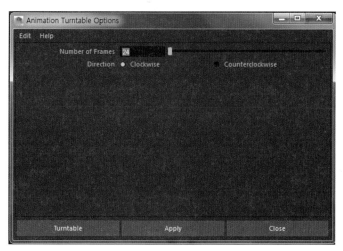

▲ Turntable

02 | Ghost

❸ **Ghost Selected** : 애니메이션을 실행하면 움직이는 경로에 고스트를 만들어 움직이는 영역을 체크할 수 있습니다.

[Ghost Options]

· Type of ghosting : Global preferences : 모델의 앞과 뒤로 고스트를 만들어 줍니다.

· Custom frames : Frames to display에 적어준 숫자에 고스트를 나타나게 해 줍니다.

· Custom frames steps : 정해준 frames의 앞쪽 부분 또는 뒤쪽에 나타납니다.

· Custom key steps : Key를 삽입한 부분에 Ghost를 만들어 줍니다.

· Keyframes : Key를 삽입한 부분에 Ghost를 만들어 줍니다.

❹ **UnGhost Selected** : 선택한 오브젝트의 Ghost를 사라지게 합니다.

❺ **UnGhost All** : 전체의 Ghost를 사라지게 합니다.

| 예제 | Ghost |

주황색 박스 부분의 옵션을 입력합니다.

옵션 박스 아래 Ghost를 선택합니다.

Ghost가 오브젝트의 뒤로 나타난 것을 확인할 수 있습니다.

그림의 빨간색 박스로 표시한 부분이 고스트입니다.

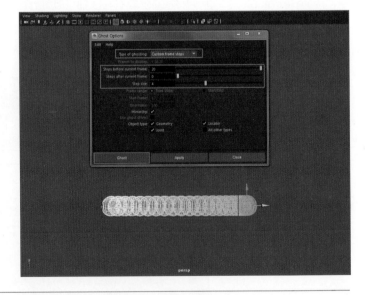

03 | SnapShot

❻ **Create Animation SnapShot** : 오브젝트를 애니메이션시킨 후 애니메이션 경로를 따라 모델을 복사해 줍니다.

[Create Animation SnapShot Options]

- Time range : Start/End(모델이 복사되는 시작 Frame과 끝 Frame을 정해 줍니다.)
- Time Slider(타임라인에 지정한 전체 Frame에 적용됩니다.)
- Increment : Frame의 간격을 설정합니다. 만약 작업자가 3을 입력하면 모델은 1, 4, 7.... 이런 형태로 3칸씩 건너서 복사됩니다.

❼ **Update SnapShot** : 애니메이션 경로를 수정한 후 Update를 시켜 줍니다.

❽ **Create Animated Sweep** : Curve를 이용해 애니메이션을 시킨 후 그 경로를 이용해 모델링을 합니다.

[Create Animation Sweep Options]

- Time range
  - Start/End(모델이 복사되는 시작 Frame과 끝 Frame을 정해 줍니다.)
  - Time Slider(타임라인에 지정한 전체 Frame에 적용됩니다.)
- By time
  - Frame의 간격을 설정합니다. 만약 작업자가 3을 입력하면 모델은 1, 4, 7.... 이런 형태로 3칸씩 건너서 모델링됩니다.
- Parameterization
  - Uniform(일정한 간격의 Span을 만들어 줍니다.)
  - Chord length(모델의 형태를 Edit Point의 간격을 기준으로 만들어 줍니다.)
- Surface Degree
  - Linear(직각 형태의 모델을 만들어 줍니다.)
  - Cubic(곡선 형태의 모델을 만들어 줍니다.)
- Surface
  - open(양쪽 끝 부분이 열린 상태로 모델링됩니다.)
  - Close(양쪽 끝 부분이 닫힌 상태로 모델링됩니다.)
- Output geometry
  - NURBS(넙스 모델을 만들어 줍니다.)
  - Polygon(폴리곤 모델을 만들어 줍니다.)

예제 구슬 목걸이 만들기

SnapShot 01

Create » NURBS Primitives » Sphere를 생성시킵
니다.

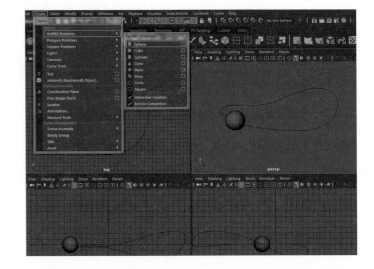

SnapShot 02

Create » Curve Tools » CV Curve Tool을 선택합
니다.
구 모델이 있는 곳에서부터 원형으로 그려 줍니다.

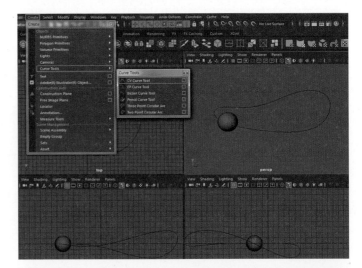

SnapShot 03

원형 커브의 형태를 조금 수정해 줍니다.

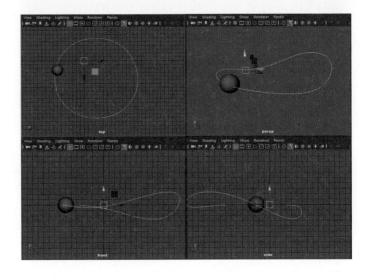

SnapShot 04

구를 선택한 후 키보드 Shift Key를 누르고 Curve
를 선택합니다.

Contrain >> Motion Paths >> Attach to Motion
path를 적용합니다.

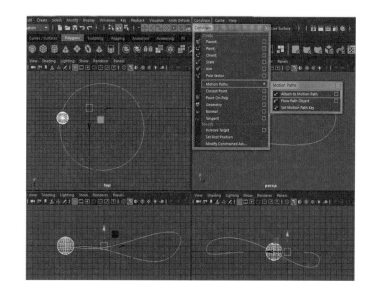

SnapShot 05

Playback >> Play를 선택하면 Curve를 따라 움직이
는 애니메이션이 만들어집니다.
정지시킵니다.

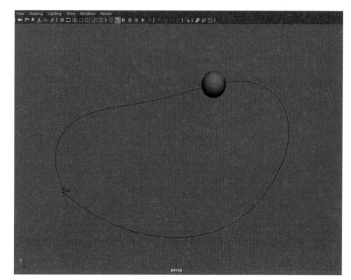

SnapShot 06

Sphere를 선택합니다.

Visualize >> Create Animation SnapShot 옵션 박
스를 열어 줍니다.
값을 그림처럼 입력합니다.

SnapShot을 선택 적용합니다.

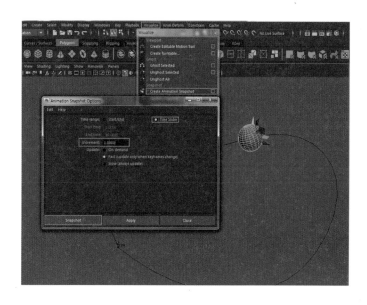

SnapShot 07

SnapShot이 실행된 그림입니다.

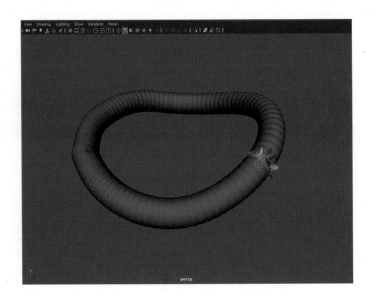

| 예제 | 용수철 만들기 |

 ❶ animation ≫animation snap shot_sweep

Sweep 01

Create ≫ NURBS Primitives ≫ Circle 옵션 박스를
선택합니다. 이때 Interactive Creation의 체크를
반드시 해제합니다.

Normal axis : z ≫ Create를 선택합니다. (이때
Interactive Creation 반드시 체크를 해제합니다.)

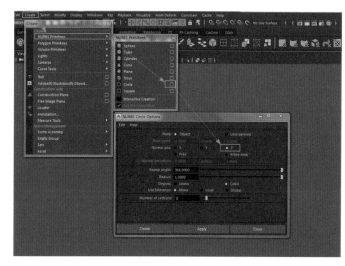

Sweep 02

Circle을 선택합니다.

Sweep 03

키보드 Insert Key를 선택합니다. 축을 이동할 수
있게 설정되었습니다.

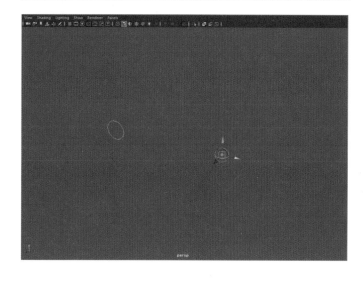

Sweep 04

빨간색 화살표를 선택 이동해 줍니다.

키보드 [Insert] key를 선택합니다.

Sweep 05

주황색 박스 부분처럼 1Frame에 타임을 위치시킵니다.

키보드 "[s]"를 선택합니다.

Key가 삽입된 것이 빨간색 라인으로 표시됩니다.

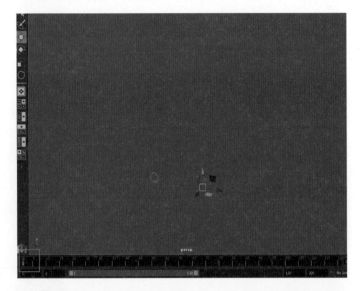

Sweep 06

Circle을 y축 방향으로 이동합니다.

타임을 120Frame에 위치시킵니다.

Key가 삽입된 것이 빨간색 라인으로 표시됩니다.

Sweep 07

화면 오른쪽 채널 박스에서 Rotate y : 1440을 입력합니다.

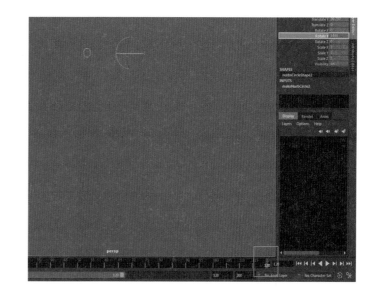

Sweep 08

Key ≫ Set Key on Translate(단축키 Shift + W)를 선택합니다.

Sweep 09

애니메이션이 만들어졌습니다.

Sweep 10

아래 부분 타임 슬라이더에서 마우스로 좌우로 드래그해 봅니다.

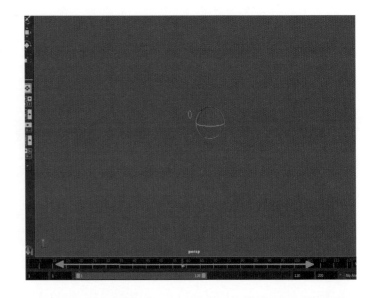

Sweep 11

Visualize ≫ Create Animated Sweep 옵션 박스를 선택합니다.

"Time range : Time Slider", "Parameterization : Uniform", "Surface degree : Cubic", "Surface : Open", "Output geometry : NURBS"를 선택합니다. 빨간색 부분의 Anim Sweep을 선택합니다.

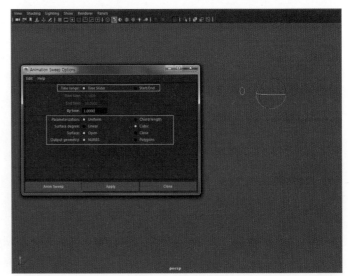

Sweep 12

애니메이션시킨 경로를 따라 용수철이 만들어진 것을 확인할 수 있습니다.

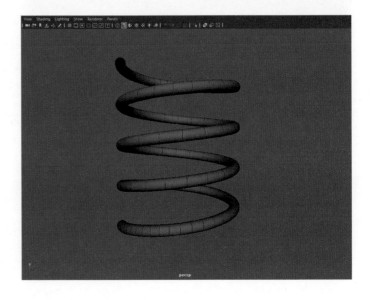

Deform

▲ Deform

01 | Create

❶ **Blend Shape** : 여러 개로 복사된 오브젝트를 이용해 다양한 형태로 변형되는 애니메이션을 완성합니다.

- Delete : Blend Shape을 삭제합니다.
- Add New Target : 새로운 모델을 복사합니다.
- Add Base As Target : 변형된 형태를 슬라이더에 추가하면서 복사합니다.
- Key All : Blend에 Key를 삽입합니다.
- Reset All : Blend Shape을 초기화합니다.
- Select : Blend Shape을 선택합니다.

❷ **Lattice** : 모델을 선택한 후 Lattice를 적용시키면 모델의 형태를 변형하거나 애니메이션시킬 수 있습니다.

예제 | 적용하기

 ❶ animation 》블랜드 쉐입(Blend 01~14)

Blend 01

blend shape은 Base Object와 Target Object로
나누어집니다.

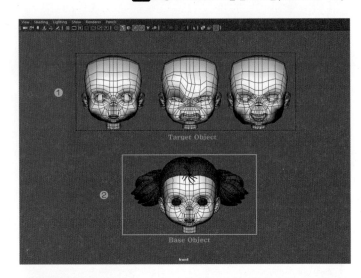

Blend 02

Deform 》 Blend Shape를 선택합니다.

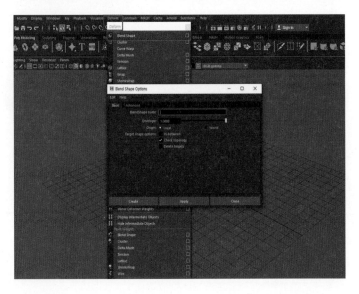

Blend 03

1, 2, 3, 4 차례대로 Shift key를 누른 상태로 선택
합니다.

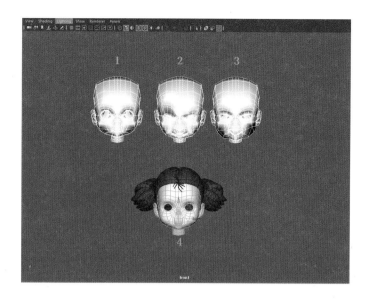

Blend 04

Deform ≫ Blend Shape 옵션 박스를 선택합니다.
이때 옵션창에서 Envelope : 1, Target shape
option : In−between/Check topology ≫ Create
를 선택합니다.

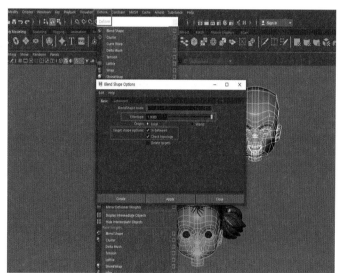

Blend 05

화살표 부분을 확인하면 Slide 하나만이 만들어졌
습니다. (In−between을 체크하면 하나의 슬라이
더에 모든 표정이 표현됩니다.)

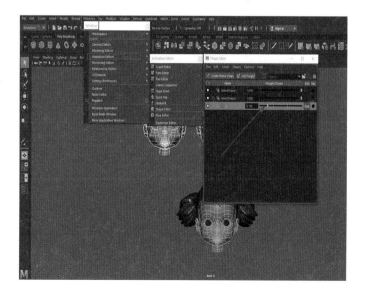

Blend 06

마우스로 Slide를 좌 또는 우로 움직여 보면 캐릭터의 얼굴이 바뀌어 나타납니다.

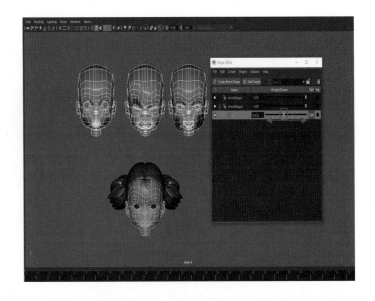

Blend 07

1, 2, 3, 4 차례대로 Shift key를 누른 상태로 선택합니다.

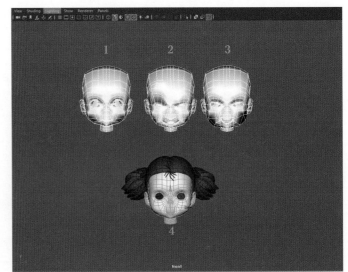

Blend 08

Deform ≫ Blend Shape 옵션 박스를 선택합니다. 이때 옵션창에서 Envelope : 1, Target shape option : Check topology ≫ Create를 선택합니다. (In−between을 체크 해제한 경우입니다.)

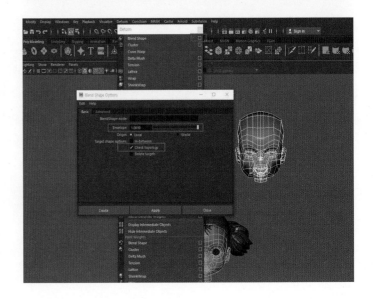

Blend 09

빨강색 박스 부분을 확인하면 여러 개의 Slider로
만들어졌습니다.(In-between을 체크 해제하면
여러 개의 슬라이더에 모든 표정이 표현됩니다.)

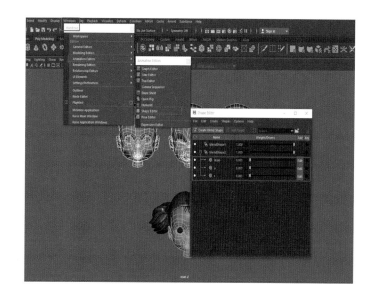

Blend 10

얼굴을 확대하고 슬라이더를 각자 움직여 보면 표
정이 변하는 것을 확인할 수 있습니다.

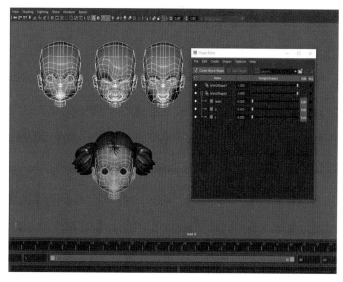

예제 애니메이션 만들기

Blend 11

화면 아래 쪽 오른편 주황색 박스 부분에 "1"을 입력
합니다. (1Frame 위치)

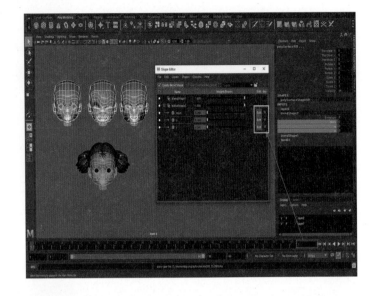

Blend 12

화면 아래 쪽 오른편 주황색 박스 부분에 "30"을 입력
합니다. (30Frame 위치)

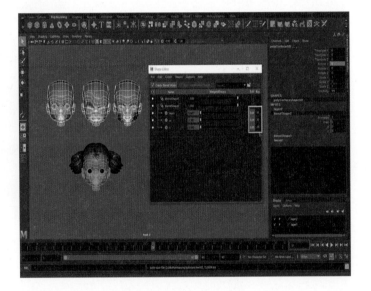

Blend 13

화면 아래 쪽 오른편 주황색 박스 부분에 "40"을 입력합니다.(40Frame 위치)

가운데 슬라이더 Cry의 바를 위로 이동합니다.

(우는 표정이 만들어졌습니다.)

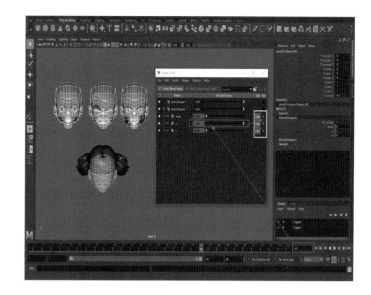

Blend 14

아래쪽 오른편 주황색 박스 부분에 "60"을 입력합니다.(60Frame 위치)

가운데 슬라이더 Cry의 바를 변형하지 않습니다.

(우는 표정이 유지되어졌습니다.)

Maya Play 버튼을 누르면 간단한 애니메이션이 만들어졌습니다.

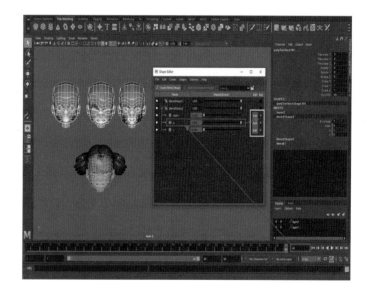

예제 **Lattice Point 제어하기**

File 》 Open 》 me808_15.mb를 열어 줍니다.

Lattice 01
전체 모델을 선택합니다.

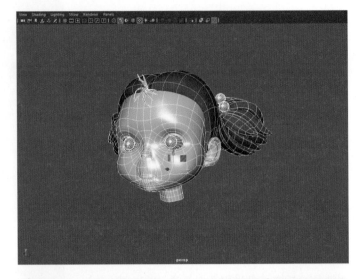

Lattice 02
Deform 》 Lattice을 선택합니다.

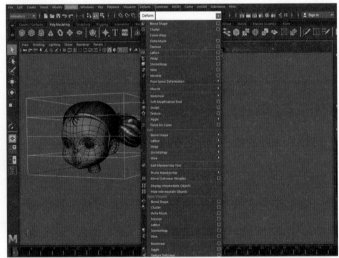

Lattice 03
Lattice를 적용한 후 오른쪽 채널 박스를 봅니다.
주황색 박스 부분의 값을 확인합니다.

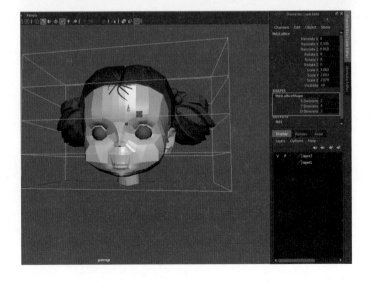

Lattice 04

채널박스 부분 주황색 박스 부분에 "4"를 입력합
니다.

Lattice가 늘어나는 것을 확인할 수 있습니다.

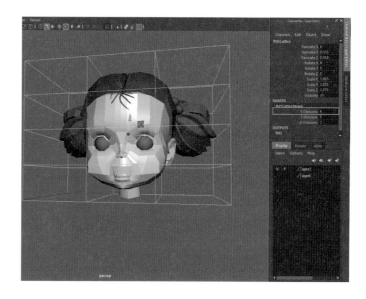

Lattice 05

Lattice 위에서 마우스 오른쪽 클릭으로 Lattice
Point를 선택합니다.

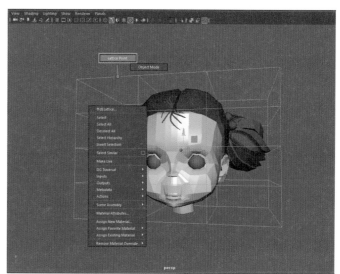

Lattice 06

이마 쪽 Lattice Point를 선택한 후 키보드 "W"를
선택하고 이동시켜 줍니다.

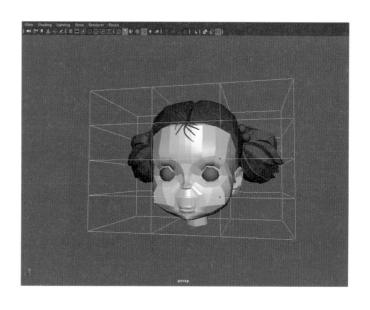

Lattice 07

형태가 변형된 것을 확인할 수 있습니다.

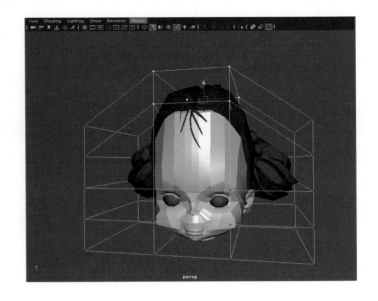

02 | Edit

❸ **Blend Shape** : Blend Shape을 적용한 후 수정 및 편집한 내용을 Update합니다.

❹ **Lattice** : Lattice을 적용한 후 수정 및 편집한 내용을 Update합니다.

Constrain

▲ Constrain

01 | Create

❶ **Parent** : 모델들을 Hierarchy 관계로 연결시켜 줍니다.

❷ **Point** : A를 선택한 후 B를 선택하고 적용합니다. 》 B의 이동을 A모델에 구속시킵니다.

❸ **Orient** : A를 선택한 후 B를 선택하고 적용합니다. 》 B의 회전을 A모델에 구속시킵니다.

❹ **Scale** : A를 선택한 후 B를 선택하고 적용합니다. 》 B의 크기를 A모델에 구속시킵니다.

❺ **Aim** : A를 선택한 후 B를 선택하고 적용합니다. 》 B 모델의 바라보는 방향을 A모델에 구속시킵니다.

❻ **Pole Vector** : IK 설정 후 관절부분의 움직임을 제어합니다.

❼ **Motion Paths**

● Attach to Motion Path : 모델이 라인을 따라 이동하는 애니메이션을 제작합니다.

● Flow Path Object : 모델이 라인을 따라 이동하는 애니메이션을 제작한 후 유연하게 움직이는 애니메이션을 만들 수 있습니다.

● Set Rest Position : Attach to Motion Path를 적용한 후 그 경로에 새로운 Key를 추가시킵니다.

❽ **Closest Point** : 모델의 표면을 따르는 애니메이션을 만듭니다.

❾ **Point on Poly** : 모델의 Vertex/Face/Edge를 이용해 움직이는 표면을 따라 애니메이션이 만들어집니다.

❿ **Geometry** : A모델을 선택한 후 B를 선택한 후 Geometry를 적용합니다. B모델은 A모델의 표면으로 이동합니다. B모델을 선택한 후 이동해보면 A모델의 표면을 따르는 것을 확인할 수 있습니다.

⓫ **Normal** : A모델을 선택한 후 B를 선택하고 Tangent를 적용합니다. B모델은 A모델의 표면 Tangent 방향에 맞추어 집니다. B모델을 선택한 후 이동해보면 A모델의 표면의 Tangent를 따르는 것을 확인할 수 있습니다.

⓬ **Tangent** : A모델을 Curve로 만듭니다. B모델은 polygon으로 만듭니다. A모델을 선택한 후 B를 선택하고 Tangent를 적용합니다. B모델은 A모델 Curve의 Tangent 방향에 맞추어집니다. A모델의 Vertex를 선택한 후 이동해보면 B모델 의 형태가 A모델의 Tangent를 따르는 것을 확인할 수 있습니다.

예제 **Parent Constrain 활용하기**

Parent 01

박스와 구를 모델링해 위치시켜 줍니다.

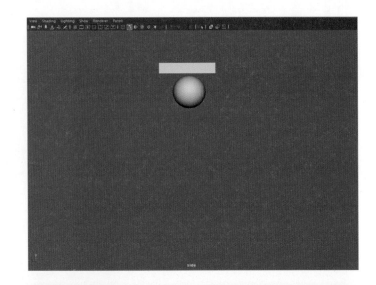

Parent 02

1번 박스를 선택합니다.

Shift Key를 누른 후 2번 Sphere를 선택합니다.

Constrain ≫ Parent 옵션 박스를 선택합니다.

Maintain offset을 체크해 줍니다.

Add 버튼을 선택해 완성해 줍니다.

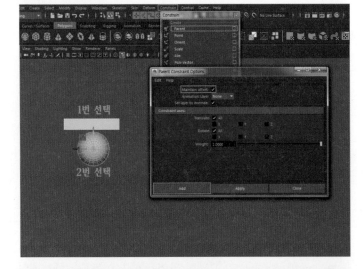

Parent 03

박스를 선택합니다.

아래 부분 주황색 박스 부분에 "20"을 입력합니다.

타임이 20Frame에 위치합니다.

다시 박스를 선택한 후 키보드 "s"를 선택해 Key

를 삽입합니다.

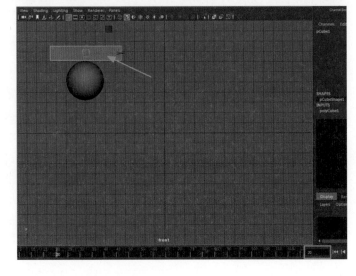

Parent 04

아래 부분 주황색 박스 부분에 "50"을 입력합니다.

타임이 50Frame에 위치합니다.

박스를 선택해 오른쪽으로 이동합니다.

키보드 "⑤"를 선택해 Key를 삽입합니다.

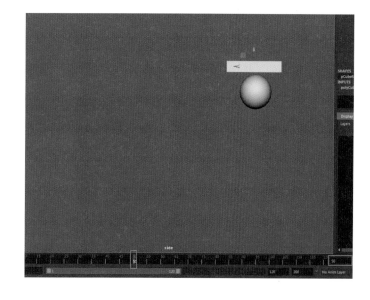

Parent 05

Sphere를 선택합니다.

아래쪽 빨간색 부분에 "90"을 입력합니다.

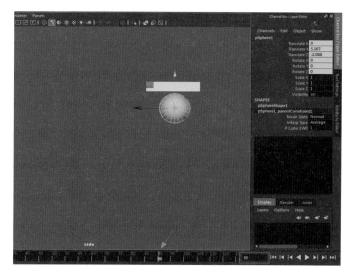

Parent 06

키보드 "⑤"를 선택해 Key를 삽입합니다.

채널박스 부분에 Blend Parent 명령어가 만들어 졌습니다.

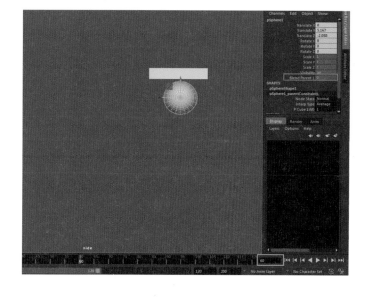

parent 07

Sphere를 아래 방향으로 이동합니다.
키보드 "s"를 선택해 Key를 삽입합니다.

Play 버튼을 실행합니다. Sphere는 60Frame까지
는 박스로 이동합니다. 90Frame까지는 Sphere가
이동합니다. 하지만 원하는 대로 실행되지는 않습
니다.
Blend Parent에 값을 입력해 완성해 보겠습니다.

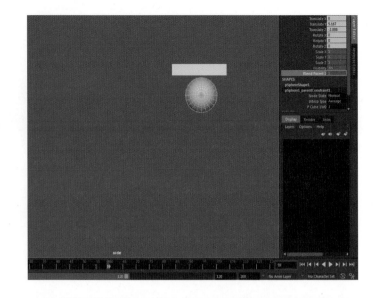

parent 08

Sphere를 선택합니다.
아래 빨간색 박스 부분에 "59"를 입력합니다.
59Frame이 지정되었습니다.
Blend Parent : 1을 입력합니다.
키보드 "s"를 선택해 Key를 삽입합니다.

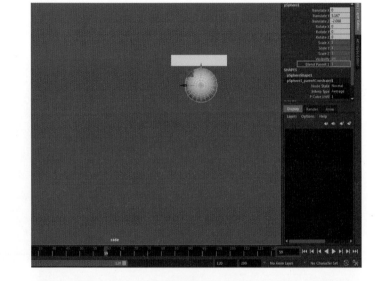

parent 09

아래 부분 빨간색 박스 부분에 "60"을 입력합니다.
60Frame이 지정 되었습니다.
Blend Parent : 0을 입력합니다.
키보드 "s"를 선택해 Key를 삽입합니다.

Play 버튼을 실행합니다. 정상적으로 애니메이션
이 표현됩니다.

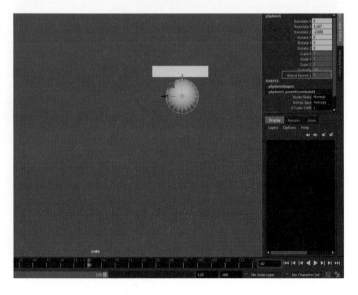

| 예제 | 비행기 애니메이션 |

 ❶ animation »attach to motion path

Motion 01

File » Open » ship.mb 파일을 열어 줍니다.

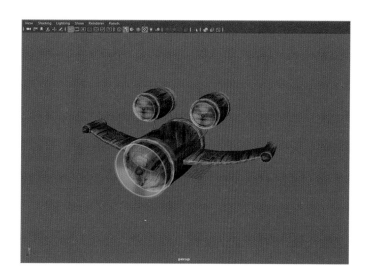

Motion 02

Top View를 확대합니다. 비행기의 위치에서부터
Curve를 그립니다.

Create » Curve Tools » CV Curve Tool 을 선택해
화살표 부분 Curve처럼 그립니다.

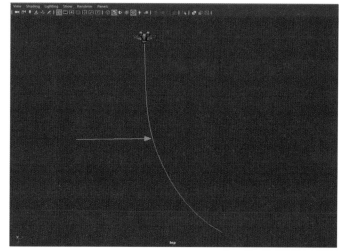

Motion 03

비행기를 선택한 후 Curve를 선택합니다.

Contrain » Motion Paths » Attach to Motion
Path 옵션 박스를 선택해 줍니다.

Time range : Time Slider » Attach를 선택해 적
용합니다.

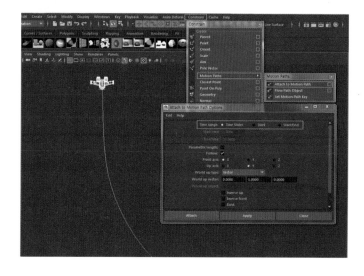

Motion 04

비행기가 Curve를 따르는 애니메이션이 만들어
졌습니다.

비행기 위 방향이 전혀 맞지를 않습니다.

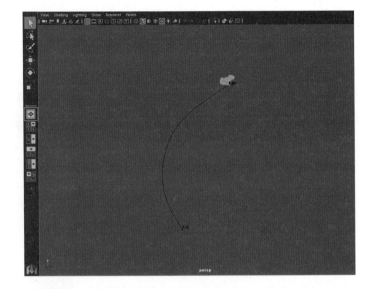

Motion 05

키보드 Ctrl + a 를 선택합니다.

Attribute Editor를 나타나게 합니다.

- Front axis : 비행기의 Front 방향을 선택합니다.
- Up axis : 비행기의 Top 방향을 선택합니다.
- Front Twist : Front 방향에서 비행기가 회전합니다.
- Up Twist : Top 방향에서 비행기가 회전합니다.
- Side Twist : Side 방향에서 비행기가 회전합니다.

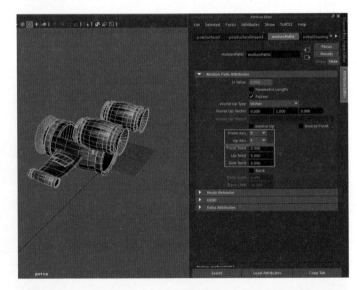

Motion 06

Front axis : z , Up axis : y를 선택합니다.

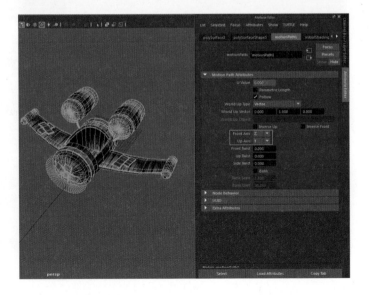

Motion 07

Front Twist 위에서 마우스 오른쪽 클릭으로 Create
New Expression…을 선택합니다.

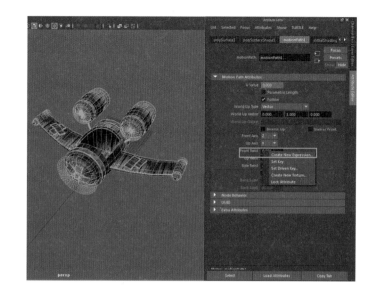

Motion 08

Expression 창에서 motionPath1.frontTwist=time*
−36 ; 을 입력합니다.
Edit을 선택해 적용합니다.(이때 주황색 박스 부
분의 선택된 명령어를 반드시 확인합니다.)

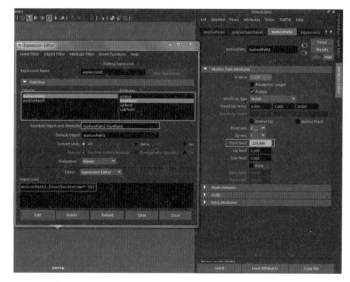

Motion 09

View를 설정하고 Play시킵니다.
비행기가 회전하면 비행하는 장면이 만들어졌습
니다.

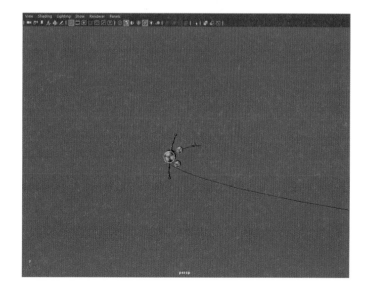

CONTENTS

LESSON 01 Rigging 명령어

SECTION 01. Skeleton

▲ Skeleton

01 | Joints

❶ **Create Joints** : Joint를 생성시킵니다.

❷ **Insert Joints** : Joint를 생성시킨 후 추가할 때 실행합니다.

❸ **Mirror Joints** : Joint를 생성시킨 후 복사하며 반전시켜 줍니다.

❹ **Orient Joint** : Local 축을 수정합니다.

❺ **Remove Joints** : Joint를 지워줍니다.

❻ **Connect Joint** : Joint와 Joint를 연결합니다.

❼ **Disconnect Joint** : Joint를 절단합니다.

❽ **Reroot Skeleton** : 선택한 Joint를 최상위 Joint로 만들어 줍니다.

❾ **Joint Labelling** : Joint에 이름을 나타나게 해줍니다.

⑩ **Create IK Handle** : IK Handle을 생성시킵니다.

⑪ **Create IK Spline Handle** : IK Spline을 생성시킵니다.

⑫ **Set Preferred Angle** : Joint의 방향을 인식시켜 줍니다.

⑬ **Assume Preferred Angle**

⑭ **Enable IK Handle Snap**

⑮ **Enable IK/FK Control**

⑯ **Enable Selected IK Handles**

⑰ **Disable Selected IK Handles**

⑱ **HumanIK…**

예제 **HumanIK 활용하기**

자동 리깅 데이터를 열어 줍니다.

Humanik 01

Skeleton ≫ HumanIK를 선택합니다.

character Controls가 나타납니다.

빨간색 박스로 표시한 부분의 Create Skeleton을
선택합니다.

Humanik 02

character Controls 부분에 Skeleton 옵션들이 나
타납니다.

- Create : Skeleton을 생성해 줍니다.
  - Skeleton : 뼈대를 생성시켜 줍니다.
  - Contorl Rig : Contorl(조절자)를 생성시켜 줍니다.
- Define : Skeleton의 관절 위치를 캐릭터에 맞추는 작
  업을 진행합니다.
- Import : 샘플 데이터를 불러옵니다.
  - HumanIK Example : Visor에서 HumanIK Example
    을 불러옵니다.
  - Mocap Example : Visor에서 모션캡처 데이터를
    불러옵니다.

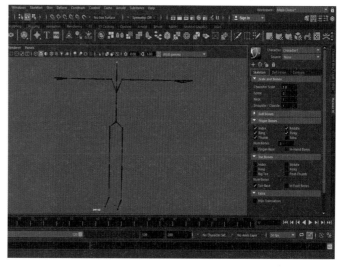

Humanik 03

마우스로 파란색 부분을 클릭합니다.

Create **》** Control Rig을 선택합니다.

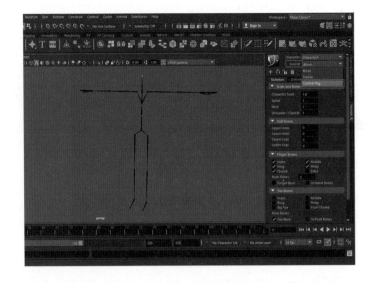

Humanik 04

캐릭터의 조절자들이 나타납니다. 조절자를 이용
해 움직임을 만들 수 있습니다.

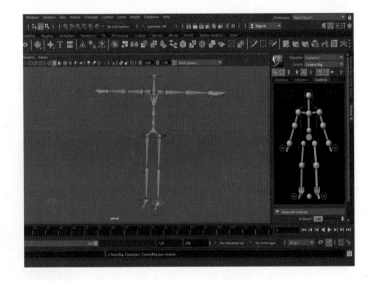

SECTION 02 Skin

▲ Skin

01 | Bind

❶ **Bind Skin** : Skeleton과 모델을 붙이는 작업을 합니다.

모델과 Skeleton을 선택하고 Bind를 시키면 모델의 Vertex들은 뼈대의 가까운 Joint에 귀속됩니다.

● Bind Skin options

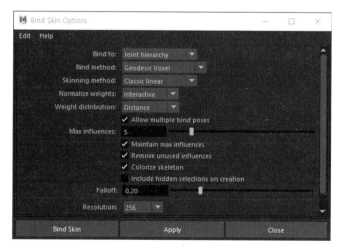

▲ Bind

- Max influences는 Bind Skin을 실행했을 경우 하나의 Vertex가 몇 개의 Joint에 영향을 받을 것인지를 정합니다.
- Falloff : Bind Skin했을 경우 그 영향력의 범위를 나타냅니다. 값이 작으면 영향력의 범위는 넓어지고 값이 클수록 영향력의 범위는 작아집니다.

❷ Interactive Bind Skin : Bind Skin을 실행하면 조절자를 이용해 Weights를 설정합니다.

❸ Unbind Skin : Bind를 해제해 줍니다.

❹ Go to Bind Pose : Joint를 첫 포즈로 되돌려 줍니다.

TIP IK 설정이 되어 있으면 Go to Bind Pose는 실행하지 않습니다.

예제 | **영향력 학습하기**

Bind 01

File 》 Open 》 bind.mb를 열어줍니다.
Top View에서 확대시켜 보여 줍니다.

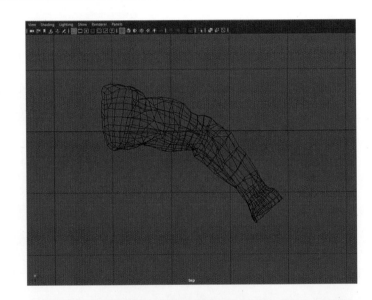

Bind 02

Skeleton 》 Create Joints를 선택합니다.

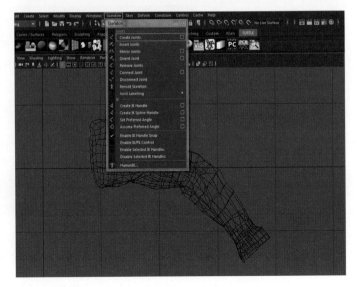

Bind 03

마우스로 1번 지점 어깨 부분을 클릭 >> 2번 지점 팔꿈치 부분을 클릭 >> 3번 지점 팔목 부분을 클릭 >> 4번 지점 손바닥 부분을 클릭합니다.

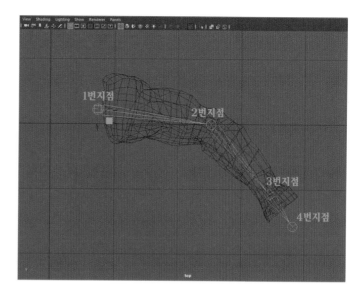

Bind 04

Skeleton >> Create IK Handle을 선택합니다.

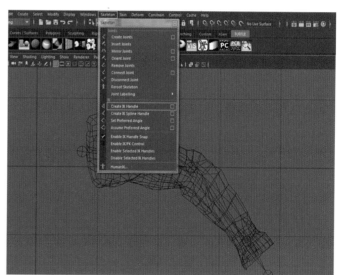

Bind 05

1번 지점 어깨 Joint를 선택 >> 2번 지점 팔목 Joint 를 선택 >> IK를 실행해 팔목과 팔꿈치가 함께 움직 이게 합니다.

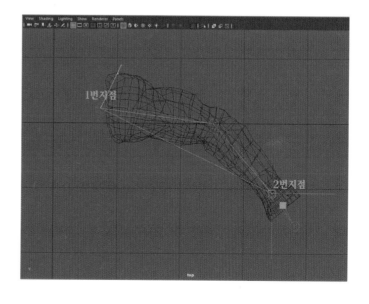

Bind 06

Ctrl + d 를 이용해 복사합니다. 두 개를 만들어 확인을 해보겠습니다.

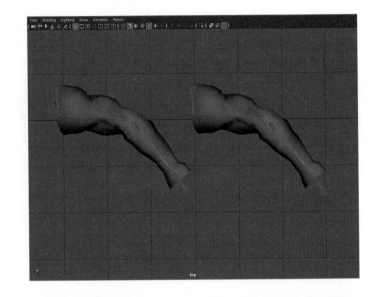

Bind 07

왼쪽에 있는 팔과 어깨 Joint를 선택합니다.
Skin » Bind Skin 옵션 박스를 열어 줍니다.
Max influences : 3, Falloff : 1 » 빨간색 박스의
Bind Skin을 선택합니다.

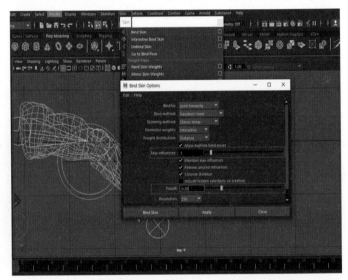

Bind 08

오른쪽에 있는 팔과 어깨 Joint를 선택합니다.
Skin » Bind Skin 옵션 박스를 열어 줍니다.
Max influences : 3, Falloff : 10 » 빨간색 박스의
Bind Skin을 선택합니다.

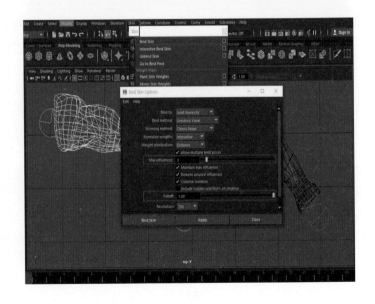

Bind 09

IK handle을 움직여 보았습니다.

어깨 부분을 보면 영향력이 많이 분포된 것은 (Falloff : 1일 때 영향력이 넓게 구성됩니다.) 어깨가 밖으로 밀려 나왔습니다. 하지만 영향력이 좁은 것은(Dropoff rate : 10) 어깨의 위치를 유지하는 것을 확인할 수 있습니다.

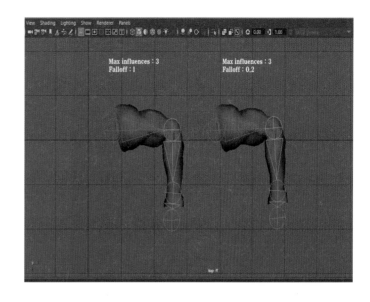

Bind 10

왼쪽 팔 모델을 선택합니다.

Skin » Paint Skin Weights 옵션 박스를 선택합니다.(빨간색 박스로 표시했습니다.)

전체적으로 색상이 연하게 분포되었습니다.

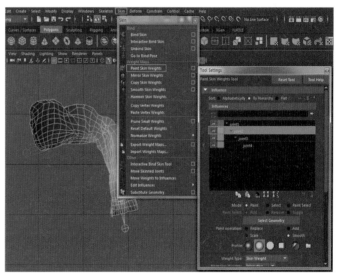

Bind 11

오른쪽 팔 모델을 선택합니다.

Skin » Paint Skin Weights 옵션 박스를 선택합니다.(빨간색 박스로 표시했습니다.) 전체적으로 색상이 진하게 분포되었습니다.

예제 **Interation Bind Skin 학습하기**

Intbind 01

File 》 Open 》 Bind.mb를 열어 줍니다.

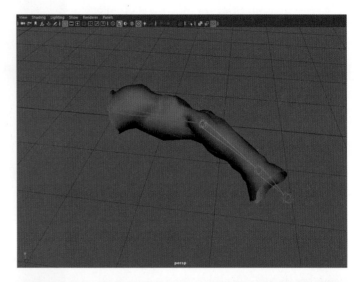

Intbind 02

팔 모델과 어깨 Joint를 선택합니다.

Skin 》 Interactive Bind Skin을 선택합니다.

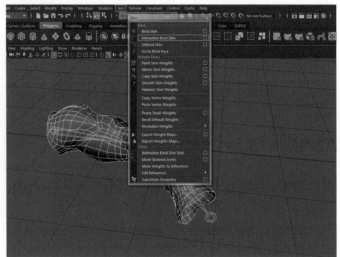

Intbind 03

선택한 어깨 Joint를 감싸는 게이트가 나타납니다.

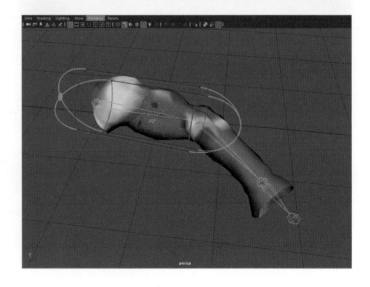

Intbind 04

주황색 화살표 부분의 빨간색 원형 라인은 게이트
의 크기를 제어합니다.

빨간색 화살표 부분 노란색 라인과 파란색 라인들
은 게이트의 길이를 조절할 수 있습니다.

영역을 확인하면 Skining할 수 있는 좋은 Tool입
니다.

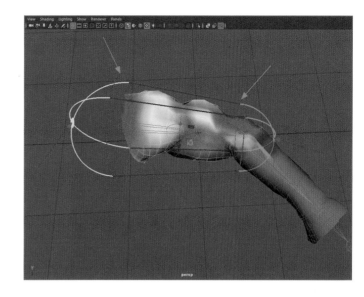

Intbind 05

Joint들을 선택하면 게이트가 나타납니다.

어깨, 팔꿈치, 팔목 차례로 선택하며 수정합니다.

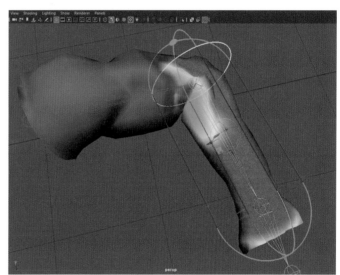

Intbind 06

Skin ≫ Interactive Bind Skin Tool 옵션 박스를 선
택합니다.

주황색 박스 안의 Joint를 선택하면 편집 수정할
수 있습니다.

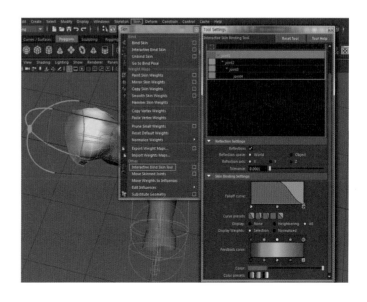

02 | Weight Map

⑤ **Paint Skin Weights** : Weight를 나누어 움직임에 적합한 변형을 갖게 합니다.

 TIP 모델과 Skeleton이 바인드가 적용되면 Skin Cluster가 생성이 됩니다. 이것은 오브젝트에 Weight를 부여해 움직임에 따라 모델이 변형될 것입니다.

⑥ **Mirror Skin Weights** : 한쪽의 Skin Weights 반대로 복사합니다.

⑦ **Copy Skin Weights** : Skin Weights 복사합니다.

⑧ **Smooth Skin Weights** : 선택한 Vertex의 Weights를 부드럽게 분포시켜 줍니다.

⑨ **Hammer Skin Weights**

⑩ **Copy Vertex Weights** : Vertex에 부여한 Skin Weights를 복사합니다.

⑪ **paste Vertex Weights** : Vertex에 부여한 Skin Weights를 복사한 것을 선택한 Vertex에 적용합니다.

⑫ **Prune Small Weights** : Skin 》 Prune Small Weights 옵션 박스를 선택합니다. Weight를 "0"으로 입력한 후 적용합니다. Skin 》 Edit Influences 》 Remove Unused Influence를 실행합니다. 선택된 오브젝트에 영향을 미치지 않는 Joint들을 Influence에서 제외시켰습니다. Paint Skin Weights Tool을 실행시켜 List를 확인해 보면, 오브젝트에 영향을 미치지 않는 Joint들이 사라져 간소화되었습니다.

⑬ **Reset Default Weights** : Skin Wright를 처음 Binding했던 상태로 되돌려 줍니다.

⑭ **Normalize Weights**

⑮ **Export Weights Maps...** : 모델의 Skin Weights를 이미지로 저장할 수 있습니다.

⑯ **Import Weights Maps...** : 저장되어 있는 Skin Weights를 새로운 모델에 적용할 수 있습니다.

 TIP Export할 모델과 Import할 두 개의 오브젝트는 UV의 배열 상태가 같아야 합니다.

03 | Other

⑰ **Interactive Bind Skin Tool** : Interactive Bind Skin으로 바인드한 후 편집할 수 있는 창이 나타납니다.

⑱ **Move Skinned Joints** : Bind Skin을 실행한 후 Joint를 이동할 수 있습니다.

⑲ **Move Weights to Influences**

⑳ **Edit Influences**

　● Add Influence : 오브젝트를 이용해 Bind Skin 영향력에 추가할 수 있습니다. 근육의 운동을 표현하는 데 편리합니다.

　● Remove Influence : Add Influence를 제거합니다.

　● Set Max Influence : Influence 값을 변경합니다.

　● Romove Unused Influence

㉑ **Substitute Geometry**

Deform

▲ Deform

01 | Create

❶ **Blend Shape** : Anim Deform ≫ Blend Shape 참고

❷ **Cluster** : 여러 개의 Component를 묶어서 Object화시켜 줍니다. ❶ animation ≫cluster 01 / cluster를 이용한 얼굴형태 만들기

❸ **Delta Mush** : Bind Skin이 적용된 후 Joint를 움직이면 모델의 형태가 왜곡되는 부분이 나타납니다. 이때 Delta Mush 는 형태를 잡아줄 수 있습니다.

❹ **Lattice** : Anim Deform ≫ Lattice 참고

❺ **Wrap** : 단순한 오브젝트가 변형되면 고퀄리티 오브젝트도 같이 변형될 수 있도록 하기 위해 사용합니다.

❻ **ShrinkWrap** : A모델과 B모델 두 개를 만들어 서로의 형태를 반응하게 할 수 있습니다.

❼ Wire : Curve를 이용해 모델의 형태를 제어합니다.

❽ Wrinkle : 모델을 지형과 같은 형태로 왜곡시킵니다.

❾ Nonlinear : 모델을 구부리거나(Bend) 비틀 수 있습니다.

❿ Soft Modification : 모델의 임의의 지정 부분을 중심으로 부드럽게 돌출시킵니다.

⓫ Sculpt

⓬ Texture : 2D Texture 또는 3D Texture를 이용해 형태를 모델링합니다.

⓭ Jiggle : 움직임에 있어 2차 동작을 표현할 수 있습니다.

⓮ Point on Curve

| 예제 | **Delta Mush 학습하기** |

Delta Mush 01

File ≫ Open ≫ Delta Mush.mb를 열어 줍니다.

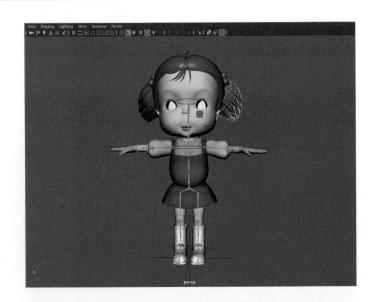

Delta Mush 02

Bind Skin이 적용된 상태에서 화살표가 가리키는 몸통 모델을 선택합니다. Deform ≫ Delta Mush 를 선택해 모델에 적용합니다.

Delta Mush 03

손목 제어 Curve를 이용해 포즈를 만들어 줍니다.
겨드랑이 아래를 확인해 보면 거칠게 함몰된 것이
보입니다.

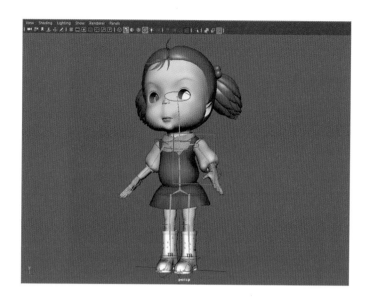

Delta Mush 04

몸통 모델을 선택하고 오른쪽 채널박스를 확인합
니다. 빨간색 박스 부분 값을 확인합니다.

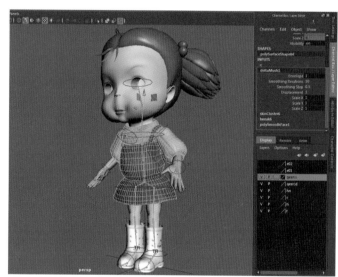

Delta Mush 05

Channel Box / Layer Editor의 값을 수정합니다.
Smoothing Iterations : 7, Displacement : 0.4 값
을 입력합니다.
주황색 화살표 부분을 확인하면 부드러워진 것을
확인할 수 있습니다.
값을 다르게 입력해서 확인해 봅니다.

| 예제 | **ShrinkWrap** |

Shwrap 01

A모델은 사이즈가 크고 왜곡된 형태를 만들어 줍
니다. B모델은 Sphere를 이용해 A모델 안쪽에 위
치시켜 줍니다.

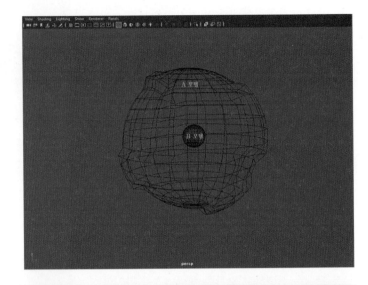

Shwrap 02

A모델을 선택합니다.
키보드 [Shift] Key를 누른 상태에서 B모델을 선택
합니다.
Deform ≫ ShrinkWrap을 적용합니다.

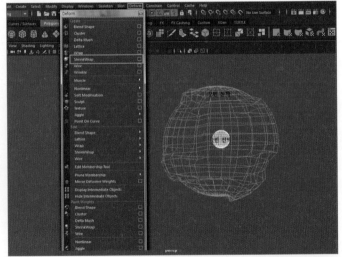

Shwrap 03

안쪽에 있는 Sphere 모델이 오브젝트에 반응해 형
태가 바뀌어진 것을 알 수 있습니다.
모델을 움직여보면 모델의 형태가 변형되어 움직
이는 것을 볼 수 있습니다.

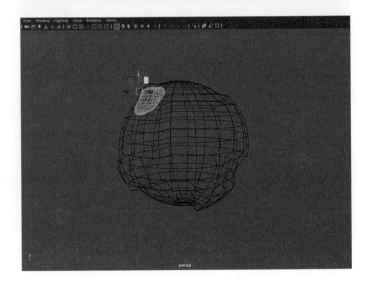

예제 **Wire 활용하기**

Wire 01

File ≫ Open ≫ Wire.mb를 열어 줍니다.
Front View에서 모델을 확대해 줍니다.

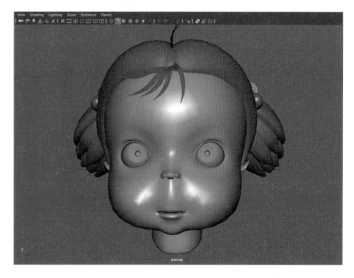

Wire 02

Front View ≫ Shading ≫ Wireframe on Shaded를
선택합니다.
위쪽 스냅 버튼을 활성화시킵니다.

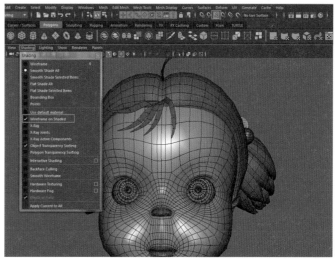

Wire 03

Create ≫ Curves Tools ≫ CV Curve Tool을 선택
합니다.

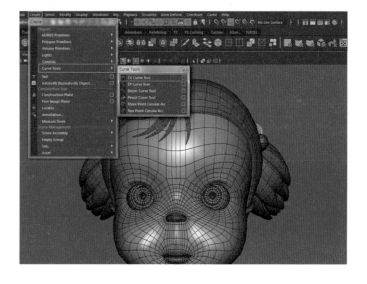

Wire 04

눈썹 아래 부분의 주황색 작은 박스 부분의 Vertex
위를 클릭해서 그림을 그려 줍니다. 이때 반드시
Vertex에 스냅이 걸려야 합니다.

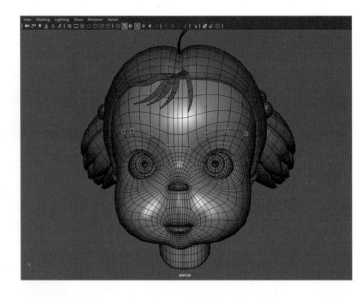

Wire 05

Deform ≫ Wire를 선택합니다.

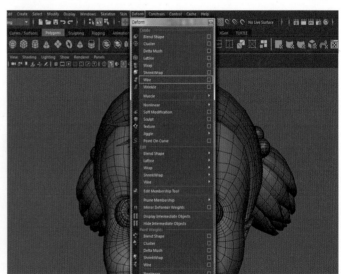

Wire 06

마우스로 얼굴 모델을 선택합니다.
키보드 Enter Key를 선택합니다.
눈가의 Curve를 선택합니다.
키보드 Enter Key를 선택합니다.

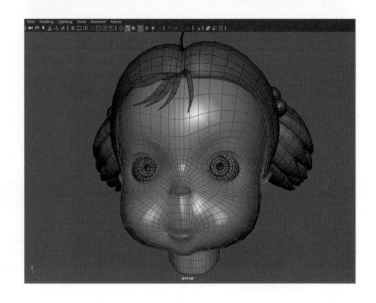

Wire 07

눈가의 Curve를 선택합니다. 마우스를 아무것도 없는 공간에서 마우스 오른쪽 클릭으로 Control Vertex를 선택합니다.

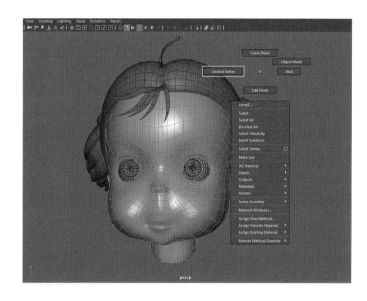

Wire 08

Vertex를 이동하면 형태가 변형되는 것을 볼 수 있습니다.

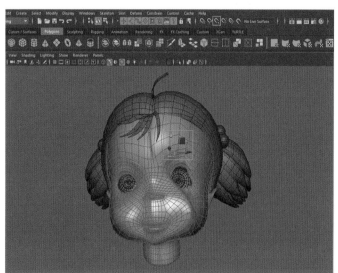

Wire 09

오른쪽 채널 박스에서 Dropoff Distance에 수치를 입력하면 변하는 정도를 정할 수 있습니다.

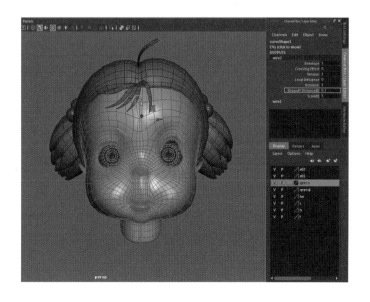

| 예제 | **Jiggle 애니메이션** |

Jiggle 01

File » Open » Jiggle.mb 파일을 열어 줍니다.

Jiggle 02

모자 부분의 위쪽 Vertex를 선택합니다.

Deform » Jiggle » Jiggle Deformer를 선택합니다.

Jiggle 03

Deform » Jiggle 빨간색 부분의 옵션 박스를 열어
줍니다. (아래쪽 부분에 있는 명령어입니다.)

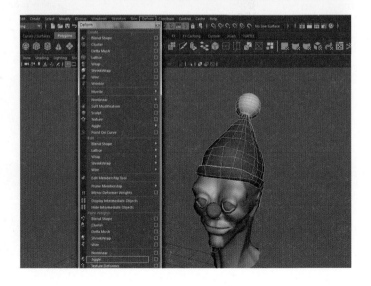

Jiggle 04

오른쪽에 Jiggle Paint 옵션이 나타납니다.

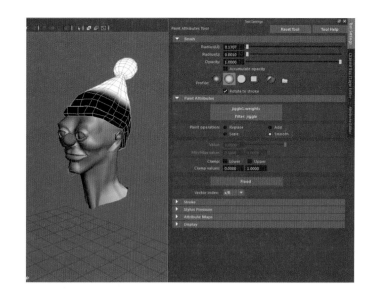

Jiggle 05

Smooth를 선택하고 Flood를 20회 이상 클릭해서
경계영역을 부드럽게 합니다.

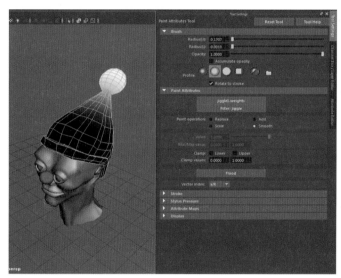

Jiggle 06

채널박스에서 빨간 박스 안에 값을 입력합니다.
입력했을 때 동작이 어색하다면 작업자는 다른 값
으로 맞추어 주어야 합니다.

- Stiffness : 경직되게 해줍니다.
- Damping : 움직임을 둔화시킵니다.
- Jiggle Weight : 강도를 조절합니다.

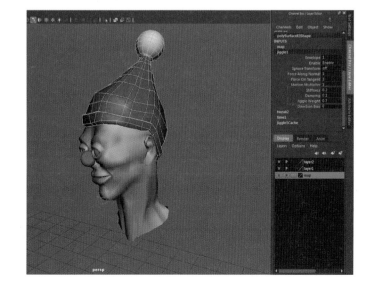

예제 **Bend 학습하기**

Bend는 모델을 구부러지게 만드는 기능입니다.

Bend 01

Cylinder를 만듭니다. 이때 화면 오른편 채널 박스
에서 Subdivision Height를 20 이상 입력합니다.
Subdivision이 많아야 기능이 안정적으로 실행됩
니다.

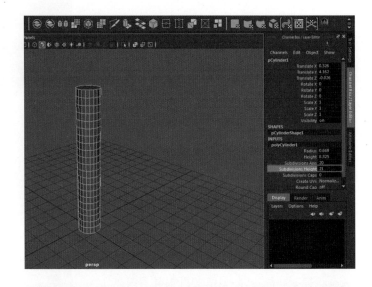

Bend 02

Cylinder를 선택한 상태에서 Deform » Nonlinear
» Bend를 적용합니다.

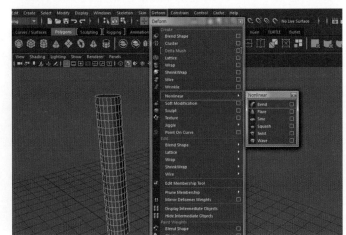

Bend 03

화면 오른편 채널 박스에서 Curvature에 수치를
입력합니다. 원통형 오브젝트가 구부러지는 것을
확인할 수 있습니다.

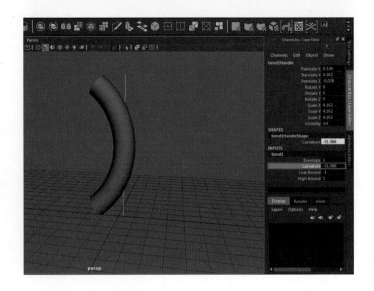

Bend 04

중심선 아래쪽은 Low Bound (값이 0이면 아래
쪽이 변형되지 않습니다.) 중심선 위쪽은 High
Bound (값이 0이면 위쪽 부분이 변형되지 않습니
다.)입니다.

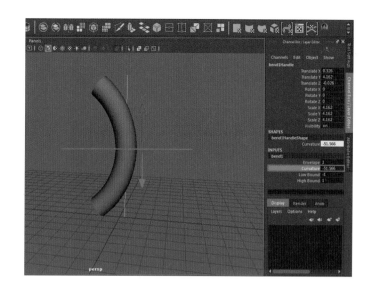

예제 **Flare 학습하기**

Flare는 위쪽 부분이나 아래쪽 부분을 뾰족하게 만
드는 기능입니다.

Flare 01

Cylinder를 만듭니다. 이때 채널 박스에서 Subdi
vision Height를 20 이상 입력합니다. Subdivision
이 많아야 기능이 안정적으로 실행됩니다.

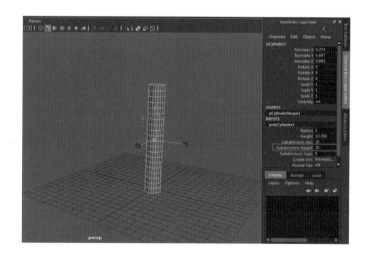

Flare 02

Cylinder를 선택한 상태에서 Deform ≫ Nonlinear
≫ Flare를 적용합니다.

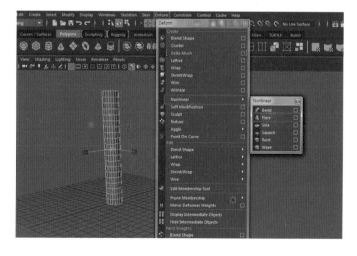

Flare 03

화면 오른편 채널 박스에서 Start Flare X와 Start Flare Z에 수치를 입력합니다.
원통형 오브젝트의 아래쪽 부분이 뾰족해지는 것을 확인할 수 있습니다.

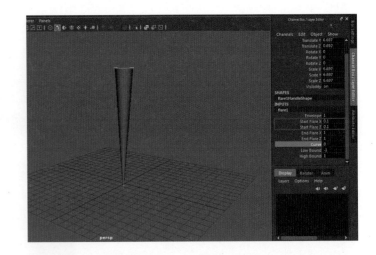

Flare 04

curve 수치를 입력합니다. 볼록해지는 것을 확인할 수 있습니다.

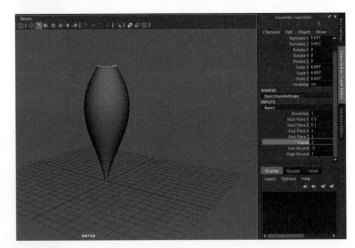

예제 **Sine 학습하기**

S자형 곡선을 만드는 기능입니다.
Cylinder를 만듭니다. 이때 채널 박스에서 Subdivision Height를 20 이상 입력합니다. Subdivision이 많아야 기능이 안정적으로 실행됩니다.

Sine 01

Cylinder를 선택한 상태에서 Deform ≫ Nonlinear ≫ Sine를 적용합니다.
Amplitude : 0.3을 입력합니다. S자형 곡선이 만들어졌습니다.

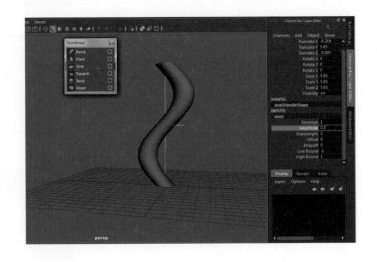

예제 **Squash 학습하기**

부드러운 오브젝트의 모델에 탄성의 영향을 받은
것처럼 표현해 줍니다.
Sphere를 만듭니다. 이때 채널 박스에서 Subdi
vision을 20 이상 입력합니다. Subdivision이 많아
야 기능이 안정적으로 실행됩니다.

Squash 01
Sphere를 선택한 상태에서 Deform ≫ Nonlinear
≫ Squash를 적용합니다.

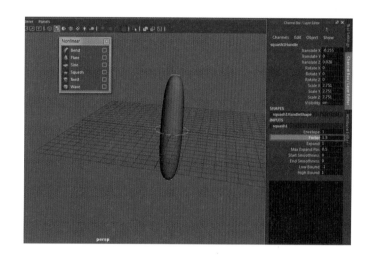

Squash 02
채널 박스에서 Factor : 1.3을 입력합니다.
위로 늘어나면서 Side가 좁아지는 것을 확인할 수
있습니다.

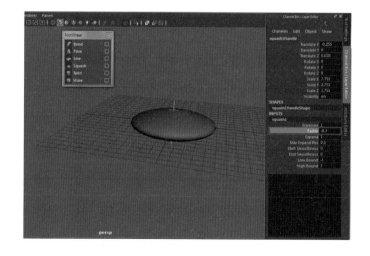

Squash 03
Factor : −0.7을 입력합니다.
Side로 늘어나면서 위와 아래가 좁아지는 것을 확
인할 수 있습니다.

값을 바꾸어가며 적용해 보세요.

예제 **Twist 학습하기**

오브젝트를 비틀어 주는 기능입니다.

Twist 01

Box를 만듭니다. 이때 채널 박스에서 Subdivision height : 26 이상 입력합니다. Subdivision이 많아야 기능이 안정적으로 실행됩니다.

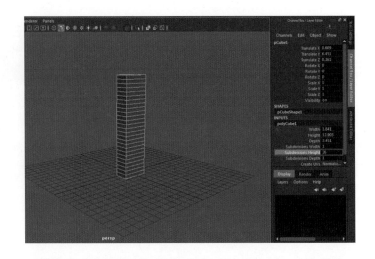

Twist 02

Box를 선택한 상태에서 Deform » Nonlinear » Twist를 적용합니다.

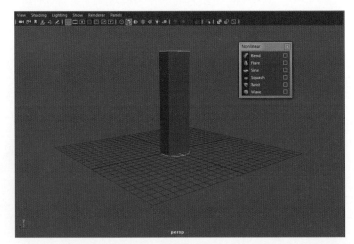

Twist 03

채널 박스에서 Start angle : 339.191을 입력합니다. 모델이 비틀어지는 것을 확인할 수 있습니다.

Start angle을 360 / 1080 등 다양하게 입력해 보세요.

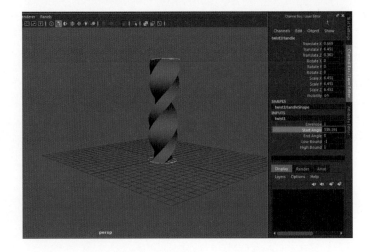

예제 | Wave 학습하기

동심원을 만들어 주는 기능입니다.

Plane을 만듭니다. 이때 채널 박스에서 Subdivision WIDTH : 60 / Subdivision height : 60 이상 입력합니다. Subdivision이 많아야 기능이 안정적으로 실행됩니다.

Wave 01

Plane을 선택한 상태에서 Deform ≫ Nonlinear ≫ Wave를 적용합니다. Amplitude : 0.05 / Wave length : 0.2를 입력합니다. offest은 애니메이션을 만들어 줍니다. Dropoff : 중앙에서 외곽으로 영향력을 감쇠시켜 유연하게 합니다.

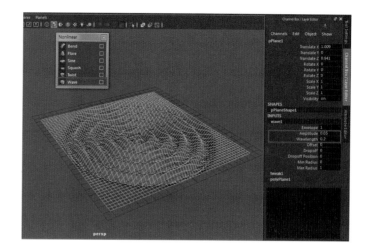

Skeleton 생성하기

Skeletonset 01

File ≫ Open ≫ seting.mb를 열어줍니다.

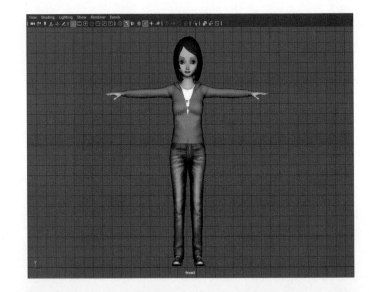

Skeletonset 02

Skeleton ≫ Create Joints를 선택합니다.

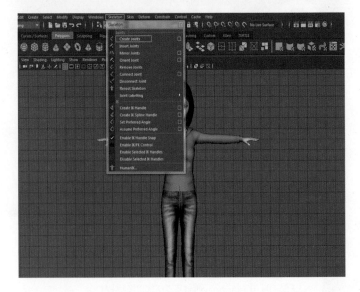

Skeletonset 03

각각 View에서 Shading >> X – Ray Joints를 선택
합니다. Joint를 생성시켜 보면 가려지지 않는 상
태에서 보이는 것을 확인할 수 있습니다.

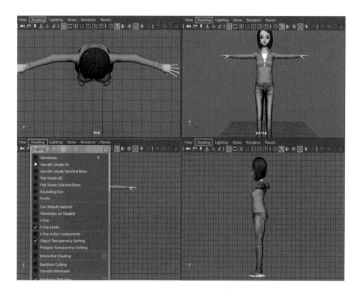

Skeletonset 04

인체의 단전에 Joint를 생성합니다.

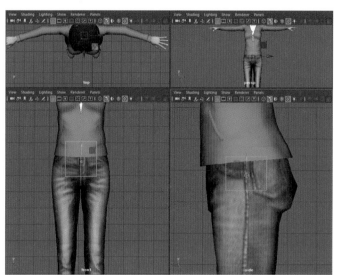

Skeletonset 05

Front View에서 단전의 위치에 맞추어 줍니다.
Skeleton >> Create Joints를 선택합니다. 화살표로
표시된 Joint를 선택합니다.

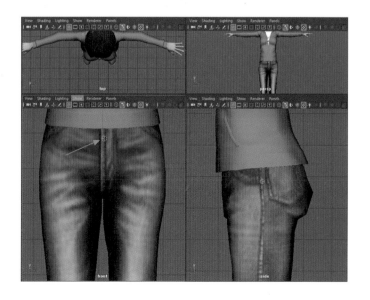

Skeletonset 06

그림의 1번 선택 지점을 마우스로 클릭해 생성합니다.

1번 선택 지점에서 골반 위치인 2번 선택지점으로 Joint를 생성합니다.

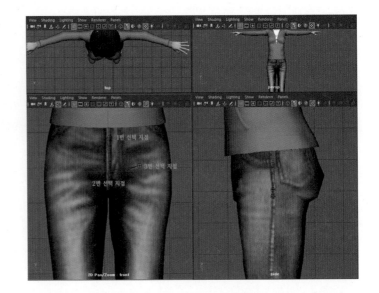

Skeletonset 07

Side View로 이동해서 무릎 부분의 2번 선택지점에 생성 » 발목 3번 선택지점 » 뒤꿈치 4번 선택지점 » 발 5번 선택지점 » 발가락 6번 선택지점에 추가합니다.

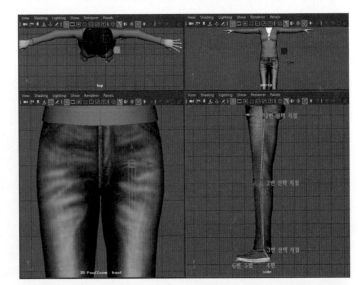

Skeletonset 08

다리 Skeleton을 선택합니다. » Skeleton » Mirror Joints를 실행해 반대로 복사합니다.

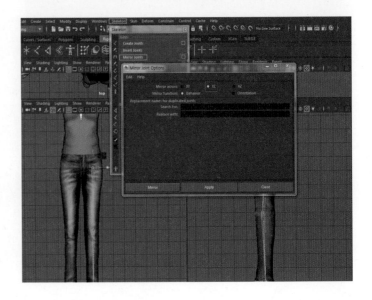

Skeletonset 09

Skeleton » Create Joints를 선택합니다.

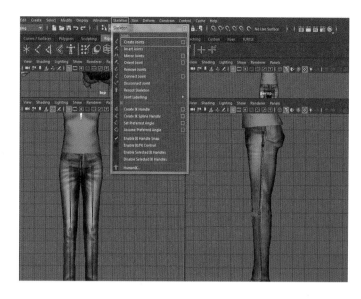

Skeletonset 10

단전에 있는 Joint를 클릭 선택합니다.

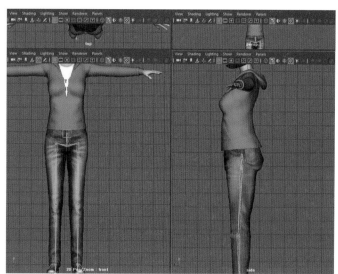

Skeletonset 11

1번 선택지점을 단전 Joint와 가깝게 생성시킵니다. » 2번 선택지점 » 3번 선택지점 » 4번 선택지점(어깨로 나갈 부분) » 5번 선택지점 » 6번 선택지점(목을 움직이는 Joint입니다.) » 7번 선택지점(머리카락을 Parent할 Joint입니다.)을 생성합니다.

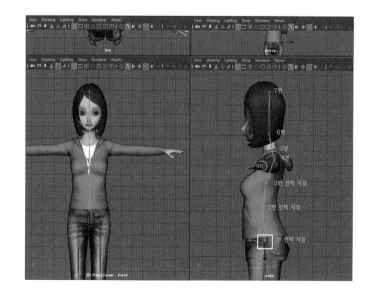

Skeletonset 12

Skeleton ≫ Create Joints를 선택합니다. ≫ 눈, 입,
턱 부분을 생성시킵니다.

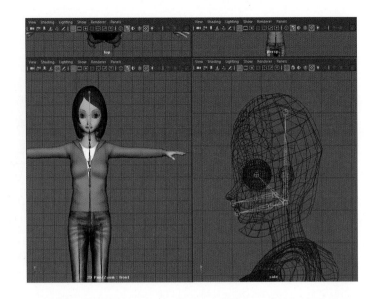

Skeletonset 13

Skeleton ≫ Create Joints를 선택합니다. 어깨로
이어질 Joint를 선택합니다.

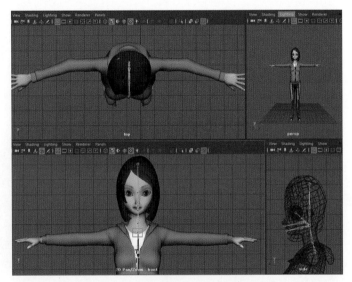

Skeletonset 14

가슴부분에 보조 Joint를 생성합니다.
어깨 ≫ 팔꿈치 ≫ 팔목 보조 조인트 ≫ 팔목 순으로
생성시킵니다.

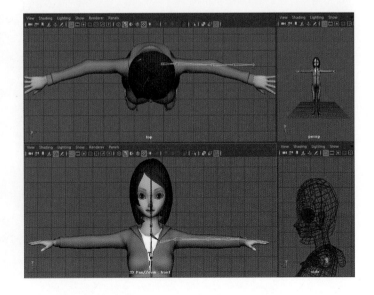

Skeletonset 15

Top과 Front View를 확대합니다. 》 3번 조인트에서 5번 조인트는 Shift key를 이용해 직선으로 생성시킵니다.

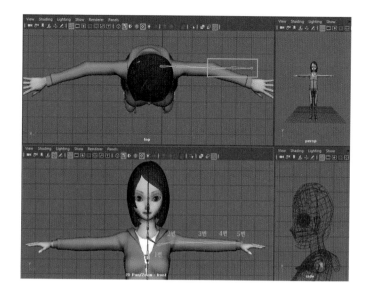

Skeletonset 16

팔꿈치 Joint를 선택한 후 회전(단축키 "e")시켜 팔꿈치와 팔목의 중앙에 위치시킵니다. 팔꿈치 Joint 위에서 오른쪽 마우스를 클릭한 후 Set Preferred Angle을 선택합니다.

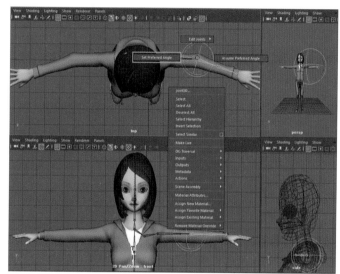

Skeletonset 17

가슴 부분 보조 조인트를 선택합니다.
Skeleton 》 Mirror Joints 옵션 박스를 열어 줍니다.
Mirror across : YZ 하단 Mirror를 선택합니다.

Skeletonset 18

뼈대를 생성시킨 모습입니다. 손과 손가락은 IK
설정 후 생성시키겠습니다.

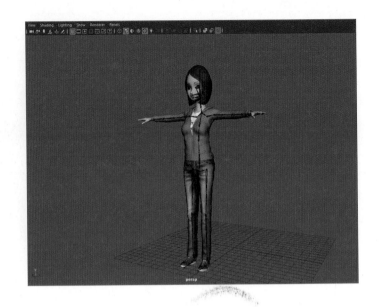

❶ animation »foot_ik_seting(Skeletonset 19~43)
foot_set_driven(Skeletonset 54~67)

Skeletonset 19

Skeleton » Create IK Handle 옵션 박스를 선택합
니다. Current solver : Rotate – Plane Solver를
선택합니다.

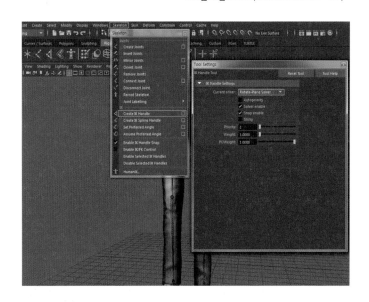

Skeletonset 20

왼쪽 다리 골반 Joint를 선택하고 발목 Joint를 클
릭합니다. IK가 만들어진 것을 확인할 수 있습니
다. 발목 부분의 핸들을 선택한 후 움직여 보면 다
리 동작이 표현됩니다.

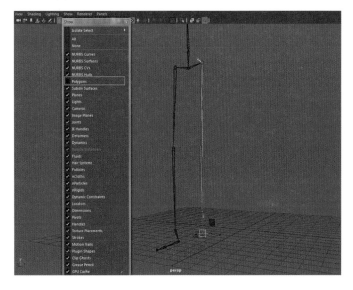

Skeletonset 21

Skeleton » Create IK Handle을 선택합니다.

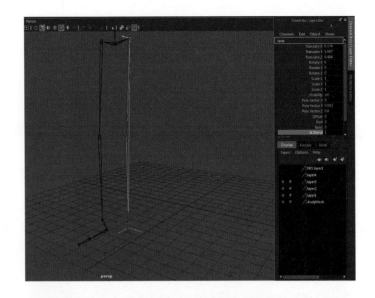

Skeletonset 22

왼쪽 발목 Joint(1번 부분)를 클릭합니다. 그림처럼 발 Joint(2번 부분)를 클릭합니다.

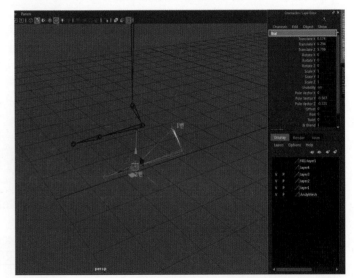

Skeletonset 23

Skeleton » Create IK Handle를 선택합니다. 왼쪽 발 Joint(1번 부분)를 클릭합니다. 그림처럼 발가락 Joint(2번 부분)를 클릭합니다.

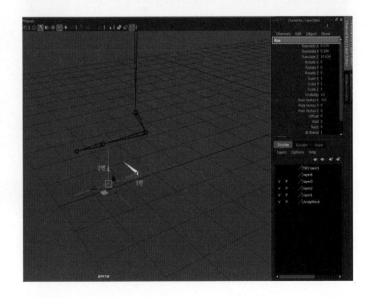

Skeletonset 24

오른쪽 다리 Joint를 선택하고 삭제합니다.

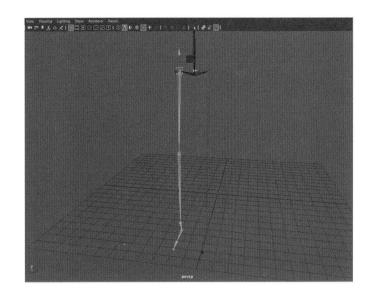

Skeletonset 25

IK가 설정된 왼쪽 다리를 선택합니다.

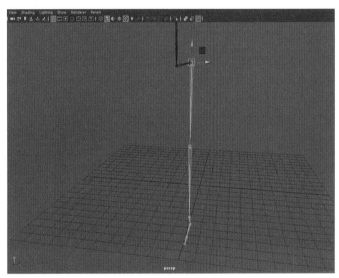

Skeletonset 26

Skeleton » Mirror Joints를 실행합니다.

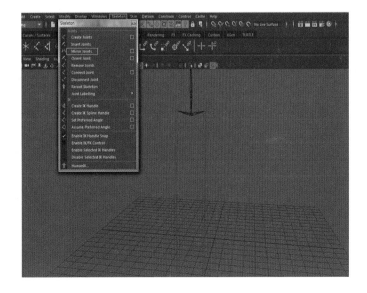

Skeletonset 27

Windows » Outliner를 선택합니다.

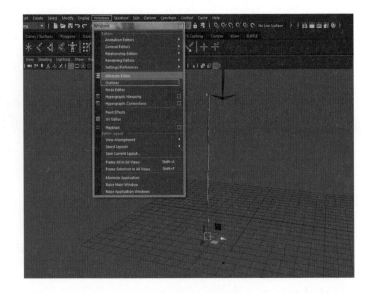

Skeletonset 28

Outliner에서 ik를 선택해 이름을 변경해 줍니다.
"왼쪽 발목 IK : lank", "왼쪽 발 IK : lbal", "왼쪽 발
가락 IK : ltoe"

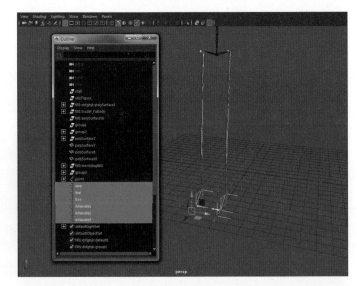

Skeletonset 29

"오른쪽 발목 IK : rank", "오른쪽 발 IK : rbal",
"오른쪽 발가락 IK : rtoe"

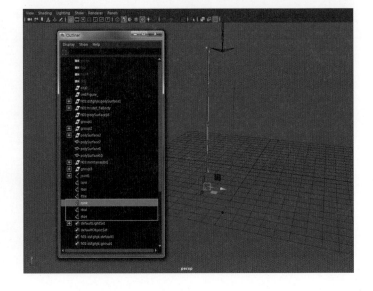

Skeletonset 30

왼쪽 발목 IK(lank)를 선택합니다.

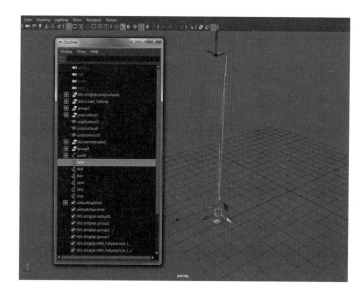

Skeletonset 31

Ctrl + g를 이용해 group4를 실행합니다.

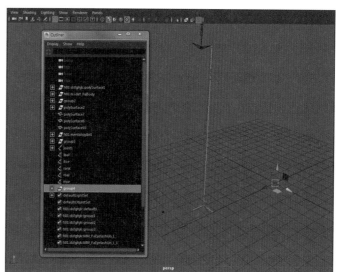

Skeletonset 32

이름을 "lank_rot"로 입력합니다. » 키보드 Insert key를 선택하고 축을 화살표가 표시된 부분인 발 Joint로 이동합니다. » 키보드 "v"를 누른 상태에서 pivot을 이동하면 스냅에 의해서 맞추어집니다.

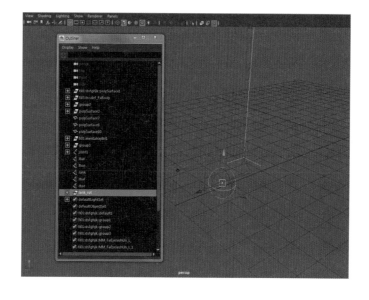

Skeletonset 33

왼쪽 발가락 IK(ltoe)를 선택합니다.

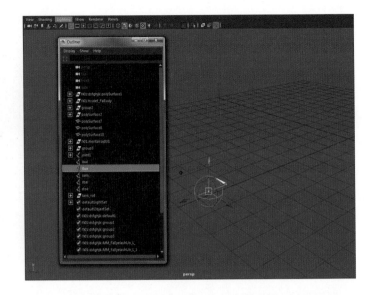

Skeletonset 34

Ctrl + ⓖ를 이용해 group4를 실행합니다.

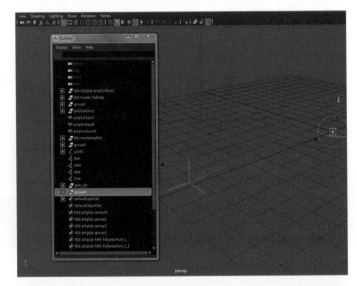

Skeletonset 35

이름을 "ltoe_gro"로 입력합니다. 키보드 Insert key 를 선택하고 축을 화살표가 표시된 부분인 발 Joint 로 이동합니다. 키보드 "ⓥ"를 누른 상태에서 pivot 을 이동하면 스냅에 의해서 맞추어집니다.

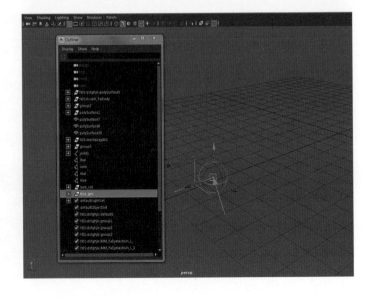

Skeletonset 36

Outliner 창에서 lbal+lank_rot+ltoe_gro 세 개의 이름을 Ctrl key를 누르고 선택합니다.

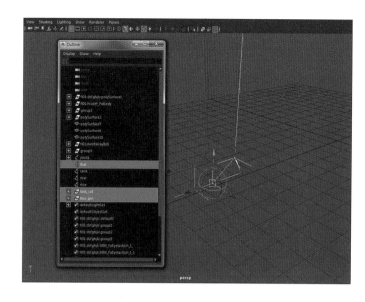

Skeletonset 37

Ctrl+g를 이용해 group4를 실행합니다.

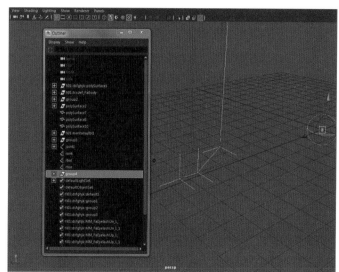

Skeletonset 38

이름을 "lheel_rot"로 입력합니다. 키보드 Insert key를 선택하고 축을 화살표가 표시된 부분인 발 뒤꿈치 Joint로 이동합니다. 키보드 "V"를 누른 상태에서 pivot을 이동하면 스냅에 의해서 맞추어집니다.

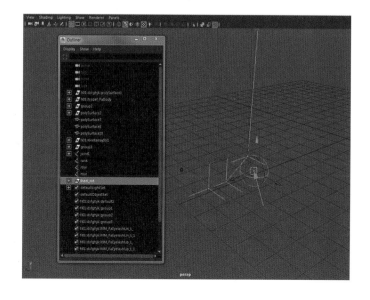

Skeletonset 39

lheel_rot를 선택하고 Ctrl+g를 이용해 group4를 실행합니다.

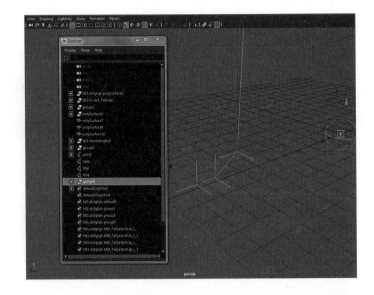

Skeletonset 40

이름을 "ltoe_rot"로 입력합니다. 키보드 Insert key를 선택하고 축을 화살표가 표시된 부분인 발가락 Joint로 이동합니다. 키보드 "V"를 누른 상태에서 pivot을 이동하면 스냅에 의해서 맞추어집니다.

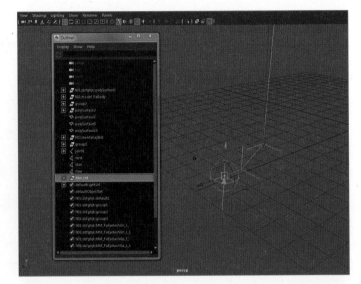

Skeletonset 41

Skeletonset 40의 "ltoe_rot"를 선택합니다. Ctrl+g를 이용해 group4를 실행합니다.

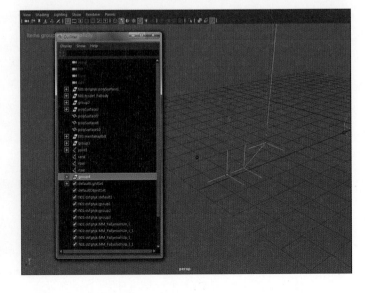

Skeletonset 42

이름을 "lfoot"으로 입력합니다. 키보드 [Insert] key를 선택하고 축을 발 Joint로 이동합니다. 키보드 "[V]"를 누른 상태에서 pivot을 이동하면 스냅에 의해서 맞추어집니다.

반대쪽도 같은 방식으로 다리 Setting을 완성합니다.

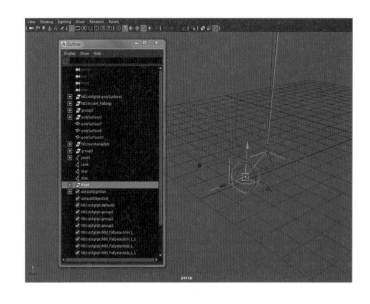

Skeletonset 43

처음에 생성시킨 Joint1을 선택하고 움직여 봅니다.

발이 땅에 붙어 움직이는 것을 확인할 수 있습니다. [Ctrl]+[Z]을 이용해 원래의 상태로 포즈를 만들어 줍니다.

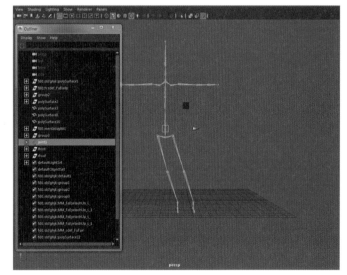

Skeletonset 44

이번에는 Create ≫ Curve Tools ≫ CV Curve Tool을 실행합니다.

Tool Setings에서 Curve degrees : 1 Linear를 선택합니다.

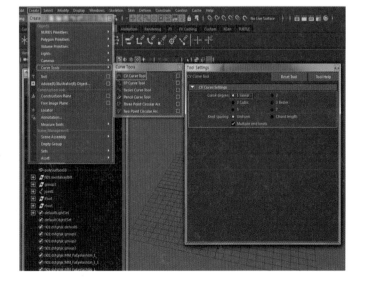

Skeletonset 45

Perp View를 위에서 아래로 방향을 맞추어 줍니다. 그리드 위에 화살표를 그립니다. 이때 빨간색으로 표시된 Grid Snap을 켜서 실행합니다.

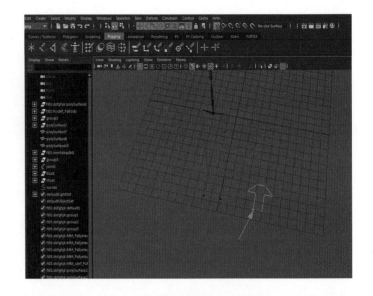

Skeletonset 46

화살표가 그려진 것을 확인합니다. Modify » Center Pivot을 실행합니다.

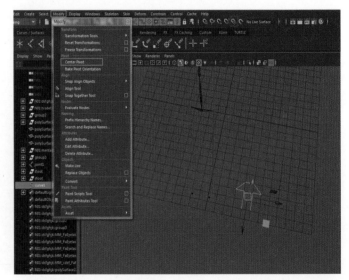

Skeletonset 47

Grid Snap을 해제해 줍니다. Point Snap(단축키 "V")을 이용해 화살표를 왼쪽 다리 골반 부분에 위치시킵니다.

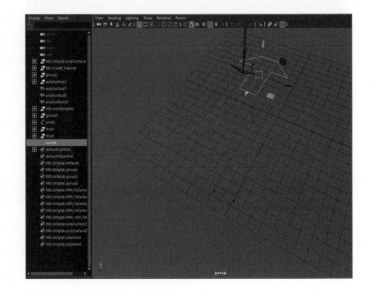

Skeletonset 48

화살표를 다리 앞부분으로 이동시킵니다. 크기를
줄여 그림처럼 만듭니다.

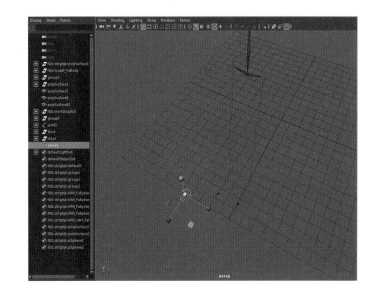

Skeletonset 49

왼쪽 화살표를 선택하고 Modify » Freeze Trans –
formations을 실행합니다. Channel Box를 확인하
면 모두 초기값으로 입력되었습니다.

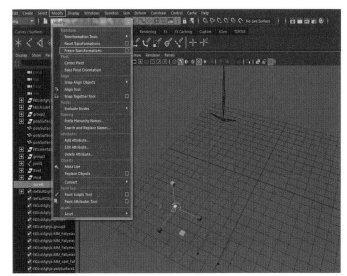

Skeletonset 50

왼쪽 다리 화살표를 복사해서 오른쪽 다리 부분으로
위치시킵니다. 오른쪽 화살표를 선택하고 Modify
» Freeze Transformations을 실행합니다.
Channel Box를 확인하면 모두 초기값으로 입력되
었습니다.

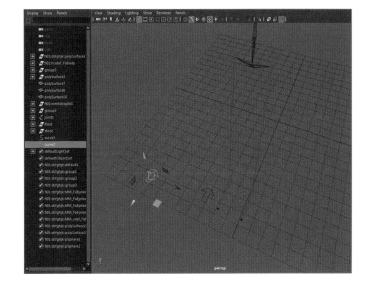

Skeletonset 51

1번 화살표를 선택합니다. Ctrl key를 누른 상태
에서 왼쪽 발목 IK를 선택합니다.

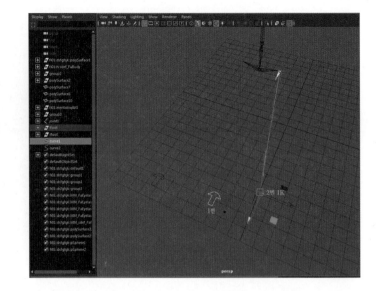

Skeletonset 52

Constrain » Pole Vector를 선택합니다. 무릎제어
를 위해 사용합니다.

오른쪽 화살표도 같은 방식으로 오른쪽 발목 IK를
선택하고 Pole Vector를 연결시킵니다.

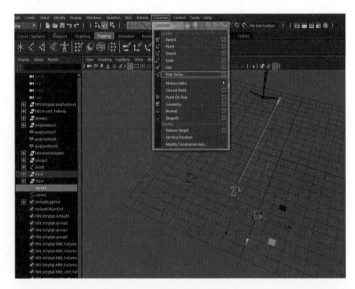

Skeletonset 53

1번의 두 개의 화살표를 선택합니다. Ctrl key를
누른 후 2번으로 표시한 Joint를 선택합니다. 단축
키 "p"를 선택해 Parent 관계를 만듭니다.

 TIP Edit » Parent를 선택해도 실행됩니다.

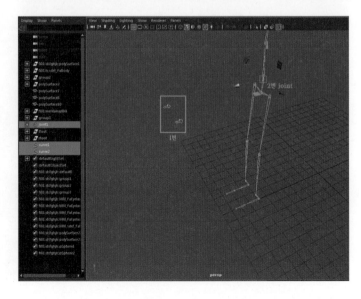

Skeletonset 54

View를 이용해 팔 부분을 확대합니다. Skeleton 》
Create IK Handle을 선택합니다.

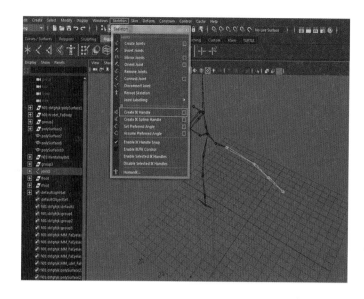

Skeletonset 55

1번 표시부분의 어깨 Joint를 클릭합니다. 2번 표시
부분의 팔 Joint를 클릭합니다. IK가 생성되었습니
다. 팔 부분에는 ik Handle1이 생성되었습니다.

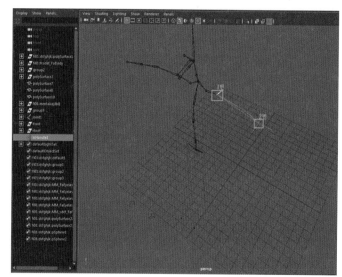

Skeletonset 56

왼쪽 View에서 Panels 》 Hypergraph Panel 》
Hypergraph Hierarchy를 선택합니다.

 TIP

Windows 》 General Editor 》 Hypergraph를 이용
해 선택할 수 있습니다.

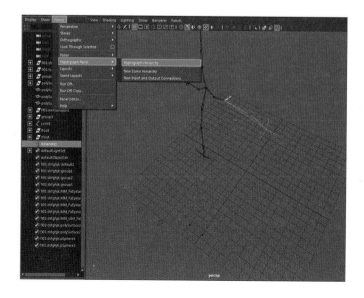

Skeletonset 57

주황색으로 표시한 부분으로 마우스를 가져가면
마우스의 형태가 변합니다. 이때 클릭해서 이동하
면 View를 확대 또는 축소할 수 있습니다.

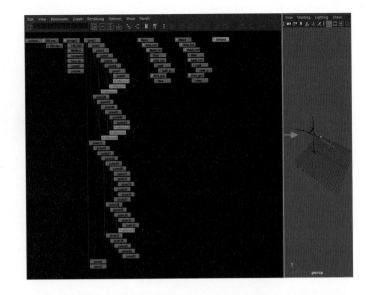

Skeletonset 58

Hypergraph Hierarchy에서 어깨 Joint를 선택합
니다. Joint29를 더블클릭하여 Rename node가
나타나면 "ishoulder"라고 입력합니다.

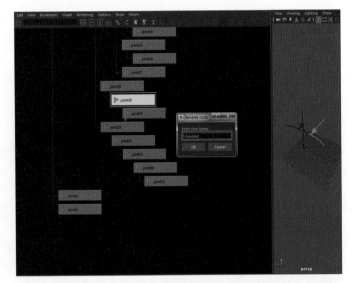

Skeletonset 59

어깨 Joint인 "ishoulder"에 연결된 점선 line을 따
라 가면 "effector7"을 확인할 수 있습니다.

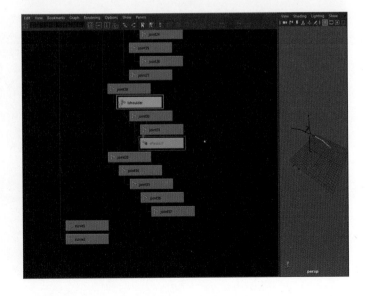

Skeletonset 60

"effector"를 선택하고 키보드 "W"를 선택합니다.
IK Handle 부분에 "effector7"이 있는 것을 확인할
수 있습니다.

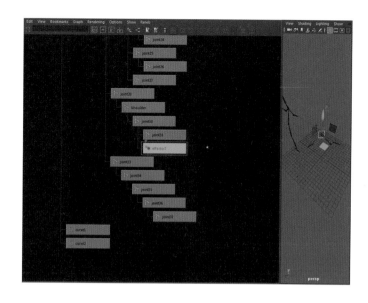

Skeletonset 61

"effector7"을 선택하고 Insert key를 선택합니다. 키
보드 "V"를 누른 상태로(Point Snap) Pivot을 팔
목으로 이동시킵니다.

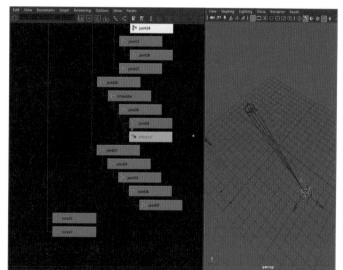

Skeletonset 62

IK Handle을 선택하고 이동하면 팔의 움직임이
만들어집니다.

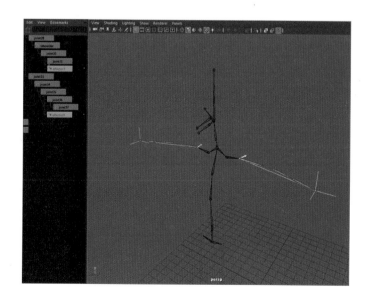

Skeletonset 63

다리부분 화살표를 Ctrl+d를 이용해 복사합니다. 어깨 조인트 부분으로 이동합니다. 키보드 "V"를 누른 상태로(Point Snap) 화살표를 어깨로 이동시킵니다.

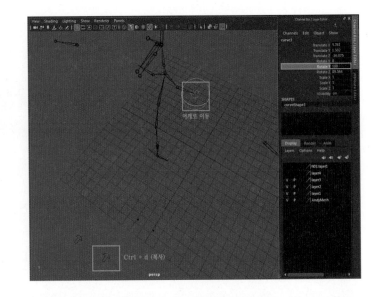

Skeletonset 64

반대편 어깨에도 화살표를 복사해 위치시킵니다.

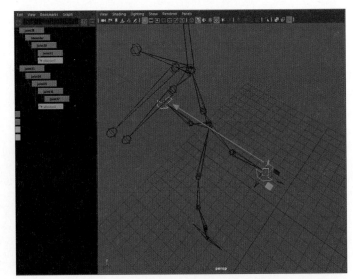

Skeletonset 65

어깨 부분 두 개의 화살표를 등 뒤로 이동합니다.
Modify ≫ Freeze Transformations을 실행합니다.

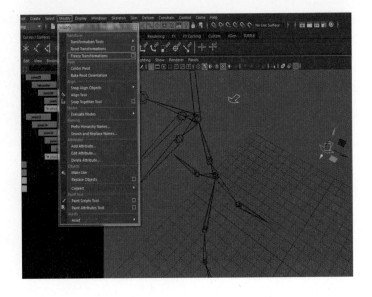

Skeletonset 66

1번 화살표를 선택합니다. Ctrl key를 누른 상태로 팔목에 있는 IK를 선택합니다. Constrain ≫ Pole Vector를 선택합니다.

반대편도 같은 방식으로 IK를 선택하고 Constrain ≫ Pole Vector를 설정합니다.

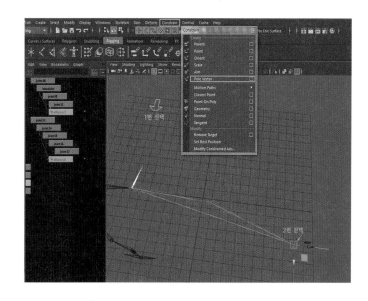

Skeletonset 67

1번 지점의 화살표를 선택합니다. Shift key를 누른 상태로 2번 지점의 가슴 Joint를 선택합니다. 키보드에서 "p"를 선택해 Parent를 시킵니다.

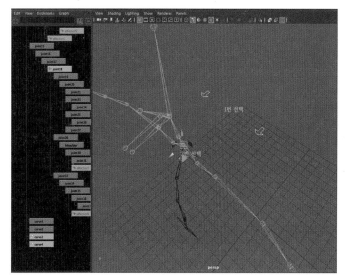

Controller(조절자) 설정하기

❶ animation »foot_control(Skeletonset 97~109)
hand_ikseting_control(Skeletonset 110~117)

Skeletonset 68

Create » NURBS Primitives » Circle 옵션 박스를
선택합니다. Normal axis : Y를 선택하고 하단의
Create를 선택합니다.

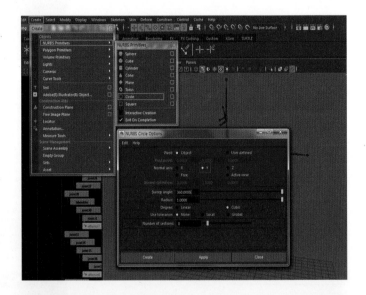

Skeletonset 69

Circle을 선택합니다. 키보드 "ⓦ"(이동 Tool)를 선
택 Joint1 위치에 "ⓥ" Point Snap을 이용해 위치시
킵니다. "ⓡ" 이용해 크기를 크게 모델링합니다.

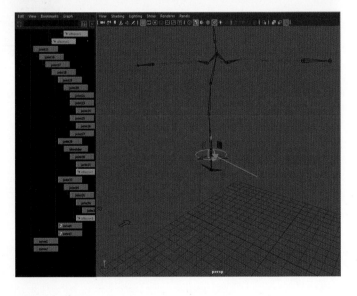

Skeletonset 70

Modify >> Freeze Transformations를 실행합니다.

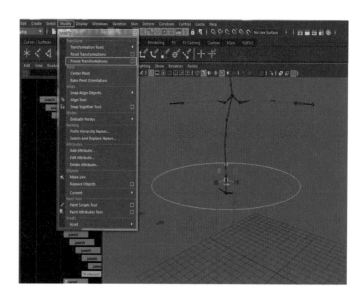

Skeletonset 71

1번 선택 Circle을 선택합니다. [Shift] key를 선택
하고 2번 선택 Joint를 선택합니다. Constrain >>
Parent를 선택합니다.

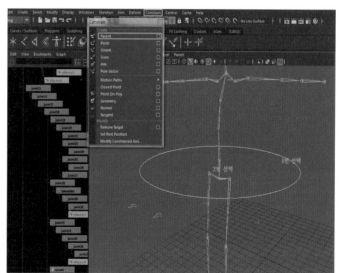

Skeletonset 72

1번 Circle을 선택해 [Ctrl]+[d]로 복사합니다. 아래
부분 골반 위치로 이동시킵니다. 이때 Point Snap
을 이용해 위치를 맞춥니다.

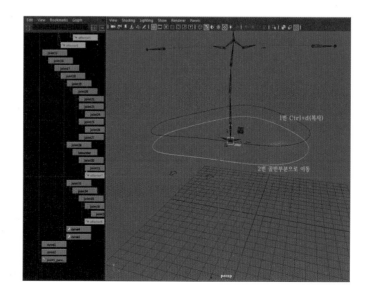

Skeletonset 73

골반 부분 Circle의 크기를 키보드 "r"을 선택해
줄여 줍니다.

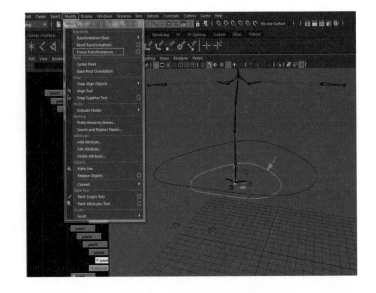

Skeletonset 74

1번 Circle을 선택합니다. Shift key를 선택하고
2번 골반 Joint를 선택합니다. Constrain » Parent
를 선택합니다.

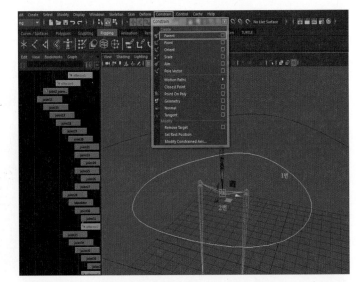

Skeletonset 75

1번 Circle을 선택합니다. Shift key를 누른 상태
에서 2번 Circle을 선택합니다. 키보드 "p"를 이
용해 Parent시킵니다.

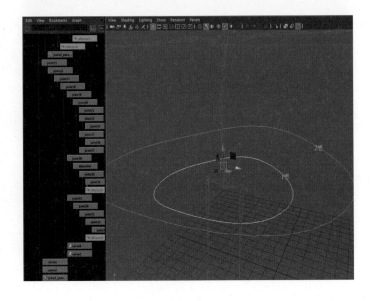

Skeletonset 76

View ≫ Show ≫ Polygons을 체크해 줍니다.

손가락 Joint를 생성시키겠습니다. ≫ Top View로 전환합니다.

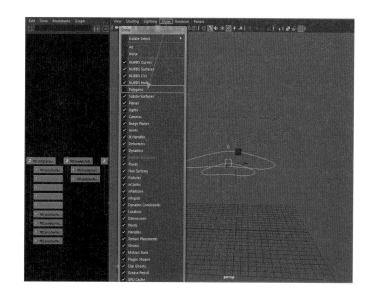

Skeletonset 77

Skeleton ≫ Create Joints를 선택합니다.

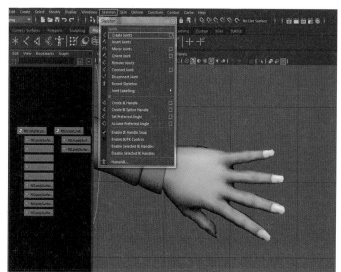

Skeletonset 78

중지 손가락 시작부분부터 [Shift] key를 누른 상태로 관절을 확인하며 수평하게 Joint를 생성시킵니다.

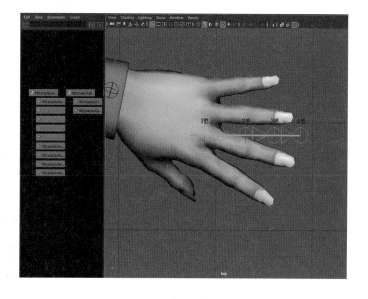

Skeletonset 79

손가락 Joint 5개를 복사해 손가락마다 위치시켜 회전시킵니다. 화면 왼쪽 주황색 박스의 Move 아이콘을 더블클릭합니다. Axis Orientation : Object로 바꾸어 줍니다.

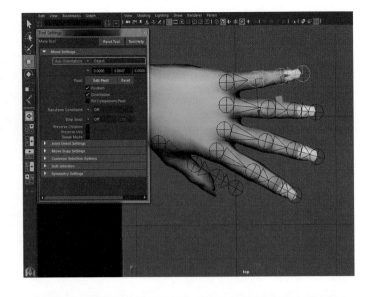

Skeletonset 80

손가락 관절의 Joint들을 이동시켜 각각의 위치에 맞추어 줍니다. 이때 손가락 길이 방향으로 이동시켜 줍니다.(현 그림은 빨간색 화살표 "x" 방향입니다.)

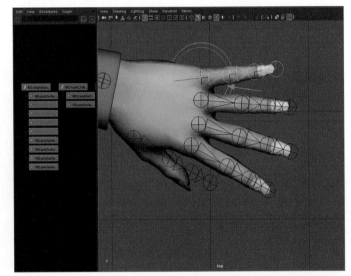

Skeletonset 81

Skeleton ≫ Create Joints를 선택합니다. 손바닥 부분에 Joint를 두 개 생성합니다. 위치는 화살표로 표시한 부분입니다.

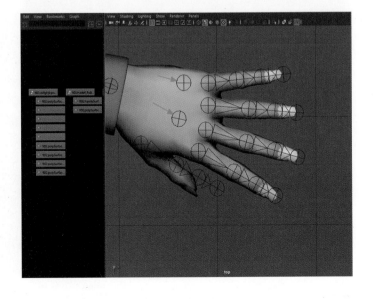

Skeletonset 82

Joint를 1번, 2번, 3번, 4번 순서대로 Shift key를 누르고 선택합니다. 반드시 4번 Joint를 가장 나중에 선택해야 합니다. 키보드 "p"를 선택해 Parent로 연결합니다.

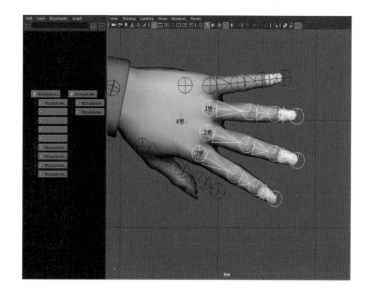

Skeletonset 83

새끼 손가락 Joint인 1번과 2번 Joint를 Shift key를 누르고 선택합니다. 반드시 2번 Joint를 나중에 선택해야 합니다. 키보드 "p"를 선택해 Parent로 연결합니다.

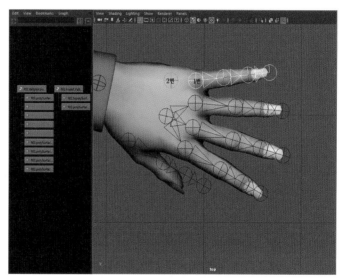

Skeletonset 84

Joint를 모두 선택합니다.

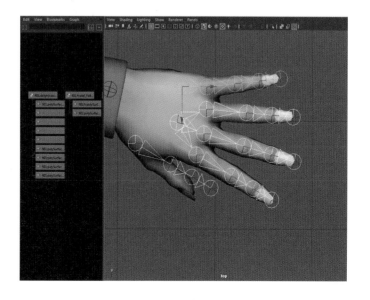

Skeletonset 85

Perp View로 전환합니다. 키보드 "w"를 선택합
니다.

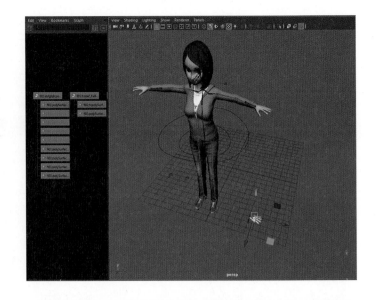

Skeletonset 86

손가락 Joint를 위로 이동해 손 위치에 맞추어 줍
니다.

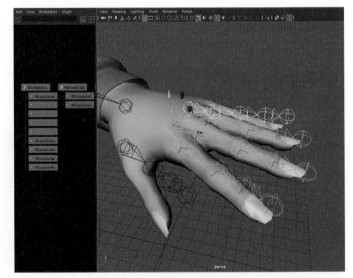

Skeletonset 87

손가락 Joint를 키보드 "e"를 선택해 손가락 위치
에 맞추어 회전시켜 줍니다.

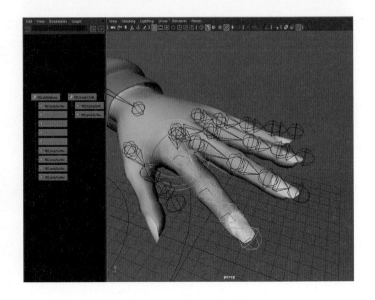

Skeletonset 88

손가락을 다 맞춘 그림입니다.

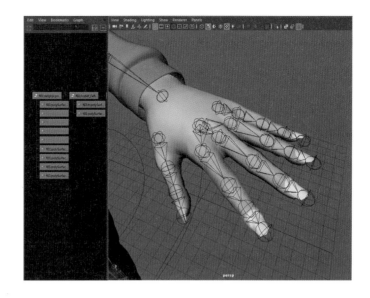

Skeletonset 89

가운데 부분 손바닥 Joint를 선택합니다. Skeleton » Mirror Joints를 선택해 반대 부분을 맞추어 줍니다.

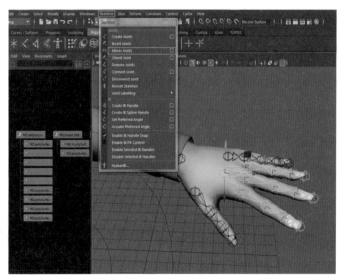

Skeletonset 90

새끼 손가락 Joint를 선택합니다. Skeleton » Mirror Joints를 선택해 반대 부분을 맞추어 줍니다.

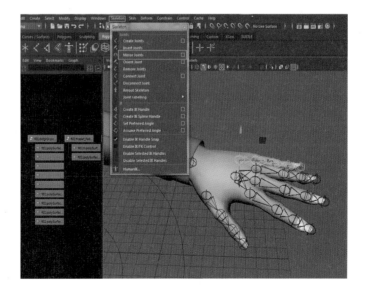

Skeletonset 91

엄지손가락 Joint를 선택합니다. Skeleton ≫ Mirror Joints를 선택해 반대 부분을 맞추어 줍니다.

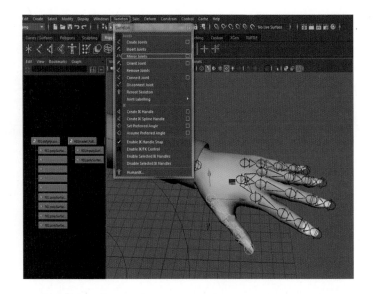

Skeletonset 92

반대편 손부분으로 화면을 이동합니다. 화면 오른쪽 주황색 박스(Move Tool) 부분을 더블 클릭합니다. Axis Orientation : World로 변경합니다.

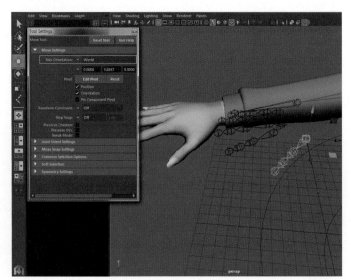

Skeletonset 93

밖으로 나와 있는 손가락 Joint를 이동해 손가락 위치에 맞추어 줍니다.

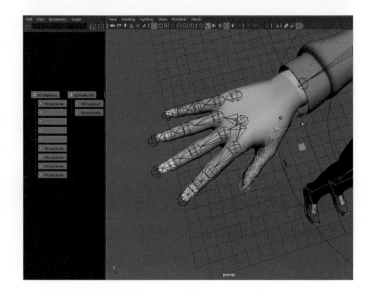

Skeletonset 94

작업이 조금 불편합니다. 화면 View 메뉴에서
Show 》 IK Handle의 체크를 해제해 줍니다.

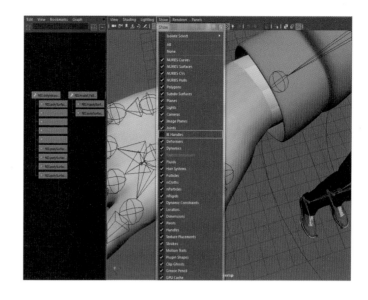

Skeletonset 95

Shift key를 누른 상태에서 1번, 2번, 3번, 4번을
차례대로 선택합니다. 반드시 4번 손목 Joint는 가
장 나중에 선택하여야 합니다.

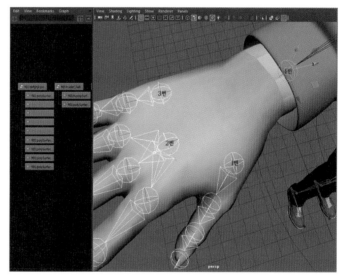

Skeletonset 96

키보드 "p"를 선택합니다. Parent 관계가 형성되
었습니다.

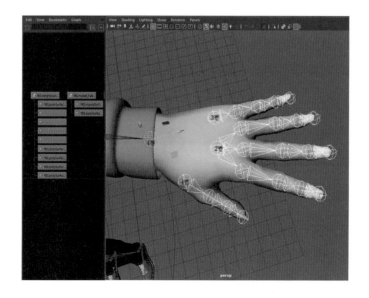

Skeletonset 97

화면 View 메뉴에서 Show ≫ IK Handle을 체크해
줍니다.

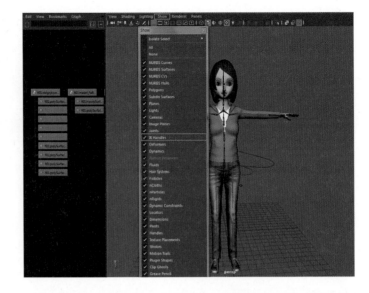

Skeletonset 98

Create ≫ Curve Tools ≫ CV Curve Tool을 선택합
니다.

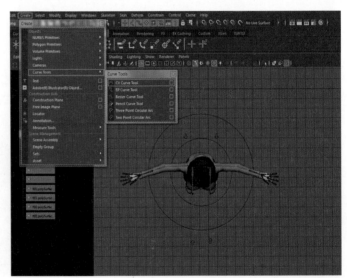

Skeletonset 99

Top View로 전환합니다. 발바닥 그림을 그립니다.

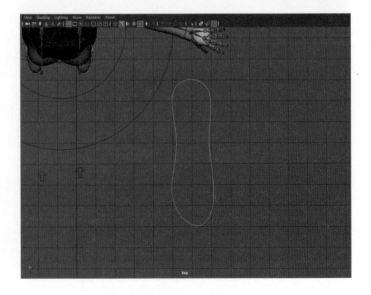

Skeletonset 100

화면 View 메뉴에서 Show » Polygons의 체크를
해제해 줍니다.

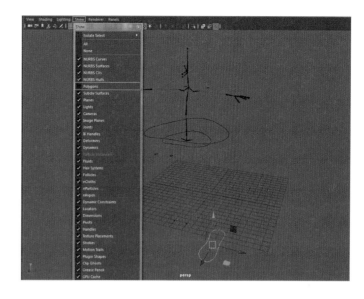

Skeletonset 101

발 형태의 Curve를 발 Joint로 이동시킵니다.
Point Snap(단축키 "Ⓥ")을 이용해 위치를 정확하
게 맞추어 줍니다. 마우스 오른쪽 버튼을 클릭한
후 Control Vertex를 선택합니다.

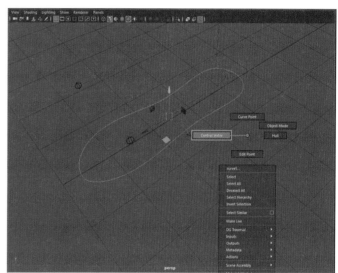

Skeletonset 102

발 앞부분과 뒷부분을 위로 약간 올려 완성합니다.

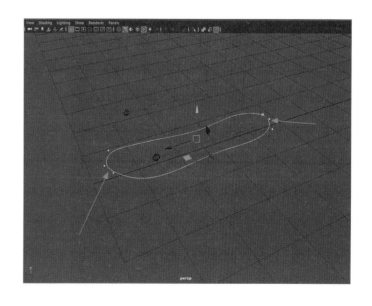

Skeletonset 103

발 Curve를 복사해 반대편 발로 이동합니다. 발 Joint에 맞추어 줍니다.

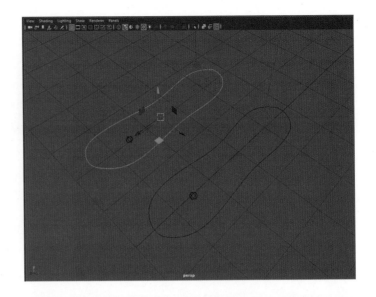

Skeletonset 104

View를 두 개의 레이아웃으로 변경합니다. 왼쪽 화면에서 Panels » Panel » Outliner를 선택합니다.

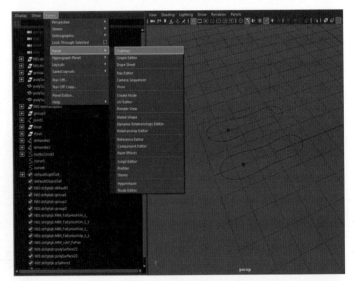

Skeletonset 105

Outliner 창에서 발 Curve의 이름을 변경합니다. 왼편 발 : lfoot_h, 오른편 발 : rfoot_h로 정해 줍니다.

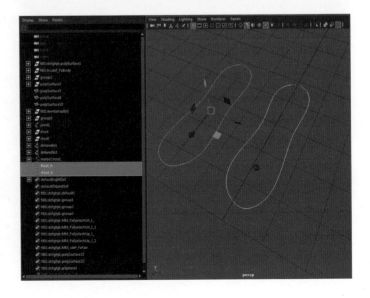

Skeletonset 106

Outliner 창에서 "lfoot"을 선택합니다. 키보드 Shift key를 누른 상태로 "lfoot_h"를 선택합니다. 키보드 "p"를 선택합니다. "lfoot_h"를 이용해 다리의 움직임을 만들 수 있습니다.

 TIP
Edit >> Parent를 이용해서 관계를 만들 수 있습니다.

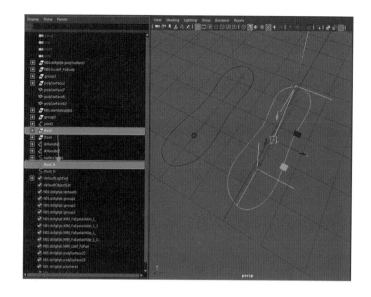

Skeletonset 107

Outliner 창에서 "rfoot"을 선택합니다. 키보드 Shift key를 누른 상태로 "rfoot_h"를 선택합니다. 키보드 "p"를 선택합니다. "rfoot_h"를 이용해 다리의 움직임을 만들 수 있습니다.

 TIP
Edit >> Parent를 이용해서 관계를 만들 수 있습니다.

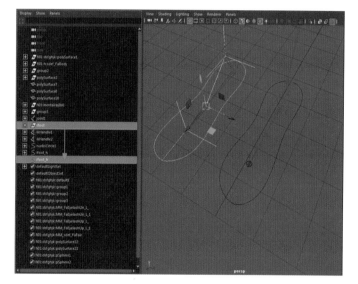

Skeletonset 108

Outliner 창에서 "lfoot_h"를 선택합니다. 키보드 Insert key를 선택합니다. "v"를 누른 상태에서 축을 발 뒤꿈치 Joint 부분으로 이동합니다.

 TIP
"v"는 Point Snap입니다.

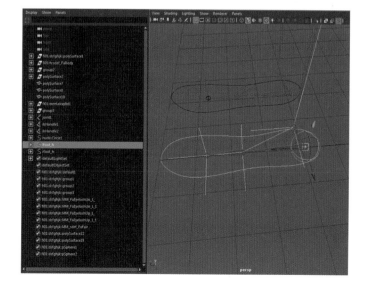

Skeletonset 109

Outliner 창에서 "rfoot_h"를 선택합니다. 키보드 Insert key를 선택합니다. "Ⅴ"를 누른 상태에서 축을 발 뒤꿈치 Joint 부분으로 이동합니다.

 TIP   "Ⅴ"는 Point Snap입니다.

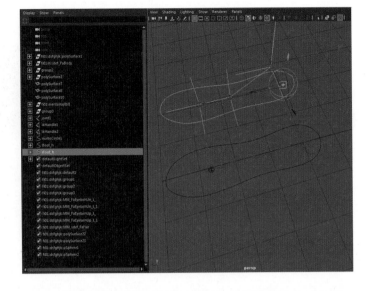

Skeletonset 110

Top View로 전환합니다. 손 위치로 이동 후 확대합니다. 손가락에 맞는 그림을 Curve Tool로 그려줍니다. Outliner 창에서 이름을 "lhand" 바꾸어줍니다.

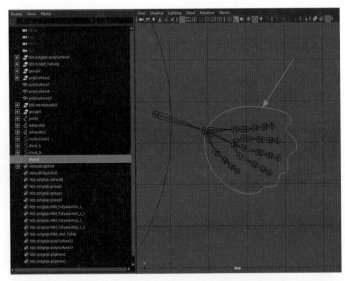

Skeletonset 111

Modify ≫ Center Pivot을 선택합니다.

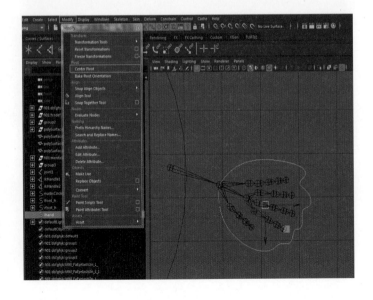

Skeletonset 112

키보드 [Insert] key를 선택합니다. Pivot을 Curve 외
곽에 맞추어 줍니다.

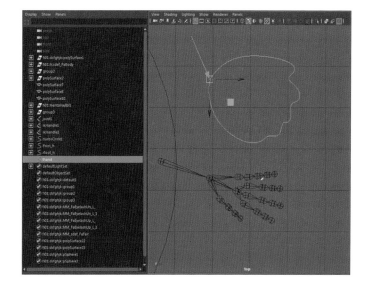

Skeletonset 113

"lhand"를 선택합니다. "[v]"를 누른 상태에서 이동
시켜 팔목 Joint에 정확하게 맞추어 줍니다.

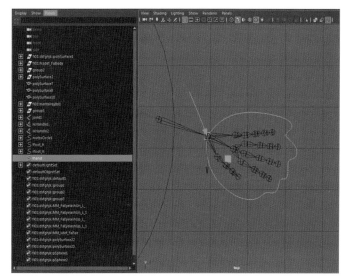

Skeletonset 114

1번 Curve를 선택합니다. 키보드 [Shift] key를 누
른 상태에서 2번 IK를 선택합니다.

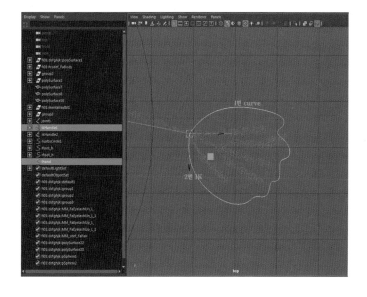

Skeletonset 115

Constrain ≫ Point를 선택합니다. 손목의 이동에 대한 움직임을 만들 수 있습니다.

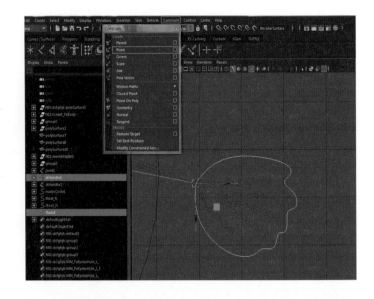

Skeletonset 116

1번 Curve를 선택합니다. 키보드 Shift key를 누른 상태에서 팔목 Joint를 선택합니다.

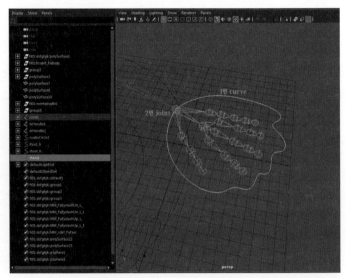

Skeletonset 117

Constrain ≫ Orient 옵션 박스를 선택합니다.

Maintain offset : 체크 ≫ 하단의 Add를 선택합니다. 손목 회전에 대한 움직임을 만들 수 있습니다.

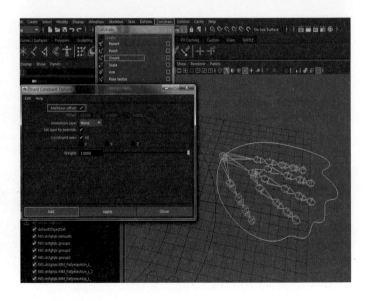

Skeletonset 118

목 Joint 부분으로 이동합니다. 목 Joint 뒤로 화살
표를 위치시킵니다. 1번 화살표 Curve를 선택합
니다. 키보드 [Shift] key를 누른 상태에서 목 관절
Joint를 선택합니다.

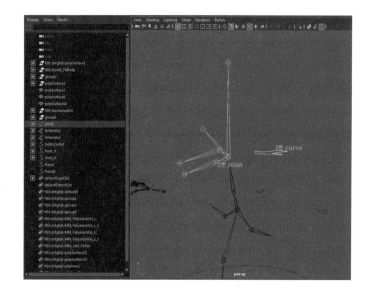

Skeletonset 119

Constrain ≫ Orient 옵션 박스를 선택합니다.
Maintain offset : 체크 ≫ 하단의 Add를 선택합니
다. 목 회전에 대한 움직임을 만들 수 있습니다.

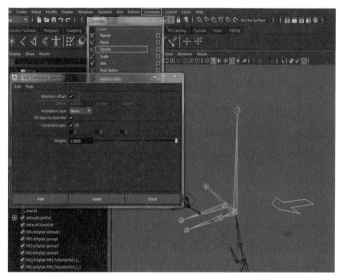

Skeletonset 120

가슴 Joint 부분으로 이동합니다. 가슴 Joint 뒤로
Circle을 위치시킵니다. 1번 Circle Curve를 선택
합니다. 키보드 [Shift] key를 누른 상태에서 가슴
Joint를 선택합니다. Constrain ≫ Orient 옵션 박
스를 선택합니다. Maintain offset : 체크 ≫ 하단
의 Add를 선택합니다. 가슴 부분의 회전에 대한
움직임을 만들 수 있습니다.

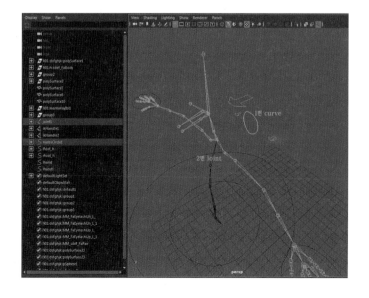

Skeletonset 121

1번 손 Curve를 선택합니다. 키보드 Shift key를
누른 상태에서 2번 손 Curve를 선택합니다.
Ctrl + g를 선택해 group 4를 만들어 줍니다.

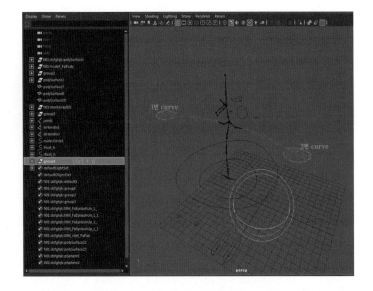

Skeletonset 122

Group 이름을 "hand1"로 입력합니다. Modify ≫
Center Pivot을 선택합니다.

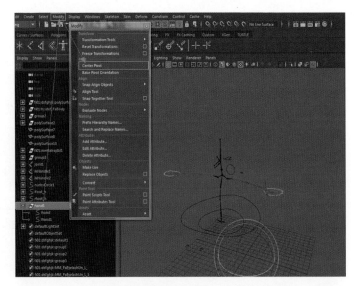

Skeletonset 123

Outliner 창에서 "hand1"을 선택합니다. 키보드
Shift key를 누른 상태에서 2번 Chest Curve를
클릭한 후 "p"를 선택합니다. 가슴을 따라 움직이
는 손 동작이 만들어집니다.

 TIP
Edit ≫ Parent를 이용해서 관계를 만들 수 있습
니다.

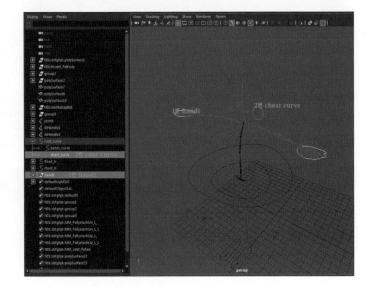

Skeletonset 124

Create » NURBS Primitives » Circle 옵션 박스를 선택합니다. 옵션창에서 Normal axis : Y를 체크합니다. 하단의 Create를 선택합니다. 이때 Interactive Creation을 체크 해제합니다.

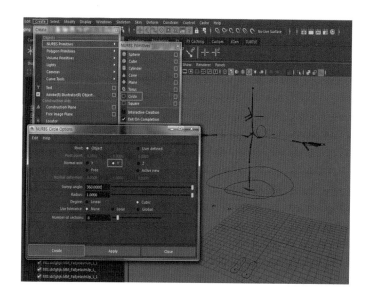

Skeletonset 125

Circle을 Point Snap(단축키"ⓥ")을 이용해 화살표가 가리키는 지점에 위치시킵니다.

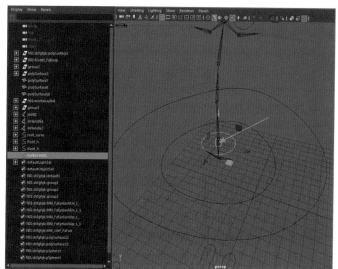

Skeletonset 126

Circle을 바닥으로 이동시켜서 발바닥 위치로 위치시킵니다. 키보드 "ⓡ"(scale tool)을 선택해 크기를 키워 줍니다.

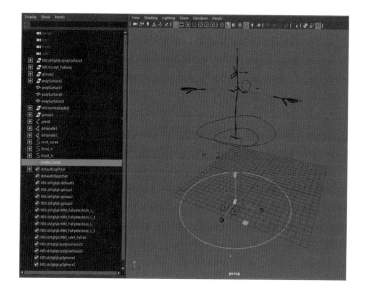

Skeletonset 127

바닥의 Circle을 선택합니다. Modify ≫ Freeze Transformations를 선택합니다. 채널 박스값이 초기값으로 변경되었습니다.

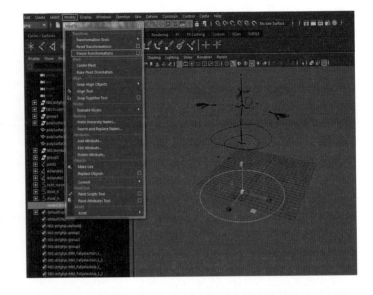

Skeletonset 128

1번 몸 중앙에 있는 커브 선택 ≫ Shift key를 누른 상태로 2번 왼발 커브 선택 ≫ Shift key를 누른 상태로 3번 오른발 커브 선택 ≫ Shift key를 누른 상태로 4번 바닥의 커브 선택 ≫ 키보드의 "p" 선택

 TIP

Edit ≫ Parent를 이용해서 관계를 만들 수 있습니다.

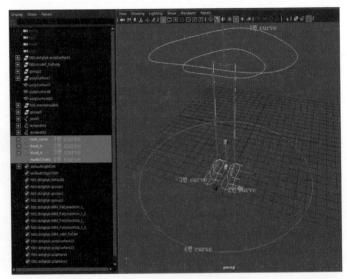

Skeletonset 129

바닥 Curve를 선택합니다. 왼쪽 Outliner에서 이름을 "all_move"라고 지정해 줍니다.

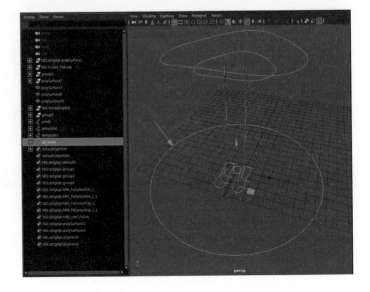

Setdriven 설정하기

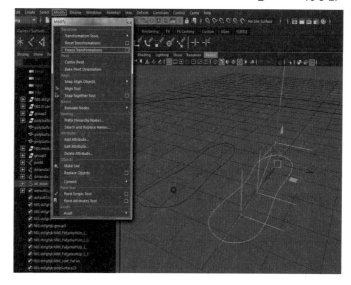

❶ animation 》body_control
hand_setdriven(응용편)

Setdriven 01

발 Curve를 선택합니다. Modify 》 Freeze Trans—
formations를 선택합니다.

Setdriven 02

화면 상단 주황색 박스 부분을 Animation 노드로
변경합니다.

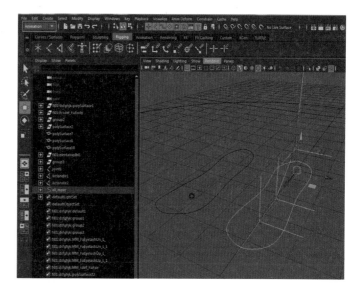

Setdriven 03

발 Curve를 선택합니다. Modify ≫ Add Attribute..
를 선택합니다.

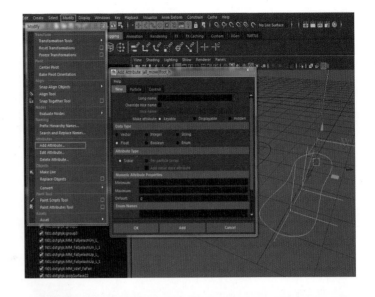

Setdriven 04

Add Attribute 창이 나타납니다. New : "Long name
: roll", "Data Type : Float", "Minimum ; −10",
"Maximum : 10", "Default : 0" ≫ 하단의 Add를 선
택합니다.

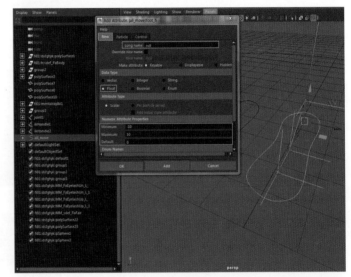

Setdriven 05

화면 오른쪽 Channel Box를 확인합니다. "roll"이
라는 새로운 편집요소가 생성되었습니다.

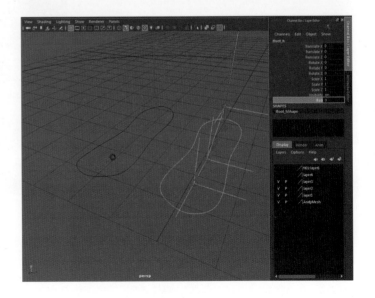

Setdriven 06

오른발 Curve를 선택합니다. Modify ≫ Add Attribute..를 선택합니다. Add Attribute 창이 나타납니다. New : "Long name : roll", "Data Type : Float", "Minimum ; −10", "Maximum : 10", "Default : 0" ≫ 하단의 Add를 선택합니다. 채널 박스에 "roll"이라는 새로운 편집요소가 생성되었습니다.

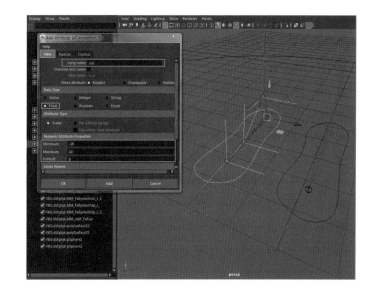

Setdriven 07

Key ≫ Set Driven Key ≫ Set..을 선택합니다. Set Driven Key 옵션 창이 나타납니다.

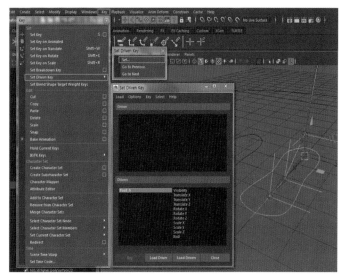

Setdriven 08

그림의 1번 Curve의 왼편 발을 선택한 후 Load Driver를 클릭합니다. 3번 생성 부분을 확인하면 발 Curve인 "lfoot_h"가 나타납니다.

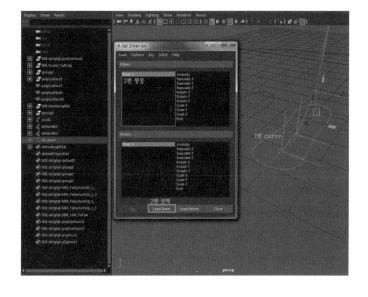

Setdriven 09

Outliner 창에서 "all_move"를 확장합니다. [Ctrl] key를 누른 상태에서 "ltoe_rot, lheel_rot, lank_rot"를 모두 선택합니다. 4번 Load Driven을 선택합니다. 5번을 확인하면 "ltoe_rot, lheel_rot, lank_rot"가 나타납니다.

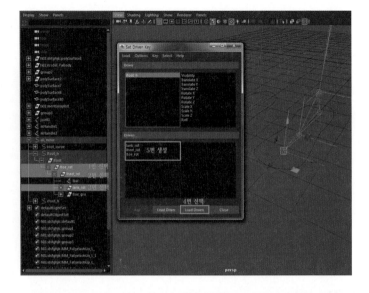

Setdriven 10

Driver : "lfoot_h" 선택 ≫ "Roll" 선택 ≫ Driven : "ltoe_rot, lheel_rot, lank_rot" 선택 ≫ Rotate X 선택 ≫ 하단의 key를 선택합니다. Default 값이 입력되었습니다.

 TIP

- Minimum : −10(최솟값)
- default : 0(초깃값)
- Maximum : 10(최댓값)

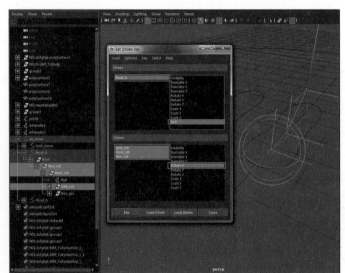

Setdriven 11

Set Driven Key 박스 ≫ Driver : lfoot_h : roll 선택합니다. Channel Box에서 "Roll : −10"을 입력합니다. Driven : lheel rot : Rotate X를 선택합니다. 화살표 부분의 x축(빨간색 라인)을 이용해 뒤꿈치를 축으로 회전시킨 후 하단의 Key를 선택해 적용합니다.

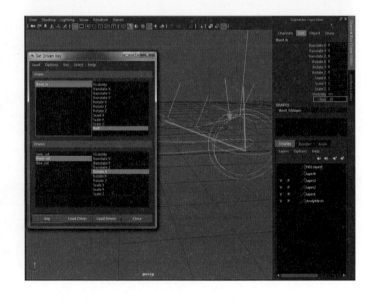

Setdriven 12

Set Driven Key 박스 》 Driver : lfoot_h : roll을 선택합니다. Channel Box에서 "Roll : 5"을 입력합니다. Driven : lank_rot : Rotate X를 선택합니다. 화살표 부분의 x축(빨간색 라인)을 이용해 발 중심을 축으로 회전시킨 후 하단의 Key를 선택해 적용합니다.

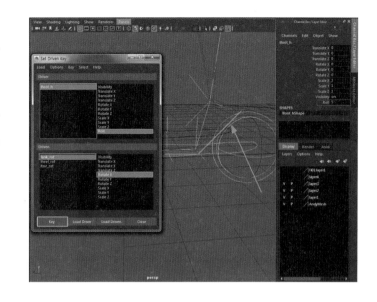

Setdriven 13

Set Driven Key 박스 》 Driver : lfoot_h : roll을 선택합니다. Channel Box에서 "Roll : 10"을 입력합니다. Driven : ltoe_rot : Rotate X를 선택합니다. 화살표 부분의 x축(빨간색 라인)을 이용해 발가락을 축으로 회전시킨 후 하단의 Key를 선택해 적용합니다.

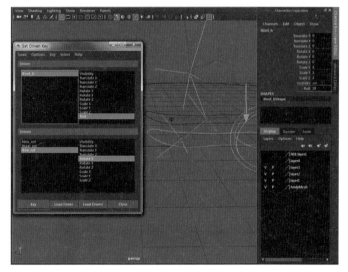

Setdriven 14

화면 왼쪽의 빨간색 박스 부분을 선택합니다. 위, 아래 두 개의 View로 만들어졌습니다. 아래 화면 Graph Editor에서 "ltoe_rot"를 확장하고 선택합니다. 주황색 박스의 그림은 "Set Driven Key"에서 생성한 Key를 Graph로 보여주는 것입니다. 0Frame 위치의 Key를 선택합니다.

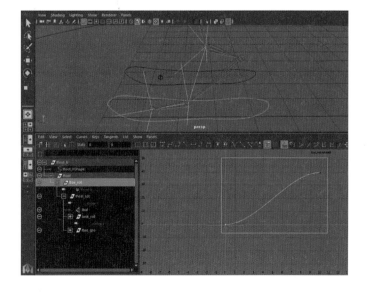

Setdriven 15

키보드의 "W"를 선택하고 마우스 중간 버튼을 이용해 화살표 방향으로 이동해 "5" 지점에 위치시킵니다.

 TIP 직선으로 이동할 때는 Shift Key를 이용합니다.

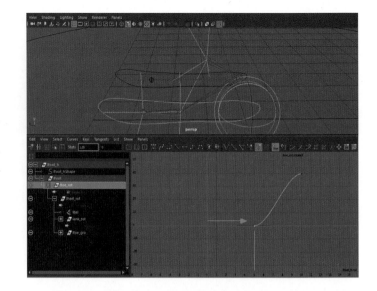

Setdriven 16

허리 부분을 확대합니다. 가슴 부분 Circle을 복사합니다. 화살표 부분들을 확인하고 Point Snap을 이용해 맞추어 줍니다.

 TIP Point Snap은 상단 버튼을 활성화시킵니다.

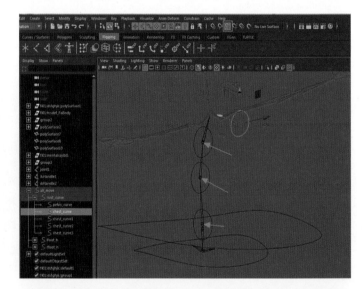

Setdriven 17

Circle들을 선택해 등 뒤로 이동시킵니다.

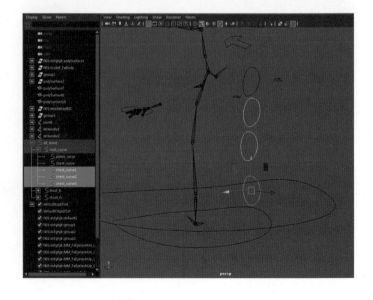

Setdriven 18

1번 "Circle"을 선택합니다. 2번 가슴 "Joint"를 선택합니다. Constrain » Orient를 선택합니다. Joint의 회전이 Circle에 귀속되었습니다.

Setdriven 19

1번 "Circle"을 선택합니다. 2번 가슴 부분 "Joint"를 선택합니다. Constrain » Orient를 선택합니다. Joint의 회전이 Circle에 귀속되었습니다.

아래쪽 두 개의 Circle도 같은 방식으로 Constrain » Orient를 선택합니다.

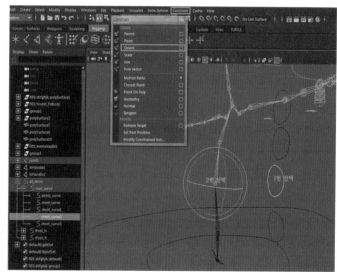

Setdriven 20

1번 "Circle"을 선택한 후 Shift key를 누른 상태에서 2번을 선택합니다. 키보드에서 "p"를 선택합니다.

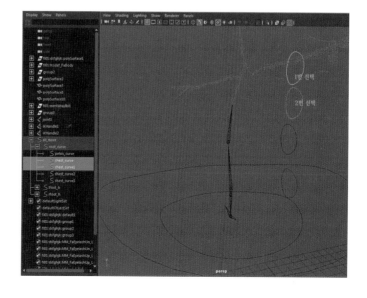

Setdriven 21

1번 "Circle"을 선택한 후 Shift key를 누른 상태에서 2번을 선택합니다. 키보드 "D"를 선택합니다.

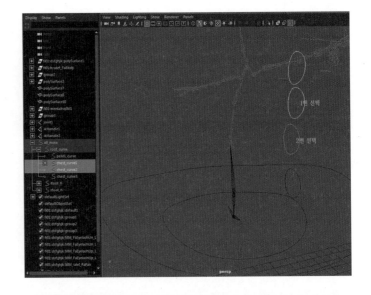

Setdriven 22

1번 "Circle"을 선택한 후 Shift key를 누른 상태에서 2번을 선택합니다. 키보드에서 "D"를 선택합니다.

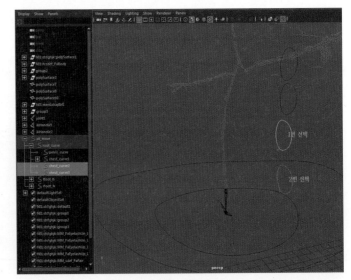

Setdriven 23

1번 "Circle"을 선택한 후 Shift key를 누른 상태에서 2번을 선택합니다. 키보드에서 "D"를 선택합니다.

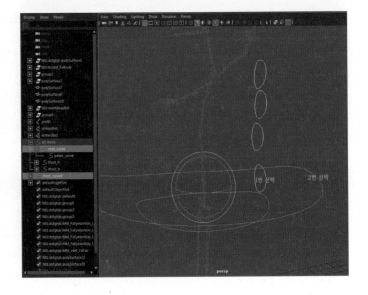

Setdriven 24

기본 Setting이 완성되었습니다.

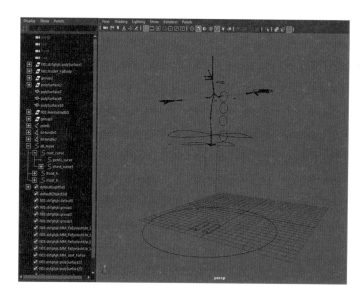

Setdriven 25

Show » Polygon을 체크합니다. 캐릭터와 Joint의
위치를 확인합니다.

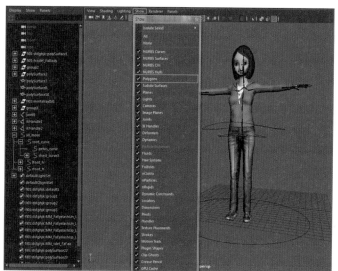

Setdriven 26

Show » None을 선택합니다. 화면에서 모든 오브
젝트들이 사라졌습니다.

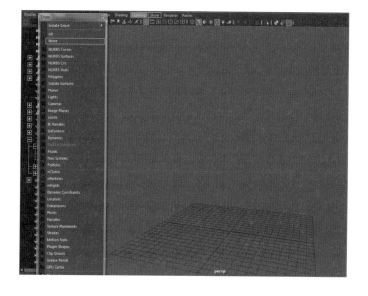

Setdriven 27

Show ≫ Polygons을 선택합니다. Polygon Object
들이 나타납니다.

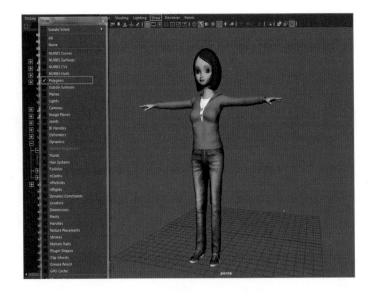

Setdriven 28

작업의 효율성을 위해 Layer를 구성하겠습니다.

머리카락들을 모두 선택합니다. ≫ 오른쪽 하단의
주황색 박스를 선택합니다. ≫ 머리카락이 Layer에
포함되었습니다.

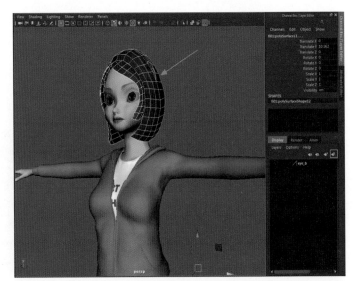

Setdriven 29

새롭게 생성시킨 Layer 위에서 마우스 오른쪽 버
튼을 클릭하여 Layer1...를 선택합니다.

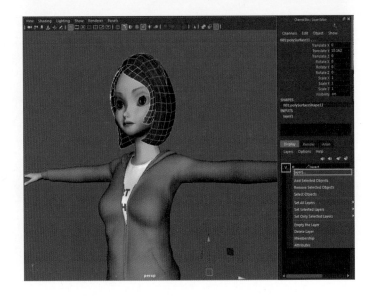

Setdriven 30

Edit Layer 창에서 Name : hair를 입력합니다. Save 를 선택합니다.

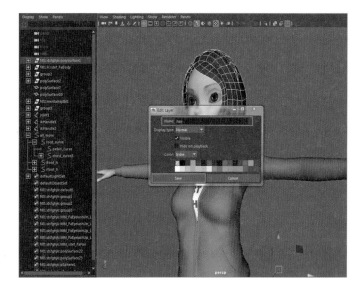

Setdriven 31

얼굴 선택 후 오른쪽 하단의 주황색 박스를 클릭합 니다. 얼굴이 Layer에 포함되었습니다.

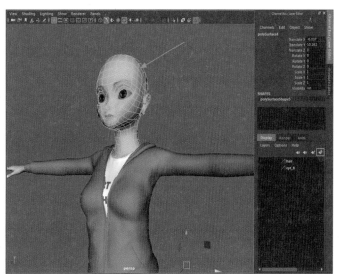

setdriven 32

새롭게 생성시킨 Layer 위에서 마우스 오른쪽 버 튼을 클릭하여 Layer1…를 선택합니다.

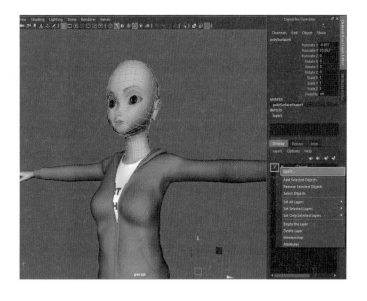

Setdriven 33

Edit Layer 창에서 Name : face를 입력합니다. Save 를 선택합니다.

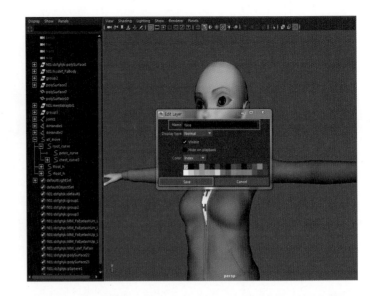

Setdriven 34

위와 같은 방법으로 cloth Layer, foot Layer, hand Layer, eye Layer를 차례대로 생성합니다.

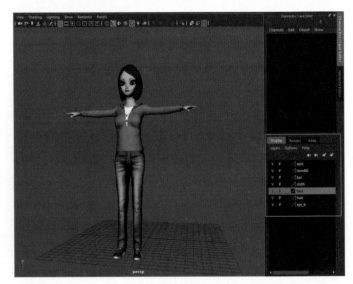

❶ animation ≫bind skin(Bind 03~47)
eye_control(Bind 48~65)

LESSON

05

Bind 설정하기

Bind 01

모든 Polygon Object를 선택합니다.

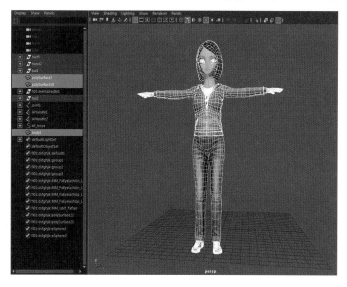

Bind 02

Show ≫ Joints를 체크합니다.

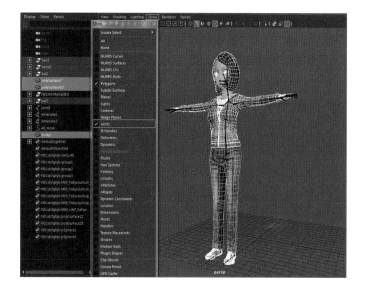

Bind 03

Shift key를 누른 상태에서 화살표로 표시한 부분의 Joint를 선택합니다.

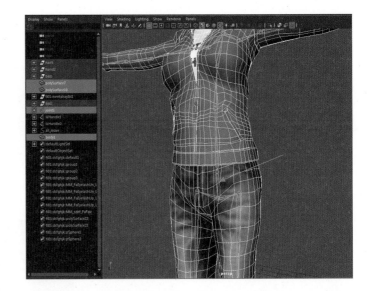

Bind 04

Skin ≫ Bind Skin ≫ 빨간색 부분의 옵션 박스를 선택합니다. Max influences : 3을 입력합니다. Bind Skin을 선택합니다.

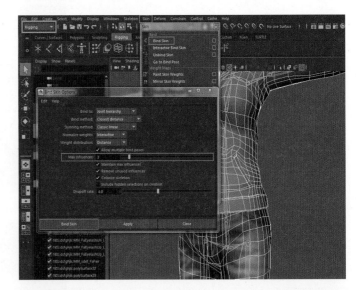

Bind 05

손목 조절자를 선택해 이동해 봅니다. Cloth가 움직이는 것을 확인할 수 있습니다.

 TIP Channel Box를 초기값으로 입력해 원상태로 되돌려 줄 수 있습니다.

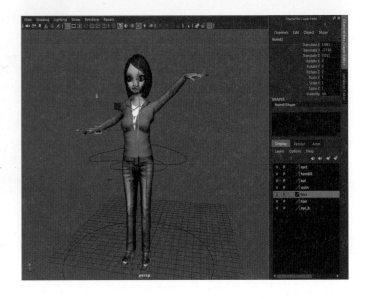

Bind 06

그림처럼 포즈를 만들고 Cloth를 선택합니다.
Skin » Paint Skin Weights 옵션 박스를 선택합니다.(빨간색 박스 부분)

Bind 07

Paint Skin Weights 창에서 어깨부분 Joint(lshoulder)를 선택합니다. 아랫부분 Gradient : Use Color Ramp 체크를 해제해 줍니다.

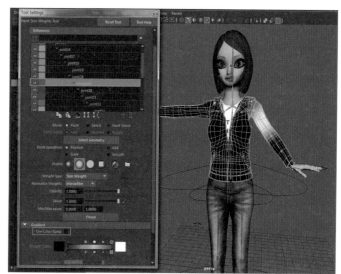

Bind 08

1번 흰색으로 보이는 부분은 "Weight : 1" » 2번 검정색 부분은 "Weight : 0" » 3번 회색 부분 "Weight : 0.1~0.9"를 나타내는 것입니다.

TIP Weight : 1은 100% 영향받는 부분을 말합니다.

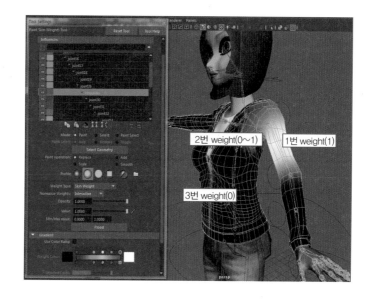

Bind 09

"Paint operation : Replace", "Value : 0.27" » 마우스로 화살표 부분을 드래그합니다. "Weight : 0.27"로 적용됩니다.

 TIP Bruse Size는 키보드에서 ⓑ를 누르고 마우스 왼쪽 버튼을 클릭한 상태에서 좌우로 움직이면 Bruse Size가 조절됩니다.

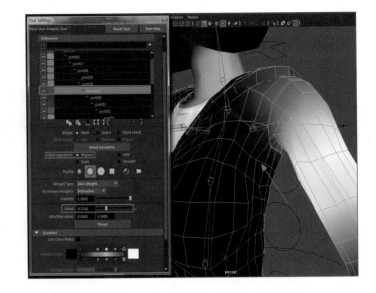

Bind 10

"Paint operation : Smooth" » 마우스로 화살표 부분을 드래그합니다. 부드럽게 분포시켜 줍니다.

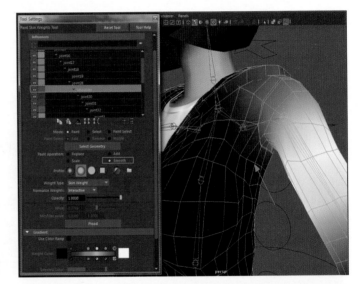

Bind 11

손목 조절자를 선택한 후 움직여 봅니다. 처음에는 많이 함몰되었지만 현재는 자연스러운 것을 확인할 수 있습니다.

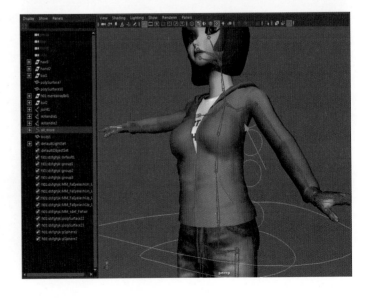

Bind 12

손목 조절자를 선택한 후 움직입니다. 팔꿈치가
구부러지는 동작이 실행됩니다.

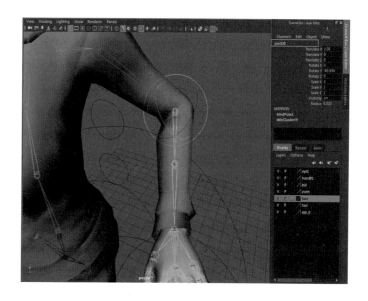

Bind 13

cloth를 선택한 후 Skin 》 Paint Skin Weights 옵션
박스를 선택합니다.

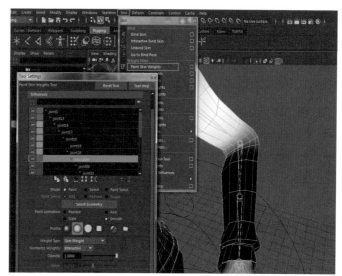

Bind 14

Paint Skin Weights 옵션창에서 팔꿈치 "Joint30"
을 선택합니다.

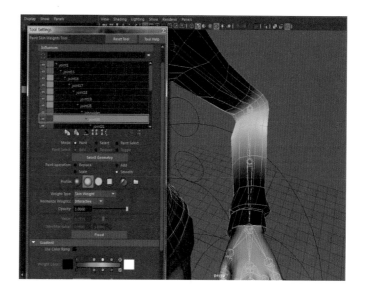

Bind 15

"Paint operation : Replace", "Value : 0.8" **》** 마우
스로 화살표 부분을 드래그합니다. "Weight : 0.8"
로 적용됩니다.

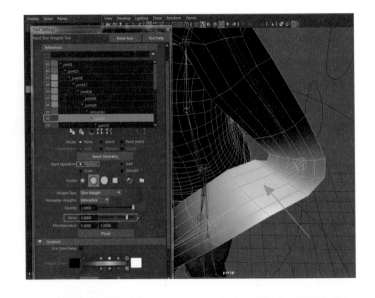

Bind 16

어깨 "lshoulder Joint"를 선택합니다. "Paint
operation : Replace", "Value : 0.6" **》** 마우스로
화살표 부분을 드래그합니다. "Weight : 0.6"으로
적용됩니다.

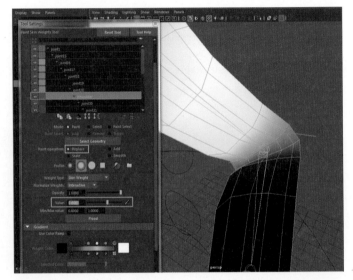

Bind 17

"Paint operation : Replace", "Value : 0.9" **》** 마우
스로 화살표 부분을 드래그합니다. "Weight : 0.9"
로 적용됩니다. Paint operation : Smooth를 선택
한 후 부드럽게 분포시킵니다.

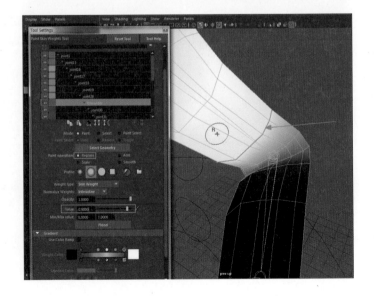

Bind 18

다리 부분을 확대합니다. 다리 골반 Joint를 선택,
확인합니다.

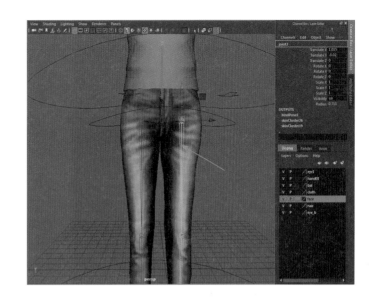

Bind 19

발 Curve를 선택합니다. 다리를 이동시켜 줍니다.

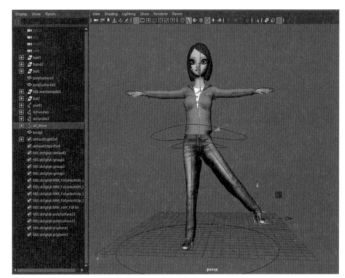

Bind 20

윗옷이 다리 Joint에 포함되어 왜곡되는 것이 확인
됩니다. 화살표 부분을 확인합니다.

Bind 21

"Joint3", "Paint operation : Replace", "Value : 0"
》 마우스로 화살표 부분을 드래그합니다. "Weight
: 0"으로 적용됩니다.

Bind 22

"Weight : 0"으로 모두 제거해 주었습니다.

Bind 23

오른쪽 상단 Channel Box를 확인합니다. Translate
X/Y/Z을 "0"으로 입력합니다.

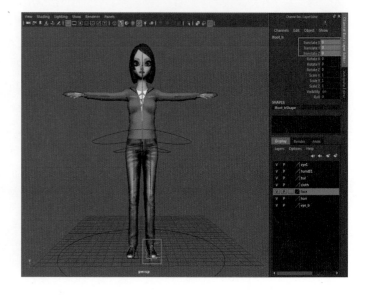

Bind 24

윗옷 모델을 선택합니다. Skin ≫ Mirror Skin Weights 옵션 박스(빨간색 영역)를 선택합니다.
Mirror across : YZ ≫ 하단 Mirror를 선택합니다.
실행되지 않을 경우 수동으로 해야 합니다.

Bind 25

발 Curve 조절자를 선택합니다.

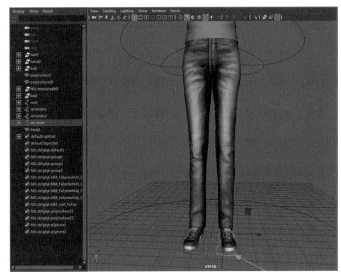

Bind 26

발이 오른쪽으로 이동합니다.
주황색 화살표 부분을 확인하면 형태가 서로 영향을 받아 심하게 왜곡된 것을 알 수 있습니다.
이것들을 모두 정리해 주어야 합니다.

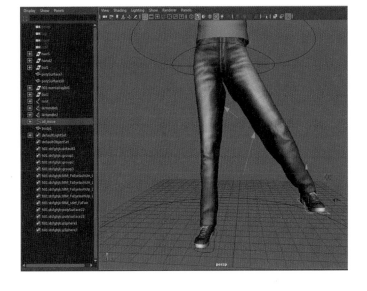

Bind 27

Skin » Paint Skin Weights 옵션 박스를 선택합니다.

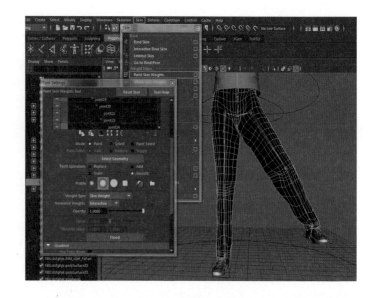

Bind 28

"Joint3", "Paint operation : Replace", "Value : 0"
» 마우스로 화살표 부분을 드래그해서 Weight를
제거합니다. "Weight : 0"으로 적용됩니다. 형태
가 복구되는 것을 확인할 수 있습니다.

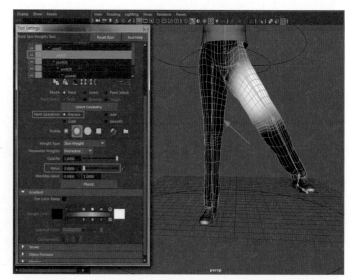

Bind 29

계속해서 제거하는 작업을 합니다.

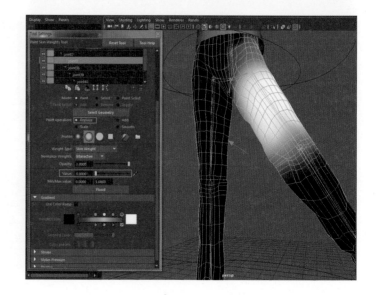

Bind 30

반대편 다리 Joint38을 선택합니다.

"Joint38", "Paint operation : Replace", "Value :
0" ≫ 마우스로 화살표 부분을 드래그해서 Weight
를 제거합니다.

"Weight : 0"으로 적용됩니다. 형태가 복구되는
것을 확인할 수 있습니다.

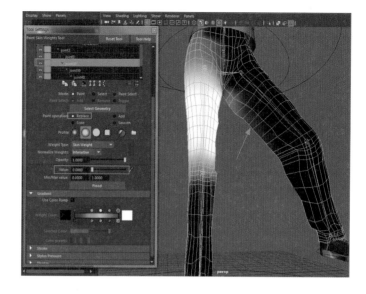

Bind 31

계속해서 화살표 부분을 제거하는 작업을 합니다.

Bind 32

무릎 부분 Joint39를 선택합니다.

"Joint39", "Paint operation : Replace", "Value :
0" ≫ 마우스로 화살표 부분을 드래그해서 Weight
를 제거합니다.

"Weight : 0"으로 적용됩니다. 형태가 복구되는 것
을 확인할 수 있습니다.

Bind 33

무릎 반대편 Joint4를 선택합니다. "Joint4", "Paint operation : Replace", "Value : 0" » 마우스로 화살표 부분을 드래그해서 Weight를 제거합니다. "Weight : 0"으로 적용됩니다. 형태가 복구되는 것을 확인할 수 있습니다.

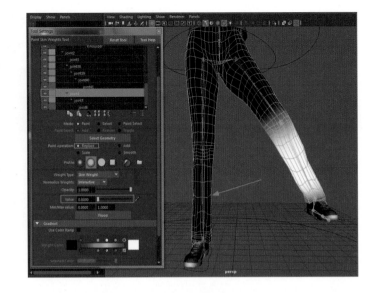

Bind 34

왼편 골반 Joint3을 선택합니다.

"Joint3", "Paint operation : Replace", "Value : 0" » 마우스로 화살표 부분을 드래그해서 Weight를 제거합니다. "Weight : 0"으로 적용됩니다.

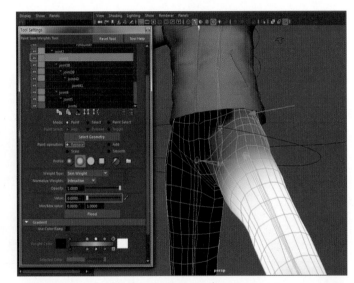

Bind 35

Weight를 제거한 모습입니다.

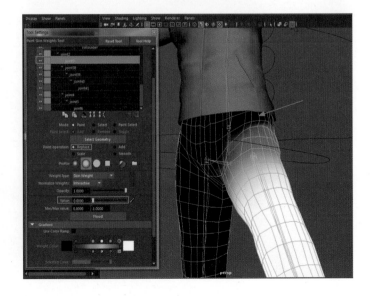

Bind 36

"Joint3", "Paint operation : Soomth" 》 마우스로
화살표 부분을 드래그해서 부드럽게 해줍니다.

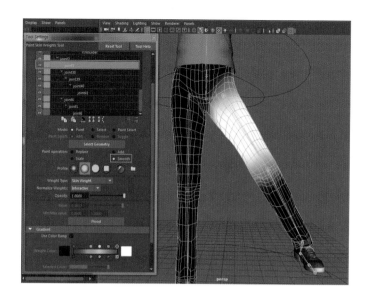

Bind 37

오른편 골반 Joint38을 선택합니다. "Joint38",
"Paint operation : Replace", "Value : 0" 》 마우
스로 화살표 부분을 드래그해서 Weight를 제거합
니다. "Weight : 0"으로 적용됩니다.

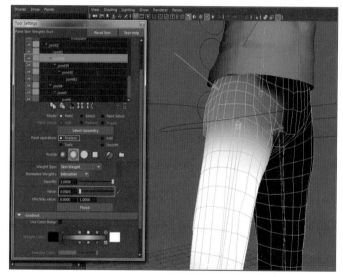

Bind 38

Weight를 제거한 모습입니다.

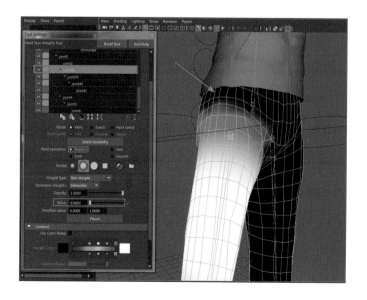

Bind 39

"Joint38", "Paint operation : Soomth" >> 마우스
로 화살표 부분을 드래그해서 부드럽게 해줍니다.

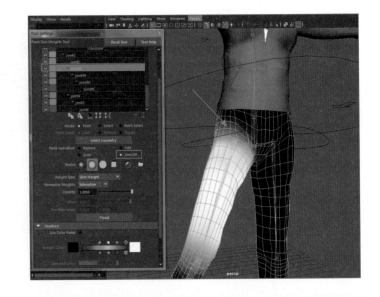

Bind 40

발 조절자인 Curve를 선택합니다.
이동해 보면 다리의 움직임은 자연스러우나 무릎
표현이 약간 어색합니다.

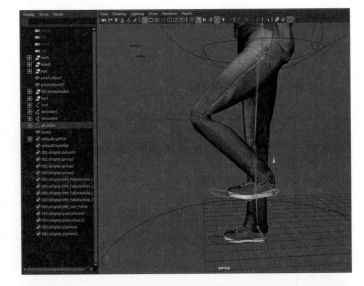

Bind 41

청바지 모델을 선택합니다.
Skin >> Paint Skin Weights 옵션 박스를 선택합
니다.

Bind 42

"Joint3", "Paint operation : Replace", "Value : 0.9029" ≫ 마우스로 화살표 부분을 드래그해서 Weight 값을 추가합니다.

"Weight : 0.9"로 적용됩니다. 형태가 돌출되며 무릎이 표현됩니다.

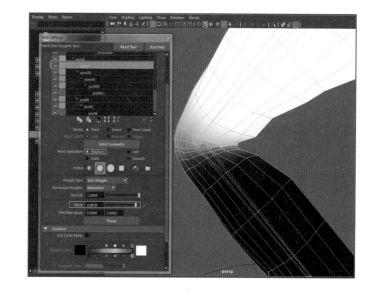

Bind 43

"Joint3", "Paint operation : Soomth" ≫ 마우스로 무릎 부분을 드래그해서 부드럽게 해줍니다.

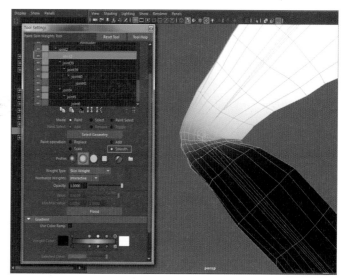

Bind 44

"Joint4", "Paint operation : Replace", "Value : 0.8" ≫ 마우스로 화살표 부분을 드래그해서 Weight 값을 추가합니다. "Weight : 0.8"로 적용됩니다. Paint operation : Soomth로 변경해 줍니다. 마우스로 화살표 부분을 드래그해서 부드럽게 해줍니다.

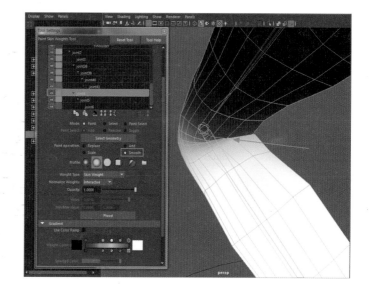

Bind 45

반대편 발 조절자 Curve(rfoot)를 선택 후 이동시켜
무릎 부분을 굽혀 줍니다. 청바지를 선택합니다.

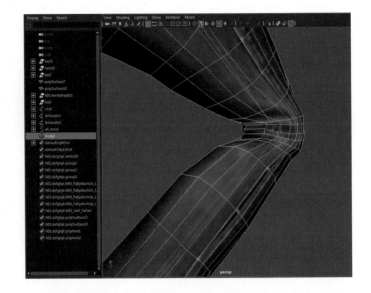

Bind 46

Skin » Paint Skin Weights 옵션 박스를 선택합니다.
"Joint39", "Paint operation : Replace", "Value :
0.8" » 마우스로 화살표 부분을 드래그해서 Weight
값을 추가합니다.
"Weight : 0.8"로 적용됩니다.
형태가 돌출됩니다.

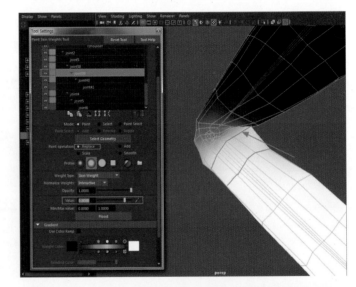

Bind 47

"Joint39", "Paint operation : Soomth" » 마우스
로 무릎 부분을 드래그해서 부드럽게 해줍니다.

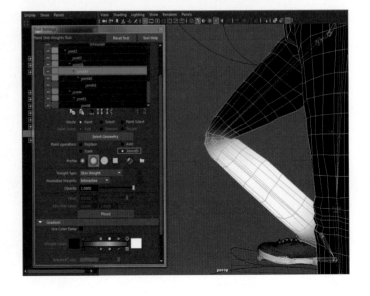

Bind 48

눈 부분을 확대합니다. 두 개의 눈을 선택한 후
Edit ≫ Group을 선택합니다. 이름을 "eye2"로 입
력합니다.

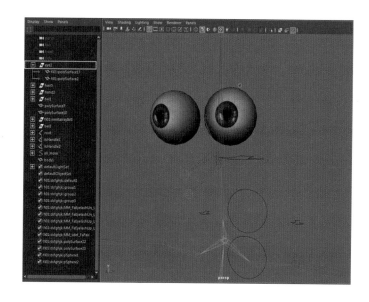

Bind 49

Outliner에서 "eye2"를 선택합니다. Shift key를
누른 상태에서 그림에 표시한 2번 Joint를 클릭한
후 "P"를 선택합니다.

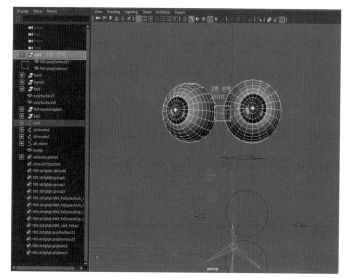

Bind 50

Show ≫ joints의 체크를 해제합니다.

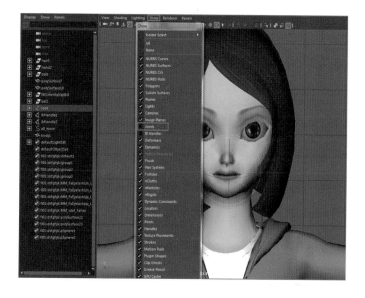

Bind 51

Create » NURBS Primitives » Circle을 선택하고 눈
위치에 생성시켜줍니다. » Interactive Creation을
반드시 체크합니다.

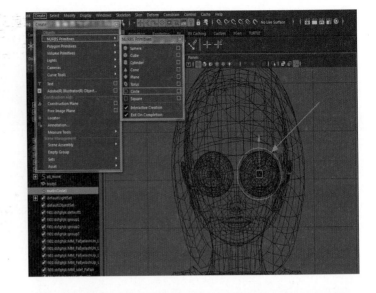

Bind 52

눈에 그린 Curve를 선택합니다.
Ctrl + d를 이용해 복사합니다. 반대편 눈 위치에
맞추어 줍니다.

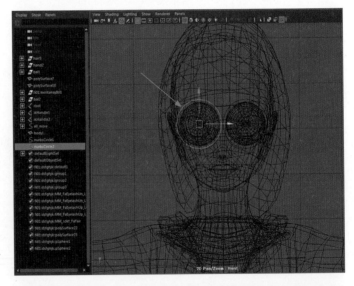

Bind 53

View에서 Shading » Wireframe on Shaded를 선
택합니다.

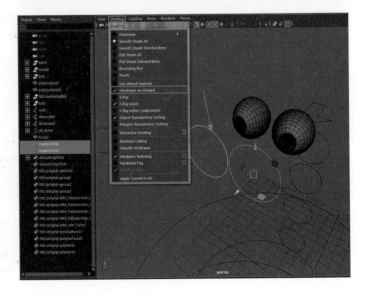

Bind 54

화면 상단의 Point Snap을 활성화시킵니다. 눈에
그려준 Curve를 눈동자 중간에(화살표로 표시한
부분) 정확하게 맞추어 줍니다.

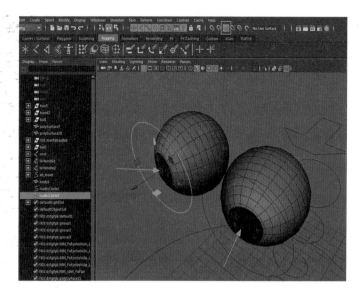

Bind 55

두 개의 Circle을 선택합니다. 얼굴 밖으로 이동시
켜 줍니다.

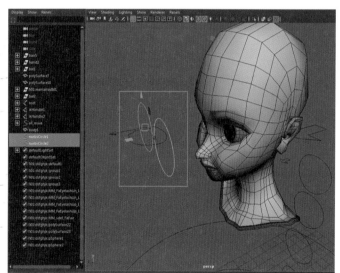

Bind 56

왼편 눈알을 선택합니다. Shift key를 누른 상태에
서 앞부분의 Curve를 선택합니다.
Constrain » Aim(빨간색으로 표시한 옵션 박스)을
선택합니다.

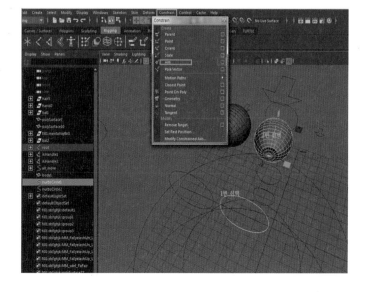

Bind 57

Aim Constraint Options : Maintain offset를 체크
합니다. » Apply를 선택합니다.

Bind 58

오른편 눈알을 선택합니다. [Shift] key를 누른 상태
에서 앞부분의 Curve를 선택합니다. Constrain »
Aim을 선택합니다.

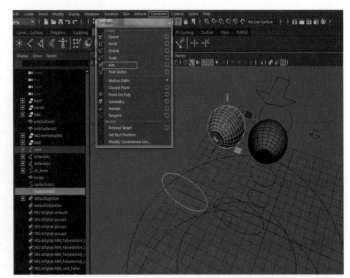

Bind 59

Create » NURBS Primitives » Circle을 선택하고 눈
위치에 생성시켜 줍니다.
nurbscircle3이 만들어졌습니다.
Interactive Creation을 반드시 체크합니다.

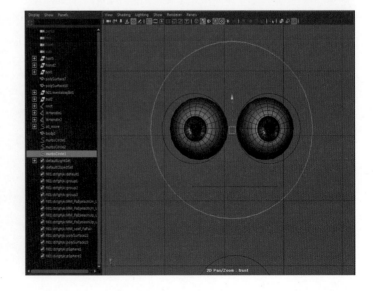

Bind 60

키보드 "ⓡ"을 선택합니다. ≫ 위아래로 크기를 작게 합니다.

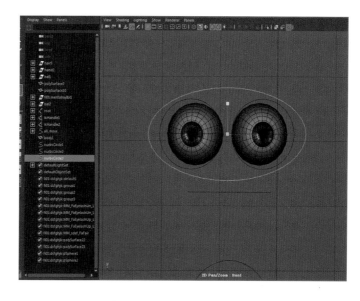

Bind 61

Circle의 위치를 두 개의 눈 조절자 위치로 이동합니다.

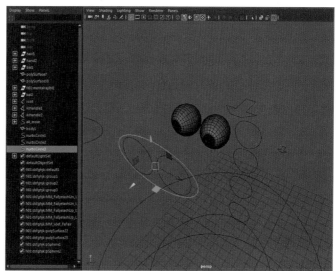

Bind 62

큰 사이즈의 Circle 이름은 "eye_m_control"로, 작은 사이즈의 Circle 이름은 rcontrol / lcontrol로 지정합니다. 작은 사이즈 Circle의 rcontrol과 lcontrol Curve를 선택합니다. Ctrl+ⓖ로 그룹을 지워줍니다. 이름을 "eye_m_control"로 입력합니다.

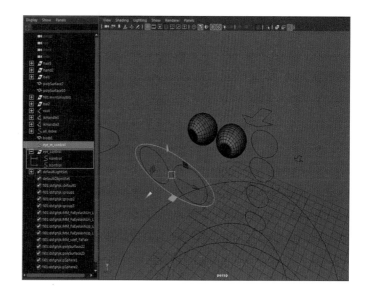

Bind 63

왼편 Outliner 창에서 1번 "eye_control"을 선택합니다. Shift key를 누른 상태로 "eye_m_control"을 클릭한 후 키보드에서 "p"를 선택합니다.

TIP Edit >> Parent 선택할 수 있습니다.

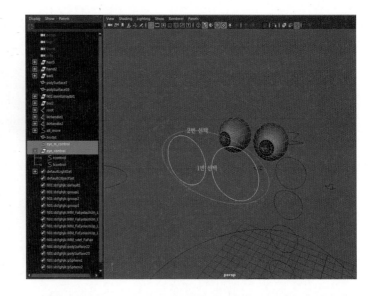

Bind 64

Show >> Joints를 체크합니다.

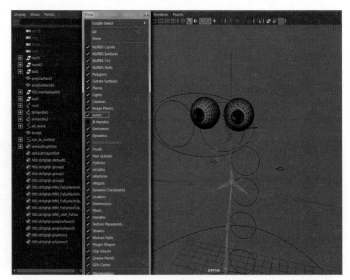

Bind 65

Outliner에서 "eye_m_control"을 선택합니다.
Shift key를 누른 상태에서 View의 2번 Joint를 클릭한 후 키보드 "p"를 선택합니다.

TIP Edit >> Parent 선택할 수 있습니다.

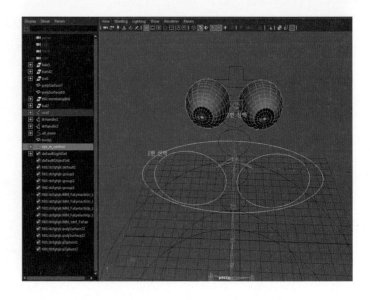

Bind 66

손부분을 확대한 후 손가락 마디마다 Weight를 설정합니다.

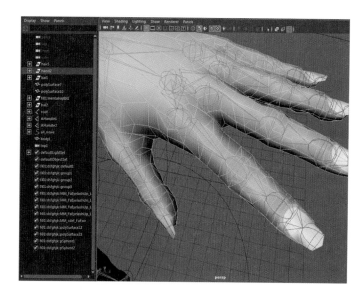

Bind 67

손 모델 위에서 마우스 오른쪽 버튼을 클릭한 후 Edge를 선택합니다.

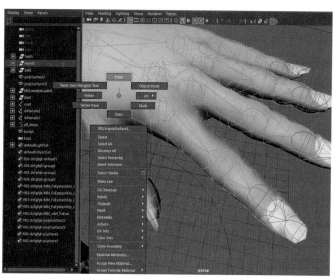

Bind 68

선택된 Edge를 확인합니다.

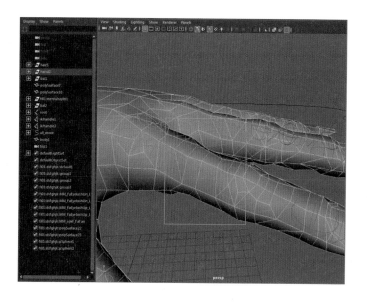

Bind 69

Select ≫ Convert Selection ≫ To Vertices를 선택
합니다. Vertex가 선택되었습니다.

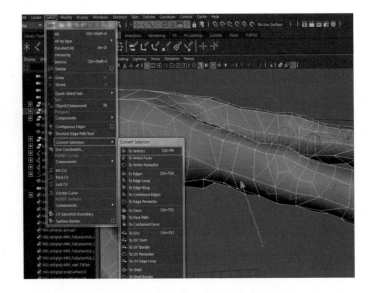

Bind 70

Skin ≫ Paint Skin Weights의 빨간색으로 표시한
옵션 박스를 선택합니다.

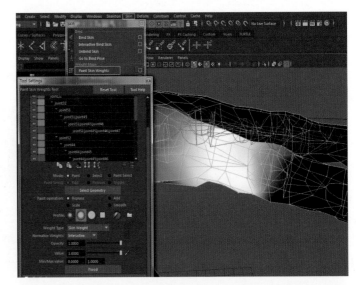

Bind 71

손가락에 해당하는 "Joint50"을 선택합니다.
"Paint operation : Replace", "Value : 1" ≫ 마우스
로 화살표 부분을 드래그해서 Weight 값을 추가합
니다.
"Weight : 1"로 적용됩니다.

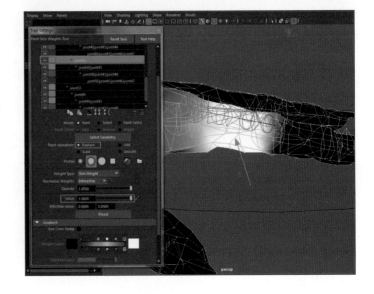

Bind 72

다음 마디의 Edge를 선택합니다. Select » Convert Selection » To Vertices를 선택합니다. Vertex가 선택되었습니다.

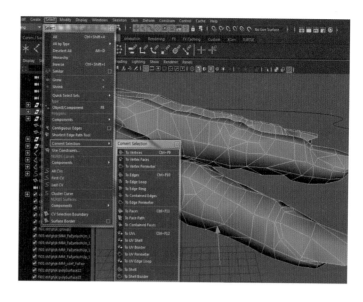

Bind 73

Skin » Paint Skin Weights의 옵션 박스를 선택합니다. 손가락에 해당하는 "Joint50 ; Joint45"를 선택합니다. "Paint operation : Replace", "Value : 1" 선택된 Vertex 부분을 드래그해서 Weight 값을 추가합니다. "Weight : 1"로 적용됩니다.

다른 부분의 손가락들도 마디마다 Vertex를 선택해 그 부분의 Weight를 조절해 완성합니다.

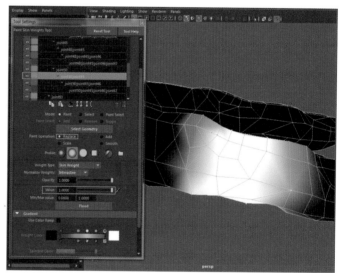

LESSON 06 애니메이션 만들기

SECTION 01. 애니메이션의 개요

애니메이션이란 창작 공간에 생명을 불어넣어 사물에 영혼이나 정신을 부여하는 행위를 이야기합니다. 여기서는 살아 있는 것처럼 생동감이 느껴지는 애니메이팅을 공부하게 될 것입니다.

SECTION 02. 애니메이션의 19가지 법칙

디즈니 애니메이터 프랭크 토마스, 올리 존스턴은 "Illusion of Life"에서 애니메이션의 이론을 정립했는데, 다음은 그의 책에서 다룬 내용을 요약한 것입니다.

01 | Squash and Stretch(스쿼시 앤드 스트레치 : 찌그러짐과 늘어남)

애니메이션에 등장하는 모든 오브젝트들은 스쿼시 앤 스트레치를 통해 더욱 현실감 있는 움직임으로 묘사됩니다. 디즈니의 초창기 애니메이션을 자세히 살펴보면 주인공 캐릭터나 조연 캐릭터의 대부분이 움직일 때마다 몸이 늘어나고 줄어드는 것을 볼 수 있습니다.

이러한 공식은 현재에도 꾸준히 지켜지고 있는데, 최근 애니메이션에서도 캐릭터의 과장된 움직임을 이와 같은 방법으로 표현하고 있습니다.

3D에서도 이 같은 법칙을 적용해서 애니메이션을 만드는데, 가장 쉬운 예로 Bouncing Ball(바운싱 볼 : 튀는 공)을 들 수 있습니다.

이것은 애니메이션을 배울 때 가장 먼저 익히는 것 중 하나인데 시간이 지나면서 쉽게 잊어버리는 경향이 있습니다. 공이 튀었다가 가장 높은 지점에서 원래의 구형을 유지하고 서서히 가속을 받으면서 내려와 가장 높은 속도를 내는 순간 공을 늘어난 것처럼 그리고(이것이 스트레치) 이후 공이 바닥에 부딪히는 순간 공은 약간 납작하면서 펑퍼짐해지고(스퀴시) 다시 튀어 올라가면서 최대속도를 낼 때 Stretch가 됩니다.

이 Squash and Stretch의 정도와 튀는 속도의 조절에 따라 볼링 공처럼 무거운 오브젝트인지 고무공처럼 유연하고 탄력 있는 오브젝트인지를 나타낼 수 있습니다.

이때 주의할 점은 오브젝트의 부피가 변함이 없어야 한다는 것이며, 이 Squash and Stretch는 비단 공뿐만 아니라 캐릭터나 그 외 오브젝트, 금속이나 벽돌 같은 것에도 적용됩니다.

02 | Anticipation(앤티시페이션 : 사전 긴장감)

모든 동작은 Anticipation이 선행될 때 더욱 실감나고 다이내믹하게 만들 수 있는데, 점프하는 캐릭터가 몸을 움츠리는 것은 Anticipation을 보여주는 좋은 예입니다. 과장된 Anticipation을 통해 유머러스한 동작을 나타내는 예로는 '마스크'에서 짐캐리가 바람같이 달리기 전에 취하는 동작이 있습니다. 또한 세부 동작뿐 아니라 하나의 컷에서 Anticipation을 통해 Viewer의 긴장감을 조성할 수 있습니다.

예를 들면 절벽에서 밧줄 위를 걸어가는 캐릭터가 중심을 잡으려고 노력하는 장면이나 밧줄이 끊어지기 전에 보여지는 클로즈업 컷 등을 통해 장면을 더욱 드라마틱하게 조성할 수 있습니다.

Anticipation의 또 다른 역할은 관객에게 다음에 연결될 장면에서의 연속성을 상기시키는 것인데, 이것은 관객이 끊임없이 장면에 몰입하도록 하는 요소가 되기도 합니다.

만일 사전 동작 없이 동작이 이어진다면 관객은 어딘가 모르게 어색함을 느끼면서 곧 흥미를 잃게 될 것입니다.

03 | Staging(스테이징 : 무대와 구도)

캐릭터와 장면에 대한 상황이 한눈에 이해되기 쉽도록 구도를 결정하는 것입니다. 예를 들어 주먹을 뻗친 사람의 모습은 정면보다 측면으로 스테이징하는 것이 훨씬 눈에 잘 들어오며, 이와 같은 예는 여러 곳에서 볼 수 있습니다. 위압감을 나타내는 구도는 낮은 시점에서 높은 곳을 바라볼 때 생기고 장면을 전개하기 전 전체위치를 파악할 수 있는 고도로는 약간 높은 곳에 배치하는 카메라가 있을 수 있습니다. 상황에 맞는 적절한 구도는 이야기의 흐름을 원활하게 해줍니다.

04 | Straight Ahead Action and Pose to pose(스트레이트 어헤드 액션 앤 포즈 투 포즈)

셀 애니메이션 작업 시 1프레임부터 한 장 한 장 그려나가는 것이 Straight Ahead 작업이고, 중요한 키프레임만 잡아서 일단 그려놓고 그 사이를 Interbetweening(보관법)하는 것이 Pose to pose 작업입니다.

실제 작업 시 두 가지가 혼용되는데, 보통 개인 작업자 혼자 애니메이션을 만들 때는 Straight Ahead 작업이 많이 쓰이고, 원화와 동화가 구분되는 분업식 작업에는 Pose to pose 작업이 많이 쓰입니다.

05 | Follow-Through and Overlapping Action(팔로우 스루 앤 오버래핑 액션)

주동작 후 연결되는 동작의 여운. 따귀를 때렸다면 손이 뺨에 닿는 동작 후에 연결되는 느려지는 손의 스윙. 빠르게 달리다가 갑자기 멈추어 섰을 때 생기는 엉거주춤한 동작 등은 Follow-Through의 사례들입니다. Anti-cipation이 사전 동작이라면 Follow-Through는 후 동작이 되는 것입니다.

Overlapping Action의 좋은 예는 인체의 동작 시 관절별로 생기는 동작의 시차를 말합니다. 쉽게 말해 손을 들어올려 어떤 오브젝트를 잡으려 하는 동작에서 모든 관절이 동시에 움직이는 것이 아니라 손목, 팔꿈치, 어깨 순으로 동작이 시작되는 것을 표현할 때 더욱 사실적인 애니메이션을 구사할 수 있습니다.

대부분 습작 3D 애니메이션을 보면 동작들이 어딘가 모르게 어색한 경우가 대부분인데, 주된 이유는 키프레임 설정 시 시작 동작과 끝 동작만 설정해 주고 애니메이트를 시키기 때문입니다.

일단 두 가지를 키프레이밍한 다음 그 사이를 하나하나 다시 고쳐나가야 하는데 이 Overlapping Action을 적용하면 작업량이 엄청나게 많아집니다. 여기서 Forward Kinematic(전진동학)과 Inverse Kinematic(후진동학) 애니메이션의 차이점을 볼 수 있습니다.

대부분의 초보자들은 캐릭터 구조에 의한 애니메이션보다 시간 경과에 따른 움직임의 변화만을 따르기 때문에 Overlapping에 의한 Inverse Kinematic 애니메이션을 꾸준히 연습한다면 좋은 애니메이션을 만들 수 있을 것입니다.

06 | Slow-In/Slow-Out(슬로우 인/슬로우 아웃 : 혹은 Ease In Ease Out)

어떤 동작이 처음부터 끝까지 같은 속도로 이루어지면 결코 사실적일 수 없는 어색함을 유발하게 된다. 추가 흔들리는 경우 가장 낮은 곳의 속도가 가장 빠르고 높아질수록 느려집니다.

반대로 튀는 공은 높은 곳에서 가장 느리고 내려가면서 튀어 올라갈 때 빨라졌다가 다시 올라가면서 느려집니다. 또한 무거운 캐릭터는 폴짝폴짝 뛰어갈 때 가벼운 캐릭터보다 높은 곳에서 지체하는 시간이 짧습니다.

07 | Arc of Motion(아크 오브 모션 : 동작이 그리는 호/곡선)

캐릭터가 회전하거나 움직일 때 그 선은 직선이 아니라 곡선입니다. 예를 들어 얼굴을 왼쪽에서 오른쪽으로 돌려볼 때 눈의 위치는 수평이 아니라 약간 아래로 곡선을 그리며 회전합니다. 걸어갈 때나 뛰어갈 때도 캐릭터의 중심점이 그리는 패스는 곡선입니다.

08 | Secondary Action(세컨더리 액션 : 2차 동작)

어떤 주된 동작 외에 이차적인 동작을 무시하지 않고 애니메이트함으로써 더욱 사실적인 애니메이션을 만들 수 있습니다. 예를 들어 달리는 개의 꼬리나 사람의 흩날리는 머리카락, 옷자락 등은 3차원적으로 표현하기 어려운 작업입니다. 여기에도 일정한 패턴이 존재하는데 이를 잘 아는 사람은 수월하게 작업할 수 있지만 그렇지 못하다면 꽤 고생스러운 작업이 될 것입니다. 평소 주변 사물을 잘 관찰해 두는 것이 이런 작업에 많은 도움을 줍니다.

09 | Timing(타이밍)

Timing은 캐릭터의 동작을 표현하는 데 있어 빨라짐과 느려짐을 실제 동작에 가깝게 표현하는 것을 말합니다.

10 | Exaggeration(이그재저레이션 : 과장)

실제의 동작 그대로를 애니메이션으로 재현하면 동작이 상당히 지루할 수 있으므로 대부분의 애니메이션 캐릭터들은 해당 동작을 과장합니다. 디즈니 애니메이션이나 픽사 작품 등을 소리를 끄고 보면 캐릭터들이 실제 동작 이상으로 팍팍 손을 뻗치고 많은 제스처를 사용한다는 것을 알 수 있습니다. 애니메이션에서의 과장은 재미있는 요소를 많이 포함할수록 좋습니다. 한 예로 썰렁함을 표현할 때 캐릭터의 머리에 나타나는 커다란 땀이나 영화 '마스크'의 놀란 표정에서 눈이 튀어나오거나 혀가 튀어나오는 등의 연출은 작품의 재미를 한층 높여줍니다.

11 | Solid Drawing(솔리드 드로잉 : 선명한 그림)

애니메이션의 선은 선명해서 알아보기 쉬워야 합니다. 굵고 가는 선을 혼용함으로써 원근과 부피 동작 등을 선명하게 할 수 있습니다.

12 | Appeal(어필)

어떤 관객을 대상으로 애니메이션을 제작할 것인가? 이러한 물음은 작품의 구상 시기부터 생각해야 할 문제입니다. 왜냐하면 관람 대상에 따라 캐릭터의 동작에도 영향을 줄 수 있기 때문입니다. 어린이 프로그램 '텔레토비'의 경우 어른들이 봤을 땐 답답할 정도로 단순한 대사와 행동이 되풀이되지만 어린이들에게는 상당한 설득력을 가집니다. 즉, 관람 대상에게 정확한 어필을 할 수 있어야 흥행에도 좋은 결과를 가져오게 됩니다.

13 | Study Live Action

새로 추가된 항목입니다. 말 그대로 실제 사람들이나 동물들의 동작을 공부하라는 뜻입니다. 행인들의 걸음걸이를 관찰하고, 식당에서 밥 먹는 친구의 숟가락이 오르락내리락 하는 타이밍 등을 연구하도록 합니다. 애니메이션은 우리가 주변에서 흔히 보는 것들을 기반으로 하기 때문에 실생활에 대한 관찰과 연구는 항상 계속되어야 합니다.

14 | 비대칭(Asymmetry)

캐릭터 애니메이션은 비대칭 포즈를 만들어 냅니다. 동작을 만들 때 오른쪽을 움직이면 반대쪽은 힘의 이동으로 포즈가 만들어집니다.

15 | 무게감(Weight)

애니메이션 제작 시 중력의 표현은 모델의 무게감에 가장 많이 나타납니다. 무거운 모델이 가벼운 모델보다 공중 동작에서 오래 머물러 있는 것은 좋은 예입니다.

16 | 대화의 사전 동작(Dialog Follow-through)

립싱크 애니메이션을 제작할 때 입을 움직이기 전에 일어나는 짧은 동작을 정의합니다.

17 | 무빙홀드(Moving Hold)

동작을 애니메이팅시킬 때 작업자는 애니메이션이 진행되는 동안 어느 특정 부분에서 강조를 하고 싶은 경우가 있습니다. 이때 동작을 아주 느리게 제작하거나 멈추게 해서 장면을 드라마틱하게 하는 것을 말합니다.

18 | 블링스(Blinks, 눈 깜빡임)

애니메이션에서 눈을 깜박이는 동작은 1~2초 간격으로 만들어 어색함이 느껴지지 않도록 표현하는 게 굉장히 중요합니다. 또한 캐릭터의 감정 변화와 심리적인 요소를 표현할 수 있는 애니메이팅입니다.

19 | 밸런스와 무게중심

모든 모델은 무게중심을 가지고 있습니다. 오뚜기는 아래쪽에 무게 중심이 있으므로 넘어지지 않고 항상 일어날 수 있는 것입니다. 캐릭터는 단전 부분(골반 사이) 무게 중심이 위치해 있습니다. 동작 구성 시 그 무게중심의 위치가 다른 곳에 위치해 있으면 불안해서 좋은 애니메이션을 만들 수 없습니다. 오른쪽 다리를 들어 올리게 되면 단전 부분이 왼쪽으로 이동되는 것을 알 수 있습니다.

위에서 우리는 애니메이션을 만들 때 반드시 고려해야 하는 부분에 대해서 이야기했습니다.
이 모든 것을 한번에 표현할 수는 없습니다.
먼저 동작을 애니메이팅시킨 후 위 법칙을 표현하는 것입니다.

SECTION
03

걷는 동작 만들기

01 | Walk Cycle(걷는 동작)

걷는 동작은 한 Cycle을 32frame으로 애니메이션을 제작하겠습니다. 기본 Key Frame은 0, 8, 16, 24, 32 Frame으로 키를 삽입하겠습니다.

0Frame에서 포즈를 만듭니다.

걷기 01

무게중심이 가장 낮은 자세입니다. 앞부분으로 향한 발 부분은 뒤꿈치를 중심으로 회전시킵니다. 뒷부분의 발은 발이 바닥에 접착한 상태에서 뒤꿈치를 들어주는 형태입니다. 오른발이 내딛는 발이라면 왼쪽 팔이 앞으로 이동한 포즈를 만듭니다.

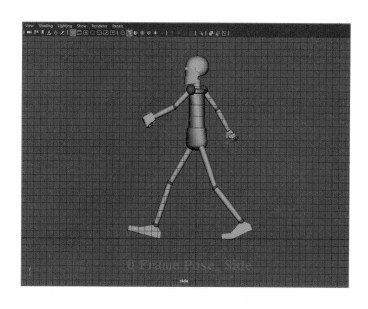

걷기 02

골반의 회전은 오른발이 앞으로 이동하면 오른발 부분으로 회전시킵니다. 어깨와 가슴 부분은 팔이 왼쪽 부분이 앞으로 이동해 있다면 어깨와 가슴도 같은 방향으로 회전해야 합니다.

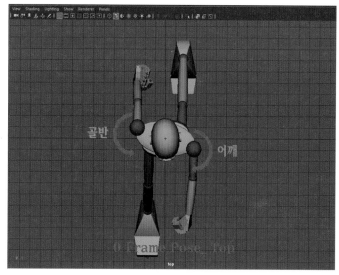

8Frame에서 포즈를 만듭니다.

걷기 03

무게 중심이 가장 높은 상태의 포즈입니다. 앞으로 이동되어 있던 발은 디딤발이 됩니다.(지면에 밀착되어 있는 상태) 왼쪽발은 공중에 떠 있는 발입니다. 이때 숫자 "4"와 같은 형태로 포즈를 만듭니다. 팔은 수직 형태와 가까운 포즈를 만듭니다. Side에서의 골반과 어깨는 회전하지 않은 "0" 값을 입력합니다.

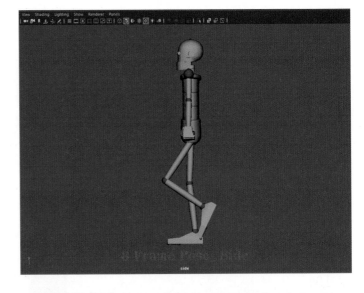

걷기 04

Front View에서 골반의 움직임은 바닥에 닿아 있는 발 부분으로 회전시킵니다. 허리부분은 "c"자 형태의 곡선을 만들어 줍니다. 시선은 앞을 바라보는 형태를 만들어 줍니다.

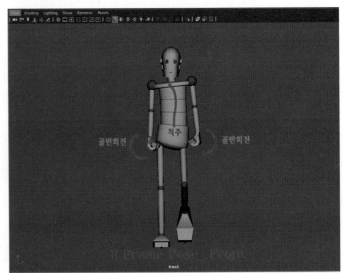

16Frame에서 포즈를 만듭니다.

걷기 05

무게중심이 가장 낮은 자세입니다. 왼발이 앞부분의 발입니다. 뒤꿈치를 중심으로 회전시킵니다. 뒷발 부분은 발이 바닥에 닿은 상태에서 뒤꿈치를 들어주는 형태입니다. 왼발이 내딛는 발이라면 오른편 팔이 앞으로 이동한 포즈를 만듭니다.

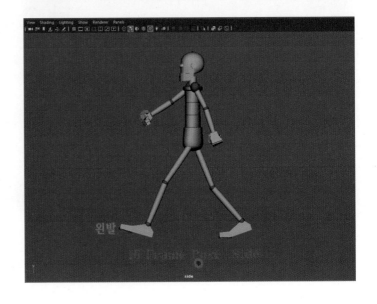

걷기 06

골반의 회전은 왼편 발이 앞으로 이동하면 왼편 발 부분으로 회전시킵니다. 어깨와 가슴 부분은 오른 팔이 앞으로 이동해 있다면 같은 방향으로 회전해야 합니다.

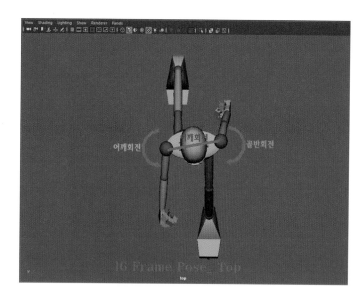

24Frame에서 포즈를 만듭니다.

걷기 07

무게중심이 가장 높은 상태의 포즈입니다. 앞으로 이동되어 있던 발은 디딤발이 됩니다.(지면에 밀착되어있는 상태) 왼 부분의 발은 공중에 있는 발입니다. 이때 숫자 "4"와 같은 형태로 포즈를 만듭니다. 팔은 수직 형태와 가까운 포즈를 만듭니다. Side에서의 골반과 어깨는 회전하지 않은 "0" 값을 입력합니다.

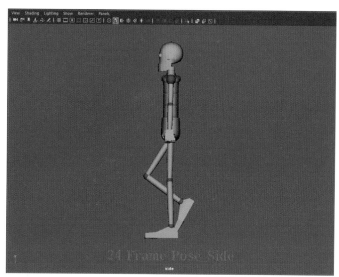

걷기 08

Front View에서 골반의 움직임은 바닥에 닿아 있는 발 부분으로 회전시킵니다. 허리부분은 "c"자 형태의 곡선을 만들어 줍니다. 시선은 앞을 바라보는 형태를 만들어 줍니다.

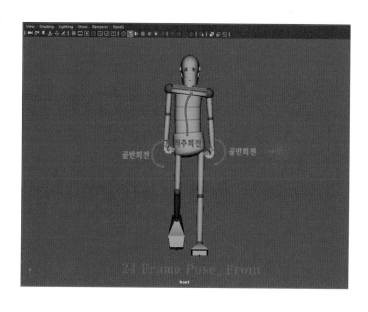

32Frame에서 포즈를 만듭니다.

걷기 09

무게중심이 가장 낮은 자세입니다. 오른발이 앞부
분으로 향한 발입니다. 뒤꿈치를 중심으로 회전시
킵니다. 뒷부분의 발은 발이 바닥에 닿은 상태에
서 뒤꿈치를 들어주는 형태입니다. 오른발이 내딛
는 발이라면 왼쪽 팔이 앞으로 이동한 포즈를 만듭
니다.

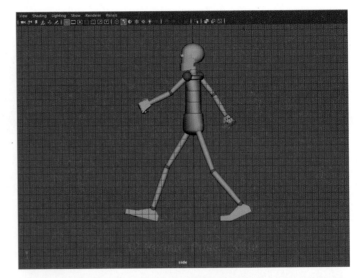

걷기 10

골반의 회전은 오른발이 앞으로 이동하면 오른발
부분으로 회전시킵니다. 어깨와 가슴 부분은 왼쪽
팔이 앞으로 이동해 있다면 같은 방향으로 회전해
야 합니다.

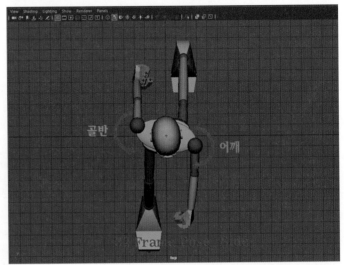

기본 걷는 동작 Key Frame을 삽입했습니다. 이제부터 세부적인 Key Frame을 삽입하겠습니다.

4Frame에서 포즈를 만듭니다.

걷기 11

4Frame으로 이동합니다. 오른발 뒤꿈치의 회전
값을 "0"으로 입력합니다. 디딤발이 조금 일찍 지
면에 닿게 해주는 것입니다.

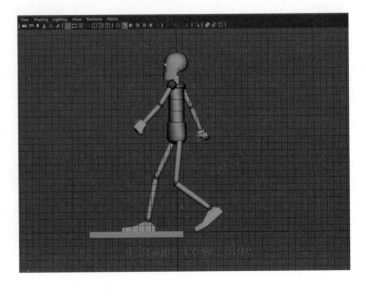

걷기 12

24Frame으로 이동합니다. 왼발 뒤꿈치의 회전값을 "0"으로 입력합니다. 디딤발이 조금 일찍 지면에 닿게 해주는 것입니다.

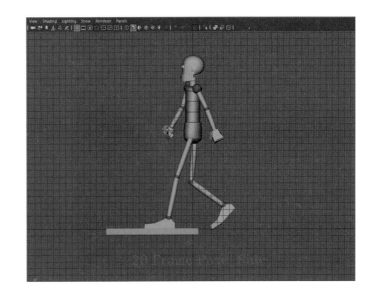

오버래핑 애니메이션을 적용합니다.

걷기 13

Windows » Animation Editor » Graph Editor를 선택합니다. 어깨, 팔꿈치, 팔목 부분의 조절자들을 선택합니다. 그래프에 동작이 나타납니다. 만약 보이지 않는다면 단축키 "ⓐ"를 선택합니다. Graph Editor에서 중간에 삽입된 Key Frame들을 선택합니다.(빨간색 박스로 표시한 부분)

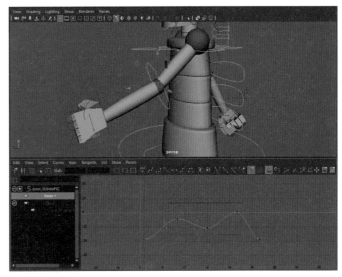

걷기 14

각각 2frame씩 이동시킵니다. Graph Editor에서 Key를 선택할 때는 마우스 왼쪽 버튼을 클릭합니다. Graph Editor에서 Key를 이동할 때는 선택 후 마우스 중간 버튼을 클릭하고 드래그합니다.

각자 작업에 따라 추가로 첨가해 봅시다.

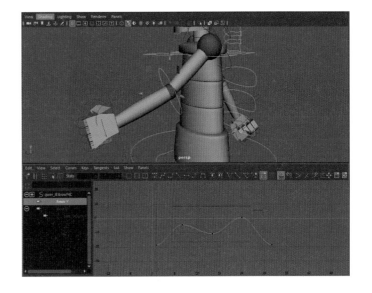

02 | Running Cycle(뛰는 동작)

뛰는 동작은 한 Cycle을 24frame으로 해서 애니메이션을 제작하겠습니다. 기본 Key Frame은 0, 6, 12, 18, 24 Frame으로 키를 삽입하겠습니다.

무게중심이 가장 높은 공중 동작입니다.

Run 01

전체 포즈의 형태는 힘껏 공중으로 차고 오르는 동작을 구성합니다. 오른발이 앞으로 이동해 포즈를 만듭니다. 왼팔을 앞으로 이동해 포즈를 만듭니다.

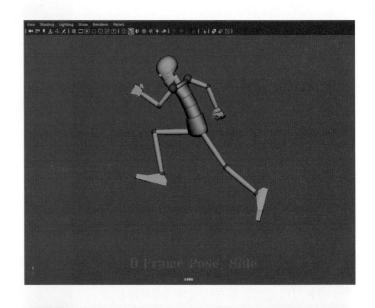

Run 02

골반은 오른발 방향으로 회전시킵니다. 어깨와 가슴 부분은 왼팔 방향으로 회전시킵니다.

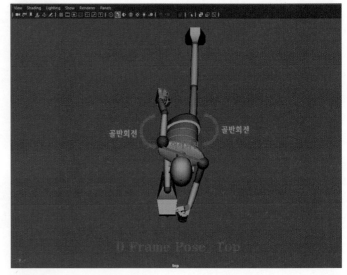

Run 03

Front View에서 오른발 방향을 확인하고 골반 방향을 위로 회전합니다.

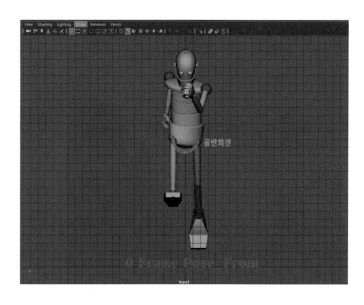

무게중심이 가장 낮은 착지 동작입니다.

Run 04

동작의 형태는 움츠린 자세입니다. 오른발이 바닥에 착지된 상태에서 힘을 모아 튀어 나가려는 동작을 만듭니다.

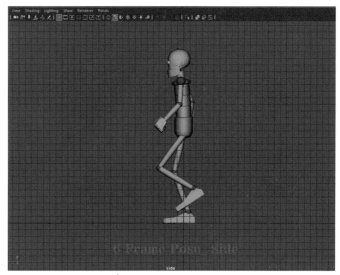

Run 05

Front View에서 착지된 부분의 골반 방향으로 회전해 줍니다. 허리는 단전에서 어깨 부분까지 곡선 형태의 포즈를 만들어 줍니다.

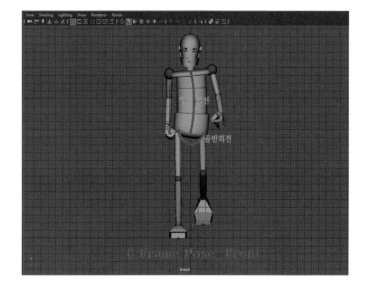

Run 06

전체 포즈의 형태는 힘껏 공중으로 차고 오르는 동작을 구성합니다. 왼발이 앞으로 이동해 포즈를 만듭니다. 오른팔을 앞으로 이동해 포즈를 만듭니다.

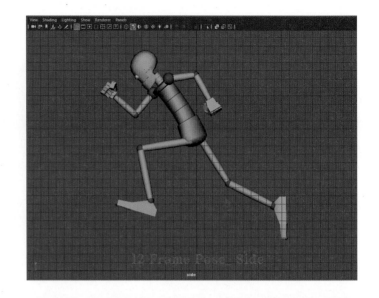

Run 07

골반은 왼발 방향으로 회전시킵니다. 어깨와 가슴 부분은 오른팔 방향으로 회전시킵니다.

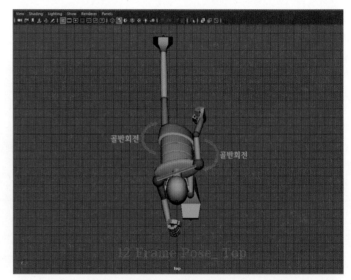

Run 08

Front View에서 왼발 방향을 확인하고 골반 방향을 위로 회전합니다.

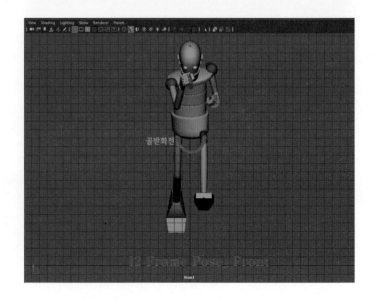

무게중심이 가장 낮은 착지 동작입니다.

Run 09
동작의 형태는 움츠린 자세입니다.

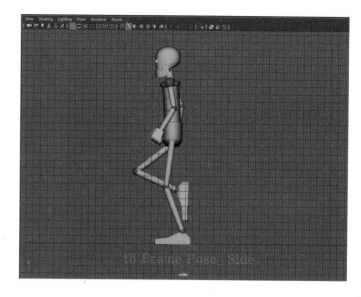

Run 10
왼발이 바닥에 착지된 상태에서 힘을 모아 튀어 나가려는 동작을 만듭니다. 허리는 단전에서 어깨 부분까지 곡선 형태의 포즈를 만들어 줍니다.

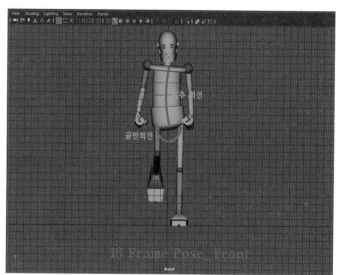

무게중심이 가장 높은 동작입니다.

반복 동작이기 때문에 0Frame과 같은 동작을 만들어 줍니다.

Run 11
전체 포즈의 형태는 힘껏 공중으로 차고 오르는 동작을 구성합니다. 오른발이 앞으로 이동해 포즈를 만듭니다. 왼팔을 앞으로 이동해 포즈를 만듭니다.

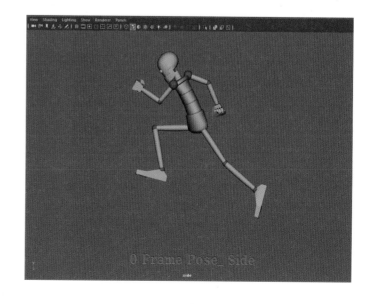

Run 12

골반은 오른발 방향으로 회전시킵니다. 어깨와 가
슴 부분은 왼팔 방향으로 회전시킵니다.

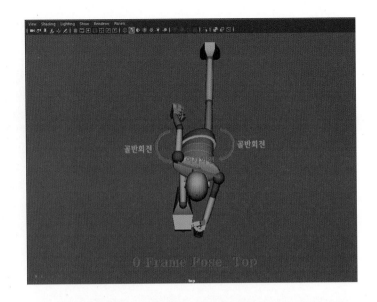

Run 13

Front View에서 오른발 방향을 확인하고 골반 방
향을 위로 회전합니다.

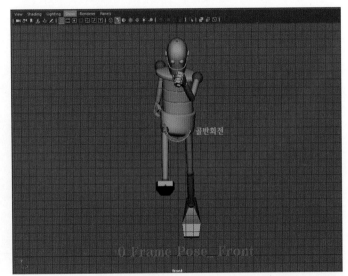

Graph Editor 세부 동작 만들기

Run 14

6Frame ~ 8Frame까지 발 조절자의 Rotate X 값을
회전되지 않게 편집해 줍니다. 8Frame에서 발가
락 부분은 지면에 착지가 되고 발을 중심으로 뒤꿈
치 부분이 회전하는 포즈를 만들어 줍니다.

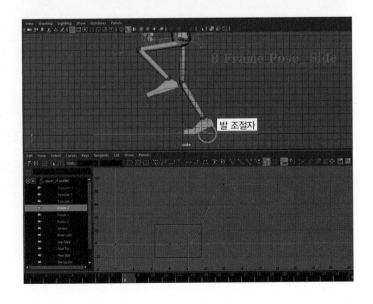

Run 15

6Frame ~ 8Frame까지 발 조절자의 Translate Y 값으로 이동하지 않고 "0"값을 유지할 수 있도록 편집해 줍니다.

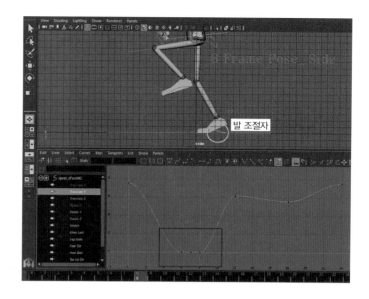

03 | Jump Cycle(점프 동작)

점프 동작은 프리동작입니다.

Jump 01

Side View에서 준비 포즈를 만들어 줍니다.

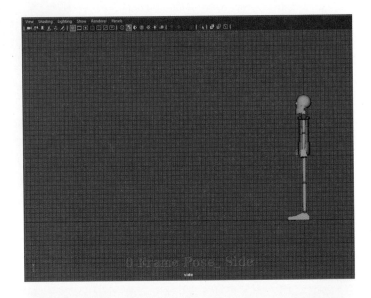

Jump 02

Front View에서 준비 포즈를 만들어 줍니다.

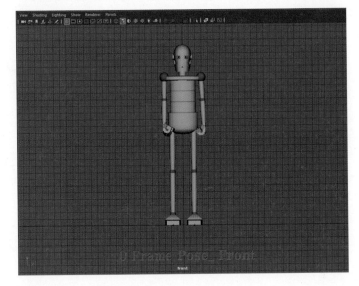

Jump 03

Side View에서 발부터 머리까지 c자형 포즈를 만들어 줍니다.

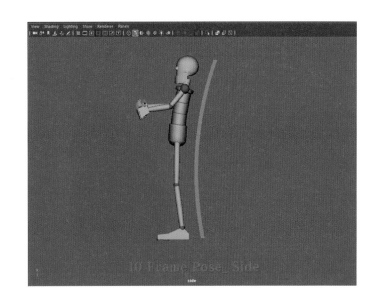

Jump 04

Front View에서 시선이 앞을 향하게 합니다.

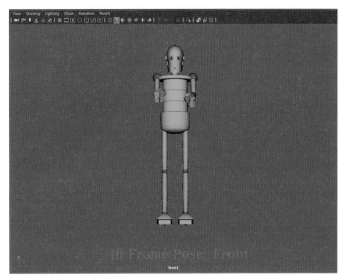

Jump 05

Side View에서 Squash 동작입니다. 무릎과 허리를 굽혀주고 척추라인을 회전시켜 줍니다.

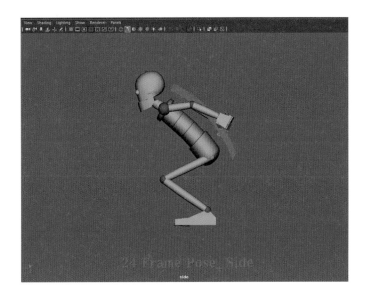

Jump 06

Front View에서 시선이 앞을 향하게 합니다.

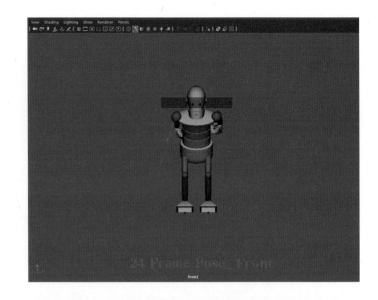

Jump 07

Side View에서 스트레치 동작을 만들어 줍니다.
발에서 머리까지 늘어트려서 역동적이게 만들어
줍니다.

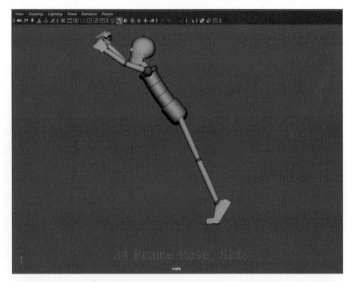

Jump 08

Front View에서 시선이 앞을 향하게 합니다.

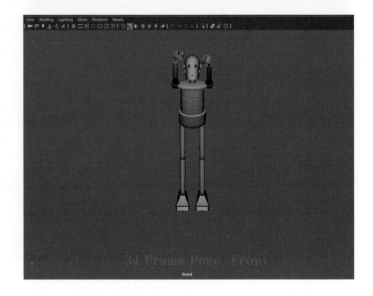

Jump 09

Side View에서 공중 동작입니다. 역동적인 느낌
으로 포즈를 만듭니다.

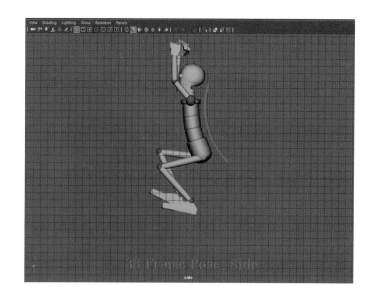

Jump 10

Front View에서 시선은 앞쪽 상단을 향하게 합
니다.

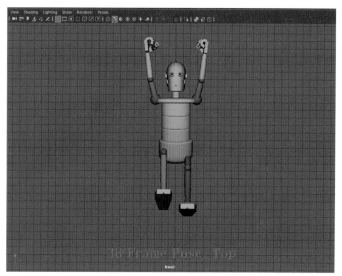

Jump 11

Side View에서 스트레치 동작을 만들어 줍니다.
허리의 위치를 중심으로 발에서 머리까지 늘어지
게 해서 역동적으로 만들어 줍니다.

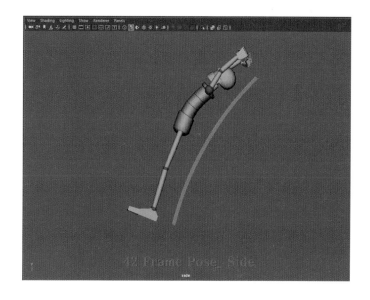

Jump 12

Front View에서 얼굴은 앞쪽 상단, 눈동자는 아래를 향하게 합니다.

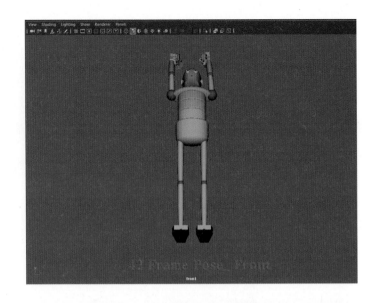

Jump 13

Side View에서 착지자세입니다. 무게중심이 불안정하지 않게 포즈를 만들어 줍니다.

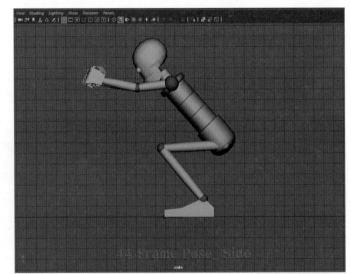

Jump 14

Side View에서 착지자세입니다. 팔 동작을 보면 그림의 차이를 볼 수 있습니다. 포즈가 중심이 잡힌 상태에서 바운딩 동작을 만들어 주어야 합니다. Front View에서 시선은 착지 부분을 의식한 방향입니다.

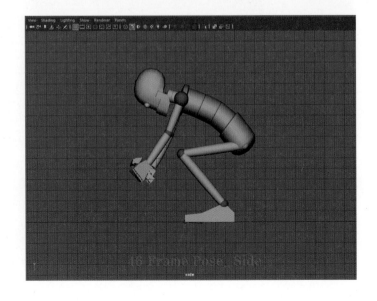

Jump 15

Side View에서 점프 후 일어서는 포즈입니다.

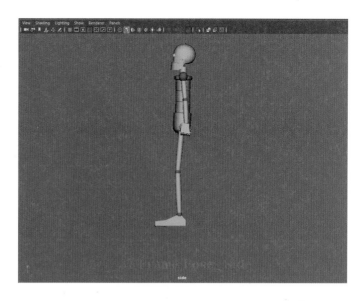

Jump 16

Front View에서 시선은 앞을 향하게 합니다.

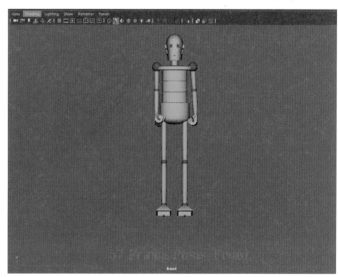

Jump 17

Side View에서 팔 동작입니다. 점프 후 어깨를 중심으로 팔이 앞뒤로 조금씩 흔들리는 동작을 만들어 줍니다.

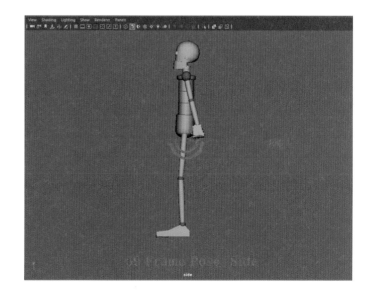

Jump 18

Side View에서 팔 동작입니다. 점프 후 어깨를 중심으로 팔이 앞뒤로 조금씩 흔들리는 동작을 만들어 줍니다.

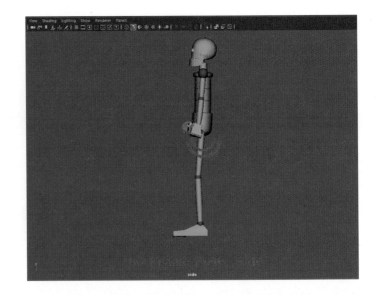

Jump 19

Side View에서 팔 동작입니다. 점프 후 어깨를 중심으로 팔이 앞뒤로 조금씩 흔들리는 동작을 만들어 줍니다.

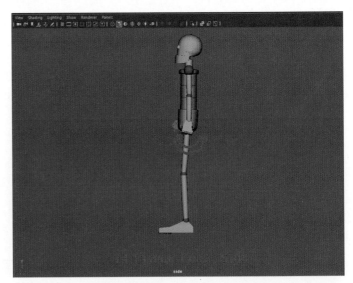

Graph Editor에서 세부 동작 만들기

Jump 20

팔동작에서 오버래핑 동작이 일어나면 재미있을 것입니다. 어깨, 팔꿈치, 팔목 조절자를 선택합니다. 57Frame 부분부터 선택합니다.(주황색 박스 부분)

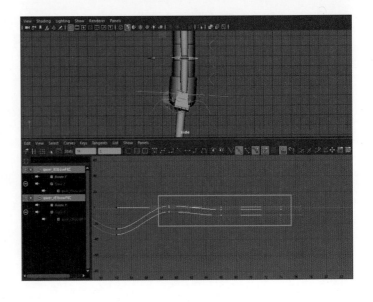

Jump 21

마우스 중간 버튼을 누른 상태로 드래그해서 2~3
Frame을 뒤로 이동시켜 줍니다.

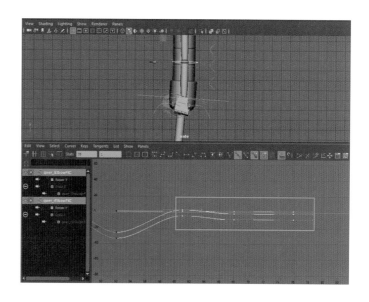

04 | 살금살금 걷는 동작

살금살금 걷기 동작은 템포가 중요합니다.

Slow 01

첫 번째 포즈입니다. 다리, 허리, 얼굴을 빨간색 바
의 형태처럼 곡선 형태로 만들어 줍니다.

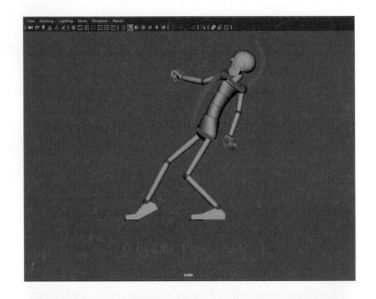

Slow 02

Front View의 형태입니다.

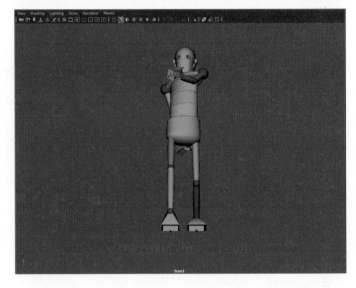

Slow 03

Side View에서는 골반의 회전이 중요합니다. 그림에 표시된 것처럼 발이 나오는 방향으로 골반도 나오게 됩니다. 허리와 어깨는 반대 방향 부분이 앞으로 나오게 됩니다.

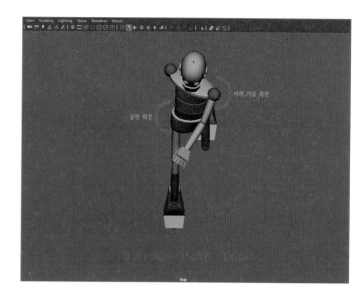

Slow 04

허리가 앞쪽으로 휘어진 형태로 포즈를 만들어 줍니다.(조금 더 과도하게 포즈를 만들어도 좋습니다.

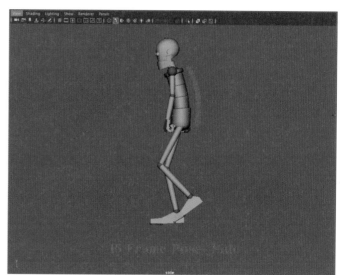

Slow 05

Front View에서는 바닥을 지탱하는 발의 방향으로 골반을 회전시켜 높여 주어야 합니다.

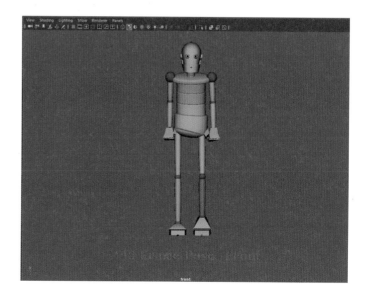

Slow 06

다리, 허리, 얼굴을 빨간색 바의 형태처럼 곡선 형
태로 만들어 줍니다.

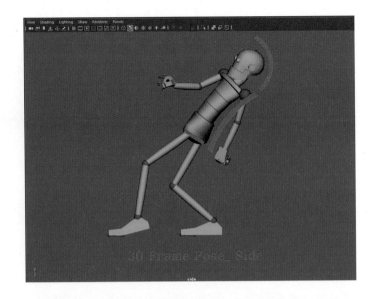

Slow 07

Front View의 형태입니다. 골반을 앞으로 나온 다
리 방향보다 약간 높게 회전시키는 것도 좋은 방법
입니다.

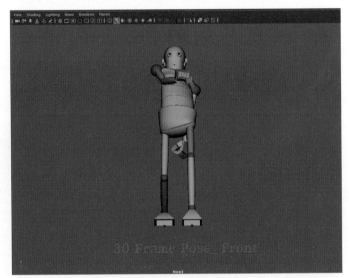

Slow 08

Side View에서는 골반의 회전이 중요합니다. 그
림에 표시된 것처럼 발이 나오는 방향으로 골반도
나오게 됩니다. 허리와 어깨는 반대방향 부분이
앞으로 나오게 됩니다.

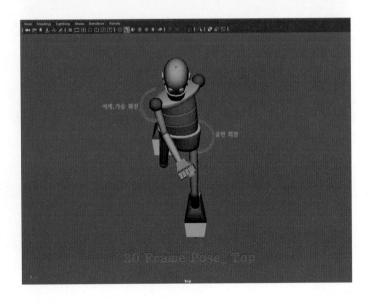

Slow 09

허리가 앞쪽으로 휘어진 형태로 포즈를 만들어
줍니다.(조금 더 과도하게 포즈를 만들어도 좋습
니다.)

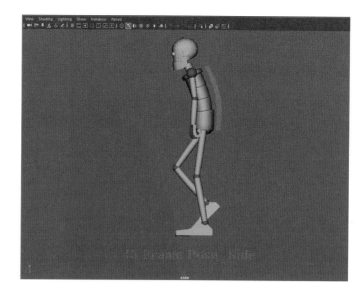

Slow 10

Front View에서는 바닥을 지탱하는 발의 방향으
로 골반을 회전시켜 높여 주어야 합니다.

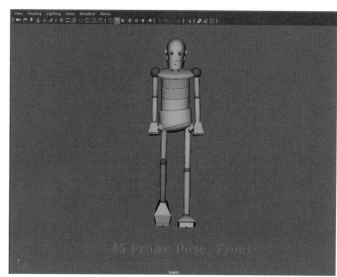

Slow 11

다리, 허리, 얼굴을 빨간색 바의 형태처럼 곡선으
로 만들어 줍니다.

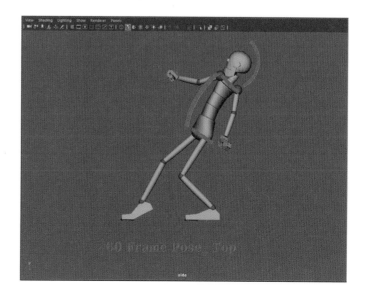

Slow 12

Front View의 형태입니다. 골반을 앞으로 나온 다리 방향보다 약간 높게 회전시키는 것도 좋은 방법입니다.

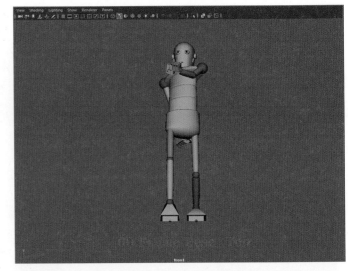

Slow 13

Side View에서는 골반의 회전이 중요합니다. 그림에 표시된 것처럼 발이 나오는 방향으로 골반도 나오게 됩니다. 허리와 어깨는 반대방향 부분이 앞으로 나오게 됩니다.

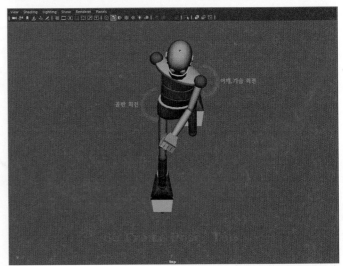

기본 Key를 적용했습니다. 세부 편집은 그래프를 열어서 화면을 보며 편집합니다.

Slow 14

Windows ≫ Animation Editor ≫ Graph Editor를 선택합니다. 또는 View 왼쪽에 표시한 아이콘을 클릭해서 만들어 줍니다. 뒤에 위치한 발 조절자 Curve를 선택합니다.

Graph Editor ≫ Heel_bal을 선택합니다. 8Frame, 31Frame , 47Frame을 선택해 Key를 만들어 줍니다. 발은 동작의 특성상 바닥에 붙어 있는 시간이 길게 나타납니다.

그래서 몸이 움직인 이후에 발이 따라 움직이는 동작을 만들어 줍니다.

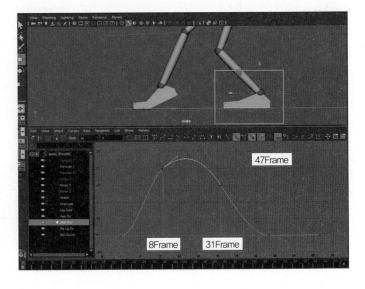

Slow 15

Graph Editor » Translate Y을 선택합니다.
바닥에서 이탈하는 동작입니다.
13Frame, 20Frame, 31Frame을 그림처럼 편집합니다.

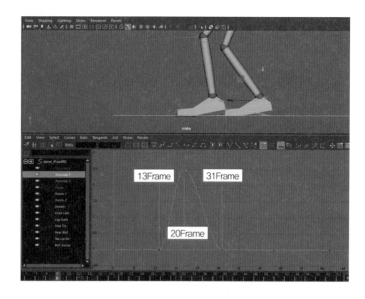

Slow 16

Graph Editor » Translate Z을 선택합니다.
앞으로 이동하는 동작입니다.
15Frame, 31Frame, 46Frame을 그림처럼 편집합니다.

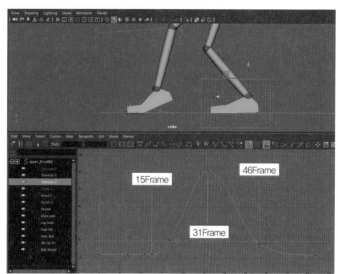

Slow 17

Timeline에서 Time을 40Frame으로 이동합니다.
뒤에 위치한 발 조절자 Curve를 선택합니다.
Graph Editor » Heel_bal을 선택합니다. 31Frame,
46Frame, 62Frame을 선택해 Key를 만들어 줍니다.
발은 동작의 특성상 바닥에 붙어 있는 시간이 길게
나타납니다. 그래서 몸이 움직인 이후에 발이 따라
움직이는 동작을 만들어 줍니다.

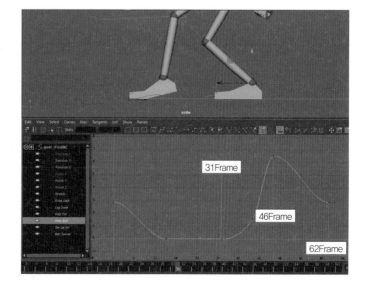

Slow 18

Graph Editor ≫ Translate Z을 선택합니다.
앞으로 이동하는 동작입니다.
46Frame, 62Frame을 그림처럼 편집합니다.

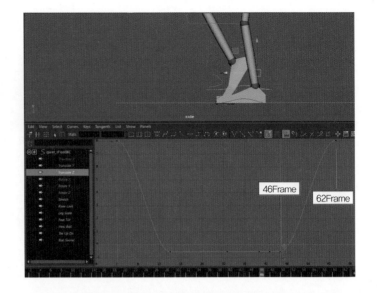

Slow 19

Graph Editor ≫ Translate Y을 선택합니다.
바닥에서 이탈하는 동작입니다.
40Frame, 50Frame, 62Frame을 그림처럼 편집합니다.

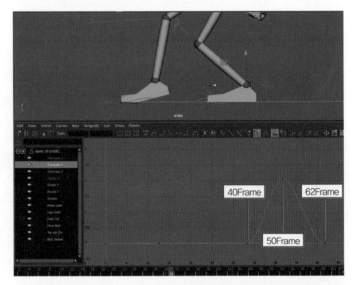

Slow 20

먼저 16Frame에 Key를 추가한 후 편집해 같은 동작을 만들어 주고, 46Frame에 Key를 추가한 후 편집해 같은 동작을 만들어 줍니다.

Play하면 동작이 움직이는 것을 확인할 수 있습니다.

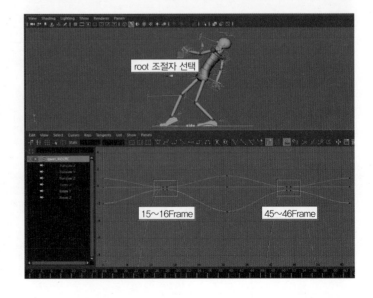

MAYA
참고문헌

- Learning Autodesk Maya 2016
- Autodesk Maya 2015 : 3D-Animation vom Concept zum Final(mitp Grafik)
- Mastering Autodesk Maya 2016
- Introducing Autodesk Maya 2016

MAYA를 시작하는 초 · 중급자들을 위한 실습서

MAYA Advance
2018 Ver.이상

발행일 | 2017. 1. 15 초판발행
2020. 4. 10 개정1판1쇄

저 자 | 조한경
발행인 | 정용수
발행처 | 예문사

주 소 | 경기도 파주시 직지길 460(출판도시) 도서출판 예문사
T E L | 031) 955 – 0550
F A X | 031) 955 – 0660
등록번호 | 11 – 76호

정가 : 39,000원

ISBN 978-89-274-3576-1 13000

이 도서의 국립중앙도서관 출판예정도서목록(CIP)은 서지정보유통
지원시스템 홈페이지(http://seoji.nl.go.kr)와 국가자료공동목록시스
템(http://www.nl.go.kr/kolisnet)에서 이용하실 수 있습니다.
(CIP제어번호 : CIP2020011661)